Astrologie
et développement personnel

POUR

LES NULS

Astrologie
et développement personnel
POUR LES NULS

Nitya Varnes

FIRST Editions

XO EDITIONS

Astrologie et développement personnel pour les Nuls

Pour les Nuls est une marque déposée de Wiley Publishing, Inc.
For Dummies est une marque déposée de Wiley Publishing, Inc.

Éditions First-Gründ
60 rue Mazarine
75006 Paris – France
Courriel : firstinfo@editionsfirst.fr
Site internet : www.pourlesnuls.fr

ISBN : 978-2-7540-3555-2
Dépôt légal : juin 2013

Imprimé en Italie par La Tipografica Varese, Via Cherso, 2, 21100 Varese
Direction éditoriale : Marie-Anne Jost-Kotik
Correction : Jacqueline Rouzet
Couverture et mise en page : KN Conception
Illustrations humoristiques : Marc Chalvin
Illustrations techniques : © Orion-Astro
Production : Emmanuelle Clément
Fabrication : Antoine Paolucci

Sommaire

À propos de l'auteur

Nitya Varnes est née à Paris en 1972. Après des études classiques de philosophie à la Sorbonne, le début d'une thèse sur l'imagination créatrice, et des études moins « classiques » sur les techniques de l'astrologie auprès d'un maître traditionnel, elle publie deux romans chez Plon, *La Dentelle des heures* (2001) et le *Prologue des ombres* (2003). Complétant sa formation par de la programmation neuro-linguistique (PNL) et de la psychologie jungienne, Nitya Varnes fonde une première école d'astrologie et développement personnel en 2004. Il s'agit d'utiliser l'astrologie pour résoudre concrètement les difficultés psychologiques, concrètes, matérielles ou relationnelles auxquelles on peut être confronté.

Sa méthode originale utilise à la fois l'astrologie en tant qu'outil d'analyse des caractères et d'anticipation des lignes directrices de l'existence, ainsi qu'une approche de coaching individuel axée sur les résultats concrets qu'on souhaite obtenir. Grâce à cette perspective globale, Nitya Varnes aide ses consultants à tirer parti de toutes leurs capacités tout en tenant compte à la fois du présent et de ses potentialités comme de ce que l'avenir peut offrir. Devenue consultante auprès de personnalités publiques, Nitya publie en 2011 un essai chez XO, *Tous nés sous une bonne étoile*, afin de faire connaître ses techniques et d'en faire profiter le plus grand nombre. Auteur d'un blog (**http://nityavarnes.unblog.fr**), elle organise également des séminaires.

Dédicace

À ma sœur Éléonore,

À ma fille Anastasia, en dédommagement de tout le temps familial que ce livre leur a volé...

Remerciements

Merci de ta confiance, Bernard, car sans toi ce livre n'existerait pas.

Introduction

Prenez les commandes de votre vie…

Félicitations !

Vous voici prêt à prendre les commandes de votre destinée… L'astrologie que vous allez découvrir dans ce livre vous fera comprendre comment ce savoir millénaire permet de se connaître soi-même ainsi que le monde qui nous entoure. Armé de ce nouveau savoir, vous décrypterez autrement la réalité environnante tout en devenant progressivement plus maître de vous (et donc, des événements…).

L'astrologie est aujourd'hui au cœur de nombreux débats : Doit-on y « croire » ? Est-ce une arnaque ou au contraire une vraie connaissance ? Les scientifiques la rejettent, et la pratique populaire des horoscopes ne l'aide pas davantage. Découvrir la voie du milieu en comprenant qu'elle n'est ni une science à part entière ni une voyance parmi d'autres, telle est l'ambition de ce livre.

Cet ouvrage vous offrira tout d'abord un regard plus large sur le monde et sur notre époque, et vous servira aussi de guide pour devenir vous-même, en toute liberté, et accéder au bonheur.

De quoi parle ce livre ?

De vous, essentiellement. Vous en êtes le centre et vous voyagerez dans les arcanes secrets de votre caractère et de votre destinée.

Tout d'abord vous apprendrez à interpréter avec justesse votre carte du ciel et celle de vos proches pour trouver une réponse aux problèmes du quotidien. On ne va pas vous laisser vous débrouiller tout seul : ce livre réfléchira avec vous aux applications pratiques, notamment l'analyse astrologique des caractères dans un ensemble de situations clés, telles la vie amoureuse, la vie professionnelle ou encore l'éducation des enfants. À travers mille questions, existentielles ou plus terre à terre, vous vous forgerez peu à peu un manuel du vivre bien ; le travail de décapage sans concessions mais ô combien efficace de l'astrologie vous y aidera. Vous apprendrez même à lire les lignes de l'avenir, à les comprendre et accéder ainsi à une forme de bonheur.

Votre apprentissage ne sera pas laissé au hasard. *Astrologie et développement personnel pour les Nuls* détaille pas à pas les notions basiques de l'astrologie. À chaque étape, vous trouverez de quoi approfondir vos nouvelles connaissances en apprenant à les appliquer directement à vos proches et moins proches – pour décrypter les dessous de leur caractère… – ou encore pour votre propre chemin de vie. Cet ouvrage interroge en effet à chaque pas votre progression : l'action de l'astrologie sur votre vie de tous les jours tout comme son rapport avec les traditions spirituelles, le développement personnel… et bien d'autres domaines encore.

Astrologie et développement personnel pour les Nuls n'est pas donc pas (seulement) un manuel destiné aux débutants. Il pose les vraies questions de l'astrologie : la destinée, le karma, notre capacité à changer l'avenir et toutes autres questions dans ce sens. Avis aux faux débutants et aux experts frustrés de ne pas trouver de débouchés concrets et ludiques à leur pratique : ce livre est *aussi* fait pour vous !

Ce que cherche ce livre

Il ne s'agit pas de vous convaincre que l'astrologie peut tout régler dans votre vie. En revanche, sa longue histoire à travers les civilisations tout comme son adaptation parfaite au temps présent incitent à la réflexion et donnent la sensation d'être « maître du jeu » et non plus ballotté d'événements incertains en coups du sort.

Car c'est bien là le souhait de ce livre : vous faire sortir de la tourmente et commencer à être heureux.

Alors supposons que…

L'astrologie vous intéresse depuis longtemps, mais vous trouvez compliqué de vous y mettre. Entre les signes, les planètes et les maisons, les aspects, les quadratures, vous avez vite l'impression qu'on vous parle chinois.

Vous vous posez des questions sur le destin, votre « mission » sur terre, ce que vous avez de vraiment original et comment en tirer parti.

Vous connaissez très bien l'astrologie, mais vous avez la sensation de faire du surplace, en sentant que vous pourriez aller plus loin mais sans voir comment.

Vous n'êtes pas un spécialiste des relations humaines, mais vous aimeriez avoir enfin les réponses concernant le couple et les enfants.

Ce qui vous plaît dans la collection « Pour les Nuls », c'est que vous savez que ce ne sera pas un énième livre expliquant en termes laborieux le « transit de Saturne à la tierce harmonique de votre Pluton natal »...

Vous rêvez d'un « décodeur » qui vous permettrait de comprendre enfin les réactions de tante Ursule, de votre patron ou de la jolie voisine du troisième...

Dans tous les cas, ce livre est fait pour vous !

L'organisation de ce livre...

Conçu comme un manuel pratique, ce livre ne théorise pas, mais vous invite à devenir vous-même astrologue, en comprenant l'utilité des outils qui vous sont proposés.

Et ces outils, que vous soyez débutant ou confirmé, il va falloir apprendre (ou réapprendre) à les manier !

Première partie : Le bac à sable de l'astrologue

Dans cette partie, vous apprendrez deux choses : 1) d'où vient l'astrologie et ce qu'elle est vraiment (chapitres 1 et 2) ; 2) les notions de base sur le zodiaque et les maisons dans un thème astral pour commencer à lire votre thème (chapitres 3 et 4).

Pour acquérir ces premiers rudiments, il va falloir lâcher un certain nombre de préjugés qui encombrent toutes les têtes (la vôtre aussi !), car l'astrologie ne vous révélera ses secrets et ses pouvoirs que si vous cessez de la vexer en la prenant, au choix, pour une voyante ou une vulgaire machine à horoscopes...

Deuxième partie : Apprendre à lire un thème astral

Vous apprendrez ici concrètement comment avancer dans l'analyse et la compréhension des paramètres clés de votre thème. Chaque chapitre vous indiquera une porte supplémentaire sur vous-même… qui ne s'ouvrira qu'au prix d'un décapage de vos aveuglements.

Le chapitre 5 vous enseignera les premiers réflexes d'un futur Nostradamus, en particulier la qualité d'observation. Histoire de gagner du temps, le chapitre 6 vous révélera deux ou trois raccourcis pour aller à l'essentiel d'un thème. Avec les chapitres suivants (7, 8, 9, 10 et 11), vous plongerez dans le grand bain : l'axe du Dragon, l'ascendant, les aspects, les rétrogradations et les interceptions, bref tout l'outillage nécessaire pour révéler jusqu'au moindre détail la personnalité des imprudents qui vous confieront leurs coordonnées de naissance…

Bien évidemment, vous aurez tout intérêt à vous appliquer à vous-même, en premier lieu, ces méthodes, sans quoi vous risquez de vous révéler un piètre Nostradamus voyant ses propres problèmes partout ! Un petit tour dans les parties 3 et 4 vous aidera à être au clair quant à vos priorités.

Troisième partie : Mieux vivre en couple et en famille avec l'astrologie

Voilà une partie qui répond à la seule vraie question que tout le monde se pose : comment devenir un serial séducteur qui au terme d'une exaltante vie de Casanova réussira un mariage à toute épreuve et éduquera parfaitement ses enfants ?… Vous pouvez aussi vous contenter d'un seul de ces défis, c'est à la carte ! Les chapitres 12 et 13 sont conçus pour les aspirants Casanova, le chapitre 14 pour les candidats au couple durable et le chapitre 15 pour les parents actuels et futurs, soucieux de s'adapter aux besoins progressifs de leur(s) enfant(s).

Quatrième partie : Astrologie et développement personnel : la voie des mille bonheurs

Utiliser les ressources de l'astrologie dans les situations clés de l'existence, voilà le réflexe que cette partie vous propose de travailler. Elle traitera de la vie professionnelle (chapitre 16), de l'équilibre corporel et psychique à travers la façon de se nourrir, de dormir, et même de s'habiller (chapitre 17), avant d'en venir enfin à la prédiction en astrologie (chapitre 18). Cette partie n'a pas d'autre enjeu qu'un recentrage sur vous en tant qu'individu, afin de vous aider à vous réaliser et à trouver le bonheur.

Cinquième partie : La partie des Dix...

Le point de vue de cette partie se veut constructif : nous commencerons par dénoncer les dix idées reçues les plus courantes (chapitre 19) avant de répondre aux dix questions le plus souvent posées (chapitre 20) : de celles qui hérissent le poil de tout astrologue à celles qui lui donnent le plus de fil à retordre... Puis, nous ferons une petite démonstration du potentiel révélateur de l'astrologie en passant au scalpel dix personnages célèbres, de Lénine à Björk (chapitre 21). Enfin, nous partagerons dix témoignages d'inconnus ayant vécu de belles histoires grâce à l'astrologie (chapitre 22).

Au terme de ce voyage, vous aurez acquis une autre capacité de vivre votre personnalité, d'anticiper l'avenir et de regarder le monde...

Les icônes utilisées dans ce livre...

Des icônes placées dans la marge vous permettront de repérer en un coup d'œil le type d'informations proposées selon les passages. Elles orientent votre lecture en fonction de vos intérêts.

En voici la liste :

TRUC

C'est la passerelle entre l'astrologie et la vie, des faits d'expériences ou des enseignements qui vous feront gagner du temps.

À RETENIR

Vous avez commencé à étudier un chapitre, ces icônes vous permettent de savoir ce que vous devez retenir en priorité.

BON À SAVOIR

Ne pas confondre, ne pas oublier, ne pas perdre au milieu du reste : ces icônes vous aident à mettre en ordre vos idées et vos connaissances.

EXEMPLE

Tout apprentissage nécessite des exemples. Ces icônes vous permettront de les repérer rapidement.

Ces icônes vous proposent des exercices en vue d'utiliser vos connaissances de manière moins théorique.

Par où commencer ?

Deux méthodes de lecture : si vous êtes débutant ou faux débutant, suivez l'ordre des chapitres. Vous pouvez, bien sûr, le feuilleter pour vous faire une idée globale.

Au terme de la première partie, vous devriez être capable de maîtriser les notions de base de votre thème. Ensuite, libre à vous de vous diriger vers une démarche d'approfondissement des techniques (deuxième partie) ou vers une compréhension *in vivo* de vous-même et de votre entourage (troisième et quatrième parties).

Si vous êtes expert en astrologie ou que vous ne ressentez pas le besoin d'apprendre à maîtriser ces techniques, commencez à l'envers, par la partie des Dix ! Ensuite, il est probable que vous ayez envie de vous y (re)mettre selon cette nouvelle approche, auquel cas, il ne vous restera plus qu'à reprendre le livre au chapitre 1…

À présent, pour vous, le voyage commence, carnet de notes en main. Le pays des étoiles vous passionnera, j'en suis sûre…

Première partie

Le bac à sable de l'astrologue

Dans cette partie...

Vous trouverez un aperçu des origines historiques de l'astrologie (chapitre 1), de quoi comprendre l'astrologie en tordant le cou aux idées reçues (chapitre 2), et pour commencer votre boîte à outils du parfait astrologue : l'explication du lien entre signes du zodiaque et saisons (chapitre 3), le mode d'emploi des maisons (chapitre 4), ce que sont vraiment les planètes (chapitre 5), le rôle des quatre éléments et un invité surprise à grandes écailles vertes : votre axe du Dragon (chapitre 6).

C'est parti !

Chapitre 1

D'où vient l'astrologie ?

Dans ce chapitre :

- Le sens de l'astrologie à travers les époques
- Rome ou les premiers horoscopes
- La Renaissance et l'astrologie humaniste
- Les Romantiques et le cosmos
- L'astrologie telle qu'on la connaît aujourd'hui

Avant de se demander ce que l'astrologie est ou n'est pas, il est intéressant de prendre quelques instants pour regarder comment elle a évolué au fil du temps. Car il n'y a pas UNE astrologie mais DES visages de l'astrologie selon ce que, à chaque époque, les hommes souhaitent comprendre sur eux-mêmes ou sur le monde qui les entoure. C'est pourquoi la place donnée à l'astrologie dépend grandement des autres façons de comprendre le monde que sont les sciences, les religions ou encore les codes sociaux et quelle meilleure façon de s'en rendre compte que de faire un bref voyage dans l'histoire, en suivant les métamorphoses de l'astrologie et de son sens.

Il existe dans le monde deux types d'astrologie : l'astrologie solaire, qui est celle que nous connaissons en Europe, et l'astrologie lunaire, pratiquée en Chine et en Inde. La différence entre les deux est essentielle, parce que leur hypothèse de départ est diamétralement différente. Avec l'astrologie solaire, c'est l'individu qui est au centre de l'attention et dont on doit tirer parti. Son caractère et son parcours le rendent digne d'intérêt. Dans son rapport au monde et son inscription dans celui-ci, il essaie d'être celui qui forme l'univers à son idée et non celui qui s'y inscrit. En re-création permanente de son univers, il essaie de le transformer à l'image de sa volonté et de ses souhaits.

L'astrologie solaire prend racine dans la pensée égyptienne où Pharaon, Dieu vivant, rendait un culte au Soleil, source de toute vie. L'astrologie concerne alors peu de personnes, celles qui gravitent autour de la personne de Pharaon. Il est passionnant de se rendre compte que dans cette culture, le temps n'était pas un contenant neutre, gérable et organisable à merci, mais une entité quasi vivante dont il fallait tenir compte. La vie de Pharaon tendait ainsi à amadouer cette puissance temporelle, et deviner ce qu'elle attendait de lui.

Chaque journée représentait un symbole de la vie humaine. De plus, l'univers dans sa totalité était constitué de différents niveaux (de conscience en fait) entre lesquels on pouvait circuler.

BON À SAVOIR

L'origine des décans

Dans le système de pensée égyptien, les décans n'étaient que les personnifications des dieux tutélaires veillant sur chaque microparcelle de temps (360 jours divisés en 30 périodes, elles-mêmes divisées par 30). Cette organisation de contrôle des moments de la vie était tellement compliquée qu'on n'essayait pas de s'en servir pour soi-même, mais plutôt pour ne pas contrarier les dieux…

Cette croyance partagée par une société entière donnait au monde une cohérence et un équilibre. Qu'avons-nous hérité de ces croyances ? Sans doute une manière de penser notre place dans le monde. Mais aujourd'hui, c'est moins à l'ordre naturel ou cosmique du monde que nous pensons qu'à notre bonheur ici-bas. Au fond, la motivation n'est-elle pas la même pour qui cherche un sens à sa vie ?…

À noter que grâce aux décans et aux heures planétaires, chaque journée bénéficiait d'un oracle individuel qui servait de diagramme symbolique propre à guider les gens. Au lieu de chercher à changer le cours des choses, on cherchait à y coller exactement pour obtenir du moment présent un maximum de bénéfices.

L'époque romaine : de l'astrologie des dieux à celle des boulevards…

L'époque romaine nous livre un contexte radicalement différent. L'astrologie n'est plus sacrée, ni même liée au sens, elle n'est plus que le contrepoids superstitieux d'une époque troublée où les inquiétudes pour l'avenir allaient de pair avec les guerres et les changements politiques violents. C'est après la défaite du roi de Syrie, Antiochos III, que des mages liseurs d'entrailles (qu'on appelait haruspices) entrèrent dans Rome. Ils devinrent la coqueluche d'une bourgeoisie et aristocratie aisée en mal de prédictions fabuleuses. Toute ressemblance avec le statut de l'astrologie au XXIe siècle serait fortuite et pure coïncidence… n'est-ce pas ?!

Ces mages, qui se disaient « Chaldéens » (on ne sait pourquoi, et sans doute uniquement parce que ça *faisait bien*, l'appartenance à la Chaldée étant plus mythologique que réaliste), s'enrichissaient rapidement à Rome où pullulaient devins, faiseurs d'horoscopes, sorciers ambulants, alchimistes, dont une majorité étaient des imposteurs dotés d'un bon sens théâtral et commercial. Leur rôle prit une telle ampleur (et créait un tel désordre), qu'un édit d'expulsion concernant les astrologues intervint en 139 avant J.-C. Le débat prit de la hauteur avec les écoles philosophiques sceptiques qui se positionnèrent contre l'astrologie et sa prétention à lire les arrêts du Destin. Les débats qu'on retrouve dans Sénèque ou Épicure sur la fatalité et notre marge de manœuvre sont des réponses aux polémiques touchant le libre arbitre et la destinée.

C'est à Rome que l'astrologie connaît deux révolutions : l'une, philosophique, qui interroge sur la nature de la prédiction elle-même (est-elle possible ? et qu'implique-t-elle si tel est le cas ?…) ; l'autre, terminologique, car les planètes, jusque-là baptisées de diverses appellations, reçoivent alors des noms de divinités romaines.

Ce déclin et cette popularisation sont néanmoins suivis de près par une revalorisation de l'astrologie grâce à l'intérêt que les Césars successifs lui porteront : on ne compte plus les empereurs romains liés à un confident et ami (astrologue). C'est également au cours des années fastes de l'Empire romain que l'astrologie se diffuse en tant que connaissance dans la société. Des bijoux ornés des symboles du zodiaque sont alors fabriqués et servent de talisman aux belles Romaines… Évidemment, être l'astrologue d'un empereur était une profession à risques comme en témoigne la mésaventure de Thrasylle, astrologue de l'empereur Tibère, telle que nous la conte Tacite…

L'empereur Tibère se défiait de son astrologue Thrasylle. Ayant l'intention de mettre fin à ses jours, il lui demanda (comme une ultime épreuve) de composer son horoscope pour la journée, afin de voir comment elle se présentait pour lui. L'astrologue, prudent, déclara que ses jours étaient comptés et qu'il pouvait mourir très prochainement à cause d'une trahison d'un ami proche. Frappé par la précision de sa déclaration, l'empereur se ravisa et épargna Thrasylle (qui dut être très content de s'être trompé pour cette fois !!!).

(Source : Tacite, Annales VI, 21)

Astrologie et destin : les premières polémiques

Nombreux furent les penseurs de toutes religions qui combattirent l'astrologie. Ainsi Philon d'Alexandrie dit aussi Philon le Juif (vers 12 av. J.-C.-vers 54 apr. J.-C.), dans son ouvrage *De la providence*, s'inquiète-t-il du fatalisme : si tout est prévu, comment peut-on « sauver » la morale et indiquer à des êtres totalement prédestinés la bonne manière de se conduire ?… En effet, si tout est écrit, nul n'est responsable de rien… Non seulement, on ne peut punir un crime, mais la vertu ou les efforts ne sont pas davantage à louer. On voit ainsi que c'est toujours le thème du destin qui pose problème aux penseurs…

La Renaissance ou l'âge d'or de l'astrologie humaniste

À une époque où philosophes et penseurs cherchent à renouveler leurs sources d'inspiration ainsi qu'une nouvelle manière d'appréhender l'univers, l'alchimie, l'astrologie, la théurgie sont étudiées et passées au crible. Il s'agit de dépoussiérer les connaissances anciennes et essayer de refonder autrement un humanisme de la pensée. Humanisme qui, en l'occurrence, signifie mettre l'homme au centre du monde aux dépens de Dieu ou du roi.

L'astrologie incarne ainsi une révolte contre l'autorité de l'Église et sa conception du salut des âmes. De nombreux penseurs, aux réflexions par ailleurs fort différentes (on citera notamment Marcile Ficin, Giordano Bruno, Kepler ou encore Jacob Boehme), estiment que l'homme a besoin d'être délivré du joug de l'Église et que toute connaissance des lois de l'univers peut avoir cet effet libérateur. Chacun à leur manière, ces penseurs ont vu dans l'astrologie le moyen pour l'être humain de s'affirmer en tant que tel.

Jacob Boehme et la théorie des signatures

BON À SAVOIR

Jacob Boehme est l'auteur de la théorie des signatures qui, sans concerner directement l'astrologie, explique que le monde fonctionne selon un principe d'équivalence entre le macrocosme (le monde) et le microcosme (l'homme). Ainsi, on peut lire indifféremment les événements à grande ou petite échelle. Outre cette lecture, les correspondances universelles permettent d'avoir une prise sur le monde, car en se transformant soi-même, on peut transformer la réalité environnante. L'astrologie a également une part plus « magique » : solidaire de règnes différents (minéraux, végétaux et animaux, humains et planètes d'autre part), le monde devient le réceptacle d'un symbolisme à décrypter et sur lequel on a prise en renforçant un élément ou un autre.

La théorie des signatures aujourd'hui

La théorie des signatures (*de signature rerum*) indique que l'univers entier est vivant et que rien n'est indifférent, ce qui signifie qu'on ne peut déséquilibrer impunément le système naturel (ce qui se vérifie aujourd'hui avec l'écologie) et que nous humains sommes liés à tous les autres règnes. Dans d'autres domaines, le pouvoir curatif des pierres précieuses et semi-précieuses, l'impact des plantes sur la santé et l'équilibre, ou l'influence de la Lune (sinon des autres planètes) sont communément admis.

Kepler ou les parentés entre astronomie et astrologie

Kepler est ce qu'on appelle un astronome, c'est-à-dire qu'il est censé se contenter d'observer les mouvements planétaires (également les prévoir et les anticiper). Il formule ainsi des hypothèses en rapport avec des alignements planétaires (lorsque des planètes se retrouvent sur un axe hypothétique ayant la Terre pour centre) ou des conjonctions indiquant que des orbites planétaires se croisent. Il reste probable que Kepler se soit lancé à formuler, à l'instar de Ptolémée (90 – 168), des conjectures événementielles en lien avec les positions astronomiques des planètes observées.

Les parentés entre astronomie et astrologie aujourd'hui

Astronomie et astrologie apparaissent moins opposables qu'on ne pourrait penser de prime abord. Les données de calcul sont les mêmes pour l'une et l'autre, la différence majeure étant que l'astronomie se contente de décrire la position d'une planète, mais n'en tire aucune conclusion sur l'univers ou notre existence individuelle. L'astrologie, elle, fonctionne par hypothèses successives. Elle a constaté au fil des siècles qu'un certain nombre de configurations astronomiques donnaient les mêmes effets sur les individus lorsqu'elles se produisent dans leur ciel de naissance.

L'astrologie chez les Romantiques allemands : redevenir les enfants du cosmos

Les Romantiques allemands, dont le précurseur est Goethe (1749 – 1832), ont en commun d'aspirer à des retrouvailles à la fois poétiques et mystiques avec le cosmos. Enfants de la nature, chantres de l'univers, ils se définissent en résonance avec le monde qui les dépasse et les englobe. C'est Schelling (1775 – 1854) qui s'élève le premier contre une conception organiste de la nature où chaque élément trouverait sa place comme dans un Meccano géant (pour employer une image contemporaine) où l'inspiration ne jouerait plus son rôle. Pour lui, l'astrologie est le souffle magique qui relie l'homme aux étoiles au lieu de faire d'elles une simple horloge sans influence sur l'humaine condition.

Que ce soit Novalis ou le poète Jean Paul (1763 – 1825), les tentatives de réenchanter le monde et de revenir à une imagination créatrice sont liées à l'astrologie. Elle est moins science que réceptacle d'un symbolisme universel auquel il est nécessaire de rendre ses lettres de noblesse.

Mais c'est avec Carl Gustav Jung (1875 – 1961) que l'astrologie entre dans le psychisme humain. Il ne s'agit plus là d'une pseudoscience n'ayant sa place ni dans la mystique ni dans la logique mathématique, mais d'un miroir des évolutions humaines permettant de comprendre pleinement la place de l'homme dans l'univers. Jung aborde la question à travers une thématique qui est celle de la rationalité non causale, dont le terme technique est synchronicité (*La synchronicité, principe de relation acausale,* 1952). Elle consiste à étudier la manière dont deux événements peuvent se produire simultanément et faire sens pour une personne qui les perçoit sans qu'il y ait pour autant entre ces événements le moindre lien de causalité.

Il s'agit de comprendre qu'une dimension logique de l'univers nous échappe. En somme, c'est une reprise de la théorie des signatures de Boehme à un autre niveau : ce n'est pas *parce que* Jupiter croise Vénus que vous allez rencontrer Gédéon l'homme de votre vie, mais le fait que Jupiter croise Vénus coïncide et signale, dans une autre dimension d'espace-temps, votre rencontre avec Gédéon. Cette théorie reprend l'idée que nous pouvons lire la réalité à différents niveaux et non dans la seule analyse de la logique causale.

Carl Gustav Jung et l'astrologie : une source d'inspiration ou de scepticisme ?

Il serait exagéré de dire que la pensée de Jung se fonde sur l'astrologie, encore que le concept de synchronicité soit proche de son mode de raisonnement. Par contre, il est avéré que le célèbre psychologue a étudié de près l'astrologie et ses méthodes. Dans une lettre à Freud (1856 – 1939) datée du 12 juin 1911, il écrit ainsi : « Le soir je suis très occupé par l'astrologie. Je suis en train de faire des calculs horoscopiques pour y retracer le degré de vérité psychologique. Jusqu'ici, il y a certaines choses étranges qui doivent vous sembler incroyables. » Il ne manque pas d'audace en écrivant cela à Freud qui, lui, est franchement contre ce qu'il qualifie, en parlant à son ami, de « noire marée de boue de l'occultisme »... De fait, Jung garde ses distances et s'il étudie l'astrologie au point d'être capable de dresser des cartes astrales qu'il compare avec des données d'études psychologiques, il déclare en 1928, à l'occasion du congrès des psychiatres suisses : « Comment puisse-t-il ensuite exister un lien entre les signes zodiacaux et les planètes d'une part, et les tempéraments individuels de l'autre, c'est une question qui se perd dans la nuit des temps et pour laquelle il n'existe pas de réponse. »

Carl Gustav Jung n'a pas négligé l'astrologie, au contraire, il a pris le temps d'en faire l'étude et de l'éprouver. De plus, le concept d'inconscient collectif, qu'on lui doit aussi, a mis au jour le fait que nous sommes, en tant qu'êtres humains, marqués par bon nombre d'histoires structurantes, liées à une mythologie propre à nos civilisations, se rejouant à l'infini dans les histoires individuelles. Si nous retrouvons des constantes dans la destinée humaine, c'est aussi parce que nous sommes marqués par des cycles et des mythes dont nous cherchons la trace dans nos vies, comme si un sens s'y trouvait caché.

L'astrologie aujourd'hui

La plus grande révolution vécue par l'astrologie dans ces dernières années est incontestablement la révolution informatique ; elle a permis de monter des cartes astrologiques à l'aide de données issues des observatoires astronomiques, avec une précision que seuls pouvaient atteindre les spécialistes. Comme toujours, une fois la difficulté technique dépassée, l'art de l'interprétation devint encore plus difficile à maîtriser, alors que les charlatans se multipliaient. Les horoscopes, météo de la journée, fleurissent dans les journaux et prétendent conduire nos vies... On peut au demeurant s'interroger sur la logique de telles prévisions quotidiennes si elles sont inéluctables...

L'astrologie comme art de la prédiction est aujourd'hui soumise à une rude concurrence. D'excellents voyants (c'est leur fonds de commerce) font face à des astrologues dépassés par une époque où abondent les annonces de désastres et de fin du monde. Ces prédictions n'étant le plus souvent que négatives, il serait intéressant d'analyser pourquoi ces prétendus astrologues passent leur temps à anticiper le pire, comme si le pessimisme permettait de se défendre contre... la vie.

L'astrologie ne pouvant se réduire à la prédiction, il est dommage que certains ne l'aient pas compris. L'intérêt de l'astrologie, selon Dane Rudhyar, est de parvenir à une clarification de notre rôle et de nos devoirs dans le monde. Se trouver soi-même et à partir de là, se bâtir une vie heureuse est un objectif plus constructif que de prêter un pouvoir à des conjonctions astrales censées régir nos actes à notre place.

Ainsi, même si à l'exemple de l'époque romaine, les mensonges font recette et les commerciaux de la superstition sapent le moral des gens, le XXIe siècle est un siècle de conscience et d'affirmation de soi, durant lequel les individus prennent en main leur existence pour y chercher du sens. Un siècle placé sous le signe de l'ouverture d'esprit sans précédent, donnant le courage de comprendre que la vie dépend avant tout de soi.

Chapitre 2

À quoi sert vraiment l'astrologie ?

Dans ce chapitre :

- Un scoop : l'astrologie n'est pas un outil de prédiction
- Un espoir : l'astrologie vaut mieux que les horoscopes
- Un conseil : la meilleure astrologie est celle qui vous ressemble
- Un avertissement : attention, ça décape en profondeur…

On peut le dire sans trahir un secret national : globalement quand on va consulter un astrologue, c'est pour lui demander ce qui va se passer dans l'avenir. Dommage, l'astrologue n'est pas particulièrement qualifié pour répondre à cette question !

Comme le moine zen qui vous dira de vous centrer sur le présent au lieu de penser à l'avenir et au passé, l'astrologue peut vous expliquer qui vous êtes, et quels sont les choix qui vous semblent naturels. Quant à l'avenir… il n'existe que dans vos projets et dans vos mains, et non dans une sorte de nuée céleste, prêt à vous tomber rôti dans le bec… Évidemment, ce n'est pas très satisfaisant de se dire qu'on va voir un astrologue, profession réputée spécialiste des questions obscures, pour s'entendre dire qu'il va falloir se prendre en main dans la vie.

Et pourtant… Vous trouverez dans les pages qui suivent de quoi tordre le cou à quelques idées fausses sur l'astrologie, histoire de savoir ce que vous pouvez en attendre pour l'utiliser au mieux de ce qu'elle peut faire (et croyez-moi, elle peut faire beaucoup !).

Mise au point n° 1 : l'astrologie n'est pas une voyance !

Non, un astrologue ne vous dira pas si vous allez être augmenté ce mois-ci ou si votre amoureux demandera votre main avant la fin de l'année !

L'astrologie est une « science » traditionnelle, certes, mais pas occulte !

Pour voir plus clair – sans jeu de mots ! – dans l'astrologie, il faut prendre un peu de recul et se rappeler que c'est une connaissance de plus de trois mille ans d'âge et que sa définition a sérieusement évolué avec le temps. Ainsi, à l'époque mésopotamienne, on attendait d'elle des prédictions sur les sécheresses, les inondations, l'abondance des récoltes ou au contraire, les nuées de sauterelles. Aujourd'hui, pour connaître le temps qu'il fera dans la semaine, il est préférable de consulter la météo sur Internet plutôt que d'aller voir un astrologue…

TRUC

Charade dont le Tout est l'Astrologie

Mon premier est… une science

On peut discuter à l'infini pour savoir si on a le droit de parler de science dès qu'il ne s'agit pas de mathématiques ou de médecine ou de l'une quelconque des sciences officielles, il reste que le langage courant parle volontiers de « science » pour qualifier tout savoir organisé et transmissible, ce qu'est assurément l'astrologie.

Mon deuxième est… une mancie

Ce joli mot signifie que l'astrologie essaie de donner prise sur le futur (et donc tout ce qu'on ne connaît pas encore). Ici commence en général un malentendu car avoir prise sur le futur ne signifie pas qu'on va se faire livrer le catalogue exhaustif de tous les événements à venir minute par minute ! L'astrologie peut donner de grandes tendances ou révéler les points forts et les points faibles avec lesquels un individu construira son avenir, mais quant à vous dire si la voiture que vous croiserez demain matin en sortant de chez vous sera jaune ou verte, ce n'est pas son rayon…

Mon troisième est… un coach

Tel un bon entraîneur sportif qui repère au premier coup d'œil le potentiel de ses joueurs et les dispose sur le terrain en fonction de leurs qualités propres, l'astrologue peut vous expliquer pourquoi tels choix ne vous mèneront pas au but escompté et pourquoi tels autres sont particulièrement adaptés à votre nature. On peut dire en ce sens qu'il vous révélera votre avenir, car ce qui va se passer demain, c'est ce que vous allez faire avec qui vous êtes, ce que vous avez décidé, et quels types d'efforts vous êtes prêt à fournir pour y parvenir.

En résumé, l'astrologie vous aide à comprendre ce vers quoi vous voulez avancer dans votre vie et ce qui vous rendra heureux, ou en tout cas, ce qui vous donnera l'impression de ne pas être passé à côté de l'essentiel.

L'astrologie a en effet cette spécificité de voir le présent en profondeur, avec toutes ses potentialités. C'est comme une coupe géologique qui remonterait à la source de vous-même. Or, si on comprend parfaitement et dans ses moindres détails de quoi est fait le présent, on peut en réalité voir de quelle façon on est en train de construire son avenir. C'est seulement de cette façon-là, en vous aidant à comprendre ce que vous avez déjà commencé, que l'astrologie vous parle de votre avenir. Donc, quoi qu'on vous dise, retenez bien que l'astrologie n'est pas une voyance qui se substituera à vous pour choisir la meilleure voie !!!

L'astrologie ne voit pas l'avenir !

C'est un usage populaire et dévié qui a fait croire que l'astrologie permettait de « voir » l'avenir… En rentrant dans le domaine des prédictions, l'astrologie se fourvoie parce qu'elle est bien moins « performante » que la voyance, la lecture dans les entrailles des animaux ou l'observation des vols d'hirondelles pour savoir si on va gagner en Bourse (je ne vous conseille pas non plus d'essayer ces techniques, mais plutôt de vous atteler à une solide formation en finance et marchés !).

L'astrologie permet en revanche de comprendre à quoi s'attendre globalement demain en fonction de notre situation présente. Pour revenir à la question « vais-je gagner en Bourse ? », la réponse de l'astrologie sera de dire si vous êtes oui ou non potentiellement quelqu'un dont la forme d'esprit et d'intuition vous permettra d'obtenir de bons résultats dans ce domaine. Les obtenir, cela dépendra de vous, de l'usage concret que vous ferez de ce potentiel, et ça, l'astrologie ne peut le prédire ni le contrôler car il est hélas très fréquent que les individus gâchent leur potentiel…

L'astrologie sert avant tout dans une logique de développement personnel. Il s'agit de savoir exactement qui vous êtes, de refaire l'harmonie dans votre personnalité de manière à tirer pleinement parti de vos potentialités et à comprendre les enjeux de votre chemin de vie (nous parlerons plus tard longuement de cette notion).

Cet aspect de l'astrologie s'est beaucoup développé à partir des années 1920 aux États-Unis grâce notamment à l'astrologue Marc Edmund Jones puis à Dane Rudhyar, d'origine française. Avec eux notamment, l'astrologie devient un outil original avec une performance unique, parce qu'elle permet de tracer un portrait exact de soi-même et de son devenir. Et surtout de comprendre quel chemin suivre entre les deux, au lieu de stagner.

Dane Rudhyar : le destin hors du commun d'un astrologue français de génie

La vie de Dane Rudhyar (1895-1985) pourrait faire l'objet d'un roman initiatique. Plutôt qu'une seule vie, il ne serait pas faux de dire qu'il en a eu mille, guidées chaque fois par le destin…

Enfant semi-prodige, Daniel Chennevière, de son vrai nom, grandit à Paris et commence le piano à 7 ans ; à 12 ans, il compose déjà. À 13 ans, il survit à une opération des reins très risquée à l'époque. À 16 ans, il obtient un diplôme de philosophie à la Sorbonne. Ses premières réflexions sur le cycle de la vie et une conception plus humaniste de l'existence prennent naissance à ce moment-là. Dès lors, Rudhyar ne cessera de réfléchir en s'appuyant sur les œuvres créées à cette époque (Debussy, Stravinski). Il s'intéresse aussi aux traditions initiatiques traditionnelles (Rose-Croix, alchimie). À travers cette culture hors du commun, Rudhyar cherche avant tout la clef qui lui permettra d'approfondir sa compréhension du monde, voire d'en percer les secrets. Arrivé au Canada (d'où il partira ultérieurement pour les États-Unis), Daniel Chennevière change de nom et se fait désormais appeler « Rudhyar », d'après Rudra qui est le dieu lié au tonnerre et à la chasse dans le panthéisme hindou. En tant que chercheur de vérité, il continue d'étudier les symbolismes et les sagesses de toutes les époques et de tous les continents. En 1927, il a alors 33 ans, il donne différentes conférences en philosophie et en religions du monde ; il fait figure de syncrétique et de sage, à une époque où une connaissance riche et hétéroclite au service d'une pensée originale est très prisée. C'est seulement en 1932/1933 que son enseignement se focalise sur l'astrologie. Plutôt que de s'inscrire en héritier, il développe une pensée nouvelle, vitale, profondément novatrice. Car Rudhyar met l'être humain au centre d'une lecture d'un cosmos riche de cycles dont il faut apprendre à tirer parti ; c'est en fait tout l'univers qu'il nous apprend à relire et à rejouer à partir de nos données natales.

La thèse de Rudhyar est simple : « ce n'est pas l'événement qui vient à nous, c'est nous qui allons à l'événement ». Cela signifie que nous sommes créés par la réalité que nous rencontrons, comme si nous étions capables de faire surgir un monde à partir de nous-mêmes… mais pour cela, encore faut-il en avoir conscience. Dane Rudhyar passera sa vie à essayer d'aider les autres, de réveiller les consciences et de faire comprendre à quoi peut réellement servir l'astrologie…

L'astrologie a toujours eu à se défendre de ses détracteurs, mais somme toute, elle a permis d'analyser des personnalités ou des époques, de juger si des affinités entre les êtres pouvaient naître ou durer, et de circonscrire les éventuelles sources de problèmes. On peut dire qu'elle s'adapte aux époques : aujourd'hui, elle parle aux individus de leur propre chemin de vie. Hier, lorsque le roi représentait une image du collectif et incarnait la nation, l'astrologue attaché à sa personne scrutait les astres, non pas pour le roi en tant qu'« individu », mais pour ce que cela impliquait pour son royaume.

Un astrologue pour la naissance du Roi-Soleil : Morin de Villefranche

Jean-Baptiste Morin de Villefranche, né en 1583 a vécu une existence d'une rare violence où les épreuves alternent : santé, quasi-répudiation de ses parents, trahisons… Il obtient en tout cas un diplôme de médecin et de mathématicien en 1613. Il exerce une charge d'enseignement au Collège de France dès 1630. Il faut savoir qu'à l'époque, la plupart des sciences ne se différenciaient pas et que personne ne se souciait des spécialités des savants. Un savant devait tout connaître. Il est donc naturel que des mathématiques, Morin de Villefranche soit passé à l'astronomie puis à l'astrologie car dès lors qu'on demandait à l'astronomie de s'expliquer sur ce qu'elle avait à nous révéler sur notre monde environnant, la nature, ses cycles, il était logique de lui demander aussi de se prononcer sur la vie humaine.

La réputation d'astrologue de Morin de Villefranche s'établit entre les années 1630 et 1640, à tel point qu'il est appelé en 1638 pour être présent à la naissance du jeune roi Louis XIV afin d'en noter l'heure exacte et d'interpréter le thème natal de sa jeune Majesté. En revanche, il ne put jamais accéder au titre d'« astrologue royal », cette fonction ayant fait l'objet d'édits d'interdiction dès le XVe siècle sous l'influence de l'Église. Son nom est à retenir car en plus de son rôle à la naissance de Louis XIV, il a rendu à l'astrologie ses lettres de noblesse, en la différenciant d'un fatras de superstitions pour lui redonner un visage humaniste et en usant de cette connaissance avec la rigueur d'un scientifique. Nous lui sommes aujourd'hui encore redevables de ses efforts et de ses enseignements car ce sont bien les bases de l'astrologie moderne qu'il a su poser.

Mise au point n° 2 : l'astrologie n'est pas l'horoscope !

Que celui ou celle qui n'a jamais commencé son journal par la lecture de l'horoscope lève le doigt ! Malheureusement, ce qu'on lit dans les journaux est loin d'avoir valeur d'oracle et seul le hasard permet de façon très occasionnelle la coïncidence entre ce que vous allez lire et votre propre destinée. Attention de ne pas faire l'amalgame !

Parce que l'astrologie est personnalisée…

Une carte du ciel est forcément personnalisée et contient plus de 1 000 paramètres. Pour parvenir à comprendre où en est un individu à un instant *t*, et donc savoir ce qui va se passer pour lui de façon exacte (et non par hasard !), il faut encore monter et étudier d'autres cartes, ce qui multiplie le nombre de paramètres à prendre en compte. Or, l'horoscope ne se fonde que sur le signe zodiacal et solaire, ce qui correspond à… 2 % des informations contenues dans une carte du ciel !

Certes, ces 2 % peuvent se révéler troublants mais avec à peu près autant de chances de se réaliser que les prédictions des papiers contenus dans les biscuits de la fortune des restaurants chinois…

… et que l'horoscope est mondial !

En fait, comme les horoscopes sont un héritage de l'astrologie mondiale (voir encadré ci-après), ils ne parlent pas de vous ni de la tante Berthe, mais de ce qui se passe dans le ciel (et les étoiles) en ce moment même. C'est un croisement mathématique entre la bande zodiacale (qui est un diagramme symbolique fixe dans le ciel) et les mouvements des planètes (qui ont lieu en temps réel, selon les rythmes et les trajectoires étudiés par l'astronomie). Ainsi, l'horoscope qui prédit « pour les natifs du Taureau, risque d'accidents » signifie seulement que dans la zone symbolique délimitée pour le signe du Taureau, une planète supposée causer des événements violents (Mars ou Uranus par exemple) est en train de transiter (en d'autres termes, qu'elle se promène par là…).

Les traits géométriques dont les angles sont précalculés en fonction de la position des planètes permettent de moduler ce « prévisionnel ». Reprenons notre exemple : si la planète Mars transite dans le signe du Taureau et en même temps fait un trigone avec Vénus (c'est-à-dire que Mars et Vénus tracent entre elles une sorte de triangle sur la carte), on dira que « les natifs du Taureau vont tomber amoureux ».

À RETENIR

L'astrologue qui rédige des horoscopes choisit au hasard de parler d'un événement plutôt que d'un autre alors que des milliers de significations pour chaque configuration lui sont accessibles. En réalité, on ne peut pas choisir la signification la plus appropriée sans avoir le thème exact d'une personne. Les horoscopes concernent donc à la fois tout le monde – puisqu'ils parlent bel et bien de quelque chose qui se passe pour tel ou tel signe – et personne, faute de recouper ces différents événements astrologiques avec la totalité d'un thème astral individuel.

À quoi peut bien servir l'astrologie mondiale ?

Il n'échappe à personne que certains événements touchent une entité globale, incluant plusieurs nations, voire à l'heure actuelle, un système-monde... Les guerres, les catastrophes climatiques, les problèmes économiques ont un impact sur des centaines de millions de gens à la fois. Il existe aussi des événements ponctuels, tel l'effondrement des Twin Towers le 11 septembre 2001, qui frappent des milliers de consciences. Chacun se rappelle où il était à cette date précise et comment il a appris la nouvelle. L'astrologie, au même titre qu'elle se prononce sur les événements de la vie d'un individu, peut décrypter ce qui « arrive » à un pays. Le problème est de parvenir à déterminer la date de naissance dudit pays... Doit-on tenir compte de la rédaction ou de la promulgation d'une constitution ? Ou de l'élection d'un président qui fera date ? Autrefois, les thèmes des rois se confondaient avec les thèmes nationaux. Ce qui leur arrivait servait de baromètre au royaume tout entier. On comprenait ainsi un pays à travers le destin de son dirigeant.

L'astrologie mondiale est aujourd'hui à peu près tombée en désuétude. Elle peut néanmoins nous faire réfléchir à ce qui ne dépend pas de nous mais fait partie de nous. Si vous naissez aux États-Unis ou au Japon, votre éducation ou votre cadre d'expansion ne sera pas le même, et cela se verra dans les paramètres de votre développement.

Mise au point n° 3 : la meilleure astrologie est celle qui vous ressemble

Ce livre ne vous apprendra pas à devenir un astrologue confirmé. Tout simplement parce que l'astrologie ne peut se réduire à des dizaines ou à des centaines de lois théoriques ; elle ne fonctionne qu'en s'appuyant sur l'expérience humaine de l'astrologue : une pratique qui ne s'apprend pas dans les livres !

Apprenez à voir les autres (et vous-même)

En revanche, ce que vous pourrez gagner en lisant ce livre – et en appliquant ses conseils –, c'est une nouvelle façon de voir les autres et de vous comprendre vous-même. Grâce à la symbolique de l'astrologie telle qu'elle se voit dans un thème (le signe du zodiaque, l'ascendant – et le rapport entre les deux ! –, la position de la Lune, l'axe du Dragon, etc.), vous comprendrez mieux les traits de caractère et la manière de réagir de votre entourage. Une fois en possession de cette symbolique, vous allez pouvoir décrypter vos proches d'une façon incroyable. Vous aurez tout simplement l'impression de vous trouver dans un appartement dont on aurait soudain allumé la lumière.

Pour chercher ce dont vous avez besoin (comment rentrer en relation, argumenter dans un conflit, comprendre ce qui se passe en l'autre), au lieu de deviner et de tâtonner, vous aurez en main les clefs du comportement.

Une fois cette acquisition faite, libre à vous d'approfondir ou pas ! Et quand on dit « approfondir », il s'agira d'abord d'appliquer dans la vraie vie ce que l'astrologie vous aura permis de comprendre. Sinon ça ne servira à rien. Bien sûr, c'est très chic de pouvoir dire à votre voisin de table que vous êtes de dominante plutonienne avec une tête de Dragon en Maison VIII. Mais si vous vous contentez d'apprendre le vocabulaire symbolique de l'astrologie sans apprendre à le mettre en pratique dans la vie réelle, vous n'utiliserez même pas le millième de ce que l'astrologie peut vous apporter.

Sachez quoi attendre de l'astrologie

Le but de l'astrologie tient en un mot : liberté. Le constat de départ est qu'on est tous pris dans une vie où plus on avance en âge, plus on acquiert des certitudes, que ce soit dans notre façon d'agir, dans nos exigences vis-à-vis de nous-mêmes, et dans nos goûts et dégoûts. Certaines sont excellentes et nous permettent de nous diriger de manière positive, en accord avec nos valeurs et nos objectifs. Et certains autres comportements, loin de nous épanouir, nous empêchent d'atteindre une autre étape de vie en accord avec nous-mêmes.

Le premier objectif de l'astrologie est donc de nous faire comprendre comment nous sommes faits et ce dont nous avons intrinsèquement besoin pour nous sentir nous-mêmes. Son second objectif est de nous aider à nous sentir en accord avec notre entourage (relations familiales, amicales et amoureuses, professionnelles) et construire une vie qui nous convienne. Pour y arriver, l'astrologie dispose d'un certain nombre d'outils destinés à analyser votre nature, vos moyens d'agir et évaluer ce qui a des chances de fonctionner ou pas en fonction de vos objectifs. Tout cela en gardant en mémoire que le véritable enjeu est d'être mieux avec nous-mêmes, selon ce qu'on est et non en fonction de critères extérieurs susceptibles de ne pas nous convenir du tout.

Concrets, les outils offerts par l'astrologie permettent de comprendre en visualisant de façon précise quelles sont, *in situ*, nos réactions spontanées selon notre nature (par exemple zodiacale). Ainsi nous pouvons trouver d'autres manières d'être plus en accord avec notre nature profonde, mais inconscientes et par conséquent inutilisées au quotidien. L'astrologie cependant ne vous aidera pas si vous vous contentez de lire des conseils, car il faut… les mettre en œuvre !

Quelle est la différence entre un psychologue et un astrologue ?

TRUC

La différence avec le travail d'analyse avec un psychologue est importante ; ce dernier travaille avec vous comme un chercheur d'or. Vous creusez avec lui pour découvrir des pans de vérité sur vous-même. L'astrologue a un côté plus sportif : il vous parle comme un entraîneur qui voudrait vous pousser à améliorer vos performances. Son but n'est pas de se pencher sur le passé pour mieux le comprendre mais de vous montrer ce que vous pourriez faire aujourd'hui si vous aviez toutes vos potentialités actualisées…, car en vérité, le plus souvent, et ce quel que soit votre âge, vous êtes loin de savoir de quoi vous êtes capable.

Mise au point n° 4 : avant d'étudier les étoiles, il faut s'étudier soi

L'astrologie souffre de deux écueils : le premier, c'est de penser qu'on ne peut rien en faire à moins de passer vingt-cinq ans à déchiffrer des grimoires. C'est faux, il faut seulement connaître les symboles de base et les lois dynamiques premières d'un thème pour être potentiellement capable de le lire. Le deuxième obstacle, c'est de penser qu'apprendre l'astrologie est une occupation chronophage à laquelle on se livrera plus tard, à l'exemple des échecs ou de la guitare…

En réalité, l'astrologie est un moyen efficace de mieux vivre et d'être heureux, et immédiatement bénéfique à condition d'être prêt à vous mettre en jeu pour ça.

Le monde et toi-même attentivement tu observeras, l'astrologie efficacement tu utiliseras…

L'astrologie, celle qui est vraiment utile en termes de développement personnel, n'est qu'une grille de lecture, aux côtés de beaucoup d'autres, pour comprendre le monde et nous-mêmes. Évidemment une grille de lecture n'a d'intérêt que pour ce qu'elle donne à lire… En clair, la première condition pour que l'astrologie vous soit utile est d'être passionné par les sciences humaines et le fonctionnement du psychisme de l'homme. Cette condition n'est pas toujours remplie, j'en atteste au vu du nombre d'individus à la fois aveugles aux autres et à eux-mêmes qui viennent me consulter.

Le second point important est d'avoir un problème à résoudre. Cette condition, à l'inverse de la première, est fréquemment vérifiée… Pour autant, elle ne suffit pas, car non seulement il faut avoir conscience d'une difficulté propre, mais aussi envie de se transformer. Si vous êtes persuadé que le monde vous en veut et que vous êtes une victime (plus ou moins) universelle, faire de l'astrologie ne va pas vous servir à grand-chose. En d'autres termes, il n'y a pas de place dans ce livre pour le mauvais œil ou le manque de chance. La thèse de départ, c'est que vous avez trouvé un équilibre (plus ou moins bancal, je vous l'accorde) et qu'en fonction de celui-ci, vous vous êtes fait la meilleure vie possible. Donc, la vie qui est la vôtre à l'heure actuelle est celle qui a votre préférence, même si ce n'est pas comme ça que vous voyez les choses !

À RETENIR

Il est essentiel de bien comprendre et d'accepter l'idée qu'on n'est jamais que l'otage consentant d'une existence. C'est en partant de là qu'on peut trouver le chemin d'une vie meilleure. Si vous vous persuadez que les événements ont méchamment (et pourquoi pas intentionnellement) conspiré à vous mettre dans la situation (affreuse) où vous êtes, vous allez vous retrouver dans une impasse…

Ce n'est pas une question de morale mais de stratégie : si vous voulez aller plus loin ou ailleurs, il faut identifier vos tendances et votre manière d'être. Elles ont permis le résultat auquel vous êtes parvenu. L'astrologie vous aidera à le discerner en partant de votre thème astral ou natal qui contient noir sur blanc vos qualités et vos affreux défauts. Du coup, elle va, dans la foulée, pointer du doigt les contradictions de votre personnalité. En effet, si vous vous sentez mal, décalé en vous-même ou par rapport à vos objectifs formulés, c'est que vous n'employez pas les bons moyens pour les atteindre, ou bien que vous vous trompez d'objectif.

L'astrologie aura donc une fonction « diagnostic » importante, pour vous permettre de voir ce qui ne marche pas dans votre vie. Une fois l'état des lieux dressé, elle vous aidera à formuler le but, le type d'harmonie globale vers lequel tend votre personnalité. Ce ne sera peut-être pas ce à quoi vous vous attendez et il se peut même que vous vous réfugiez dans une stratégie d'évitement, mais soyez certain que vous ne parviendrez pas à trouver ailleurs votre accomplissement, et que ce processus implique un passage à travers différentes étapes, chacune d'elles comportant un objectif propre, partie de l'enjeu global.

Annette B., 55 ans, mal dans sa vie et aucune envie de changer…

Des gens malheureux, mon agenda de consultations en est plein ; ils ont le plus souvent une volonté ferme de se prendre en main et de changer. Être prêt à comprendre qu'on a fabriqué soi-même la situation ne signifie pas qu'on devra la subir infiniment, bien au contraire, car ce qu'on a fait, on peut le modifier. Il arrive néanmoins que je tombe sur des irréductibles du *pas de chance* et là, c'est beaucoup plus compliqué.

Annette B., 55 ans, passe donc ma porte. Célibataire par choix – « j'ai eu une expérience malheureuse, j'ai décidé de ne plus souffrir » –, travaillant depuis vingt-cinq ans dans une entreprise qui ne lui plaît pas – « je ne veux pas rentrer dans une course à l'ambition, ça rend fou, moi je suis stable, je fais toujours la même chose » –, sans amis – « les gens, on ne peut pas leur faire confiance, ils sont toujours décevants » –, sans animal de compagnie – « j'aime que ce soit propre chez moi, j'ai horreur de ces maisons pleines de poils » –, pas de vacances depuis bientôt quinze ans – « j'ai eu la malaria la seule fois où je suis allée à l'étranger, ça manque toujours d'hygiène et puis ça coûte cher ». Annette me dit, perplexe : « je ne comprends pas pourquoi mais je suis de plus en plus déprimée »… Je pars de la carte du ciel de la dame pour lui expliquer que de toute évidence, elle semble n'avoir pas su s'extraire des forces restrictives de sa configuration Vierge ascendant Vierge.

En l'occurrence, l'astrologie ne fait pas une révélation fracassante, mais elle permet de prendre un léger surplomb, d'objectiver la discussion au lieu de culpabiliser la personne en lui disant que c'est de sa faute si elle en est là. Ce n'est pas de sa faute, c'est seulement le résultat auquel elle est parvenue et qui peut être modifié. Mais encore faut-il qu'Annette accepte de changer de comportement et de point de vue. Je lui explique que sa carte révèle une personnalité faite pour se mettre au service des autres et que toute logique d'enfermement sur elle-même ne peut que la déprimer davantage car elle ne réalise pas son potentiel. Réaction étonnée d'Annette : « Mais c'est absurde, je ne suis pas venue vous demander ce que je dois changer, ce que je veux savoir c'est quand est-ce qu'il va m'arriver quelque chose de positif. » Eh bien, chère Annette, ça va dépendre de vous… Mais ce qui est sûr c'est qu'il n'arrivera rien de mieux si vous continuez comme ça !

Les cinq règles d'or tu appliqueras…

Pour commencer à comprendre votre entourage et être un peu moins dans le flou, il va falloir prendre de la distance. En effet, utiliser l'astrologie, exactement comme un autre moyen de développement personnel, suppose de faire un travail sur soi. Un travail centré sur cinq points principaux :

1. Définir ce qu'on attend des choses ou des autres.

Il est préférable de se fixer un objectif ou de formuler une attente plutôt que de naviguer à vue en attendant de voir comment le vent tourne. Le vent ne tourne bien, comme dit le proverbe, que si on a tendu les voiles dans le sens où il se lève. Il s'agit aussi de ne pas se tromper de cible : si vous allez chez le fromager avec l'espoir de ramener deux poissons rouges, vous risquez d'être déçu… De même, si vous décidez de devenir chanteur d'opéra sans avoir jamais ouvert une partition. L'astrologie suppose une clarté d'esprit et un solide bon sens et pour ça il vaut mieux commencer par faire le tri entre rêves d'enfants et projets concrets.

2. Cesser d'être dans le contrôle permanent sur tout ce qui nous arrive.

Laissez donc un peu de place et de temps aux choses pour prendre leur mesure et voir vers quoi elles vous amènent. Dans certains cas, c'est vous qui initiez l'événement : là, il s'agit d'être constructif et précis. Mais quand la vie vient à vous riche de promesses, essayez de ne pas replonger dans vos habitudes antérieures. Imaginez deux secondes que vous êtes un alien et que tout est nouveau pour vous. Essayez d'être dans la surprise. Si on arrive à faire cela, au lieu de répondre de manière réflexe à la situation, on laisse plus de liberté aux événements pour donner leurs fruits naturellement. Il ne s'agit pas d'être passif mais plutôt d'éviter de se fermer au changement par excès de volonté de contrôle.

3. Arrêter de faire les mêmes choix infiniment.

Tous autant que nous sommes, nous passons notre temps à nous rassurer sur nous-mêmes, à nous conforter en vérifiant que nous sommes cohérents avec notre identité sans cesse affirmée et réaffirmée. Par exemple, vous savez que votre meilleur ami Nicolas ne réagirait absolument pas comme vous au stress d'un entretien d'embauche : lui arrive avec une furieuse volonté de séduire et vous, vous ne pouvez pas vous empêcher d'être en posture de défense. Or loin de vous contenter de penser simplement que vous êtes différents, vous vous dites qu'il est (presque) fou… Eh bien pour une fois, vous devriez essayer de réagir comme lui, juste pour voir ce qui se passe. Parce qu'à force de répéter les mêmes comportements, votre vie tourne en boucle, vous acculant à n'être que la redite de votre propre histoire (avec les mêmes types d'échecs ou de succès).

TRUC

Tentons une expérience : Prenons l'hypothèse que vous êtes prêt(e) à tout pour ne pas rester célibataire (y compris à trouver quelqu'un qui ne vous convient pas). Dans ce cas, virage à 180 degrés, contraignez-vous au célibat pendant un mois… Autre exemple : vous avez constaté que vous détestez vous occuper de qui que ce soit, chat, grand-mère ou poisson rouge, en ce cas proposez à des proches de garder leurs jumeaux pour un long week-end. On pourrait multiplier les exemples, la philosophie est la même : vous serez certes soulagé quand la période de challenge finira, mais au moins aurez-vous bousculé vos certitudes… Faire de l'astrologie vous amènera à la même chose, c'est-à-dire à apprendre à vivre d'une manière différente de celle que vous aviez envisagée jusqu'à présent.

4. Ne plus être avide mais content de ce qu'on a.

Nous sommes tous structurés par une opposition entre le quantitatif et le qualitatif. En clair, nous accumulons pour atteindre le bonheur, plutôt que de tirer parti de ce que nous avons réellement. Le problème c'est qu'en admettant qu'on parvienne à combler un manque, si ce désir nous a vraiment et profondément déséquilibrés, le jour où on l'aura enfin satisfait, il subsistera à coup sûr des problèmes difficiles à régler. Et là c'est une déception énorme : on ne comprend pas pourquoi, ayant enfin obtenu ce qu'on voulait, on ressent encore une forme de frustration.

Pour sortir du cercle, il faut chercher le bonheur dans ce que vous avez à portée de main. Il convient même d'aller plus loin en cessant de consommer, d'accumuler ou de surajouter des impressions. S'efforcer de dégorger tout le surplus que nous avons emmagasiné relève en fait d'une bonne stratégie. L'astrologie vous demandera de tirer parti de ce que vous êtes au lieu de vouloir à tout prix devenir un autre.

5. Accepter de finir les histoires.

Nous sommes tous faits de chapitres inachevés. Ce sont des gens que nous avons cessé de voir, des études que nous n'avons pas finies, des livres dont on n'a jamais dépassé les premières pages, des activités inabouties… tout cet amas crée un résidu dont nous n'arrivons plus à nous extraire. Pour en sortir, il faut parvenir à formuler ce qui nous a empêchés d'aller à terme. Il ne s'agit pas forcément de finir les livres commencés ou d'aller insulter les gens qu'on déteste, mais simplement de comprendre pourquoi quelque chose s'est fini dans notre vie, et pourquoi on s'en est éloigné. En un sens, il s'agit d'être franc avec soi car pour devenir celui qui débusque les illusions des autres… mieux vaut commencer par soi-même !

De te connaître toi-même avant de connaître ton destin tu accepteras…

Si vous attendez de l'astrologie qu'elle vous prédise ce qui vous arrivera demain et si Isabelle est la femme de votre vie ou Gaston votre amour éternel, eh bien, vous allez être déçu(e). L'astrologie vous conduit plutôt à tirer pleinement parti de ce que vous êtes aujourd'hui au lieu de fonctionner comme d'habitude à 3% de vous-même. A ce compte, vous pourrez avoir des lendemains qui chantent (pour de bon). Quant à Isabelle ou Gaston, ils n'interviendront que dans un deuxième temps. Avant de rencontrer la bonne personne, il convient de savoir si c'est bien ce que vous cherchez…

Donc, quelle que soit la situation où vous êtes en commençant ce voyage, attendez-vous à subir un fort décapage de votre personnalité…

Chapitre 3

Le zodiaque et le cycle des saisons

Dans ce chapitre :

- Zodiaque sidéral et zodiaque tropique
- La division des signes en saisons
- À chaque signe son énergie
- Tableau de synthèse des défauts et qualités notoires des 12 signes

L'astrologie ne parle pas des signes du zodiaque, elle s'en *sert* pour parler… de vous, de votre voisin, de ce qui vous touche ou même de ce qui fait que vous êtes en train de feuilleter ce livre et de songer à vous le faire offrir… Car un signe du zodiaque est avant tout un **symbole** et comme le bâton brisé qui ne prenait sens qu'une fois ses deux parties réunies par les messagers (*sum-bolon*), il est fait de deux dimensions :

Une dimension **visuelle**, celle du *glyphe* que vous voyez sur la carte (ou qu'on vous offre en pendentif…), lequel trace une figurine (*zodion* en grec) représentant la constellation dont le signe tire son nom.

Une dimension **psychique**, qui est la synthèse de tout un ensemble d'attitudes et de réactions caractérisant le natif du signe, au moins en partie (car on verra que le signe zodiacal n'est qu'une infime partie de ce que l'astrologie a à nous dire).

Ces significations se sont progressivement ordonnées pour produire un système de lecture des psychologies individuelles et des événements.

L'origine réelle et symbolique des signes du zodiaque

Simple observation des étoiles au départ, l'astrologie a progressivement pris son indépendance par rapport à sa sœur aînée, l'astronomie. Cette indépendance s'est marquée dans le passage à un langage symbolique.

Entre astronomie et astrologie : la découverte du zodiaque

Hérodote a rapporté l'anecdote suivante sur les Égyptiens : « Quand un signe étrange se manifeste, ils en notent soigneusement le résultat. Si par la suite quelque chose de semblable se déclare, ils pensent que les mêmes événements se reproduiront. » Ce témoignage du premier des historiens nous renseigne sur l'enjeu de l'astrologie : établir des régularités et repérer ce qui fait exception, pour trouver si possible, derrière chaque exception, une nouvelle loi de régularité.

Cette façon de réfléchir s'appuie sur la croyance en un ordre du monde où tout se produit selon certains principes immuables comme la course des astres. Cet ordre est observable et le but de l'astrologie est de le décrypter pour savoir à quoi s'attendre à l'étape suivante. L'astrologie est donc, dès le départ, une science pratique ou, pour être plus exact puisqu'à l'époque on ne parlait pas de science au sens moderne du terme, une méthode réfléchie à but pratique. On ne fait pas de l'astrologie pour l'amour de la connaissance mais bien pour prévoir la qualité des récoltes ou les victoires du roi.

Comment en est-on venu à s'intéresser aux signes du zodiaque ? Au début, seuls le Soleil, la Lune et Vénus étaient observés. On trouve chez les Babyloniens, vers 1800 avant J.-C. des tablettes décrivant les levers et couchers de Vénus ainsi que ce qui était apparent quand la planète était invisible. Ce n'est que bien plus tard, au Ve siècle avant J.-C., que les mêmes Babyloniens disposèrent des calculs astronomiques destinés à prévoir la position de la Lune et des planètes. Ils mirent au point un cercle gradué divisé en 12 parties égales de 30 degrés chacune : le ZODIAQUE.

Le zodiaque est à la base une bande en ellipse ou écliptique sur laquelle se déroule la course céleste des planètes, telle qu'on peut l'observer depuis la Terre d'un point à l'autre de l'horizon. Le cercle gradué est la figure symbolique de cet écliptique. Au passage, la course des astres traverse différentes constellations dont les noms sont fixés depuis longtemps, les plus anciennes remontant à l'époque d'Hammourabi. En 419 avant J.-C. un texte cunéiforme énumère les signes du zodiaque pour la première fois ; ils sont tout simplement tirés des constellations traversées par les astres.

Zodiaque sidéral et zodiaque tropique : les deux visages de l'astrologie

Avec les signes du zodiaque, l'astrologie fait un pas vers l'étude des destinées individuelles, là où elle s'occupait auparavant davantage de ce qu'on appellerait aujourd'hui une forme d'astrologie cosmique ou mondiale. En effet, pour passer de l'étude du cosmos à celle de l'individu, il fallait que se rencontrent l'idée d'un ordre régulier et répétitif de la nature et celle – presque contradictoire avec la première – du caractère unique de toute existence. La conquête de Babylone par les Perses opéra ce mélange entre l'ancienne astrologie chaldéenne et la doctrine de Zarathoustra.

La découverte du zodiaque tropique par Hipparque

Aux alentours de 200 avant J.-C., Hipparque, pour établir son Catalogue des étoiles fixes, procéda à des comparaisons entre les données astronomiques dont il disposait et celles laissées par les anciens astronomes grecs. Il découvrit que le point de départ de l'année, en 150 ans, avait rétrogradé d'environ 2 degrés, phénomène qu'on appelle la précession des équinoxes. Elle consiste en ce que tous les soixante-douze ans environ, l'axe de la planète – ou écliptique – se déplace d'un degré. Dès lors, la situation de l'observateur change et les données astronomiques observées avec elle.

C'est en Grèce que le système se fixa avec la découverte de la différence entre les deux zodiaques :

- Le zodiaque ***sidéral*** se fonde sur la position observable des étoiles selon les données astronomiques, sachant qu'elles sont « déformées » par le déplacement de l'observateur terrestre.
- Le zodiaque ***tropique*** détaché de l'observation, privilégie un calcul des positions planétaires, pour essayer de restituer leur position réelle, indépendamment de l'observateur.

Aujourd'hui on utilise les deux pour des enjeux différents : le zodiaque lahiri ou sidéral (qui prend en compte le déplacement du point de départ de l'année ou point « vernal ») sert à la prévision, et le zodiaque tropique sert à l'interprétation.

La découverte du zodiaque tropique a renforcé la représentation symbolique du zodiaque conçue comme une roue du destin et associée plus particulièrement à la course du Soleil dans les douze signes. L'accent mis sur la progression du Soleil a imposé un rapprochement avec le cycle des saisons, les quatre saisons connaissant chacune trois étapes : un début, une affirmation et une fin qui est aussi une transition vers la saison suivante.

Le cycle des saisons et des énergies

Le cercle zodiacal est subdivisé en quatre signes **cardinaux** ou **tropiques** marquant le début d'une nouvelle saison (Bélier, Cancer, Balance, Capricorne), quatre signes **fixes** (Taureau, Lion, Scorpion, Verseau), qui sont les signes où s'affirme le caractère de la saison, et quatre signes **mutables** (Gémeaux, Vierge, Sagittaire, Poissons) correspondant au passage et à la transformation vers la saison suivante.

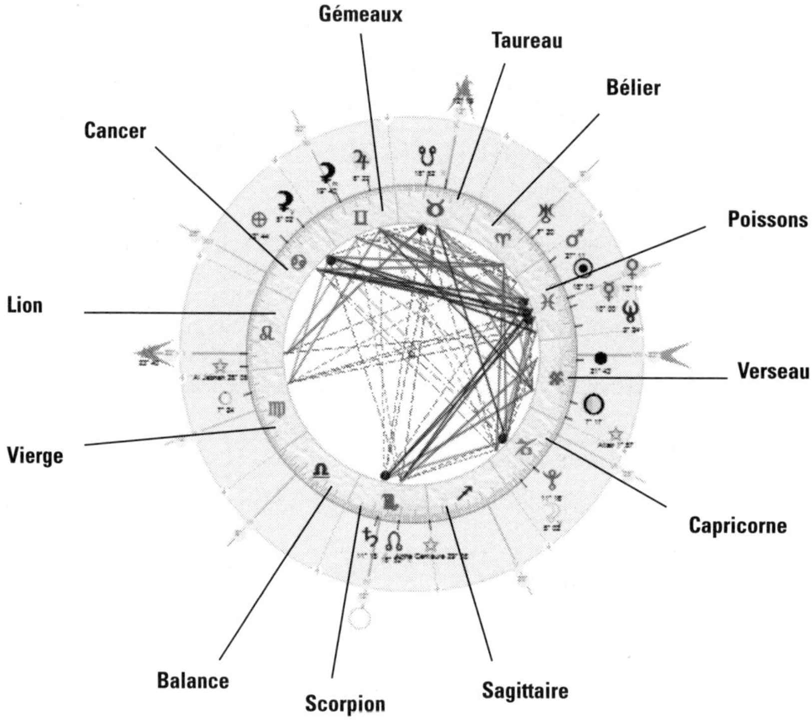

Figure 3-1 : Les signes sur une carte astrale.

L'ordre des signes et l'ordre des saisons

Nous avons donc douze signes du zodiaque qu'il est bon dès à présent d'apprendre par cœur dans l'ordre où ils se présentent. Soit : Bélier, Taureau, Gémeaux, Cancer, Lion, Vierge, Balance, Scorpion, Sagittaire, Capricorne, Verseau, Poissons.

Retenir l'ordre du zodiaque : l'histoire des saisons

Si ça ne rentre pas tout seul, il y a un moyen mnémotechnique, car les signes du zodiaque racontent une histoire. Autrefois, chaque constellation avait sa mythologie propre. De nos jours, tout s'enracine dans l'histoire chrétienne, les deux équinoxes et les deux solstices constituant les piliers de notre année.

Ainsi le cycle débute au printemps : le 21 avril, jour de l'équinoxe de printemps, commence un signe, le Bélier, signifiant l'éveil de la nature. Le 21 juin correspond au début du signe du Cancer, et au jour du solstice d'été, moment où le Soleil est le plus près de la Terre dans nos hémisphères. Le 21 septembre, à l'équinoxe d'automne, c'est le signe de la Vierge. Enfin, le 21 décembre, jour du solstice d'hiver, le signe du Capricorne est mis à l'honneur.

Les saisons et les fêtes religieuses : décryptage

Les fêtes apparentées aux quatre points de l'année sont :

Pâques, autour du 21 avril, est le symbole de la résurrection, et du renouveau de la nature. Symboliquement et naturellement, ce moment de l'année marque une renaissance.

Le 21 juin honore saint Jean. C'est une fête païenne qui célébrait l'arrivée de l'été. Au Moyen Âge, elle était une parenthèse dans l'année, où tout était permis.

Le 21 septembre correspond approximativement à la fête des vendanges, avec la Saint-Michel qui marque le moment de l'année où on va devoir effectuer un triage symbolique dans nos vies.

Enfin le 21 décembre correspond à la nuit la plus longue de l'année, celle qui nous mène à la nuit de naissance du… divin enfant.

Les énergies des signes

À chaque moment de l'année correspond une énergie différente :

- Au printemps : Bélier-Taureau-Gémeaux, la nature prend son essor : **commencement**.
- À l'été : Cancer-Lion-Vierge, le temps est au labeur et à la récolte : **production**.
- À l'automne : Balance-Scorpion-Sagittaire, tout s'approfondit et se trie, essentiel et superflu se partagent : **triage**.
- Enfin, à l'hiver, la conjonction Capricorne-Verseau-Poissons nous fait entrer dans un moment d'extrême intériorité : **maturité invisible.**

La division des signes en cardinal/fixe/mutable

Les différents prismes énergétiques symbolisés par les saisons se traduisent aussi par la division ternaire des signes astrologiques en cardinal/fixe/mutable :

- Cardinal pour l'énergie des commencements.
- Fixe pour celle de la stabilisation.
- Mutable pour celle de la transformation.

À partir de ce découpage de la roue du Zodiaque en quatre parties qui symbolisent aussi bien les saisons que le passage d'une saison à une autre, on peut déduire une sorte de profil symbolique de chacun des 12 signes.

Portrait symbolique et pratique des énergies des douze signes du zodiaque

Si on détaille, signe par signe, voilà ce que ça donne :

Bélier

♈

En symbole : Au point de vue symbolique, le Bélier est dit cardinal car il porte l'impulsion fougueuse d'un début de printemps. Signe de Feu, cela signifie que c'est dans les objets extérieurs qu'il trouve le sens qui l'illumine. Il porte le chiffre 1 dans la roue humaine, et symbolise le désir sous toutes ses formes.

En pratique : Le Bélier s'incarne, il cherche une expression de son énergie qui lui ressemble. Il veut, comme tout signe de Feu, se continuer lui-même, dans une expression créative, mais surtout personnelle de son être. On peut noter un élan, un enthousiasme, qui dénote toujours une volonté de se différencier de son environnement.

Taureau

♉

En symbole : Ce signe est fixe, ce qui signifie qu'il stabilise les impulsions issues du Bélier (la possession après la conquête). La parenté avec la Terre donne au Taureau la capacité concrète de faire fructifier ce qu'il reçoit en son sein. Le Taureau a pour chiffre analogue le 2, qui est le nombre clé de la polarité : le Taureau insiste sur le face-à-face avec le monde, il s'agit de s'y faire une place et de s'y sentir bien.

En pratique : Le Taureau veut ressentir ce qui l'entoure, et pour cela, il se stabilise, comme un arbre. Le Taureau est aussi le signe qui signifie la mère nourricière, celle qui protège, par son immobilité et sa pérennité.

Gémeaux

♊

En symbole : Mutable, le Gémeaux symbolise la transformation des ornements (fleurs) pour les remplacer par des fruits qui seront non plus beaux à voir, mais plus utiles. Signe d'Air, le Gémeaux trouve son équilibre dans la multiplicité des relations. Son chiffre symbolique, le 3, signifie à la fois la circulation entre des pôles, et la recherche d'unité entre des opposés. De cette dualité interne, le Gémeaux tire ses plus grandes qualités, ainsi que ses travers : avide d'entreprendre et de découvrir le monde, rien ne l'attache durablement…

En pratique : Sa principale qualité tient en sa capacité à communiquer : brillant, souvent cultivé, le Gémeaux fait montre d'une belle vivacité dans ses reparties, voire une fantaisie. Son principal défaut est une forme d'insatisfaction constante : le Gémeaux est un perpétuel « décentré » qui a une grande difficulté à se comprendre lui-même.

Cancer

En symbole : De tonalité cardinale, le Cancer symbolise la première impulsion vers une vie intérieure, et un retournement de la conscience sur elle-même. Signe d'Eau, le Cancer a besoin pour s'épanouir de se sentir homogène avec le milieu émotionnel dans lequel il se trouve. Analogiquement, il est lié au chiffre 4 qui symbolise les éléments. C'est donc l'image de plénitude, mais aussi celle d'autosuffisance qu'il faut associer à ce signe.

En pratique : La personnalité du Cancer est pétrie par ses émotions et ses sentiments. Hypersensible, le Cancer est l'être qui se recroqueville sur ses proches, sa famille et son environnement immédiat pour retrouver la sensation initiale du cocon maternel. Le Cancer prend sans cesse ses marques, et en vieillissant, il se rassure par ses habitudes, par une routine protectrice qui risque parfois de rétrécir ses perspectives.

Lion

En symbole : Ce signe est fixe, ce qui signifie qu'il stabilise la personnalité développée en Cancer (monde intérieur) en lui adjoignant un rayonnement à partir d'un ego constitué. Signe de Feu, le Lion trouve le sens de son existence dans l'expression et la continuation de lui-même, que ce soit par les enfants, dans une création artistique ou dans sa vie amoureuse. Nanti du chiffre 5 dans la roue du zodiaque, qui signifie « l'homme », le Lion est à la fois autosuffisant et susceptible de créer quelque chose le dépassant.

En pratique : Le Lion est orgueilleux, presque par nécessité d'exister ; en effet, sa planète corollaire est le Soleil. Attaché au beau et au faste, le Lion risque de se laisser prendre aux apparences. Mais son goût de la mise en scène vient du fait qu'il a besoin d'avoir un regard indirect permanent sur ce qu'il vit. Le Lion est souvent courageux (ce n'est pas une image d'Épinal !) voire sublime devant l'adversité, et d'une générosité sans pareille.

Vierge

En symbole : Ce signe est de nature mutable, ce qui signifie qu'il est très sensible aux regards extérieurs, qu'il a tendance à un manque d'estime et de confiance en lui-même le poussant à un examen de conscience perpétuel et à la culpabilisation. Signe de Terre, la Vierge a besoin de sentir une stabilité, un ordre autour d'elle qui seul la sécurise assez pour tenter de nouvelles aventures… Ce signe porte le nombre 6 dans le développement numérique ; c'est un chiffre terrestre, symbole de la perfection en puissance, en référence à la création du monde en six jours dans la Genèse. Comme ce chiffre, la Vierge œuvre et se définit par son travail.

En pratique : Craignant pour son équilibre, la Vierge est dans une attitude de protection maximale de ses habitudes. Dans sa façon de prendre des marques et de procéder, elle ne changera que si elle comprend et admet une supériorité de fonctionnement. Sa principale qualité est la vigilance, caractéristique assez rare dans le zodiaque.

Balance

En symbole : Ce signe est de nature cardinale, ce qui peut étonner – on cherche le rapport entre la Balance et le Bélier… Il s'agit en l'occurrence de donner non pas une impulsion créatrice mais une impulsion-ouverture vers l'autre, démarche nécessaire à l'harmonie intérieure de la Balance. Signe d'Air, la Balance aspire à faire partie d'un monde et non à le recréer seule. Le chiffre 7 auquel elle est associée marque l'avènement et la fin d'un cycle : elle est le premier des signes du zodiaque marqué par le monde social et pas seulement par la quête de sa propre personnalité.

En pratique : La Balance a un magnétisme naturel qui charme et met en confiance ses interlocuteurs ; c'est de là que vient aussi la réputation de la Balance à retenir les autres sans s'engager elle-même. Sa capacité d'écoute, son calme et sa compréhension donnent l'image de quelqu'un digne de foi… Mais, en réalité, elle se demande quoi penser et quoi choisir, et comme c'est une Balance, ça prend du temps…

Scorpion

En symbole : L'étonnement continue quand on apprend que le Scorpion fait partie des signes fixes : en effet, celui-ci l'est par le fait qu'il sera incapable de lâcher prise tant qu'il ne se sera pas fait « son » idée sur quelque chose… Le Scorpion vrille sur place et en profondeur, c'est sa manière d'être fixe. C'est un signe d'Eau : il s'exprime par son ressenti, son besoin d'intensité, et le monde extérieur disparaît presque totalement au profit de sa perception subjective. Le chiffre 8 attaché à ce signe correspond au chiffre 4 (le monde matériel) « doublé » c'est-à-dire mis en profondeur.

En pratique : Ce signe, comme tout autre, a les défauts de ses qualités : lorsque la vie n'est pas assez mouvementée, ni passionnante, lorsque le calme plat s'installe, le Scorpion se hâte d'y remettre de l'intensité, avec une bonne crise, suivie de résolutions passionnées… Le Scorpion n'en a pas forcément conscience, il « sent » un malaise, un mensonge, persuadé que la crise redonnera à la situation une chance d'être plus pure et plus vraie.

Sagittaire

♐

En symbole : Mutable, le signe du Sagittaire l'est parce que, quelle que soit la visée de départ qui lui sert de moteur, il va s'attacher à aller plus loin, à trouver un idéal qui la dépasse encore. Signe de Feu, rien ne lui suffit jamais. Il a besoin de se projeter dans une dynamique et des constructions qui se succèdent, sans quoi il a l'impression d'étouffer. Lié au chiffre 9, symbole de la génération et de l'accomplissement, le Sagittaire est un ambitieux invétéré, idéaliste, humaniste et avide de grands horizons.

En pratique : Le Sagittaire assume souvent des responsabilités pour les autres et veille à correspondre à l'image qu'on attend de lui tout en essayant de donner plus d'ampleur à son cadre. En même temps, le Sagittaire accepte d'autant mieux les responsabilités qu'il a une sensation totale de liberté, faute de quoi, il cherchera pour lui seul une position de surplomb et laissera les autres derrière lui.

Capricorne

♑

En symbole : Signe cardinal, le Capricorne vise la maîtrise. Il cherche dans le monde et en lui-même un reflet de sa capacité à diriger et à impulser les événements. Signe de Terre, le Capricorne l'est avant tout par sa patience et son sens du temps. Il a pour nombre symbolique le 10, qui correspond au nombre divin qui structure ou détruit le monde (pensons aux Dix Commandements et aux Dix Plaies d'Égypte).

En pratique : De tous les signes du zodiaque, le Capricorne est sans doute le moins « sympathique » : profond, solitaire, studieux, exigeant, économe, réfléchi jusqu'à l'extrême, hypersensible mais ne montrant rien de ses émotions intimes, religieux, philosophe ou épris de sa propre réussite, il décourage et la convivialité et les rapports spontanés. Rien n'est évident pour lui, tout est matière à réflexion, à approfondissement.

Verseau

♒

En symbole : Signe fixe, le Verseau est tenace dans ses points de vue et va au bout de ses certitudes. Signe d'Air, le Verseau a besoin de ne pas sentir d'entraves. Il aime la relation aux autres, mais aussi la liberté qui va avec, d'où le mélange surprenant d'une très grande sociabilité et d'une relative… indifférence. Son nombre symbolique, le 11, est celui de l'intuition, des idéaux élevés et abstraits.

En pratique : Pour un Verseau, l'attachement est source de difficultés parce que tout lien lui crée des obligations qu'il mesure mal et qui de ce fait, le fatiguent. Un Verseau, dans l'idéal, aimerait traverser la vie comme un vent : tout lui plaît, tout l'intéresse, mais rien ne doit servir d'arrimage ni l'ancrer, car cela reviendrait à l'étouffer.

Poissons

En symbole : Signe mutable, le Poissons est connu pour être insaisissable et profondément changeant. Au gré de ses ressentis intérieurs qui sont d'une vivacité hors du commun, le Poissons hésite entre une confiance absolue en l'humanité et une méfiance totale à l'endroit de ceux qui l'entourent... Signe d'Eau, le Poissons a besoin d'amour et s'il se sent rejeté, il ne parviendra pas à avoir assez foi en lui pour reconquérir quelqu'un. Tout pour lui peut devenir atteinte ou traumatisme, ce qui est parfois difficile à anticiper pour son entourage. Son nombre symbolique, le 12, est celui du mysticisme, du pouvoir, et du secret.

En pratique : Le signe du Poissons est marqué par une ambivalence qui le conduit à se sacrifier pour ceux qu'il aime, avec une abnégation sans pareille. Dans le même temps, il leur en veut d'avoir à le faire. Ce qui crée une situation où culpabilité et sacrifice se mêlent si intimement qu'il devient difficile de faire le partage entre les deux...

Deux premières clefs de lecture sur les signes du zodiaque

À RETENIR

- Un signe c'est d'abord une *énergie* particulière, qui trace un style de personnalité.
- Le signe du zodiaque d'une personne est un *indice extérieur* sur cette personne : comme un vêtement, c'est ce qu'on voit d'abord, mais c'est loin d'être le sésame qui dévoile tout...

Vous avez désormais toutes les cartes en mains – si on peut dire – pour avoir une vue plus fine de chacun des 12 signes.

Pour vous donner quelques pistes avant de vous lancer dans l'étude de votre entourage, voici un tableau qui regroupe, de manière à la fois synthétique et un peu décalée, les principales caractéristiques des douze signes du zodiaque. Ce ne sont que des indices généraux, à consommer avec modération. Rappelez-vous bien que le signe zodiacal n'étant qu'un « vêtement », il se révélera très différemment selon « qui » le porte !

Tableau 3-1 : Le profil type des douze signes du zodiaque

Le signe	*Pourquoi il vous irrite*	*Son sens de l'humour*	*Narcissique ou pas ?*	*La qualité à laquelle il tend*	*Le défaut dont il veut se débarrasser*	*La qualité sur laquelle on peut compter*	*Son rapport aux habitudes*
BÉLIER ♈	Parce qu'il essaye de vous choquer, en vous poussant à l'action.	Ça dépend des jours, parfois excellent, parfois absent.	Se met naïvement en avant ou au contraire se dévalorise, sans aucun juste milieu.	Pouvoir agir sur tout.	Son emportement, ne réfléchit pas avant d'agir, refait les mêmes erreurs.	Courageux pour les autres.	Très mauvais, il se sent étouffer.
TAUREAU ♉	Parce qu'il attend de voir ce que vous allez faire.	Autodérision quand il se sent sûr de lui.	Pas très prononcé mais capacité à être autosuffisant.	Régularité absolue.	N'arrive pas facilement à intégrer la nouveauté.	Fidélité et droiture.	Excellent, ne se sent vivre que dans un rythme très réglé.
GÉMEAUX ♊	Parce qu'il balade sa légèreté ou son indifférence feinte.	Beaucoup d'humour quand il ne se sent pas touché ou découvert.	Pas du tout, ça ne l'intéresse pas.	Capacité de ne jamais compter sur rien et de recommencer tout le temps.	Naïveté qui lui donne une confiance superficielle dans le monde.	Incapacité à être rancunier.	Ça le fait mourir d'ennui ou mourir tout court !
CANCER ♋	Parce qu'il ne vous laisse pas entrer dans son périmètre intérieur.	Peut avoir l'air d'en avoir mais demeure très susceptible.	Plutôt esprit de clan que véritable narcissisme, beaucoup de mal à s'ouvrir au monde extérieur.	Mémoire et capacité à reproduire ce qui lui tient à cœur chez ses ancêtres.	Méfiance qui l'empêche d'aller de l'avant.	Grande tendresse et douceur de cœur.	Rassurant et apaisant surtout s'il a du temps pour faire à sa manière les choses sans pression.
LION ♌	Parce qu'il essaie de manifester à quel point il est supérieur sur certains points (vantard) pour voir si vous êtes à sa hauteur ou non.	Tant qu'il ne prend pas la mouche, c'est le plus adorable des convives.	Fort, mais ça ne se sent pas parce que ça disparaît derrière son idéal.	Perfection et surplomb en tout.	Naïveté qui fait qu'il se fait souvent avoir (dès qu'on le flatte).	Engagement envers et contre tout.	Tant qu'elles sont un écrin à sa grandeur, tout va bien.
VIERGE ♍	Parce qu'elle essaye de vous diriger subrepticement.	Pas son point fort.	Plutôt narcissisme de ce qu'il a fait ou de la manière dont il peut se sentir utile.	Maîtrise sur les détails.	Délire de propreté et hypocondriaque basique.	Capacité à faire les choses jusqu'au bout.	Maniaque avec ses habitudes, ne supporte pas d'être dérangé.

Le signe	*Pourquoi il vous irrite*	*Son sens de l'humour*	*Narcissique ou pas ?*	*La qualité à laquelle il tend*	*Le défaut dont il veut se débarrasser*	*La qualité sur laquelle on peut compter*	*Son rapport aux habitudes*
BALANCE ♎	Par son refus de rentrer dans des conflits, elle se donne le style d'être divinement stable et juste…	Convenu ou convenable, un peu caustique intérieurement avec les défauts des autres.	Pas vraiment, plutôt focalisée sur ce qu'elle juge en accord avec elle ou au contraire inacceptable.	Justice et équilibre.	Neutralité qui fait qu'elle ne prend pas parti dans les conflits.	Respect du point de vue des autres.	Pourvu qu'elles soient élégantes et en accord avec ses principes, elle s'y plaît.
SCORPION ♏	En permanence, pour essayer de voir si vous l'aimez et si vous allez toujours avoir la même réaction.	Humour incroyable mais très noir, autodérision qui fait qu'il remet tout en cause.	Total mais avec une méconnaissance de lui-même qui rend la quête narcissique infinie.	Rendre les autres plus passionnants et plus intenses.	Son angoisse viscérale dont il est souvent l'otage.	Intelligence qui ne lâche jamais.	Les détruit farouchement.
SAGITTAIRE ♐	Il ne vous provoque pas, il se sent provoqué par votre attitude (quelle qu'elle soit).	Très social, aime les plaisanteries qui font rire tout le monde (sauf qu'elles ne sont pas drôles).	Haute idée de soi-même donc forcément un gros brin de narcissisme.	Recréer le monde par la force de ses certitudes.	Son irascibilité lui fait souvent prendre les choses de front.	Responsabilité pour les autres et exigence dans ses valeurs.	Aime s'y plier pour se sentir supérieur.
CAPRICORNE ♑	Par sa fermeture et son silence. Capable de couper les ponts.	À froid et second degré.	Pense spontanément qu'il détient la norme universelle (en toute objectivité).	Parfaite cohérence et maîtrise totale de lui-même.	Envie de fuir sa vie et de se réfugier sur une montagne.	Sens de l'engagement et refus des compromissions.	A des rites, l'habitude c'est mesquin.
VERSEAU ♒	Par ses idées universelles qui ont tendance à vous faire sortir de vos gonds.	Le monde peut l'amuser ou le déprimer, ça dépend des jours.	Non ça ne l'intéresse pas, mais il ne veut pas qu'on empiète sur sa liberté.	Être dans le non-jugement, et une absolue égalité intellectuelle.	Capacité d'oublier ce qui le dérange.	Ouverture d'esprit.	Au fou.
POISSON ♓	En vous disant que vous ne l'aimez pas assez.	Il adore imaginer des situations absurdes.	Forme particulière de narcissisme affectif, oui. Il ne comprend pas que les autres refusent de le mettre au centre de leur vie.	Capacité à être visionnaire ou fusionnel.	Hypersensibilité qui le fait se sentir en permanence atteint par l'existence.	Accueil affectif de l'autre, profonde empathie.	Aime se recroqueviller dans une coquille douce et connue.

Chapitre 4

Comprendre la signification des Maisons dans un thème

Dans ce chapitre :

- Douze Maisons pour douze vues sur votre existence
- Ce qui se passe vraiment à l'intérieur des Maisons

Maintenant que vous avez saisi toute l'importance et la limite des signes du zodiaque, il va falloir s'intéresser aux deux autres principaux éléments d'une carte du ciel. D'une part les Maisons, à savoir les domaines concrets d'expérience dans lesquels se déroulera la vie d'un individu, et d'autre part les planètes, forces dont les interactions, les puissances et les faiblesses « détermineront » le caractère de l'individu.

Le cercle des Maisons : portrait d'une vie en douze séquences

Les Maisons sont l'élément le plus difficile à appréhender pour qui débute en astrologie, en raison de leur caractère à la fois statique et dynamique. À la manière d'un programme de théâtre ou de concert, elles annoncent ce qui va se passer sans pour autant tout dévoiler de la qualité d'interprétation de l'artiste… que vous êtes.

Les Maisons : des domaines d'expérience

Si vous regardez la carte du ciel montée avec un logiciel d'astrologie, vous remarquerez deux cercles qui se côtoient, ou plutôt s'imbriquent l'un dans l'autre :

- le cercle des Maisons donne les **domaines** d'expérience (le professionnel, la relation à l'autre, le moi…) ;

- le cercle des signes du zodiaque indique la **façon** de faire des expériences.

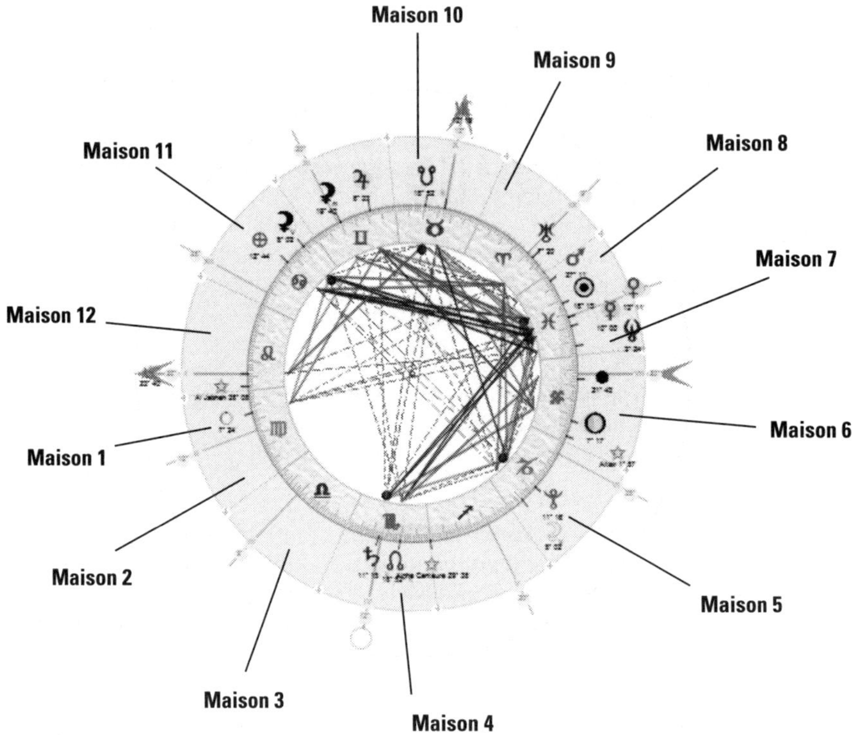

Figure 4-1 : Les maisons sur une carte astrale.

Pour chacun, cette superposition s'avère différente. Le cercle des Maisons comme le cercle des signes sont définis en fonction du Soleil : le cercle des signes représente le mouvement annuel du Soleil (à travers les constellations), alors que le cercle des Maisons représente, lui, son mouvement diurne, car dans la Grèce ancienne, le cercle des douze oracles du destin était apparenté au cercle des douze heures.

Un moyen mnémotechnique datant... du Moyen Âge

Un vers latin – sorte d'inventaire à la Prévert ! – a servi à fixer la signification des Maisons :

> « *Vita, lucrum, fratres, genitor, nati, valetudo, uxor, mors, pietas, regnum, benefactaque, carcer.* »

Explication : traditionnellement la première Maison, celle de l'ascendant, concerne la vie entière (*vita*). La deuxième est liée aux biens matériels (la fortune, *lucrum*) et plus généralement à la stabilité que donnent ces possessions. La troisième, celle des « frères » (*fratres*), désigne le cercle des proches et, au sens élargi, la communication. La quatrième renseigne sur le rapport à la famille (donc au père, *genitor*). La cinquième peut désigner les enfants (*nati*), les créations artistiques et tout ce qui constitue une extension de l'individu (y compris sa vie sentimentale...). La sixième parlera de la santé (*valetudo*), la septième du couple (et donc au Moyen Âge, de l'épouse, *uxor*, puisqu'on dresse toujours l'horoscope d'un monsieur !). La huitième Maison est celle de la mort (*mors*) ou de la naissance, à savoir les transformations les plus profondes. La neuvième Maison parle de la religion (*pietas*) mais aussi des voyages à l'étranger (comme quoi la religion est un grand voyage...). La dixième Maison concerne la sphère professionnelle et donc celle du royaume (*regnum*). La onzième Maison vise la sphère relationnelle élargie et positive (tous ceux qui nous veulent – et nous font – du bien, *benefacta*). Enfin la douzième Maison parlera des enfermements, qu'ils soient carcéraux (*carcer*) ou psychiques.

On reprend : douze signes et douze maisons. Chaque maison correspond à un domaine d'expérience, ce qui signifie qu'il y a douze domaines principaux dans la vie d'un individu. Certains se recoupent, d'autres semblent très importants, mais somme toute, ils recouvrent la totalité de l'existence humaine.

Les superpositions de signe et maison indiquent la façon concrète dont le natif « habite » chaque maison : ainsi par exemple, si vous avez la Maison I superposée à un signe du zodiaque, cela veut dire que votre ascendant sera dans cette maison. La Maison II correspondant à l'argent, et le signe du zodiaque qui sera placé au-dessus de cette maison montrera de quelle manière vous abordez la question de l'argent.

Les significations résumées des douze maisons

Pour saisir le mécanisme de superposition entre signe et maison et commencer à décrypter votre propre carte (ou celle de qui vous voudrez...), voici la signification symbolique de chaque maison du zodiaque :

- Maison I : Je suis à moi-même mon idéal : le moi.
- Maison II : J'ai, je possède : l'argent.
- Maison III : Comment je m'insère dans le monde qui m'entoure ? Les relations, la communication.
- Maison IV : Les racines de mon âme : la famille, mon monde intérieur.
- Maison V : J'aime et donc je crée : des enfants, de l'art, des relations amoureuses.
- Maison VI : Je m'améliore car je me confronte : le quotidien.
- Maison VII : Qui est cet Autre que je cherche ? L'Autre du couple...
- Maison VIII : Quel est ce pouvoir qui me fascine ? La sexualité, le pouvoir.

- Maison IX : Je m'élève à un idéal qui prolonge ma vision du monde : la réussite sociale ou professionnelle.
- Maison X : Voici ce que je réalise dans le monde : mon métier, ma position sociale.
- Maison XI : Voici l'image que je veux donner de moi-même : les réseaux, les groupes humains, les projets.
- Maison XII : Les épreuves qui me forcent à me constituer une nouvelle identité : les difficultés, les graves maladies.

Regardez dans ce chapitre les caractéristiques des signes et croisez-les avec les significations symboliques des maisons :

- Si vous avez le signe du Taureau au-dessus de la Maison II, quelle sera votre approche de l'argent ?
- Si vous avez le signe du Capricorne au-dessus de la Maison I, quel sera votre principal trait de caractère ?
- Si vous avez le signe du Gémeaux au-dessus de la Maison III, quelle sera votre façon d'aborder le relationnel ?
- Si vous avez le signe du Verseau au-dessus de la Maison IV, quelle sera votre relation avec votre famille ?

À l'intérieur des Maisons : l'alchimie secrète de l'existence

Vous commencez à le comprendre, chacune des douze Maisons dans votre thème astral est une vue en coupe de votre personnalité ; en même temps, c'est le lieu symbolique où vous allez rencontrer des événements qui vous façonneront.

Le ruban infini de l'ego et du réel

Ces deux dimensions ne sont ni successives ni différentes : selon ce que vous êtes, vous ne rencontrez pas la même chose, car votre perception de l'événement fabrique l'événement. À travers le découpage d'un thème en Maisons, la représentation symbolique de l'astrologie ne fait donc que traduire une loi de l'existence : vous n'êtes pas un bloc étanche qui se promène au milieu d'événements qui tantôt le blessent, tantôt l'embellissent ; vous êtes à chaque instant récepteur et créateur de votre propre réalité, à l'image du ruban infini de Moebius ou des gravures d'Escher (1898-1972) dans lesquelles des personnages semblent tout à la fois monter et descendre un escalier sans qu'on puisse faire la différence entre les deux mouvements.

TRUC

Quand la littérature dépeint l'entrelacs du « je » et du monde

Stendhal (1783-1842) a très joliment décrit ce phénomène dans le domaine amoureux en le nommant « cristallisation » : la jolie comtesse de P. entend parler d'un jeune officier ; elle ne l'a jamais vu mais elle se laisse charmer par les rumeurs flatteuses qui le concernent, d'autant qu'elle a elle-même très envie de tomber amoureuse. Son ennui affectif, son habitude de vivre dans un monde où les êtres se résument à leur réputation la disposent à franchir le pas, tant et si bien que le jour où elle croise le capitaine de V. à la promenade, elle tombe immédiatement sous le charme de sa martiale moustache. Littérature, direz-vous ? Rappelez-vous la première fois où vous avez rencontré, enfant, l'instituteur dont toute la cour de récréation disait qu'il était terrible, et celle où vous avez trouvé un billet de 20 euros par terre et attrapé de justesse le bus qui avait, ce qui n'arrive jamais, 10 minutes de retard ? Nous avons tous expérimenté ces mélanges inextricables de suggestion et de réalité, où il est impossible de savoir si on réagit à une réalité extérieure ou si on la provoque. En fait, les deux sont vrais…

À RETENIR

Dans une carte du ciel, chaque maison reflète ce mélange du « je » et du monde ; c'est pourquoi les Maisons servent à la fois à analyser un caractère et à anticiper non pas un fil d'événements – car, on ne le répétera jamais assez, la prédiction n'est pas l'objet de l'astrologie – mais un type de réaction à telle ou telle situation permettant d'esquisser raisonnablement ce qui se passe(ra) quand on la rencontre(ra).

Maison I : idéal et vérité du Moi

Ptolémée, dans son célèbre manuel d'astrologie *La Tétrabile*, définit la Maison I de façon surprenante comme celle de la « vie ». Expression d'un caractère et déroulement de l'existence se confondent dans cette approche. La « nativité » – c'est-à-dire le programme de vie et la « carte d'identité » d'un individu – est exprimée par la totalité du thème (les 12 maisons), et c'est bien le thème qui va représenter au mieux et le plus précisément la personne. La Maison I montre l'ensemble des attentes comblées, ainsi que les espoirs liés à cette prédisposition.

Il est intéressant de noter que chez Ptolémée, aucune place particulière n'est faite à une forme de libre arbitre : on va vers ce qu'on est et la vie correspondra à notre identité, sans écart possible. La « vie » est ainsi une sorte de potentiel qui se déroule dans les onze autres maisons, mais contenu en substance et sans surprise dans la première d'entre elles. On voit ici la distance qui nous sépare de cette approche sereine et dénuée d'interrogation sur le sens : dans le monde grec ancien, chacun est parcelle de cosmos dotée d'une place bien précise ; être soi-même ou être libre signifie la même chose, à savoir occuper très exactement « sa » place.

Ce qui reste de cette signification antique de la Maison I c'est son double caractère, à la fois Idéal de l'individu – ce qu'il aspire à être, même sans le savoir – et Vérité – ce qu'il est profondément. Dit autrement, la Maison I contient notre caractère et notre idéal de vie, et en réalité l'un ne se distingue pas de l'autre, car notre idéal de vie consiste précisément à réaliser ce que nous sommes. Alors destin ou pas ? Déterminisme ou liberté ? À vrai dire, personne ne se reconnaît dans sa Maison I. Elle est peu ou prou inconsciente, présente comme une sensation plutôt que comme un projet.

TRUC

Le melting-pot du Moi

Prenons un exemple : Julien, du signe du Capricorne (ayant donc son Soleil en Capricorne), a le signe du Bélier en Maison I (donc ascendant Bélier) et la planète Pluton dans cette même Maison I. Son signe zodiacal lui donne une idée assez claire de ce qu'il pense être : soucieux d'ordre, de maîtrise de soi, travailleur et un brin solitaire. C'est bien comme ça aussi que les autres le perçoivent, avec des variantes : on le dit orgueilleux, difficile à émouvoir... Problème : son ascendant Bélier cherche à ressentir une impulsion, une dynamique qui le stimule et le tire en avant. La nouveauté, l'impression d'une renaissance permanente sont pour lui le sens et la recherche ultime de la vie... Voilà bien du désordre pour notre Capricorne ! Pourtant – comme on le verra en détail avec les chapitres sur l'ascendant –, le signe de la Maison I représente bel et bien ce que Julien recherche pour se sentir lui-même.

Il sera aidé – si l'on peut dire... – par la présence de Pluton. La caractéristique de cette planète est la métamorphose, l'élagage dans l'existence et l'idéalisme de l'exigence. Quand Pluton est en Maison I, l'individu traverse plusieurs vies, connaît des changements radicaux, et c'est au gré de ces « mues » qu'il s'épure et réalise son exigence. Voilà qui s'accorde bien à l'aspiration dynamique de l'ascendant Bélier de Julien ! Mais soyons clairs : au quotidien, Julien va juste avoir l'impression d'être le plus grand maudit de la terre, pour lequel rien ne va jamais de soi, et qui doit en permanence défricher à la serpe de nouveaux sentiers, quand ses petits camarades ont – à son avis – une vie toute simple et sans histoire. Le côté Capricorne a horreur de la vie d'aventure dans laquelle Pluton et le Bélier se vautrent avec délices... Pourtant, c'est bien le mélange des trois qui définit Julien : quelqu'un d'exigeant, prêt à tout détruire et à tout recommencer pour atteindre la perfection, seule chose qu'il valorise.

L'astrologie n'est ni simpliste ni dramatiquement compliquée : si elle décrit le combat entre un signe, son ascendant et les planètes de sa Maison I, et si ce combat peut sembler insoluble, c'est seulement parce que ce n'est pas simple d'être soi. Pour avoir ce qu'on préfère, il faut parfois traverser des moments très durs, avec l'impression d'être dans le contraire de ce qu'on souhaite. On peut se décourager et ne pas y aller, mais on restera avec le sentiment d'un inachevé qui pourra, dans le pire des cas, dégénérer en désespoir ou en aigreur.

Maison II : faire fructifier son patrimoine

La Maison II, ce sont tout d'abord des significations concrètes :

- **L'argent**, la réalisation financière : celle qui vient du travail, du fruit des efforts.
- **La stabilité**, issue de l'échange, entre ce qu'on est intérieurement et ce qu'on obtient extérieurement. Ce qui est envisagé ici, c'est la façon dont on peut se rééquilibrer après des changements. La souplesse face à ceux-ci appartient à la Maison VIII. La Maison II ne signale que des acquis fixes, montrant la difficulté de remettre en cause sa stabilité en Maison II.
- **La nourriture**, comme principal moyen d'échange et d'interaction entre le monde et nous. Elle est ce qu'on accepte de l'extérieur et ce qui nous donne la capacité de nous y investir, qu'il s'agisse de manger pour vivre ou de se nourrir « intellectuellement » pour mûrir.

Ce qui est compliqué à saisir avec la Maison II c'est qu'elle se caractérise par sa fixité, sa stabilité, à ne pas confondre avec une sorte de coffre-fort où l'individu entasserait ses trésors. Argent, stabilité ou nourriture sont à comprendre comme des étapes figées au milieu d'un processus de changement. On trouve ici le *sentiment de valeur personnelle* que l'on s'accorde, résultant d'une idée de sa propre personnalité et de la valeur qu'on se donne selon sa place dans le monde, à savoir nos biens matériels, l'argent qu'on gagne et notre statut social. Par « sentiment de valeur personnelle », il faut donc entendre moins la quantité des acquis que la façon dont l'intéressé en tire parti.

À RETENIR

La Maison II parle de « fructification », ce qui signifie que des mêmes ressources, chaque individu tirera un bénéfice différent selon son attitude (signe), dans un domaine différent (selon le signe qui est le maître de la Maison II). En allant plus loin, on peut dire que les planètes situées en Maison II montrent de quelles potentialités actives on dispose pour réaliser ce qu'on est. En effet, on devient ce qu'on est en mettant à profit ce qu'on possède[1].

1. On note la confusion dans notre société moderne qui aurait tendance à penser qu'*on devient ce qu'on est en possédant davantage*, d'où la frénésie de consommation. Ce qui aboutit à une définition de soi en fonction d'un statut social, et dans l'idée d'une **comparaison** avec ce que d'autres possèdent. La tradition bouddhique montre à l'inverse que ce n'est que par un dépouillement progressif et une simplification de cette Maison II qu'on arrive à mettre à profit tout ce qu'on porte en soi.

Problème de voisinage : les Maisons qui se font face dans une carte

Dans une carte du ciel, les Maisons s'opposent : la Maison I a pour vis-à-vis la Maison VII, la Maison II est en face de la Maison VIII, etc. Un peu comme dans la vie réelle, chacune des deux voisines épie l'autre en la trouvant totalement insensée…

La Maison VIII, voisine d'en face de la Maison II, est la maison de ce qui s'obtient de façon naturelle par contraste aux efforts que l'on peut faire – en clair ce qui vous tombe dessus malgré vous. C'est ainsi la maison des héritages, ou encore… du désir amoureux ! La Maison II, par contraste, est le rendu exact de tout ce qu'on poursuit et qu'on met concrètement en action dans le monde. La Maison II veut s'assurer qu'elle a bien reçu autant qu'elle a donné, à la mesure de son travail et de ses espoirs ; elle veut l'égalité, la justice, le rendu objectif de ses efforts consentis dans le monde matériel. Elle serait plutôt du côté du contrat de mariage que de celui du coup de foudre… Elle ne croit pas dans les promesses abstraites et baroques de la Maison VIII qui lui semblent farfelues. La Maison II croit ce qu'elle voit, ce qu'elle sent, ce qu'elle côtoie. C'est une maison de bâtisseurs et du concret. On trouve parfois que la Maison II est celle des « dons » ; ce qu'on peut dire, c'est que dans cette maison marquée par l'idée de fixité se retrouvent les caractéristiques visibles et stables d'une personnalité, en clair le caractère qu'elle se forge. En revanche, les « dons» apparemment venus de nulle part, ceux pour lesquels on n'a rien fait ni rien demandé, résultent de la part de fortune, ce point fictif du thème, que l'on verra plus loin, d'où pleuvent les bénédictions…

Maison III : le sens du réseau

La Maison III, comme sa planète apparentée, Mercure, n'a pas de style bien défini. Curieuse de tout ce qui est à proximité, elle fabrique sa cohérence intérieure en connectant de façon expérimentale mais géniale les différents éléments à disposition.

Ce qui aide, c'est que cette maison très sociable communique, partage et met facilement tout le monde sur un pied d'égalité. La notion d'égalité lui est essentielle, c'est d'elle que vient l'idée de fratrie ou de voisinage qu'on associe couramment à cette maison. Par contre, si l'échange lui est naturel ainsi que la capacité à tisser des liens avec l'entourage, ces liens ne seront pas pour autant « profonds » ; c'est pourquoi toute relation exclusive et intense (même entre frères et sœurs) ne se verra pas dans cette maison. L'aspect superficiel de la Maison III doit être souligné : on communique, on vit ensemble, mais en se parlant surtout de tout et de rien. On ne pense pas profondément en Maison III : on cherche plutôt des réponses concrètes ou des réponses pirouettes ; la vérité fondatrice des âmes ou du monde, ce n'est pas son rayon !

Au niveau des idées, de la communication, de l'écrit et des études (secondaires), cette maison symbolise l'apprentissage – voire l'école… –, le partage d'expérience et la façon dont un individu s'approprie les briques de sa personnalité et de son idéal de vie (qui, lui, se verra en Maison IX). La Maison III surfe gaiement sur l'actualité et l'éphémère, détestant dans la foulée les enjeux graves et les situations définitives. Sa question est toujours : « Et maintenant, qu'est-ce qu'on fait ? » Cette maison est ainsi connue pour donner un intellect brillant et rapide, mais pas forcément synthétique. Les arts du spectacle, le journalisme, la communication et les métiers afférents s'y retrouvent par la force des choses. Privilégiant le concret et le présent, elle peut aussi être la maison de l'étude des langues, si celles-ci sont abordées dans l'optique d'une communication rapide et non dans celle d'une étude approfondie.

La Maison III est fondamentalement utilitariste et amorale, en ce sens qu'elle fait ses choix en fonction de son intérêt immédiat et non dans une logique de long terme, le propre de la Maison IX. La Maison III parle ainsi le langage de l'inconstance : en opposition à la IX qui fait des choix définitifs et lourds de conséquences, la Maison III multiplie les allées et venues (et du point de vue de la IX, le surplace), les communications sans contenu (Internet, texto, téléphone) et les déménagements. La Maison III a du mal à tenir en place, cherchant sans cesse à réajuster son centre de gravité…

Le Soleil est la planète qui indique le signe zodiacal et donc l'aspect le plus visible d'une personnalité. Avoir son Soleil en Maison III signifie que l'individu aura naturellement les qualités propres à cette maison : adaptable, bon communicant avec un excellent sens du relationnel, et ce quel que soit son signe zodiacal.

Maison IV : intériorité et profondeur

Traditionnellement, la Maison IV est la maison de la famille. Apparentée au Cancer, elle montre le côté cosy, douillet, le « home sweet home » auquel tout individu aspire. Ici, on trouve la signification des racines, de la source, du lieu où la personne est susceptible de se régénérer ou au contraire de s'enfoncer. Cette profondeur de la Maison IV vient de l'angle occupé dans le thème : le *nadir*, le point le plus enfoui d'une personnalité dont il signale aussi bien l'histoire que les profondeurs de son intériorité.

La famille dont il est question en Maison IV est un socle, mais aussi une fermeture sur le monde extérieur : la personne en IV n'est pas en lien avec le monde ; elle se centre sur elle, sur ses proches, sur son travail d'évolution intérieure ou sur sa tâche à accomplir en fermant les écoutilles. *On se bouche les oreilles pour écouter au plus profond de soi* : c'est la maison du sens, des liens irremplaçables qui se construisent dans une durée aussi vaste que celle de la vie. Ce qui suppose de se connaître soi-même. C'est pourquoi la Maison IV s'interroge sur la direction et le but profond de chaque acte, sur sa portée véritable et ses retombées potentielles. Tout comme la Maison X, elle cherche le sens et la réussite, mais au lieu de partir à la conquête du monde extérieur (Maison X), elle part d'elle-même : la Maison IV est la posture du sage qui se maîtrise lui-même pour ensuite conquérir le monde.

BON À SAVOIR

Pour la Maison IV, avoir le sens du temps, c'est accepter les étapes sans vouloir en brûler aucune, comme si on savait au fond de soi-même que le temps est compté et ne reviendra pas. Au lieu de le regretter, ce passage irréversible du temps est accepté. C'est donc cette maison qui nous indiquera comment une personne se définit par rapport au déroulement temporel, si elle le vit dans la sérénité ou l'angoisse. Par extension, la Maison IV révèle la stabilité émotionnelle potentielle d'une personnalité, car quiconque ne supporte pas le passage du temps, la disparition des choses et le vieillissement, se sent en permanence menacé et fragile. *A contrario*, celui qui laisse partir chaque étape en se satisfaisant de l'avoir vécue possède une force inébranlable.

Maison V : le plaisir d'être soi

La Maison V est celle de la créativité, et pas seulement, comme on le dit souvent, des loisirs. Certes, on y trouve les loisirs dits créatifs : macramé, peinture sur soie, tissages ethniques… mais ce qui compte, c'est moins le résultat que l'investissement dans la création. En effet, plus quelqu'un « sait » faire quelque chose, plus sa personnalité est chatoyante et attachante… dans son propre regard comme dans celui des autres. En fait, le loisir est le point de départ d'une transformation de soi. La Maison V aime festoyer, se promener et s'amuser parce que c'est son ego qu'elle enrichit : la création à ce niveau devient celle de l'âme. Attention cependant, la Maison V n'aime pas beaucoup l'effort, c'est une de ses caractéristiques[2]. Elle s'essaie à créer, mais ne veut pas que ça devienne un poids ni une obligation : le plaisir doit primer sur l'effort.

Il faut bien comprendre comment vit un individu pour savoir quels types d'activités mettre dans cette maison : ainsi, pour un sportif de haut niveau, courir tous les matins ne relèvera pas de la Maison V, tandis que pour un cadre supérieur, le même effort matinal pourra appartenir à la Maison V dans la mesure où son ego est « flatté » d'avoir le courage de se lever une heure plus tôt pour entretenir une silhouette athlétique jalousée par ses collègues…

À RETENIR

La Maison V nous permet d'être « heureux » dans tout le reste de notre thème : elle n'est pas la « case loisir » d'une vie de contraintes, c'est au contraire elle qui permet d'appréhender de façon personnelle (et donc valorisante et donc joyeuse) les autres maisons.

---

2. Caractéristique qu'il faudra moduler selon le sujet : un signe de Terre trouvera sa détente dans un travail moins intensif mais qui reste un effort, tandis qu'un signe d'Air essaiera d'éviter au maximum la moindre contrainte régulière.

On lit aujourd'hui beaucoup de littérature assassine sur l'ego, celui-ci étant la source supposée de tous les maux, mais la réalité que nous montre l'astrologie est plus complexe. En effet, l'ego étant la première étape de structuration d'un individu, un être qui ne s'aime pas, insatisfait de ses actes, ne peut pas passer à l'étape « supérieure » et devenir (au hasard) un Bouddha.

Au rayon des significations traditionnelles de la Maison V, on trouve le *domaine amoureux*, le flirt, les rencontres d'un soir, d'une semaine ou d'un mois, les *dating*, les amitiés qui n'en sont pas vraiment… La Maison V regroupe toutes les relations ne relevant pas encore du domaine « unique » que sera la Maison VII. En effet, la Maison VII est « l'Autre », alors que la Maison V est du ressort du jeu amoureux, qu'il soit concret ou romantique : en tout cas, à moins d'avoir un projet de mariage en tête dès la seconde où l'on voit quelqu'un, on entamera *toujours* une relation en V, pour éventuellement la continuer en VII.

Maison VI : l'ingrat labeur quotidien

Dans la roue des Maisons, la VI est celle qui paraît, et de loin, la moins attrayante : maison de l'effort éternellement recommencé dans le quotidien, maison où la récompense vient d'un labeur sans éclat, maison où l'enjeu sera de hiérarchiser des priorités dans lesquelles l'ego ne trouvera jamais un rôle de jeune premier ; enfin, maison où la discipline de vie a une répercussion directe sur la santé. Peu d'atouts pour en faire un lieu charmeur où l'on rêve de vivre…

La Maison VI est avant tout ancrée dans le temps où elle renouvelle à l'infini ses tâches (on n'en finit jamais de manger, boire, dormir, faire attention à soi, marcher, se couvrir quand il fait froid, aller aux toilettes, se laver…) et prend en compte, ce faisant, l'usure du corps. La Maison VI vit dans ces impératifs et doit constamment choisir ce qui est nécessaire, prioritaire, souhaitable ou au contraire négligeable. Et cette maison ne choisit jamais selon sa fantaisie ou ses envies, mais en se conformant à ce qui est inévitable et s'impose.

La Maison VI étant de ce fait la maison *du devoir et du service*, Dane Rudhyar suggère que c'est de là que vient son autre signification majeure qui est la santé, puisque c'est elle qui impose des limites à nos envies d'insouciance et d'excès.

Attention, car une exception notable existe : les natifs dont le thème astral est construit autour d'un axe des nœuds XII/V (voir le chapitre 6 sur l'axe du Dragon) ne trouveront pas la lecture de leurs problèmes de santé en Maison VI ; celle-ci ressemblera à leur quotidien qui peut, en dépassant ce cadre, inclure, bien entendu, des maladies.

Concrètement, la Maison VI parle de l'entretien du quotidien (d'une maison, d'un travail régulier), de l'entretien de sa personne (diététique, santé, hygiène corporelle) et, le cas échéant, les animaux domestiques devenus aujourd'hui une extension du quotidien des hommes. La Maison VI peut également signifier une profession subalterne : indice à manier avec précaution. En effet, on trouvera dans cette catégorie aussi bien l'aide ménagère au grand cœur que le haut fonctionnaire d'État, tirant les ficelles dans l'ombre…

Maison VII : mon autre moi-même

Symboliquement, la Maison VII représente la maison de l'Autre avec un grand A. Dans la plupart des livres d'astrologie, vous trouverez que c'est avant tout la maison du couple, c'est-à-dire de celui que vous aimez, ou avec lequel vous vivez. Il serait plus juste de dire que la Maison VII est la maison de la personne (ou des personnes) comptant le plus pour nous, celle qui nous sert de pilier, nous donne la sensation d'être un être humain à part entière (avec le sentiment fréquent que de ce point de vue, il/elle n'en fait pas assez !).

Dans la vraie vie, la Maison VII, plus que la maison du couple, est la maison qui indique ce qu'on attend en termes de reconnaissance ou d'accomplissement. Certaines personnes ont ainsi besoin d'avoir un public, tandis que d'autres recherchent l'âme sœur (ou frère). Du coup, il ne faut pas se tromper, parce que si vous avez en priorité besoin d'une reconnaissance artistique, d'une clientèle professionnelle (qui est une autre sorte d'amour…) ou d'obtenir un privilège pour des amis, votre compagnon ou votre compagne ne comblera jamais ce manque, même s'il (elle) vous aime de tout son cœur.

L'astrologie nous apprend deux points essentiels : le premier, c'est qu'on n'a pas tous besoin du même type d'amour, et le second, c'est qu'il est préférable de le savoir, sinon on risque d'être malheureux une grande partie de sa vie !

La Maison VII va aussi définir la manière dont vous abordez l'autre : est-ce que vous prenez le pouvoir (signe de Feu) ou est-ce que vous attendez qu'on vienne vous chercher et qu'on devine vos manques et vos attentes (signes d'Eau) ? En signe de Terre, vous aimez contrôler et les surprises ne sont pas vos points forts. Enfin en signe d'Air, vous n'aimez pas vous ennuyer et tout ce qui a l'air un tant soit peu répétitif n'est pas fait pour vous plaire.

Pour faire encore plus clair, la Maison VII parle de l'être qui vous empêche de dormir quand il vous pose problème ; la plus grande surprise de ma carrière a été de me rendre compte que pour certains, cette Maison VII était celle de leur chien ou de leur chat (adoré)… En fait, ce que vous apprend l'astrologie, c'est que le monde objectif n'existe pas, ou secondairement par rapport à votre ressenti. Si quelqu'un est fou de son chat, il sera réellement dévasté par sa disparition et perdra un socle de son existence, sans que cette réaction dénote chez lui une altération des fonctions mentales. Elle révèle simplement que cette place essentielle de l'autre qui aide à vivre était prise par un chat. Et les sceptiques seraient encore plus étonnés d'apprendre que chez eux un patron ou un associé a peut-être pris une place identique, en tout bien tout honneur bien entendu, mais en toute réalité…

Au final, la Maison VII est considérée comme une sorte de pôle totalement passif où l'on cherche à se rassurer, comme dans un miroir. Le chat, le patron ou l'époux(se) qui se voient dans notre Maison VII sont là parce qu'ils nous apportent une image bienveillante de nous-mêmes. L'astrologie nous montre ainsi comment l'être humain peut avoir structurellement une relation somme toute autistique au monde extérieur…

Maison VIII : vivre ou mourir mais intensément…

La Maison VIII est une maison plus aventureuse et pleine de surprises. Vous y trouverez la sexualité passionnée, les grandes idylles qui donnent envie de faire l'ascension de l'Everest dix fois par jour, les héritages, l'attirance pour la magie et les sociétés secrètes… Avec tout ça, la Maison VIII est très souvent crainte en raison de sa propension à répandre le désordre absolu : elle nous pousse en effet à tout chambouler dans une existence bien réglée et tranquille qu'on a eu tant de mal à construire…

Philosophiquement, la Maison VIII symbolise ce qui est hors limites, c'est-à-dire l'inconnu, la mort, la vie et leurs mystères. La Maison VIII donne l'impression constante d'une intensité que rien ne ralentit. Le problème est que si l'intensité peut faire rêver, le prix à payer est le sacrifice de toute forme de sécurité. De ce fait, la peur est fortement liée à la Maison VIII qui est justement là pour nous faire sortir de nos chères ornières.

Maison de tous les excès, la Maison VIII est aussi celle de la mort, de la politique et des héritages. Difficile donc de savoir si, avec une Maison VIII chargée, vous serez un homme politique, un gourou international, un meurtrier sanguinaire ou un héritier comblé (heureusement il y a aussi des destins moins accentués !).

Je me souviens d'une femme venue me voir en consultation et dont le souci majeur était de savoir si son grand-père (qu'elle aimait tant) allait survivre à sa maladie. En regardant sa carte annuelle (révolution solaire), je vis une configuration extrêmement positive en lien avec la Maison VIII, sans aucun poids ni détresse. Et à vrai dire, ça ne voulait pas dire que le grand-père s'en sortirait, mais que son décès signifiait pour la dame une jolie somme à récupérer… ce qu'elle m'expliqua ingénument entre deux sanglots. Je n'eus aucun mal, du coup, à comprendre la véritable signification de ce qui apparaissait en Maison VIII pour elle : la grande consolation de l'héritage.

L'originalité de l'astrologie, et son objectivité (voire son cynisme d'une certaine manière !), c'est qu'elle traduira toujours ce que vous pensez vraiment d'une situation et non ce que vous souhaitez faire croire à votre astrologue !

Maison IX : du haut du phare, regarder l'horizon…

La Maison IX, fermée au concret, est philosophique et idéaliste. Elle aime penser, brasser les hautes réflexions, mais déteste se confronter au réel. La Maison IX est résolument élitiste et se soucie de sa carrière (argent, notoriété, accomplissement et reconnaissance, rien que ça…) et de son développement parce qu'ils symbolisent une réussite et non un goût de l'action.

La Maison IX cherchera à vous donner une vue supérieure de l'existence et vous fera prendre de la hauteur. Autant certaines personnes passent leurs journées à répéter « soyons clairs et concrets » (ceux qui sont marqués par la Maison VI pour ne citer qu'eux), autant la Maison IX, elle, tend à vous sensibiliser à la petitesse de votre questionnement ou de votre problème au regard de l'immensité de l'univers. Le petit souci (si l'on peut dire, car rien n'est « petit » en Maison IX !), c'est qu'à force de prendre de la hauteur, parfois on se dit qu'on perd carrément les choses de vue… et c'est le dilemme pour ceux qui ont une Maison IX très peuplée en planètes. Les individus ont alors tendance à regarder tout au sens large sans jamais rentrer dans les détails. Ce qui peut se révéler stimulant en un sens, car une Maison IX marquée signale parfois le thème d'un leader ou d'un visionnaire.

Hyperconventionnelle, la Maison IX s'efforce toujours d'être dans la norme, dans les codes sans commettre d'impairs. Visionnaire certes, mais toujours politiquement correcte… La Maison IX ayant une attente assez stricte et plutôt non fantaisiste de l'existence, elle n'est pas ouverte à la différence. Du coup, elle aura tendance à une forme d'intégrisme, puisque rien n'est jamais assez parfait à ses yeux et qu'elle est convaincue de pouvoir exiger davantage. Elle aime se reconnaître dans ce qui lui ressemble. Elle a, par ailleurs, une dimension relativement abstraite de l'autre et de l'étranger. En clair, elle adore découvrir les cultures, les horizons lointains, les inconnus, mais c'est pour ensuite rentrer chez soi, les yeux pleins de couleurs et de lumières, et comparer, ou théoriser sur ce qui a été vécu. Car la Maison IX est une indéracinable intellectuelle, on vous l'a dit : parcourir les mers ne vaut pour elle que si on en revient avec un objet de réflexion, comme un traité des principes politiques, par exemple…

Attention, car parfois cette maison signifie aussi que la personne aura besoin du lointain, de l'étranger, non pas pour revenir à ses propres idées mais pour changer elle-même. C'est le cas où l'individu appartient à une culture et se sent attiré par une autre qui lui semble plus proche de lui. Il adoptera des manières d'être différentes en Thaïlande, en Colombie ou aux États-Unis, mais plus qu'en touriste amateur de couleur locale, il pourra aller jusqu'à changer d'identité.

Maison X : entrer dans le monde

La Maison X, connue pour être la maison du professionnel, en réalité, se montre infiniment plus complexe. C'est la maison où une personne s'extériorise et montre ce dont elle est capable. C'est la vie que vous allez mener en lien avec le monde extérieur : ainsi, pour certains, ce sera effectivement un travail à effectuer en échange d'un salaire, pour d'autres, une position sociale acquise grâce aux parents, ou un positionnement dans la société (via son mari, sa femme, sa famille, son héritage culturel). Il ne faut pas oublier qu'il y a mille et une manières d'être au monde, même si aujourd'hui la norme impose à chacun une sphère personnelle qui est celle de la famille, et une sphère professionnelle ou objective qui est celle de son métier. C'est là qu'on rencontre d'autres gens tout en accroissant son expérience.

Mais attention ! Tout le monde est susceptible de trouver sa voie… Pour y parvenir, il faut oublier les sentiers battus et suivre sa nature profonde. Je me souviens ainsi de Jérôme, un brillant étudiant reçu à HEC, ne rêvant que d'élever des chèvres et d'avoir une ferme. L'opinion familiale comptant fort à ses yeux, il lui a fallu rester dix ans à un poste de responsable marketing international pour sauter le pas et acheter sa ferme ! Une fois les connaissances spécifiques d'élevage acquises, Jérôme a su appliquer tout son savoir-faire à développer une ferme modèle, reconnue à l'échelon local, puis national. Dans sa carte du ciel, ressortait fortement l'ancrage dans une vie réelle lié à un fort pôle relationnel. En parvenant à réaliser ses aspirations profondes, Jérôme s'est retrouvé lui-même. Les commentaires familiaux seront moins élogieux : le diplômé d'HEC a abandonné une carrière prometteuse pour aller traire des vaches…

On voit ainsi qu'un des enjeux majeurs de la Maison X est avant tout de parvenir à comprendre pour quelle vie on est réellement fait au lieu de se conformer aux désirs d'autrui. L'exemple inverse de Jérôme existe, je l'ai rencontré dans la personne de Magali, brillante professionnelle qui n'aspirait qu'à élever ses enfants au calme. La vie lui a durement montré (divorce, maladie grave d'un de ses enfants) qu'aucune retraite « hors du monde » n'était possible pour elle. Il lui fallait travailler d'arrache-pied et s'efforcer de faire carrière au mieux de ses capacités.

La difficulté pour faire le (ou les) bon(s) choix est de parvenir à distinguer les vrais désirs et les autres, ces envies qui ne sont pas vraiment les nôtres mais un écho de ce que la famille, les amis, la société veulent pour nous. Quelle est la voie qui nous mènera à un accomplissement ? Et quelle est celle qui aboutira à une impasse ? Sans l'astrologie pour vous guider, deux conseils peuvent vous aider à savoir ce qui vous convient :

1. Choisissez la voie qui vous semble la plus difficile, celle que vous n'auriez envie de prendre pour rien au monde… Pur masochisme ? Dites-vous simplement qu'on est formaté à souhaiter viscéralement ce qui ne nous convient pas et que tout l'enjeu est de dépasser ce premier niveau

de « souhait » (illusoire) pour mettre en lumière un authentique désir, celui qui, une fois réalisé, apporte une joie et une paix durables.

2. Écoutez ceux de vos proches dont les conseils, pas forcément sympathiques à entendre, vous font en général du bien. Ils ont accompagné vos ruptures et vos réussites sans jamais se lasser. Ceux-là vous connaissent mieux que vous-même !

Vous lirez souvent dans les ouvrages classiques d'astrologie que la Maison X est la maison de la mère, ce qui paraît bizarre dans la mesure où c'est la maison de l'extériorisation maximale (on attendrait plutôt l'image du père à cet endroit-là). En fait, cela vient d'une différenciation historique : la mère était celle qui permettait l'entrée dans le monde (après le séjour chez les nourrices) alors que le père transmettait le nom et la lignée (et donc une sorte d'héritage symbolique dans lequel on retrouve la Maison IV). Aujourd'hui, les parents sont symboliquement réfugiés en Maison IX, et la Maison X, qui signifie toujours l'entrée dans le monde, représente plus l'école et les institutions que le noyau familial.

Maison XI : le royaume de l'image

La Maison XI signifiait autrefois l'ensemble des honneurs qu'on pouvait briguer, et les relations qui permettaient de vous rétablir si jamais vous aviez fait mauvaise fortune. On se doute qu'aujourd'hui de telles approches n'ont pas grand sens. La Maison XI signifie d'abord le relationnel large, c'est-à-dire tous les gens avec lesquels vous travaillez, partez en vacances, que vous aimez bien, mais qui ne vous manqueraient en rien affectivement s'ils disparaissaient du jour au lendemain de votre existence.

La Maison XI signifie également les projets, les idées, les clubs et les réunions où s'élaborent les décisions communes. Décrite de cette manière, la Maison XI semble attrayante et riche, elle l'est réellement, mais avec un gros défaut : celui d'être superficielle. Rien de ce qui s'y passe n'a de poids réel, tout est interchangeable et peut être remplacé. Les projets imaginés le sont en lien avec d'autres, portés par les opportunités du moment. Les idées émises le sont en fonction de ce qui peut plaire à d'autres. En résumé, on vit dans une sorte de communauté invisible ayant des codes et des attentes auxquels on tente de « coller » et de répondre.

La Maison XI fait disparaître l'identité propre dans une mouvance plus large qui est celle de l'air du temps, des tendances. Aujourd'hui on trouvera en Maison XI Internet et les réseaux sociaux, tout ce qui contribue à la virtualisation globale du monde. En positif, elle sert de déclencheur aux inventions ; le monde change de visage et s'accélère de plus en plus grâce à sa richesse. Car la Maison XI n'ayant pas de limites *a priori*, tout ce qui peut être fait à plusieurs doit être réalisé. Toutes les envies sont bonnes sans considération particulière de morale ou d'exigence. Il suffit de suivre. Mais le problème est justement là : qui allez-vous suivre ? Les diktats de la mode ou des publicités qui vous incitent à acheter toujours davantage ? Votre volonté de faire carrière envers et contre tout (jusqu'au jour où l'on prend conscience de la mort et de la vacuité de notre vie) ? Pas facile d'avoir des critères quand on est grisé par le mouvement collectif de la Maison XI...

Assez logiquement, l'autre question clé de la Maison XI, en dehors des réseaux ou groupes d'appartenance, est celle de la notoriété. C'est elle qui transforme une gentille quinquagénaire anglaise sans histoires en... Susan Boyle, la chanteuse révélée par l'émission de télévision *Britain's got talent* . L'exposition dans la lumière n'est cependant pas sans contrepartie, et il faut supporter la pression et le rythme auquel la Maison XI vous fera danser...

Maison XII : l'antre de la sagesse

La Maison XII est connue de manière funeste pour les désagréments qu'elle crée. Maison des malheurs, des enfermements divers (maladies, dépressions, violences), elle génère souvent un enfermement réel (prison, asiles psychiatriques) ou psychologique (problèmes divers de santé ou psychiatriques), un amour irraisonné du passé, une nostalgie tenace qui empêche de profiter du présent, bref, une sensation récurrente d'isolement et d'abandon.

La Maison XII se caractérise par la perte des repères et l'impression d'être en chute libre sans rien pour se raccrocher. En réalité, de façon plus positive, c'est une maison qui peut ouvrir vers des horizons incroyables, parce qu'elle autorise un renouvellement de vision, et de soi. Il s'agit de devenir un autre et de ne plus en rester aux anciennes limites que l'on s'était fixées.

Le problème général, avec cette maison, est de comprendre ce qui se passe. Si on espère s'appuyer sur un acquis pour avancer sereinement vers l'avenir, on se retrouve au contraire perdu dans le néant, les liens du passé se délitent, on est comme éjecté hors de sa propre histoire. Alors que si on s'ouvre à l'inconnu avec l'idée de découvrir le monde et de tenter de nouvelles expériences, cette maison se transformera en eldorado. Maison de tous les mystères, de toutes les aventures et des vies parallèles, elle est un réservoir à expériences inédites et mystiques. Car la Maison XII, derrière les murs et les sécurités qu'elle force, nous ouvre à une dimension plus vaste de notre humanité.

La Maison XII est celle qui veut tout savoir et tout comprendre, mais également celle qui veut faire par elle-même, et non au travers des codes et idées admises. Aucune limite préconçue, aucun cadre auquel on n'aurait pas adhéré, rien ne doit être accepté qui ne fasse sens pour l'individu concerné.

Ne vous inquiétez donc pas si vous avez une Maison XII chargée de planètes ! Loin de finir en prison, vous gagnerez sans doute une véritable liberté.

Chapitre 5

Dix planètes pour mettre en marche votre destin

Dans ce chapitre :

- Petite présentation des dix actrices de votre thème
- Trois étapes pour analyser rapidement leur rôle
- Les planètes transsaturniennes et les effets de génération

En plus des douze signes et des douze maisons, nous avons encore dix planètes principales qui vont venir se placer dans les cases. Attention, ce sont elles les vrais acteurs de notre caractère ! Ces dix planètes sont autant de mini-personnalités que nous avons à l'intérieur de nous. Tout le problème est de faire de cette cacophonie une harmonie…

Harmonie, le mot est lancé… L'astrologie, bien plus qu'un moyen de prédire l'avenir, est une manière de vous remettre en accord avec vous-même. Pourquoi ? Parce que si vous arrivez à tirer parti de tous vos traits de caractère, eh bien tout à coup, l'avenir se fera selon vos décisions et non plus « de l'extérieur » avec l'impression récurrente d'être le malheureux otage du hasard… Tout le but du jeu est de parvenir à remplacer cette sensation de dérive par celle d'être, sinon en complète maîtrise de votre vie, du moins dans la sensation que les événements, loin d'être absurdes, répondent à ce que nous sommes, en tout cas à ce que nous savons globalement de notre personnalité.

Mais qui sont donc ces dix agitées ?

TRUC

Avant de chercher à classer les planètes en « bonnes » et « mauvaises », tendance naturelle de l'apprenti astrologue qui ne correspond, hélas, à rien, il est important de noter que par une loi astrologique qu'on appelle *l'échelle de Jacob*, tous les points du thème sont à la fois négatifs et positifs, les contraires s'attirant. Plus un point est fort, plus la personne ira loin dans une capacité, et plus elle sera en même temps susceptible d'en souffrir. Pour donner un exemple, la Lune détermine le ressenti et la capacité d'intuition : plus la Lune sera forte dans un thème, plus l'individu développera au choix un sens psychologique, une capacité à découvrir des tendances voire un potentiel artistique, mais plus il sera, dans le même temps, vulnérable.

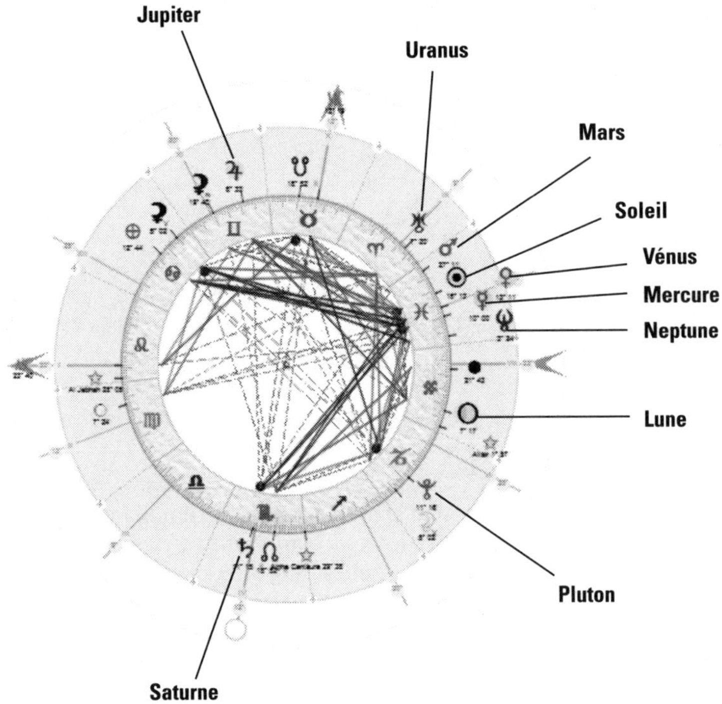

Figure 5-1 : Les planètes sur une carte astrale.

Voici une brève présentation de ces dix planètes et de leur signification symbolique :

- **Soleil** ☉ : Le moi, l'ego, ce qui brille et ce qui est. Ce qui nous rassemble.
- **Lune** ☽ : Ce qu'on ressent, notre vie de tous les jours.
- **Mercure** ☿ : L'intelligence pratique, la mise en relation.
- **Vénus** ♀ : Notre façon d'aimer et de se sentir bien.
- **Mars** ♂ : Notre façon de vouloir, d'exiger et de nous imposer.
- **Jupiter** ♃ : La façon dont on a envie que notre existence s'améliore.
- **Saturne** ♄ : Notre sérieux, nos exigences, nos valeurs et nos limites.
- **Uranus** ♅ : La façon dont « on explose » lesdites limites.
- **Neptune** ♆ : Notre besoin de fusion.
- **Pluton** ♇ : Notre besoin de transmutation radicale intérieure.

Nous verrons en deuxième partie la logique globale à suivre pour analyser un thème, mais d'abord, pour vous familiariser avec ce que signifient les planètes, commençons par les localiser dans le thème. Ensuite comprenons comment une planète est à la fois un trait de caractère personnel et intérieur pour vous et aussi une force qui déclenchera des événements extérieurs, voire marquera des générations entières…

Les planètes et la mythologie romaine

Tout le monde sait que les noms des planètes utilisées en astrologie viennent de la mythologie romaine. Ce sont ces appellations qui nous sont restées parce que la période romaine correspond à l'époque où l'astrologie s'est popularisée et a été commercialisée. Cette typologie est ainsi restée dans les mémoires.

Les planètes utilisées en astrologie sont Vénus, Mars, Mercure, Jupiter, Saturne.

Vénus est la déesse romaine qui incarne la beauté, la fertilité et la sexualité. C'est elle qui suscite le désir (et donc la perte). Elle a pour caractéristique de ne pas agir et de laisser venir à elle les choses. En tant que planète, on retiendra qu'elle incarne l'idéal féminin et les trois aspects classiques de la femme : la déesse (celle qu'on admire), la mère (celle qui donne la vie) et la prostituée (celle qui éveille le désir sexuel et le rend infini).

Mars est le dieu romain de la guerre et des récoltes, le lien entre les deux peut ne pas paraître évident. En fait, la guerre est censée défendre la poursuite de la paix, Mars est le dieu qui combat pour garder la paix dans ses royaumes, et l'agriculture symbolise la prospérité liée au sentiment de sécurité. Évidemment, Mars incarne la semence, la virilité. Là encore, reviennent les mêmes trois images : le dieu (celui qui sauve de la destruction par sa force), le père (l'agriculteur nourricier) et l'homme viril (qui ensemence et se recrée lui-même à l'infini).

Mercure, le messager aux sandales ailée, invente, échange, transmet et transforme les messages qu'il reçoit. C'est le dieu de la communication et de la traîtrise, il s'arrange pour communiquer ce qui fait son affaire et non pas ce qu'on lui dit. Mercure est à la fois le grand imposteur et le grand inventeur. Allant d'une posture à l'autre, il ne devrait avoir qu'un rôle de transmetteur. Grâce à son ingéniosité, il se retrouve dans le rôle de l'inventeur, alors qu'il s'empare de ce qu'on lui confie (le volant presque)…

Jupiter est le plus grand dieu romain, c'est lui qui manie la foudre et règne sur le ciel. Il détient le pouvoir, c'est amusant parce qu'en astrologie, il représente le succès matériel et la réussite sociale. C'est donc une invitation à devenir soi-même divin… Jupiter régule aussi la vie sociale, puisqu'il préside aux banquets des dieux et anime les « réseaux sociaux » entre les dieux…

Saturne est également un dieu qui préside à l'agriculture, mais comme symbole de la vie humaine et de son déroulement cyclique. Saturne renvoie l'image de son « ancêtre » Cronos, incarnation du temps qui dévore ses enfants (pour les empêcher de prendre le pouvoir et d'instaurer une puissance supérieure). Saturne chapeaute les autres dieux, du fait qu'il commande le cadre (n'en déplaise à Jupiter) dans lequel la vie se déroule.

Pluton, Neptune et Uranus empruntent aussi leur nom à la mythologie grecque, mais nous n'en parlerons pas car elles sont de découverte récente (moins de trois siècles !) et surtout parce que le cadre classique de l'astrologie (romain) associe chaque jour de la semaine à une planète :

LUNDI : Lune, MARDI : Mars, MERCREDI : Mercure, JEUDI : Jupiter, VENDREDI : Vénus, SAMEDI : Saturne et DIMANCHE : le jour de dies (SOLEIL).

Trois étapes pour les cadrer au plus vite

Le système symbolique de l'astrologie, celui qui permet de dresser un thème astral à la naissance d'un individu et d'y lire son caractère aussi bien que les grandes lignes de sa destinée, est structuré par des divisions (12 signes, 12 maisons, 3 types d'énergie pour 4 saisons...). Ces divisions sont, comme on l'a vu pour les maisons, à la fois des indications « statiques » (grands domaines de vie, grands traits de personnalité...) et dynamiques (façons de réagir, de se transformer, etc.). Elles rappellent un autre système de notation permettant de fixer ce qui est en réalité un mouvement : l'écriture musicale. Ce n'est sans doute pas un hasard si les philosophes grecs, Platon entre autres, ont évoqué la *musique des sphères* et parlé d'*harmonie* pour désigner l'ordre du monde...

Première étape : repérer les divisions du thème

Deux chiffres sont particulièrement importants pour l'astrologue – hormis le 12 ! – et sans surprise, ce sont aussi des chiffres clés pour les musiciens : le 3 et le 4, rythmes ternaire et quaternaire. Le thème s'organise autour de ces deux piliers.

Le chiffre 4

4 parce qu'il y a 4 angles dans le thème :

L'est, situé à gauche du thème, est le premier angle, celui où le soleil se lève, bien connu puisque c'est *l'ascendant.*

L'ascendant (évoluant selon l'heure de naissance) correspond à l'heure du lever du jour dans votre vie (c'est très poétique). C'est aussi lui qui marque le début de la Maison I. Premier des quatre angles du thème, il est associé à l'est parce que le thème astral fonctionne comme une boussole qui montrerait à chacun les directions spatiales.

BON À SAVOIR

L'est est symboliquement associé à la dimension des projets.

Le nord, en bas du thème à la pointe de la Maison IV, qu'on appelle aussi **nadir**, correspond à ce qui est le plus inconscient dans l'individu et qu'il a donc du mal à extérioriser. Cet angle symbolise les racines généalogiques comme la vie de l'âme. Les astrologues ne s'accordent pas sur son emplacement (au nord ou au sud) ; pour ma part, je considère que c'est le nord, parce que c'est la direction que l'on porte à l'intérieur de soi, mais qu'on ne retrouve pas toujours facilement ! Voilà pourquoi je vous propose de considérer que dans une carte du ciel, le nord est en bas, le reste des pôles se trouvant dans l'ordre habituel à partir de là.

Le troisième angle est le *descendant*, associé à l'**ouest**. Il est le lieu où tout se disperse, mais aussi symboliquement la dimension de l'autre (c'est-à-dire ce qu'on ne contrôle pas). Des quatre, il est le pôle ayant le moins d'importance. Cela ne signifie pas que les autres n'en ont aucune, mais que vous avez moins de marge de manœuvre sur les autres, et, comme vous le comprendrez tout au long de ce livre, qu'un travail sur vous-même, et seulement cela, vous permettra d'agir sur les autres.

Enfin, le quatrième pôle appelé **milieu du ciel**, concerne l'extériorisation maximale de l'individu. Il correspond au **sud**, parce qu'il symbolise le soleil de plein midi, dans lequel tout se révèle et tout fructifie.

Les angles du thème permettent de comprendre les grandes lignes d'une personnalité en un seul coup d'œil, en fonction des planètes réparties dans chacune de ces zones du thème.

Le chiffre 4 c'est aussi celui des 4 éléments : Terre, Air, Eau, Feu, selon lesquels sont classés les signes. Si on veut résumer la signification symbolique de ces quatre éléments, on dira que :

- *La Terre* est l'accomplissement et le concret.
- *L'Eau* représente les sentiments et le passé.
- *Le Feu* incarne les projets et l'énergie vitale.
- *L'Air* concerne la relation et les communications.

Le chiffre 3

Le second chiffre clé est le **3** parce qu'on divise (encore !) les signes et les maisons en trois. Pourquoi en trois ? Peut-être à cause de la Trinité, Père (celui qui crée), Fils (celui qui accomplit) et Saint-Esprit (celui qui transforme). Peut-être à cause de l'hindouisme, Vishnu (celui qui initie la vie), Brahma (celui qui conserve et stabilise) et Shiva (celui qui danse, détruisant tout et commençant un nouveau cycle).

Pour les signes, cette division s'appelle : cardinal, fixe, mutable.

Pour les maisons, elle sera : angulaire, succédent, cadent.

À chaque fois qu'on a une planète dans un **signe cardinal** ou une **maison angulaire**, cela signifie qu'on est en face d'un trait de caractère essentiel de l'individu, d'un domaine fondamental pour cette personne. On regardera ainsi particulièrement quelle(s) planète(s) se trouve(nt) en Bélier ou en Maison I, en Cancer ou en Maison IV, en Balance ou en Maison VII, en Capricorne ou en Maison X : **elles seront toujours les planètes les plus importantes du thème**. On peut directement examiner ces maisons quand on commence l'étude d'un thème, afin d'en dégager l'essentiel d'une personnalité.

À chaque fois qu'on a une planète dans un signe fixe ou une maison succédente, cela signifie que *ce domaine a du mal à s'intégrer dans le reste de l'existence ou dans le caractère* d'une personne, qu'il y a une sorte de résistance et qu'il faudra trouver comment harmoniser par rapport au reste du thème. Pour repérer ces points difficiles, allez directement voir qui (quelle planète) s'est installé en Taureau, en Maison II, en Lion, en Maison V, en Scorpion, en Maison VIII, en Verseau ou encore en Maison XI.

À chaque fois qu'on a une planète dans un signe mutable ou dans une maison cadente, cela signifie que *la personne aura à transformer la signification de la planète*, ce qui ne va pas être toujours facile, et devra trouver une nouvelle voie d'expression, donnant une nouvelle dimension à la personnalité. Ces challenges seront donc marqués par les planètes en Gémeaux, en Maison III, en Vierge, en Maison VI, en Maison IX, en Sagittaire, en Poissons et enfin en Maison XII.

Loin d'être un exposé théorique, l'analyse du jeu des signes, des planètes et des maisons sert en définitive à comprendre les enjeux cruciaux pour la personne, et notamment les causes de réactions inexplicables.

De l'affinité entre thème astral et carte routière…

Un thème doit être considéré comme une carte routière : vous avez un certain nombre de situations concrètes et/ou de problèmes à régler, à vous de jouer et de comprendre quelle planète vous aidera à résoudre votre conflit intérieur. L'astrologie ne détermine rien de manière impérieuse ou obligatoire, elle nous explique seulement qui nous sommes et pourquoi nous sommes telle personne, avec tels goûts et volontés quelquefois contradictoires, sans nous obliger en rien..

Deuxième étape : chercher la Lune

Le plus simple pour identifier le fonctionnement de vos planètes est de commencer par analyser le rôle de la **Lune**.

La Lune et notre caractère

La Lune exprime la manière dont l'être a besoin de se reposer en lui-même, comme s'il ne sentait aucune limite. La Lune signifie le cocon intérieur, le sein maternel idéal dont on doit se rapprocher. La Lune explique aussi la manière dont une personne parvient à s'adapter, ainsi, c'est toujours au travers du filtre du signe de la Lune que la personne se sent bien.

En particulier, quand vous êtes en situation de stress, c'est votre Lune qui réagit. Notez ce que vous faites à ce moment-là, et essayez de vous apaiser en tenant compte des besoins réels de votre Lune, selon sa place en signe dans votre thème astral :

Lune en Bélier : a besoin d'action pour ne plus s'ennuyer. Imaginez des activités de loisir : en faisant tomber la tension nerveuse due à l'ennui, vous transformez vite votre stress en gaieté, d'où la réputation de cyclothymie des signes du Bélier (encore plus sensible avec une Lune dans un signe).

Lune en Taureau : a besoin d'habitude et de régularité. Imaginez des rituels pour calmer votre angoisse et maintenez-les de la manière la plus répétitive possible ; même si ce n'est pas glamour, c'est très efficace. Faites un planning de votre semaine à tenir sans faille.

Lune en Gémeaux : a besoin de distraction et de mouvement. Multipliez les sorties et les amusements, accentuez l'irrégularité de l'existence de manière à créer un renouvellement constant. Agrandissez votre cercle amical et arrangez-vous pour voir au moins dix personnes par semaine.

Lune en Cancer : a besoin de se retrouver au sein d'un cercle restreint et rassurant. Accentuez les activités cosy et régulières à la maison, recevez votre famille et recréez des liens. Ne laissez rien du passé en arrière.

Lune en Lion : a besoin d'être valorisée et d'avoir la sensation d'avancer et de progresser. Tout ce qui lui donne une sensation d'exceptionnel est utile. Cherchez ce qui pour vous ressemble à un idéal et, sans transiger, essayez de l'atteindre. Ne négligez aucun détail qui vous donne la sensation de vous dépasser.

Lune en Vierge : a besoin de se sentir utile et efficace. Faites une liste chaque jour sur un cahier de tout ce que vous aurez réussi à accomplir. Organisez les choses de façon à installer une progression dans votre quotidien.

Lune en Balance : a besoin d'ordre et d'harmonie. Faites tout votre possible pour minimiser les conflits autour de vous. Attention, la Lune en Balance ayant tendance à se faire dévorer le temps par autrui, apprenez à vous protéger en restant votre propre centre.

Lune en Scorpion : a besoin de sentir une intensité et un investissement dans ce qu'elle fait. Tendance à ne pas savoir ce qui vous convient pour aller bien ou à le détruire ; le meilleur conseil reste d'avoir plusieurs passions et de se dépasser sans cesse.

Lune en Sagittaire : a besoin de s'ouvrir des horizons et de savoir à quoi elle tend. L'important est de réfléchir à tous les domaines de la vie avec une perspective. Une sensation de malaise viendra d'une tentation de repli sur soi qu'il faudra combattre.

Lune en Capricorne : a besoin de se sentir aux commandes du navire, et en responsabilité dans tous les domaines et vis-à-vis des personnes de son entourage. Le plus important est de comprendre ce qu'on peut changer ou améliorer concrètement dans son existence. Cette Lune a besoin d'être régnante et forte.

Lune en Verseau : a besoin de changements et de vitesse. Rien ne lui convient sinon de se sentir hors d'une logique unique. Arrêtez de vouloir mener à terme les choses, essayez d'être en permanence dans une réactivité au monde extérieur, cassez les codes et les jugements.

Lune en Poissons : a besoin de fusion affective et de tendresse. L'environnement est essentiel, il faut un refuge affectif. Construisez-le, humainement ; au niveau de votre espace, tout doit être en accord avec vous.

La Lune et nos domaines de vie

Pour aller plus loin dans les exercices à faire sur la Lune, essayez d'établir une liste des domaines de vie essentiels pour vous. Par exemple :

- Vie professionnelle
- Quotidien
- Relations amicales
- Vie sentimentale
- Vie familiale
- Vie intérieure

Quand la musique des sphères nous apaise…

L'astrologie est une sorte de diagramme symbolique qui permet de vérifier et de comprendre si oui ou non vous êtes en harmonie avec vos besoins et attentes. Si ce n'est pas le cas, le sentiment de malaise ou d'inaccomplissement risque de vous habiter avec le danger de vous perdre de vue.

L'astrologie aide à tenir compte de chaque détail de notre caractère : de notre façon de nous rassurer (***Lune***), d'aimer (***Vénus***), d'agir (***Mars***), de comprendre (***Mercure***), de notre besoin d'intégration dans la société (***Jupiter***) et de notre exigence en tant qu'être humain (***Saturne***), etc. Si on ne parvient pas à être en accord avec soi sur tous ces points, on se trouve démuni et profondément malheureux.

La question de *l'identité*, fondée sur *l'harmonie* de ces éléments, est essentielle. Sans cela, on s'amoindrit, avec une perte progressive de confiance en soi. Relever de nouveaux défis devient alors mission impossible. Il faut commencer par dire « oui » à ce qu'on est au lieu de vouloir le transformer complètement. Ce n'est qu'en s'acceptant qu'on parvient à se changer et non pas en se positionnant dans un rejet ou un refus.

Pour chacun de ces domaines, jugez si vous le vivez bien, en accord avec ce que vous êtes. De même, *regardez où est la Lune en signe dans le thème de vos proches* (essentiellement les personnes avec lesquelles vous vivez) et déterminez de quoi ils ont besoin, de manière à harmoniser votre vie quotidienne. Car la difficulté est toujours d'arriver à vivre en accord avec soi, tout en côtoyant ceux qui ont... d'autres besoins que les nôtres.

Troisième étape : regarder les trois planètes « personnelles », Mercure, Mars et Vénus

Pour analyser un thème, en particulier le vôtre, il importe de dresser une liste de ce qui vous caractérise, les réactions que vous comprenez et celles que vous avez constatées mais que vous subissez plus que vous ne les expliquez. Ces différentes réactions font écho au rôle des planètes dans votre thème, car, retenez-le une fois pour toutes, chaque fois qu'il se passe quelque chose en vous (action ou réaction), il y a une ou des planètes en cause.

Par exemple, si vous avez un intellect nécessitant des sollicitations permanentes et un renouvellement (Mercure en signe de Feu) et que vous êtes de surcroît un signe de Terre, vous vous apercevrez que chaque fois que vous essayez de prendre un problème à bras-le-corps, vous avez envie de passer à autre chose et de résoudre la question sans trop vous y arrêter. Mais voilà, le problème en général, c'est que cette manière de réagir ne correspond pas à votre aspiration et que vous ne vous y reconnaissez pas. Par conséquent, vous allez développer un surmoi culpabilisateur sur le mode « je suis trop dispersé, je dois absolument me concentrer, hélas je n'y arrive pas, je suis nul... ».

En l'occurrence, le signe zodiacal de Terre est « contrarié » par le signe de Feu qui caractérise Mercure, mais les deux réactions sont « vraies » et spontanées chez vous. Comprendre de quoi est fait ce genre de nœud peut vous permettre de comprendre votre personnalité et pourquoi et comment vous réagissez. Cette donne en main, vous allez commencer à pouvoir réagir selon vous-même, c'est-à-dire en connaissant vos tendances et en les harmonisant sans nier votre personnalité profonde.

C'est particulièrement important avec les trois planètes « personnelles », Mars, Mercure et Vénus. On les appelle planètes « personnelles » parce qu'elles correspondent à nos principaux traits de caractère mais indiquent aussi ce que l'on attend des autres.

Avec **Mercure** vous comprendrez pourquoi vous avez besoin de réfléchir pour vous rassurer dans telle ou telle situation. Pour cela, reportez-vous au tableau des signes du chapitre 1. Selon le signe où il se trouve, Mercure indiquera également quel type de pédagogie (et donc de professeur...) vous convient : analytique et progressive pour un Mercure en Vierge, synthétique pour un Mercure en Lion, etc.

Avec **Mars**, vous comprendrez ce que vous attendez de vos actes. C'est extrêmement important, parce que si vous agissez et n'obtenez pas des résultats conformes à vos aspirations, vous serez déprimé, ce qui se comprend quand on ne saisit pas son fonctionnement intérieur. Prenons l'exemple de quelqu'un dont le Mars est en Bélier : cette personne aura besoin d'actions rapides suivies d'un résultat à court terme qui lui donne la sensation d'un mouvement permanent. Alors qu'avec un Mars en Sagittaire, le problème sera moins d'agir sur le moment que d'avoir un plan d'action général et global. Accessoirement, Mars indiquera dans le thème d'une femme son idéal masculin… c'est-à-dire pour être plus précis, la façon dont elle aimerait qu'un homme se comporte à son égard (donc *agisse* !). Pour un homme, Mars sera l'idéal masculin qu'il aura pour lui-même, à savoir ce qu'il aimerait être comme homme, entendu au sens où cet idéal est un idéal d'action.

Enfin, **Vénus** nous montre la manière d'être à l'aise et de se sentir protégé. Si on ne respecte pas les besoins de notre Vénus, on se sentira en manque et floué, ce qui à terme finira par être frustrant. Au passage, on notera que dans le thème d'un homme, Vénus représente l'idéal féminin ET l'idéal de ce qui le fait se sentir à l'aise. Conclusion : Messieurs, pour trouver le bonheur, cherchez la femme… ou la part d'idéal féminin qui est en vous !

Ménagère des fifties ou yuppie des années 1980 ? Cherchez les transsaturniennes !

Les planètes transsaturniennes : Pluton (découverte en 1930), Neptune (découverte en 1846) et Uranus (découverte en 1781) nous parlent en astrologie de générations. En effet, elles stationnent chacune longtemps dans un signe zodiacal. Ce qui signifie que si la Lune fait le tour du zodiaque en 28 jours (environ), le Soleil en un an, et par exemple, Mars en deux ans, les transsaturniennes sont beaucoup plus lentes que cela ; Pluton met 248 ans à faire le tour du zodiaque, Neptune 165 ans, et Uranus 84 ans. Pour cette raison, des milliers d'individus se retrouvent avec ces planètes dans un signe similaire. Ce qui signifie qu'ils auront une perception semblable concernant des événements. Ce qui leur arrivera à chacun personnellement dépendra en revanche de la position en maison de la planète (et non pas en signe). Mais leur manière de réagir fera l'effet d'un consensus invisible. Tout se passe comme si une génération entière se trouvait portée par une manière de penser similaire. Neptune marquant souvent une aspiration ou un idéal, chaque génération a le sien, et la société se formate « inconsciemment » autour de cela. Pluton signe les tournants importants ou mutations souvent apparentées au domaine politique ou sanitaire. Enfin Uranus annonce les inventions, la recherche et la manière dont les gens d'une époque veulent vivre. Les théories sociologiques sur les générations rejoignent les conclusions de l'astrologie sur ce point.

Prenons quelques exemples :

Dans les années cinquante, Neptune était en Balance, ce qui signifiait une ère de paix, une volonté d'harmonie (qui suivait une période de restriction liée au signe de la Vierge, celle notamment des deux guerres mondiales). Pluton étant dans le signe du Lion, on attendait du pouvoir de la cohérence et de la hauteur de vue (ah, les causeries du Grand Charles à l'ORTF…). Enfin Uranus était dans le signe du Cancer : le règne de l'électroménager destiné à faciliter la vie quotidienne. Vive les cuisines en Formica et le lave-linge !

Dans les années quatre-vingt, Neptune était en Sagittaire ; on voulait se donner un idéal lié à l'universalisation mais aussi à la réussite matérielle. L'économie commençait à se mondialiser. Pluton étant dans le signe de la Balance, on attendait du pouvoir un peu moins de présence et d'autorité. Uranus enfin séjournant dans le signe du Scorpion, on était en quête de nouveauté, à tout prix. Nul besoin d'utilité, pourvu qu'elle libère une créativité sans limites, toujours en avance sur les concurrents…

Et demain, dans les années 2020, avec Neptune en Poissons, l'idéal sera le partage et l'union entre les êtres, peut-être une nouvelle ère de Peace and Love, mais plus vraisemblablement, une époque mystique et humaniste. Pluton sera en Capricorne, le pouvoir s'éloignera du peuple, tout en demeurant fort et directif. Pour finir, Uranus en Taureau favorisera le désir d'inventer, la recherche du bien-vivre lié au retour vers l'authenticité et la simplicité. Ce qui s'augure déjà avec le succès croissant du bio…

Chapitre 6

Quatre éléments, un Dragon et un quiz

Dans ce chapitre :

- Ce que les quatre éléments révèlent sur notre rapport au monde
- Premier aperçu de l'axe du Dragon, notre direction de vie
- Un quiz astrologique pour deviner vos proches

Qui dit astrologie ne pense pas spontanément aux quatre éléments qui évoquent plutôt l'alchimie, la médecine chinoise ou un énième film de science-fiction… Pourtant chacun des signes du zodiaque appartient à un élément et cette appartenance est une clef pour comprendre aussi bien les affinités entre signes que l'appétence pour tel ou tel type d'étude. Un peu de révision de la symbolique des éléments ne sera donc pas de trop pour approfondir la compréhension des ressorts de personnalité des signes.

Le Dragon, c'est une autre histoire… L'axe du Dragon est la véritable colonne vertébrale d'un thème, c'est lui qui indique ce pour quoi vous êtes fait et ce qu'il va falloir construire dans votre avenir. À ce titre, il ne nous est pas toujours sympathique, et d'ailleurs nous avons une fâcheuse tendance à lui… tourner le dos !

Quand vous aurez bien saisi ces mécanismes, vous pourrez tester vos toutes récentes capacités d'apprenti astrologue à travers un quiz que vous ne devriez avoir aucun mal à interpréter… Si ce n'est pas le cas, c'est tout simple : retour à la page 1 du livre !

Quatre éléments pour révéler notre rapport au monde

Les éléments sont utilisés en astrologie parce qu'ils sont la matière même du monde.

Pour le comprendre, prenons l'image de l'arbre. Un arbre, fait de matière dense, est à lui seul une résistance. Cette résistance grandit et se nourrit grâce à la terre dans laquelle il trouve les nutriments dont il a besoin pour se développer pleinement. C'est l'échange entre la terre et sa substance qui permet un développement selon le plan initial de sa structure (un chêne ne devient pas noisetier). L'air, l'eau le nourrissent aussi d'une autre manière : l'air permet l'échange entre lui et l'univers, et l'eau lui donne la substance nécessaire pour se ressourcer et surtout pour pétrir ensemble les matières qui le constituent. Enfin, le feu ou soleil lui donne l'énergie, la chaleur et la lumière dont il a besoin pour grandir. On voit donc que l'univers tout entier concourt au développement d'un seul arbre.

Il en est de même pour l'être vivant, qu'il soit végétal, animal ou humain (angélique, on n'a pas d'info !). Les quatre éléments auxquels les Grecs anciens ajoutaient un cinquième, ÉTHER ou esprit, sont la base de toute création.

Au commencement, il y avait l'eau...

L'eau pétrit, mêle, fait des disparités une sorte de mélange où les spécificités deviennent indistinctes, créant ainsi une nouvelle substance.

Les signes d'Eau sont le Cancer, le Scorpion et les Poissons : lorsqu'on analysera dans un thème ces signes, il faudra avoir en mémoire ce pouvoir qu'a l'eau de ne tracer aucune limite précise et de tout transformer, malaxer pour l'assouplir. Toutes proportions gardées, on retrouvera cette « qualité » dans la façon d'aimer ou de réfléchir des signes d'Eau, volontiers fusionnels, au point d'avoir du mal à percevoir leurs propres limites. À l'exception du Cancer qui a le génie de commencer par tracer un périmètre de sécurité à l'intérieur duquel seulement il se laissera aller à son besoin de douceur enveloppante…

L'eau du Cancer est une eau qui mêle présent et souvenirs, qui retourne en arrière. Elle est chargée d'histoire, de nostalgie.

L'eau du Scorpion, passée au travers des couches profondes de la terre, peut avoir la pureté d'une eau de source. Néanmoins, elle ne se dilue pas, et rend acides et difficilement maniables les composés qu'elle mélange.

L'eau du Poissons est une eau qui voudrait tout diluer jusqu'à créer une eau pure et transparente, ce qui n'est évidemment pas possible. Alors elle rajoute, encore et encore, de l'eau, c'est-à-dire des émotions, jusqu'à ne plus rien y voir.

Le feu fit surgir la vie...

Le feu assèche, fait tomber le superflu ou réchauffe, favorisant la montée de la sève. Mais le feu brûle et consume également ce qu'on lui jette pour le transformer en cendres, un engrais pour la terre. Avec lui, il sera donc question de dosage et d'équilibre. Trop de feu aboutit à l'inverse du résultat souhaité, à savoir la destruction. Pas assez de feu ne réveillera pas une vie moribonde. Les signes de Feu sont le Bélier, le Lion et le Sagittaire.

Le feu du Bélier est une source de chaleur qui se projette en avant, innove et crée une différence, mais c'est un feu bref, comme une flammèche pouvant tout embraser ou au contraire s'éteindre aussitôt. C'est un feu sans aucune continuité.

Le feu du Lion rayonne et flamboie, avec une tendance à illuminer ce qu'il touche, mais son éclat n'a pas forcément de profondeur ni de vérité. Il peut mentir. C'est un feu qui aveugle plutôt qu'il n'éclaire, y compris le signe même du Lion.

Le feu du Sagittaire se nourrit d'avenir. Il a besoin de se propulser, de se lancer plus loin ; mais tel un porte-flamme, il ne sait que se projeter et non irriguer avec douceur et régularité. Ce feu a besoin de combustible pour ne pas se retourner contre lui-même.

La terre nourrit le vivant...

La terre, nourricière par nature, est sale, mais à partir d'elle tout se construit. De ses entrailles, on tire les richesses nécessaires à la civilisation. La terre sombre fait peur parce qu'elle est poussière comme la matière qui se désagrège et nous rappelle notre mortelle destination. De tous les éléments, la Terre est sans doute le plus mal aimé, mais lié à une parenté avec le corps, et un règne qui nous échappe. Notre finitude est inscrite dans la terre. C'est bien l'avis des signes de Terre, Taureau, Vierge et Capricorne.

La terre du Taureau est jouissive. Elle aime la vie pour s'en gorger et en vouloir toujours davantage. Consciente des limites de la mort, elle veut se donner au maximum les conditions du bonheur. Faute d'y parvenir, elle se remplit de toutes les sensations et de tous les plaisirs possibles.

La terre de la Vierge est économe. Tirant parti de ce qu'elle a, de ce qu'elle est, elle essaie de rentabiliser son stock : son énergie, notamment le souci constant qu'elle a de son bien-être et de sa santé. C'est sa manière de répondre à la peur qui l'habite.

La terre du Capricorne est marquée par la maîtrise. Ne pouvant contrecarrer la mort, elle lui trouvera une réponse par le contrôle.

Et l'air dispersa la cendre…

L'air fait tourbillonner les feuilles, chasse les nuages, nettoie le ciel de ses orages et crée un renouveau. L'air transporte les pollens (ou la radioactivité quoi qu'en disent les infos), crée des mélanges d'odeurs et transforme les paysages. L'air est comme le vent, on ne le voit jamais, mais on ressent ses effets. L'air nous donne notre substance de vie, et sa force vient justement de son invisibilité. On oublie volontiers à quel point il nous est nécessaire pour vivre, que rien ne peut se faire sans lui. Les signes d'Air sont les Gémeaux, la Balance et le Verseau.

L'air des Gémeaux est jeune, infiniment gai et renouvelé, cherchant la vie en toute chose. Mais quelle vie ? Une gaieté, une transformation, un changement constant et la sensation d'aller plus vite, tel un oiseau porté par l'air.

L'air de la Balance, très différent, est un air écologique. Il sait ce qui est nécessaire à l'équilibre global de la vie et tâche de respecter le jeu de forces de l'ensemble des éléments en présence, de manière à ne pas hypothéquer sa propre posture au sein du grand tout.

L'air du Verseau est marqué par la vitesse. Tout se transforme en tout et rien ne s'arrête jamais, c'est l'interdépendance qui est en œuvre au cœur des relations. L'air du Verseau teste les nouveaux mélanges, les déséquilibres car eux seuls ont le pouvoir de créer du nouveau.

On voit que le fait d'avoir trois signes de chaque élément ne signifie pas que nous avons trois fois le même signe ; c'est, à chaque fois, une caractéristique différente que le signe accentue.

Notre rapport au monde extérieur est marqué par notre structure. Notre dominante élémentale dirigera notre approche de l'existence et notre philosophie de vie au quotidien. De ce fait, notre dimension « écologique » dépend de l'élément qui caractérise notre signe. C'est ainsi, pour ne prendre qu'un exemple, que les signes d'Air n'ont en général pas un intérêt redoublé pour la nature alors que les signes de Terre en ressentent un besoin viscéral.

Un Dragon pour vaincre la fatalité…

On a vu jusqu'à présent de quelle manière les planètes nous structurent intimement sans nous laisser beaucoup de marge de manœuvre, au sens où elles sont la donne avec laquelle nous sommes amenés à jouer notre rôle dans l'existence. Si on en restait là, l'astrologie se réduirait à une très précise analyse des caractères – ce qu'elle est aussi – qui ne nous donnerait pas beaucoup de pistes pour évoluer.

Or rien ne lui est plus étranger. On constatera au fil des pages, combien notre thème astral est, dans son intégralité, une invitation à bousculer nos facilités intérieures pour extraire le meilleur de ce qu'on est. Le symbole le plus important de cette invitation à la liberté est l'axe de Saros ou axe du Dragon.

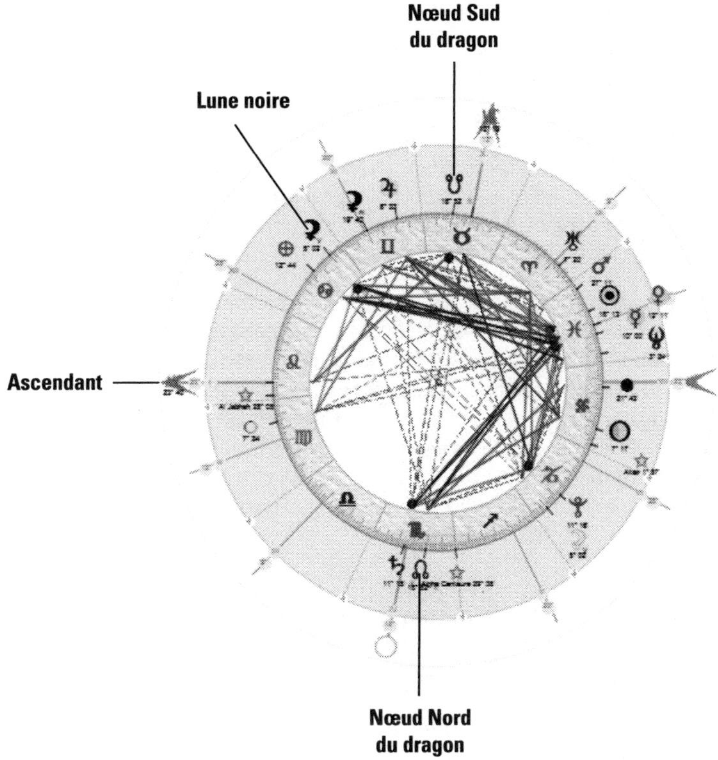

Figure 6-1 : Les points fictifs sur une carte astrale.

Un Dragon ça n'existe pas mais qu'est-ce que ça bouge !

Avant d'aller plus loin dans la présentation de cet auguste animal, une légende chinoise s'impose :

> « *Il y a longtemps de cela, le jeune Houang-Pô, disciple du tao, voulut dompter les étoiles. Pour cela, il parcourut l'empire en tous sens, alla jusqu'aux plus hautes montagnes, mais en vain, les étoiles le narguaient toujours de leurs décrets intangibles. En longeant le fleuve Jaune, un jour, Houang-Pô qui ne se décourageait pas, vit un dragon, couché sur la terre.* »

Le dragon est un animal symbolique, capable de vivre dans l'eau (la réalité de l'âme, renvoyant aux vies antérieures et à l'inconscient) et de cracher du feu (la réalité de l'esprit, pouvant modeler êtres et choses). De plus, lorsqu'il vole, le Dragon maîtrise les forces indomptables du vent.

> « *Houang-Pô décida d'apprendre du dragon l'équilibre de ces quatre éléments.* »

La Terre, ici absente, représente l'industrie humaine et le travail sur la matière.

> « *Il s'envola dans les airs, mais ne pouvant rester au centre sur son dos sans craindre de tomber, il se laissa glisser vers la queue et là, fut secoué comme une branche de bambou pendant la tempête. Il s'accrochait, mais ne trouvait jamais de stabilité ; en même temps, tenir la queue était rassurant parce qu'elle était juste de la taille de ses mains, et qu'il ne craignait pas de la lâcher. Mais sa situation s'aggravant, il se hissa jusqu'à la tête du dragon. Là, le voyage était beaucoup plus calme, mais sans surprises. Ainsi eut-il du temps pour se dire qu'au fond il aurait aussi bien pu rester sur la queue…* »

L'axe de Saros est aussi nommé « axe des nœuds » par référence aux nœuds de la Lune ou « axe du Dragon » par référence aux traditions orientales. Malgré la légende ci-dessus, c'est surtout l'astrologie indienne qui se réfère à cet axe astral qui est en réalité la colonne vertébrale d'un thème. Techniquement, les nœuds de la Lune n'étant pas des points « actifs » du thème, ils n'ont pas le rayonnement de planètes. Ce sont des points fictifs fixés à la suite de calculs. Comme on l'a dit, ils sont utilisés en astrologie indienne, mais également en astrologie contemporaine occidentale qui les qualifie de « points karmiques ».

Levons un (potentiel) malentendu : l'astrologie ne parle pas obligatoirement de karma et de réincarnation, mais qu'on adhère ou non aux thèses de la réincarnation d'une âme, il reste que le thème natal dépeint un caractère et les grandes lignes d'une destinée.

L'axe des nœuds ajoute l'idée d'une direction générale de l'existence : on part d'un point pour aller à un autre. Cette translation n'est pas automatique, elle dépend des choix d'un individu. Aussi l'axe des nœuds définit-il d'abord la direction selon laquelle un individu peut faire jouer son libre arbitre. En quelque sorte, c'est l'axe des nœuds qui mettra en mouvement – ou fera stagner – le thème. Les planètes sont des points fixes puisque leur position dans le thème natal est l'expression de notre être le plus profond (c'est cela qui fait qu'on réfléchira d'une façon [Mercure], qu'on aimera d'une autre [Vénus], qu'on souhaitera une réussite sociale [Jupiter], etc.).

Pourquoi il faut aller plein nord, même si on rêve de cocotiers…

L'axe du Dragon trace une ligne, en maison et en signe, qui aura une orientation spatiale et temporelle : *on part du Nœud Sud*, de bonne ou de mauvaise grâce, mais on en part, et *on va à notre Nœud Nord* ; là encore, la bonne humeur est en option !

Partir du Nœud Sud signifie à la fois quitter une forme d'attitude dans la vie (indiquée par le signe du zodiaque dans lequel se trouve la queue du Dragon) et aussi un domaine de l'existence (la maison de la queue du Dragon). Ces deux éléments, l'attitude et le domaine concret indiqué par la maison, sont sans effet pour l'individu. Ils ne donneront jamais de résultats satisfaisants, mais enfermeront au contraire progressivement l'individu qui s'y attarde dans une forme d'aigreur et de rétrécissement de ses perspectives.

Pourtant, comme la légende de Houang-Pô le suggère, l'individu sera toujours tenté de s'accrocher à la queue de son Dragon, et ce malgré la perpétuelle frustration engendrée. Derrière ce paradoxe, il faut comprendre que si l'individu est attiré par la queue du Dragon, c'est par goût naturel pour la facilité, alors que l'attitude « Nœud Nord » ou tête de Dragon et le domaine « Nœud Nord » lui sembleront toujours complexes, fatigants, rébarbatifs... même si cette attitude et ce domaine de vie sont davantage porteurs de réussite.

EXEMPLE

Le choix d'Annabelle

Annabelle a un axe II/VIII (on part toujours de la maison Nœud Sud – ici Maison II – vers la maison Nœud Nord – ici Maison VIII). Elle recherche, conformément à sa carte et à son Nœud Sud, une vie sans ambition excessive où elle ait cependant l'impression d'obtenir le résultat de ses efforts (une des significations possibles de la Maison II).

Or, voilà Annabelle confrontée à un choix affectif difficile : elle hésite entre Bernard, gentil cadre informatique sans histoires (mais sans relief non plus) et Volodia, beau prince russe désargenté (Maison VIII peut signifier la noblesse), qui ne lui inspire pas confiance au quotidien du fait de son caractère fantasque.

Voici les conséquences d'un choix et de l'autre pour Annabelle :

Si elle suit ses peurs et ce qui lui paraît raisonnable (ensemble des caractéristiques d'un choix conforme au Nœud Sud), elle choisira Bernard.

Seulement voilà, Bernard la quittera (la Maison II qui signifie la stabilité va s'effondrer), et elle se retrouvera « de force » dans une vie conforme à son Nœud Nord (en Maison VIII, traversée d'épreuves difficiles en solitaire avec régénération possible), avec une amertume probablement importante, et le regret de son prince.

Si elle suit son « rêve », Volodia se révélera beaucoup moins fantaisiste que prévu, plus solide affectivement. Par contre, personne dans la famille d'Annabelle ne comprendra son choix, jusqu'à ce que Volodia hérite du grand-duc Balthazar, son oncle, les soucis matériels s'éloignant donc définitivement...

L'axe des nœuds constituant ainsi la turbine énergétique d'un thème, analogiquement, il peut être considéré comme la colonne vertébrale d'un individu, sans laquelle il n'y a ni cohésion, ni structuration interne. Pratiquement, cela signifie que si un individu vit en se tournant exclusivement vers son Nœud Sud (en signe, pour l'attitude et en maison, pour le domaine ou la concrétisation extérieure), les autres points de son thème se déploieront avec des résultats négatifs, mitigés, au mieux neutres.

Ce qui rend tout difficile à voir, c'est que la réalité s'étale souvent sur plusieurs années, avec des alternatives qui ne sont pas toujours évidentes. De ce fait, les individus perdent la trace de leur chemin de vie (même si on en a tous l'intuition ou des avant-goûts) et peuvent avoir l'impression que bien loin d'être confrontés à des choix, seule l'absurdité règne sur leur existence… Ce qui est résolument faux et pourra être démontré par une analyse du thème, laquelle révélera l'erreur d'aiguillage !

BON À SAVOIR

Le passage des nœuds ou cycle de Saros

Le libre arbitre d'accomplir intérieurement (en signe) et extérieurement (en maison) ce cheminement ou ce passage, n'est pas total : c'est-à-dire que notre « chemin de vie » nous poussera par à-coups vers notre Nœud Nord, les à-coups venant du cycle de Saros (tous les 18,6 ans, l'axe des nœuds revient à sa position initiale).

Lorsqu'un individu est en « Nœud Sud » lors d'un passage de cycle de Saros, il n'est pas rare que sa vie soit marquée par des événements négatifs, parfois violents. À l'inverse, évidemment, les cycles de Saros de l'individu accroché à la tête de son Dragon favori coïncideront avec des étapes décisives et positives…

Comment reconnaître le Nœud Sud du Nœud Nord ?

La première chose à signaler est que *nous ne sommes pas tous égaux devant l'enjeu d'un passage Nœud Sud/Nœud Nord :* il y a, en effet, des thèmes plus difficiles que d'autres.

Sans parler des aspects qui sont un paramètre complexe[3], la présence de planètes conjointes au Nœud Sud, d'une interception sur l'axe des nœuds, et de planètes rétrogrades conjointes au Nœud Sud, rend plus difficile ce passage. De façon analogue mais en sens inverse, la présence de planètes conjointes au Nœud Nord aide incontestablement au passage vers ce pôle.

Quoi qu'il en soit, aidés ou pas, nous devons tous faire ce passage, en ayant à l'esprit les deux principes suivants :

3. Les aspects dits « harmoniques » ont tendance à rendre floue la distinction entre Nœud Sud et Nœud Nord et, de ce fait, permettent une circulation plus fluide entre les pôles. À l'inverse, la présence d'un carré avec une planète en apex ou d'un aspect dissonant mineur, rend plus définitif le passage d'un point à l'autre… (voir chapitre 10).

- **Le principe du Nœud Sud** : il révèle un point où le sujet refuse d'évoluer, de se transformer. Persuadé d'être dans son bon droit, et dans une approche cohérente et objective de la vie, il a tendance à restreindre son champ de vision lorsqu'il réfléchit à partir de ces données Nœud Sud.
- **Le principe du Nœud Nord** : il montre comment un individu pourrait être le plus conforme à son aspiration profonde. La difficulté pratique rencontrée s'explique par le fait que le Nœud Nord représente psychologiquement quelque chose que le sujet valorise sans qu'il lui semble possible, ni souhaitable, ou simplement acceptable !

Devinez vos proches à travers un quiz

Après avoir bien travaillé sur les planètes, leur coloration en signe et en maison et nos caractéristiques élémentales, un peu de récréation – instructive – sera la bienvenue…

EXERCICE

Pour tester votre savoir tout frais, voici un petit quiz, à faire en pensant à ceux de vos proches dont vous connaissez le signe zodiacal. Si vous les reconnaissez, cochez *vrai*, sinon, cochez *faux*, et le résultat indiquera ce qu'il vous reste à faire : relire le livre depuis la page 1 ou… mieux, observer vos proches !

Un Bélier

	Vrai	Faux
Fonce dans le brouillard sans réfléchir	❑	❑
Est capable d'une grande patience s'il veut obtenir quelque chose	❑	❑
Tombe amoureux assez souvent (s'il n'a pas des planètes en Terre)	❑	❑

Un Taureau

	Vrai	Faux
Réfléchit longuement mais ensuite plus rien ne l'arrête	❑	❑
Peut être terriblement rancunier	❑	❑
Est un ascète dans l'âme	❑	❑

Un Gémeaux

	Vrai	Faux
Acquiert avec l'âge une maturité qui fait l'envie des autres signes	❑	❑
Est toujours égal à lui-même et d'une humeur semblable	❑	❑
Adore sortir, se distraire et voir des amis	❑	❑

Un Cancer

	Vrai	Faux
✓ Est très proche de sa famille et fidèle à son passé	❑	❑
✓ Devient facilement susceptible et rancunier	❑	❑
✓ A du mal à faire confiance et à sortir de ses certitudes	❑	❑

Un Lion

	Vrai	Faux
✓ Accepte facilement de faire son autocritique publiquement	❑	❑
✓ Est capable d'un courage hors pair dans des circonstances difficiles	❑	❑
✓ Est d'une générosité qui le rend apte à pardonner ce que d'autres ne toléreraient pas	❑	❑

Une Vierge

	Vrai	Faux
✓ Saute d'un sujet à l'autre, n'a aucune continuité et adore changer de méthode	❑	❑
✓ Est tour à tour (ou en même temps) extrêmement méticuleuse et profondément désordonnée	❑	❑
✓ Imagine avec difficulté vivre sans rien avoir à faire de précis	❑	❑

Une Balance

	Vrai	Faux
✓ Prend volontiers parti dans les disputes si elle peut apparaître comme la voix de la raison	❑	❑
✓ Aime toujours se montrer élégante et à son avantage	❑	❑
✓ Est jugée comme incroyablement superficielle par les onze autres signes	❑	❑

Un Scorpion

	Vrai	Faux
✓ Aime les situations simples, claires et nettes	❑	❑
✓ Est d'une jalousie coriace	❑	❑
✓ Pardonne mais vous reparle encore du problème quinze ans après	❑	❑

Un Sagittaire

	Vrai	Faux
✓ Accepte avec facilité d'avoir tort	❑	❑
✓ A besoin d'une part de rêve qui va souvent avec le fait de vivre à l'étranger	❑	❑
✓ Est profondément anticonformiste et adore choquer	❑	❑

Un Capricorne

	Vrai	Faux
Vous expliquera pour la douzième fois dans les mêmes termes ce qu'il vient de vous dire	❑	❑
Semble parfois complètement à côté de la plaque, ou vivant dans une autre époque	❑	❑
A le goût des fêtes brillantes (s'il n'a pas de planètes en Feu)	❑	❑

Un Verseau

	Vrai	Faux
Aime sentir qu'on a une prise affective sur lui	❑	❑
A le goût des crises passionnelles et des explications sans fin	❑	❑
Aime les discussions et les débats d'idées	❑	❑

Un Poissons

	Vrai	Faux
Est extrêmement rationnel, logique et jamais rancunier	❑	❑
Est hypersensible	❑	❑
A une âme d'artiste ou de mystique	❑	❑

Réponses :

Bélier : Vrai/Faux/Vrai
Taureau : Vrai/Vrai/Faux
Gémeaux : Faux/Faux/Vrai
Cancer : Vrai/Vrai/Vrai
Lion : Faux/Vrai/Vrai
Vierge : Faux/Vrai/Vrai
Balance : Vrai/Vrai/Vrai
Scorpion : Faux/Vrai/Vrai
Sagittaire : Faux/Vrai/Faux
Capricorne : Vrai/Vrai/Faux
Verseau : Faux/Faux/Vrai
Poissons : Faux/Vrai/Vrai

Deuxième partie

Apprendre à lire un thème astral

Dans cette partie...

Vous trouverez de quoi rentrer dans le vif du sujet en apprenant à lire véritablement une carte du ciel, sans y passer dix ans. Pour cela, il faut savoir dans quel sens regarder la carte du ciel (chapitre 7), acquérir les bons réflexes pour ne pas se perdre (chapitre 8), décrypter le message complexe de l'ascendant (chapitre 9), surfer sur les aspects (chapitre 10), et enfin, pour les plus motivés, plonger dans les interceptions et les rétrogradations (chapitre 11).

Chapitre 7

Comment lire une carte du ciel ?

Dans ce chapitre :

- Rendre une carte lisible en cherchant une logique globale
- Savoir interroger un thème
- Hiérarchiser les questions

Comprendre et lire un thème, c'est très simple ! N'importe quel astrologue vous dira qu'il s'en faut seulement… d'une dizaine d'années de travail acharné ! Une poussière au regard de l'éternité des astres…

Nous allons essayer de raccourcir le temps. La première chose à savoir, c'est que l'astrologie ne fonctionne pas comme une connaissance théorique qu'il suffirait de maîtriser pour pouvoir l'appliquer. Un peu comme une langue étrangère, c'est la pratique plutôt que le savoir livresque qui vous aidera le plus. La base, c'est de connaître la signification des symboles (planètes et signes) et savoir situer les maisons. Après, surtout, il faut développer votre culture générale et votre sens poétique…

Amusez-vous, quand vous lisez un poème, à vous demander quel signe du zodiaque aurait pu l'écrire ; si vous suivez une série télé ou lisez un roman, quelle est la planète dominante du héros, et essayez ensuite d'anticiper ses réactions. Évidemment, le film vous passionnera moins, mais le résultat en tant qu'astrologue en herbe, s'avérera efficace !

Règle n° 1 : Ne pas céder à la tentation de l'inventaire…

Ce serait bien pratique si l'on pouvait faire un copier-coller des tableaux d'interprétation proposés dans la plupart des manuels d'astrologie… Mais n'oublions pas l'influence mutuelle des planètes et des signes.

Chaque planète ne veut qu'une chose

Attention, il ne s'agit pas de regarder chaque planète (en commençant par le Soleil par exemple) et d'essayer de faire s'amalgamer tant bien que mal des données contradictoires. Voici un exemple classique du méli-mélo d'un thème astral :

Gertrude a un Soleil en Bélier, donc elle fonce et se jette en avant, mais sa Lune en Poissons la rend sensible et pas du tout ouverte au monde extérieur. Ayant par ailleurs un Mars en Cancer, elle est très casanière quand elle agit et ne prend aucun risque. Avec une Vénus en Sagittaire, elle est fière, n'accepte pas l'avis d'autrui et assume toutes ses décisions. Enfin, avec un Mercure en Gémeaux, Gertrude est très adaptable… Et maintenant, bon courage pour la synthèse !

On voit bien que fort d'une telle dissection, on se trouve avec un thème qui dit tout et son contraire. En plus d'être inutile, une telle approche est décourageante, parce qu'on se dit qu'*on ne voit pas le fil d'un trait de caractère à l'autre* et qu'on ne comprend rien à sa vraie personnalité. Et pourtant, ce n'est pas si facile d'échapper à la tentation de l'inventaire, et vous constaterez que la plupart des manuels d'astrologie proposent des « tableaux d'interprétation » donnant pour chaque planète sa signification en signe et en maison.

Si vous disposez de tels documents, vous pouvez les jeter : tout est faux ! Pourquoi ? En fait, chaque thème a sa logique, et si on ne comprend pas comment il se génère de l'intérieur, on ne comprend tout bonnement rien au thème.

Avant tout, quand vous prenez une planète pour l'étudier, imaginez-vous qu'*elle n'a qu'une seule chose à vous dire, une seule chose qui doit tenir en une phrase*, et qui est à la forme personnelle. En clair : demandez-vous ce que « veut » la planète. *Comment* elle le veut, vous le savez déjà, puisque c'est sa nature même qui va vous indiquer sa manière de s'inscrire dans le monde (à ce sujet, reportez-vous à la présentation des planètes du chapitre 5). Déterminer ce que veut une planète, c'est réussir à fusionner cette caractéristique globale de la planète avec la tonalité du signe où elle se trouve, en sachant moduler.

Prenons ainsi le cas d'un thème présentant trois planètes en Capricorne : Mars, Soleil et Mercure.

Vous pourrez à la limite dire que le Soleil (la personnalité) est responsable et autonome (qualités du signe du Capricorne), et qu'il aime une certaine solitude. Mais si vous essayez de plaquer les mêmes qualités du signe du Capricorne sur Mercure (intellect), ça se corse, car dire qu'une manière de réfléchir démontre responsabilité et autonomie est certes possible, mais au second degré et sans indication pratique…

Imaginez-vous que Jacqueline, l'amie d'enfance de votre maman, s'inquiète pour son petit-fils Arthur qui a un Mercure en Capricorne – c'est vous qui lui avez dit, fort(e) de votre toute nouvelle science – et qu'elle vous demande comment on va pouvoir aider Arthur à apprendre ses leçons (demande classique à laquelle doit pouvoir répondre l'astrologue !). Si vous lui dites qu'il a un intellect solitaire et responsable, Jacqueline vous demandera, après un temps de silence, si c'est positif ou négatif et comment l'aider… à faire ses devoirs.

Donc, première étape, comprenez que vous avez dix personnes bien différentes en face de vous, qui sont Pluton, Neptune, Uranus, Soleil, Lune, Mercure, Vénus, Mars, Jupiter et Saturne, que chacune a son petit caractère et que la rencontre entre ce caractère et un signe donnera le dessein unique de la planète, et c'est ça qui est à prendre en compte pour commencer l'analyse du thème.

Le signe « colore » la planète (et réciproquement)

Quand une planète se trouve dans un signe, elle n'est pas forcément ravie d'être là, mais en tout état de cause, il faut savoir qu'elle ne reste pas « intacte » : elle va prendre une partie des qualités (et des défauts !) du signe et apporter les siens propres en échange. La seule exception notable est le Soleil qui s'imprègne totalement des qualités et des défauts du signe sans faire beaucoup de tri…

Pour la plupart des planètes, on peut dire qu'elles arrivent dans un signe avec une attente bien précise… Et s'il n'y a pas ce qu'elles veulent, éventuellement, elles se rabattent sur autre chose. C'est un peu le principe du shopping : vous partez pour acheter un pull et vous finissez avec un service à thé design en acier galvanisé… En parfaites « shoppeuses », les planètes piochent dans le signe ce qui leur convient peu ou prou, même si c'est très, très loin de leur attente initiale.

En gros, voici ce que les planètes cherchent à faire (ou à prendre) dans chaque signe :

- **Lorsque Pluton est dans un signe**, il essaie de voir les choses de la manière la plus lucide possible ; il est prêt à tout tenter pour devenir MAÎTRE du signe et le soumettre (comme rapport pacifique, c'est raté !).
- **Lorsque Neptune est dans un signe**, il laisse venir à lui ce qui s'impose ; ce qui lui semble trop tranché, il le dilue. Il paraît n'avoir d'autre choix que de tout adoucir (pour les signes de Feu, ça fait pas mal de dégâts).
- **Lorsqu'Uranus est dans un signe**, il s'agit de ne pas perdre de temps, et de mettre tout bien au carré comme il le souhaite, pour que définitivement, tout aille à son idée.

- **Lorsque Mars est dans un signe**, il prend la situation en main et tente de rendre le signe le plus actif possible (avec les signes d'Eau, on lui souhaite bien du courage).
- **Lorsque Vénus est dans un signe**, elle essaie de tirer avantage de tout et de fermer les yeux sur divers problèmes. Son air de conciliatrice cache surtout le désir de *se* faire la meilleure place dans le signe.
- **Lorsque Mercure est dans un signe**, il voit comment organiser les choses de manière à avoir le moins de perte possible ; peu importe à quoi ça va servir, du moment qu'il peut *se* servir.
- **Lorsque Jupiter est dans un signe**, il en est *a priori* heureux, donc il se réjouit et grâce à sa bonne humeur, le rend aussi bénéfique que possible.
- **Lorsque Saturne est dans un signe**, il se demande quel est son devoir et quel principe de vie il peut en tirer.
- **Lorsque la Lune est dans un signe**, elle sera affectée, remuée et touchée, c'est certain.
- **Lorsque le Soleil est dans un signe**, ce dernier lui sera totalement adhérent.

On voit donc qu'une planète « en » signe n'est pas une page de manuel mais une relation vivante et active où la planète est malencontreusement enfermée à vie dans une atmosphère plus ou moins respirable. On peut dès lors se poser **deux questions** :

Question 1 : Que se passe-t-il quand une planète ne peut pas réussir à créer une harmonie entre elle et le signe ?

Somme toute, la guerre sera éternelle... Ainsi un Mars en Cancer commencera par retourner son énergie contre lui avant d'être capable de pointer son nez pour agir dans le monde extérieur. Quelquefois, le manque d'harmonie ne vient pas d'une planète dans un signe, mais de deux planètes recoupant des domaines de vie semblables mais ne fonctionnant pas du tout de la même manière.

Si Mélanie a une Vénus en Poissons (désir de fusion, envie de faire un avec l'autre) et une Lune en Sagittaire (besoin de se récupérer dans son quotidien sans être ennuyée ni dérangée), elle va se trouver avec une contradiction intérieure usante à la longue.

Prenons un autre exemple : si Julien a un Jupiter en Taureau, donc le désir d'avoir une belle réussite sociale, et un Mars en Scorpion (qui est capable de détruire tout ce qu'il a mis du temps à édifier), il est probable qu'atteindre son but social sera plus long que prévu.

Question 2 : Que se passe-t-il quand une planète réussit à créer une harmonie entre elle et son signe ?

C'est le bonheur ! En fait, c'est possible (mais pas facile) pour toutes les positions astrales, et c'est même la clef de l'équilibre personnel. Il faut arriver à comprendre qu'on peut tirer parti de dix tendances parfois peu harmoniques entre elles.

Petit traité du bien-être des planètes : dignités (forces) et débilités (faiblesses !) planétaires

Il existe un classement des planètes appelé Dignités et Débilités, très utilisé en astrologie ancienne. Il permet de savoir si une planète se satisfait d'être dans un signe ou non.

Ce tableau, certes très utile, n'est pas à prendre au pied de la lettre ; il faut en comprendre l'esprit : même si une planète est en domicile dans un signe c'est-à-dire à la bonne place, cela ne vous dispensera pas d'en analyser « le comment et le pourquoi ». À l'inverse, si vous voyez qu'une planète est en chute dans un signe, il faudra expliquer pourquoi selon vous, ça ne marche pas pour elle.

Tableau 7-1 : Dignités et débilités planétaires

Signe	*Planète en Domicile dans le signe*	*Planète en Exaltation dans le signe*	*Planète en Chute dans le signe*	*Planète en Exil dans le signe*
Bélier	Mars	Soleil/Pluton	Saturne	Vénus
Taureau	Vénus	Lune		Mars/Pluton
Gémeaux	Mercure		Neptune	Jupiter
Cancer	Lune	Jupiter	Mars/Uranus	Saturne
Lion	Soleil	Neptune		Saturne/Uranus
Vierge	Mercure	Mercure	Vénus/Neptune	Jupiter/Neptune
Balance	Vénus	Saturne	Soleil/Pluton	Mars
Scorpion	Mars/Pluton		Lune	Vénus
Sagittaire	Jupiter	Neptune		Mercure
Capricorne	Saturne	Mars/Uranus	Jupiter	Lune
Verseau	Saturne/Uranus		Neptune	Soleil
Poissons	Jupiter/Neptune	Vénus/Neptune	Mercure	Mercure

Le **domicile** d'une planète indique le signe où elle se « réjouit » le plus, c'est-à-dire le signe où elle s'exprime le plus entièrement possible compte tenu de sa nature. D'une certaine façon, le signe d'une planète en domicile est son « home sweet home », le lieu qu'elle a conçu à partir d'elle-même et selon ses choix, ses goûts et ses tendances.

Le domicile a pour contrepartie l'**exil** (là où une planète n'est plus chez elle).

L'**exaltation** est une forme de surenchère de la planète par rapport à sa position. La planète en exaltation est euphorique mais imprévisible, elle a tendance à aller au-devant de tribulations impossibles, avec une inventivité toujours renouvelée… Pour elle, qui se propose sans cesse des challenges inédits, les planètes en domicile sont trop sages, trop lentes. Elle est parfois « jalouse » de ses prérogatives et, avec son penchant à l'autarcie, elle répugne à devoir s'unir aux autres.

L'exaltation a pour contrepartie une position qu'on nomme la **chute** planétaire et qui, comme son nom l'indique, n'est pas positive ! Néanmoins, contrairement à ce qu'on peut trouver dans certains livres, il ne s'agit pas pour la planète en chute d'opérer une sorte de retournement sur soi pour transformer ses attentes : elle se trouve bel et bien dans un *milieu étranger* qui, quels que soient ses efforts, ne lui permettra pas de trouver une expansion conforme à sa nature.

Ainsi, un Soleil en chute en Balance signifiera que la personnalité ne peut se fonder sur elle-même (l'ego, le Soleil) pour trouver son expression d'être, manifester son ego et aspirer ainsi à l'existence. Il lui faudra faire un détour obligatoire par les normes sociales, la figure de l'autre et prendre tout cela en compte dans la structuration même de son être.

À RETENIR

Le point commun entre une planète en domicile et une planète en exil, c'est qu'il y a dans les deux cas *soumission* à un maître : en domicile, la planète est elle-même son propre maître ; en exil, elle est sous la coupe d'une autre planète (d'ailleurs surveillez où se trouve celle-ci en signe et maison).

Si l'on résume cette étape, les indications sur les planètes en signe et le tableau des dignités et débilités servent à déterminer *une phrase clé* pour chaque planète dans un signe, *phrase clé qui permettra de mieux cerner les différents mobiles d'un individu*, ses raisons d'agir de telle ou telle manière.

À titre d'exemple, la phrase clé de Saturne en Bélier sera « *quelle initiative réfléchie dois-je avoir ?* ». En l'occurrence le côté posé et strict de Saturne rencontre le caractère irrémédiablement impulsif et actif du Bélier ; le croisement des deux donne le style d'impulsion (réfléchie), le Bélier indiquant qu'il y aura de toute façon une impulsion. Le tout trace un trait de caractère propre à la personne ayant cette configuration dans son thème.

Après avoir déterminé ces phrases clés (de deux lignes) pour chaque planète dans chaque signe, il convient de s'attaquer à la face pratique, c'est-à-dire *comment la planète agit* réellement et concrètement dans la vie de l'individu. Pour cela il faut regarder dans quelle maison se trouve cette planète.

Toute planète prend possession de sa maison…

Le terme de « maison » doit ici être pris au pied de la lettre : lorsqu'une planète se trouve dans une maison, elle essaye de se l'approprier, et le domaine concret signifié par la maison devient LE domaine de prédilection de la planète, celui dans lequel elle veut se manifester et imposer son style.

Or, quand une planète est dans une maison, c'est pour la vie… il n'y a aucun moyen de l'en déloger, il faut qu'elle se sente chez elle, faute de quoi, l'individu sera mal dans sa peau. Pour autant, elle ne constitue pas un boulet sur son chemin de vie, mais un *fait* auquel on donnera sa juste place, de la même manière qu'on doit faire avec notre corps : on peut essayer de le sculpter par le sport et la diététique ou se laisser aller à la gourmandise. Il faut cependant en tenir compte : si une femme d'1,50 mètre veut devenir championne olympique de basket, elle aura à proportion plus d'efforts à déployer que celle mesurant 1,85 mètre.

La liste suivante vous aidera à comprendre de quelle manière les planètes et les maisons s'influencent réciproquement :

- ***Pour les planètes en Maison I*** : c'est l'affirmation du caractère qui passe par la planète.
- ***Pour les planètes en Maison II*** : c'est la réussite financière qui est en jeu.
- ***Pour les planètes en Maison III*** : c'est la communication, les relations avec les proches qui sont impliquées.
- ***Pour les planètes en Maison IV*** : c'est la famille.
- ***Pour les planètes en Maison V*** : c'est la manière dont on a envie de se sentir heureux et épanoui (sentiments, dimension artistique, enfants).
- ***Pour les planètes en Maison VI*** : c'est la santé et le quotidien.
- ***Pour les planètes en Maison VII*** : c'est le couple.
- ***Pour les planètes en Maison VIII*** : c'est la sexualité et l'occulte.
- ***Pour les planètes en Maison IX*** : c'est le savoir, les voyages et un certain conformisme.
- ***Pour les planètes en Maison X*** : c'est la carrière.
- ***Pour les planètes en Maison XI*** : c'est le réseau social et l'immatériel (Internet), ou encore les idées politiques.
- ***Pour les planètes en Maison XII*** : ce sont les marges de l'esprit rationnel, la religion, l'engagement pour les autres, l'expatriation.

TRUC

Prenez chaque planète de votre thème et essayez de comprendre le message qu'elle a à vous communiquer par sa position en signe et en maison. Choc garanti quand vous vous apercevrez que cela traduit vos réactions les plus personnelles et les plus intimes…

Et si vous n'avez pas de planètes dans une maison ?

D'abord sachez que c'est fréquent ! Il y a d'autres moyens d'accéder au domaine d'une maison, mais en première analyse, pour le niveau où nous sommes, gardez en mémoire qu'une maison sans planètes sera moins essentielle pour l'individu qu'une maison avec planètes (quoi que vous puissiez lire par ailleurs). Le conseil est d'aller vers ce qui attire l'œil dans un thème : un amas de planètes ou de points karmiques.

Règle n° 2 : Poser des questions au thème

Un thème est comme un prisonnier retenu en otage contraint à vous livrer des secrets. Si vous avez déjà essayé d'interroger quelqu'un, vous vous êtes certainement rendu compte que le mieux pour qu'il vous réponde est que vous lui posiez des questions (car bizarrement, ça ne vient pas tout seul…) ; eh bien pour un thème, c'est pareil.

Le problème c'est que, souvent, on ne sait pas comment lui poser des questions. Les exemples ci-dessous vous aideront à comprendre comment le thème peut vous guider.

Soleil et Lune, répondez…

Voici en résumé ce que vous pouvez demander :

au Soleil

- Qui suis-je ? (phrase clé)
- Quel est le domaine où j'ai besoin d'être moi-même pour me sentir bien ? (maison)
- Quels sont mes qualités et mes défauts principaux ? (voir le tableau 3-1 du chapitre 3)

à la Lune

- De quoi ai-je besoin pour me sentir en accord profond avec moi-même ? (cf. tableau des signes)
- Dans quel domaine ai-je besoin de me réfugier quand je me sens mal ? (maison)
- Quelles sont mes valeurs inconscientes (phrase clé) ?

Et s'il y a une éclipse ???

Historiquement, les éclipses ont toujours été perçues comme des signes de mauvais augures. Dans les pays de traditions bouddhistes, on poursuit les cérémonies à l'occasion des éclipses. C'est comme si l'équilibre cosmique se tenait en équilibre et qu'on doive aider à lui faire un cap. En astrologie, le luminaire (Soleil ou Lune) est dévoré par Rahu (queue du Dragon). Cela signifie que la personne traverse une période de perturbations impactant ses émotions et ses sentiments (Lune) ou la structure de sa personnalité (Soleil).

Les éclipses surviennent quand la Lune est dans le voisinage d'un de ses nœuds lunaires (queue ou tête du Dragon). Les éclipses du Soleil ont lieu à la nouvelle lune, les éclipses de Lune à la pleine lune. Pendant la nouvelle lune, la Lune peut cacher le Soleil et pendant la pleine lune, le Soleil projette sur la Lune l'ombre de la Terre.

C'est l'orbite apparente (sa trajectoire sur la Terre) du Soleil qui a donné le qualificatif d'ÉCLIPTIQUE parce que c'est dans ce système plan qu'ont lieu les éclipses, au moment où Lune, Terre et Soleil se trouvent alignés.

Ce que les autres planètes ont à vous dire

Le type de question à poser à chaque planète est en rapport avec sa nature profonde (reportez-vous pour cela au chapitre 5). Cela dit, le « caractère » de la planète doit être mis en relation avec le vôtre ou celui de la personne dont vous étudiez le thème, et chaque question vous ramènera au cas particulier et personnel de ce thème et non à une généralité théorique. Ainsi vous pourrez demander :

à Mars

- Comment agir quand je veux réaliser quelque chose ? (cf. tableau des signes)
- Dans quel domaine ai-je besoin de sentir les résultats concrets de mes actions ? (maison)
- Qu'est-ce que je valorise (chez un homme d'abord) et que je recherche chez lui (si vous cherchez un compagnon) ? (phrase clé)

à Vénus

- Quelle est mon exigence affective ? (signe)
- Dans quel domaine avoir le courage d'être ce que je suis, et d'imposer mes valeurs ? (maison)
- Que rechercher comme confort (si je suis une femme) et que rechercher chez une femme ? (si je cherche une compagne) (phrase clé)

à Mercure

- De quel domaine tirer parti ? (maison)
- Comment comprendre le monde environnant et les autres ? (cf. tableau des signes)
- Qu'est-ce qui me semble le plus facile à comprendre et de quelle manière ? (phrase clé)

à Jupiter

- Quel est pour moi le symbole de l'accomplissement et de la réussite ? (cf. tableau des signes)
- Quel domaine favoriserait ma réussite sociale ? (maison)
- Quel modèle de vie valoriser ? (phrase clé)

à Saturne

- Quel est mon sens du devoir et mon sentiment de responsabilité ? (phrase clé)
- Quel domaine me persuade que je n'en ai pas fait assez ? (maison)
- Par quel trait de caractère est-ce que je me sens toujours en reste ? (cf. tableau des signes)

Pour conclure cette règle n° 2, je vous livre une citation de Carl Gustav Jung expliquant la manière dont un trait de caractère devient un événement que nous rencontrons à l'extérieur de notre psyché, à savoir, concrètement dans un événement :

> « *La règle psychologique veut qu'une situation intérieure dont on n'a pas conscience se produise à l'extérieur, à l'instar du destin.*
>
> *Ceci signifie que le monde extériorise le conflit par nécessité si l'individu ne prend pas conscience de ses contradictions internes.* »

Règle n° 3 : Procéder par ordre (planètes, Lune, Soleil, ascendant, dominante)

Nous avons déjà répondu sur ce qu'on regarde en premier : les planètes, de manière à en tirer des phrases clés.

Mais là encore, il ne faut pas tomber dans le piège de l'inventaire à la Prévert et faire la liste des planètes comme si elles étaient toutes équivalentes. Il convient de les étudier en fonction des grands domaines structurant la vie d'un individu. On ira *du plus général au plus intime* : traiter d'abord son accomplissement social, puis sa personnalité, et enfin se pencher sur sa subjectivité à travers le rapport Soleil/Lune.

En premier, classer les planètes

Celles qui vont dans le sens d'un accomplissement social sont en premier Jupiter et Saturne. Il faut regarder comment elles s'arrangent pour s'entendre (en général, l'une freine l'autre).

On prendra ensuite celles qui définissent les traits de caractère personnels : Mars, Mercure et Vénus, car ce sont elles qui font comprendre comment le Soleil va agir. En effet, le Soleil (la personnalité ou signe du zodiaque) n'agit pas seul, mais via les trois bras (c'est étonnant mais c'est un fait…) que forment ces trois planètes personnelles.

À RETENIR

Le Soleil a trois bras… un pour saisir, un pour agir, un pour enlacer.

Le Soleil est un pôle émissif et donateur de formes. Les trois planètes personnelles émanent de lui et s'exprimeront à travers lui :

1. Il met en lumière ce qui est (comprendre) – Mercure
2. Il crée (agir) – Mars
3. Il infuse sa chaleur (aimer) – Vénus

En second, interpréter la place de la Lune

Pour rentrer véritablement dans le cœur de la personnalité, nous devons regarder la Lune (cf. chapitre 5) et son interaction avec le Soleil.

Le Soleil aspire à devenir conscient et à se déployer. La Lune le charge du passif, de l'inconscient, des images passées, présentes, rêvées, imaginaires ; en résumé de tout ce qui ne peut être d'emblée rationnel. Le Soleil se retrouve avec une masse de données hétérogènes dont il doit tirer parti et ordonner s'il veut atteindre à un équilibre. La relation Soleil/Lune est donc essentielle dans un thème astral. On pourrait dire que le Soleil filtre à travers l'aura lunaire pour donner forme à notre individualité sur terre.

Les trois fonctions de la Lune

BON À SAVOIR

Dans un thème, il y a trois façons de lire la signification de la Lune, correspondant à ses trois fonctions :

- **Être une glu passive et inconsciente** : en effet, la Lune empêche le Soleil de se développer libre et sans entraves. Elle lui gâche son plaisir en lui donnant des racines, une histoire, un karma génétique ou spirituel. Elle oblige le Soleil à en tenir compte, là où il adorerait se sentir lui-même sans rien qui le tire en arrière. La Lune constitue l'élément passif de la personnalité ; elle symbolise ce qui la ralentit, ce qui est assimilable à l'inconscient.

- **Refléter notre idéal** : la Lune fait le lien entre ce qu'on voudrait sentir comme état intérieur propice à la sérénité et l'image extérieure qu'on souhaite montrer.
- **Être l'image (rassurante) réelle ou rêvée de la mère**.

Fin du premier tour de piste avec le Soleil

En dernier lieu, à ce stade de la première analyse du thème, on peut regarder le Soleil et l'ascendant, ainsi que la dominante. C'est important de finir par là, parce que les informations données par ces trois points recoupent normalement ce qu'on a compris en étudiant les planètes du thème.

Et si le Soleil n'était qu'un reflet…

Le Soleil, sans Mercure, Vénus et Mars se contente de « réagir », c'est-à-dire qu'il réaffirme ce qu'il est en situation et confronté à des événements ou à d'autres personnes, sans prendre par ailleurs aucune initiative. Sa seule manière d'en avoir, au sens courant du terme, c'est de s'exprimer au travers de Mars, Vénus et Mercure, que l'on appelle les trois planètes « personnelles » car elles expriment la spécificité de tout individu. Le Soleil (ou signe zodiacal) en lui-même ne signifie rien, il n'existe qu'en s'exprimant et il ne s'exprime qu'au travers d'un canal qui est justement celui de ces trois planètes. Cette expression n'est pas la dominante du caractère, mais la tendance la plus naturelle de la personnalité : c'est ainsi qu'on peut être du même signe que quelqu'un et totalement différent de lui.

Il est important de comprendre deux choses :

1. Pour un signe solaire (signe du zodiaque) identique, on peut avoir une tendance naturelle à s'exprimer plutôt au travers de Vénus (capacité d'aimer, de se faire aimer, goût de recevoir et d'être apprécié). Vénus est un pôle passif mais harmonieux de la personnalité, alors que Mars (capacité de vouloir, d'agir, d'exiger, volonté active, voire belliqueuse, de gagner et de s'exprimer dans un challenge permanent) est un pôle actif et chaotique de la personnalité. Quant à Mercure (capacité de comprendre les relations, de mettre en rapport les choses différentes et de trouver ainsi des rapports nouveaux ou déjà existants, capacité d'adaptation), il reste un pôle caméléon de la personnalité.

2. Les trois planètes personnelles ne seront pas forcément dans le même signe que le Soleil, ce qui signifie qu'on peut avoir un natif d'un signe dont le style global de comportement ressemblera de bout en bout à un autre signe, pour peu que sa Vénus, son Mars ou son Mercure jouent un rôle premier dans sa façon de s'exprimer.

Chapitre 8

Les bons réflexes pour ne pas se perdre

Dans ce chapitre :

- Apprendre à observer : tenir un carnet de bord
- Deux points à surveiller : la Lune et la Lune noire (Lilith)
- Deux raccourcis pour lire un thème : quadrants et dominante

Vous mourez d'envie de vous servir de ce que vous avez lu ? Nous y venons… Passons maintenant aux clefs de base pour l'analyse des cartes du ciel, clefs indissociables de quelques exercices pratiques d'observation *in vivo*, car le bon astrologue est d'abord quelqu'un qui sait regarder comment les autres vivent.

Pour décoder votre entourage, vous appliquerez la méthode dite des 3 x 2 :

- 2 exercices à pratiquer : l'observation *active* et l'observation *passive*
- 2 points du thème à surveiller : Lune et Lune noire
- 2 raccourcis d'analyse à appliquer : quadrants et dominante

Tenir un carnet de bord

Loin de s'enfermer dans sa tour d'ivoire avec ses sphères et ses grimoires, le véritable astrologue se doit d'avoir un regard aiguisé sur ce qui l'entoure. En clair, un astrologue digne de ce nom sera capable de vous donner des clefs de lecture efficaces et applicables pour comprendre votre vie, ce qui suppose qu'il y comprenne lui-même quelque chose et ne se contente pas d'évoquer en langue vernaculaire votre triseptile de Mars à Jupiter en Maison I…

C'est pourquoi, en tant qu'astrologue amateur, vous aurez à cœur de vous construire d'emblée vos propres repères d'analyse, sous la forme d'un carnet de bord contenant vos observations prises sur le vif sur des natifs de la Vierge, du Scorpion..., au lieu de vous contenter des fiches stéréotypées contenues dans les manuels.

L'observation active : un brin de provocation...

La provocation ou le questionnement est un des meilleurs moyens de comprendre quels sont les signes du zodiaque qui vous entourent. En essayant de créer des situations de défi ou d'introspection avec vos proches (et moins proches...), vous aurez des indices sur ce qui les fait réagir et pourrez ainsi connaître, non pas forcément leur signe du zodiaque officiel, mais beaucoup plus important, *leur signe réel du zodiaque*, à savoir ce qui va les motiver dans leur vie au jour le jour.

Globalement, vous aurez des indices soit sur **la position du Soleil** (signe astral) ou sur **un amas planétaire dominant** dans le thème (réunion de planètes dans un même signe qui devient dominant de fait). Pour glaner de précieux indices sur vos proches ou sur des inconnus, essayez donc de :

- Leur soutenir quelque chose qui est manifestement faux. Voyez leur réaction : selon le tableau des signes, vous aurez une idée du type de personnalité à laquelle vous êtes confronté.
- Voir s'ils ont de l'humour et s'ils réagissent à vos tentatives de les dérider (c'est une méthode qui marche bien avec des inconnus).
- Les faire parler d'eux, et voir ce qu'ils s'attribuent comme qualités.
- Leur demander de réagir sur le sens du quotidien et de sa répétition éventuelle.
- Les faire parler de ce qu'ils détestent le plus au monde.
- Leur demander quel est leur sens de la famille.
- Tâcher de savoir comment la personne envisage le couple et la sexualité (mais bon, soyons lucides, à moins de tomber sur Candide ou sur Gandhi, on ne vous répondra jamais avec franchise sur ce point...).

L'observation passive : tout à la loupe...

Observez vos cibles (y compris vous-même !) pour voir dans quel état est leur environnement : classé et méticuleux ou au contraire fantaisiste et très désordonné. Voyez quelle est leur manière d'envisager leur planning : à l'avance, au dernier moment, bien agencé, tenant compte des autres, etc. Voyez leur manière d'envisager leur idéal de vie et de le réaliser à partir du point où ils sont, pour voir si vous avez en face de vous quelqu'un abordant franchement son existence ou si au contraire vous apercevez très vite le fossé entre un idéal brumeux et un quotidien qui patauge… Progressivement vous pourrez mettre en rapport ces observations psychologiques diverses avec les différents domaines codifiés dans le thème astral de votre sujet d'étude : la façon de vivre le quotidien, de le planifier vous parle depuis la Maison VI, le sens de la famille de la Maison IV, etc. (voir les pages précédentes).

À partir de ce moment-là, les symboles abstraits de la carte du ciel commenceront à s'incarner dans des attitudes, et bientôt vous saurez faire le trajet inverse : prévoir une attitude à partir du symbole présent dans le thème. Autrement dit, devenir un véritable astrologue… Mais attention, ce n'est pas du perfectionnisme ! La phase d'apprentissage pratique qui vous est décrite dans ce chapitre est incontournable, sinon vous perdrez vite pied dans les centaines de significations disponibles pour tous les éléments du thème et vous ne saurez plus rien hiérarchiser.

Repérer la Lune et la Lune noire ou comment démêler Dr Jekyll de Mr Hyde…

Apprendre à relier les symboles d'une carte du ciel (planètes, signes, maisons, aspects…) avec des attitudes concrètes demande des années d'expérience. Si vous voulez seulement vous faire une idée d'une personnalité en un peu moins de temps, commencez par repérer dans son thème la position de la Lune puis celle de la Lune noire autrement appelée Lilith. En effet, ces deux éléments se « voient » rapidement dans l'attitude de quelqu'un :

- La Lune correspond à sa façon de se détendre, de se sentir bien.
- La Lune noire, à l'inverse, correspond à ce qui le jette dans une frénésie vide, insupportable… pour les autres !

Se détendre au clair de lune…

On l'a vu dans la partie précédente, la manière dont on trouve une paix intérieure et savoir conserver cette sérénité correspond à *la position de la Lune* dans un thème. Elle est quelquefois surprenante parce qu'on ignore souvent ce qui nous convient vraiment. Pour repérer le rôle de la Lune *concrètement* en vous, avant de rapprocher vos observations de l'analyse de votre thème, vous répondrez aux questions suivantes :

- Comment parvenez-vous à vous rassurer ?
- Quel est pour vous l'environnement idéal ?
- Qu'est-ce qui vous donne la sensation de maîtriser votre vie ?

L'influence de la Lune sur la santé

Il y a six phases principales de la lune :

- Nouvelle lune
- Quartier croissant
- Premier quartier
- Pleine lune (rond blanc sur le calendrier)
- Quartier gibbeux
- Dernier quartier

La médecine ancienne jusqu'à Napoléon observait les positions de la Lune sur la bande zodiacale pour choisir les jours propices aux interventions chirurgicales :

- Contre-indication absolue si la Lune était en Cancer, Capricorne, Taureau ou Vierge ;
- Risques d'hémorragie si la Lune était en conjonction avec Mars ;
- Préférence pour la dernière semaine du mois lunaire (lune descendante du dernier quartier) pour les opérations qui pouvaient se programmer, ce qui ne laissait en pratique que 7 à 8 jours propices, environ 20 jours possibles, et 10 jours exclus…

Les phases de la lune étaient observées pour l'administration de remèdes, par analogie avec les marées :

- Lune descendante pour les purges (le corps évacue) ;
- Lune montante pour les fortifiants (le corps absorbe).

Dans tous les cas, on évitait de prendre des remèdes à l'heure exacte de la marée (lune au zénith ou au nadir).

Aujourd'hui, on peut toujours tenir pour valable l'observation suivante sur l'évolution des maladies :

- Si la lune est croissante : les problèmes augmentent progressivement ;
- Si la lune est décroissante : on va vers une résolution ou un affaiblissement ;
- Pleine lune et nouvelle lune sont des moments clés où la maladie peut s'inverser.

S'angoisser avec la Lune noire…

La LUNE NOIRE (Lilith) aura des caractéristiques inverses à celles de la Lune. Pour la repérer, c'est encore plus simple : un point de votre thème déclenche une angoisse difficile à maîtriser et à apaiser ? C'est elle ! C'est votre Lune noire. Pour l'identifier, répondez aux questions suivantes (ou posez-les à votre voisin pour identifier la sienne) :

- Sans quoi vous semblerait-il impossible ou totalement inintéressant de vivre ?
- Sur quoi devenez-vous facilement obsessionnel (plus facile à voir chez les autres que chez soi) ?
- De quel domaine de votre vie attendez-vous la solution à vos problèmes ?
- Qu'est-ce qui quelquefois vous donne envie de mourir (alors que vous n'êtes pas suicidaire) ?

En fait et comme nous le verrons, la Lune noire représente « la fausse sortie » du thème. C'est un domaine, une situation que nous voudrions voir se réaliser dans notre vie (et qui, subissant des schémas répétitifs, se représente plusieurs fois au cours d'une vie). Cette situation nous fait penser que si elle venait à se régler, nous aurions enfin la vie souhaitée au lieu d'être dans la demi-satisfaction que nous vivons actuellement !

En réalité, la Lune noire n'est pas un point constructif. Elle nous éloigne le plus souvent de nos objectifs de vie, mais crée des attitudes facilement repérables :

- On se sent capable de tout laisser tomber (même ce qui fait notre bonheur habituellement) pour obtenir cette autre chose dont on attend tout (ça peut être l'obtention de l'ordre du Mérite ferroviaire ou une maîtresse convoitée), cette autre chose qui, à coup sûr, changera notre existence du tout au tout.
- On est énervé, on a envie de convaincre l'autre avec insistance, comme si son assentiment ou ce qu'il pense pouvait changer la réalité de notre situation.

Sans s'attarder davantage sur cette méchante Lune noire, l'important est que vous sachiez qu'au fond, elle détourne la personne d'elle-même en créant une excitation fébrile qui n'arrive pas à s'apaiser.

À RETENIR

L'important en débutant l'astrologie, c'est de lire le moins de livres d'astrologie possible (sauf celui que vous êtes en train de lire, évidemment…) et d'observer votre entourage. Faites-vous vos propres tables de réactions d'un Taureau, d'un Lion ou d'un Gémeaux. L'astrologie n'est pas une connaissance théorique, mais une connaissance symbolique régissant l'existence et permettant de se diriger les yeux fermés (en attendant, ouvrez-les bien !).

Une fois compris ces petits « trucs » d'observation, ne vous séparez plus du carnet où vous noterez vos découvertes à la manière d'un ethnologue. Il s'agit, à cette première étape, de parvenir à voir et à comprendre pourquoi certaines personnes vous agacent plus que d'autres. C'est en comprenant ce qui vous fait réagir dans votre entourage que vous vous comprendrez par déduction, comme si le monde et les autres n'étaient qu'un écrin pour votre personnalité.

Entrer dans le cœur d'un thème astral par deux raccourcis : quadrants et dominante

En même temps que vous progressez en observation *in situ*, il est bon de vous familiariser avec quelques outils techniques d'astrologue qui vous feront gagner du temps en sachant aller plus vite dans l'observation. Deux éléments permettent d'identifier rapidement ce qui se cache dans un thème – et donc dans une personnalité : les *quadrants* et la *dominante*.

Les quadrants : un aperçu en coupe des filtres colorés que vous avez devant les yeux…

Comme vous l'avez remarqué avec les cartes montées avec votre logiciel d'astrologie, un thème astral est comme une orange coupée en quatre parties plus ou moins égales. Cela correspond en fait à des coupes psychologiques concernant la personnalité.

Coupe horizontale

Commençons par la coupure horizontale de l'orange : le thème est coupé en largeur par une ligne qui techniquement devrait séparer le conscient de l'inconscient. Vous lirez ainsi souvent dans les livres d'astrologie que les planètes au-dessus de « l'horizon », c'est-à-dire englobant les Maisons XII à VII (en sens inverse du zodiaque mais dans le sens des aiguilles d'une montre) appartiennent au domaine conscient : c'est-à-dire qu'elles sont des mobiles d'action réfléchis. Les Maisons VI à I (incluant donc l'ascendant) seraient du domaine de l'inconscient.

Évidemment, ce n'est pas le cas, parce que ça voudrait dire que les mêmes domaines seraient touchés par une relative inconscience pour tout le monde !

En réalité une planète, comme un montreur de marionnettes, tire une ficelle et commande un domaine dans lequel elle ne se trouve pas forcément. Pour savoir lequel, il faut repérer sa **cuspide** (voir encadré ci-après).

À RETENIR

Dans le *quadrant supérieur*, on trouve plutôt les planètes qui vous aideront à vous intégrer dans le monde social et objectif, et dans le *quadrant inférieur*, celles qui vous permettront de devenir la personne que vous êtes.

Cela posé, ne noircissons pas le tableau : les planètes ne font pas que vous déterminer, elles vous définissent selon votre caractère ET vous aident à devenir vous-même. Pour comprendre ce processus, il suffit de comparer une graine… et un arbre ! La graine porte le programme d'accomplissement de l'arbre dans son code génétique de graine ; en même temps, pour qu'elle se développe pleinement, il lui faudra le concours actif de l'air (oxygène), de l'eau (arrosage), du soleil (feu) et de la terre nourricière. C'est pareil pour nous, sauf qu'on trouve les quatre éléments dans notre quotidien et notre entourage.

BON À SAVOIR

La cuspide ou comment trouver le maître caché...

La roue du zodiaque est divisée en douze parties inégales, délimitées par des traits qu'on appelle « cuspide ». Une planète se situe dans une maison et dans un signe. Une planète régit (c'est-à-dire qu'elle en tire les fils) un domaine (représenté par une maison) quand la cuspide de la maison considérée aboutit dans un signe dont la planète est le maître. Par exemple, si dans le thème de quelqu'un la cuspide de la Maison I aboutit en Cancer, alors c'est la Lune qui régira le domaine symbolisé par la Maison I, c'est-à-dire pour mémoire celui du moi, de l'affirmation de la subjectivité. Et pour bien faire, il faudra *aussi* regarder dans quelle maison du thème la Lune s'est installée...

Pour démêler cette pelote de fils et découvrir quelle planète est le montreur de marionnettes, aidez-vous de la table suivante :

- Le Soleil est le maître du Lion
- La Lune est le maître du Cancer
- Mars est le maître du Bélier
- Vénus est le maître du Taureau et de la Balance
- Mercure est le maître du Gémeaux et de la Vierge
- Jupiter est le maître du Sagittaire
- Saturne est le maître du Capricorne
- Neptune est le maître du Poissons
- Uranus est le maître du Verseau
- Pluton est le maître du Scorpion

Chaque domaine est ainsi commandé depuis la maison où se trouve la planète qui le dirige.

L'expression de Stephen Arroyo (un astrologue américain passionné par la psychologie né le 6 octobre 1946) est la suivante : « *Le thème est un pattern* [c'est-à-dire une structure] *qui va nous orienter vers notre réalité propre.* » C'est un point essentiel à comprendre, car les événements nous arrivent non pas dans l'absolu mais selon notre réalité propre. Ainsi, quelqu'un rencontrera dans sa vie ce dont il a besoin pour faire « mûrir » ses planètes telles qu'elles sont situées dans son thème. Ce principe d'évolution est au cœur de la destinée humaine.

Coupe verticale

L'autre séparation du thème, cette fois-ci verticale, délimite deux choses : à l'est, le rapport à soi-même (maisons X, XI, XII, I, II, III) et au passé, c'est-à-dire l'ensemble de l'acquis, et à l'ouest (maisons IV, V, VI, VII, VIII, IX), le positionnement par rapport aux autres et à l'avenir, autrement dit, ce qu'on souhaite acquérir dans notre rapport au monde.

Cette séparation indique que l'astrologie, bien comprise, permet de saisir la marge de progression et d'accomplissement d'un individu, et pas seulement la somme des déterminismes qui le manipulent. On devient qui on est, selon Nietzsche. Ce qui permet également de comprendre que la stabilité (et la sérénité) que l'on souhaite tous est une conquête et non une donnée. Il ne s'agit pas de trouver la recette pour trouver définitivement la paix, mais de comprendre que cet apaisement fait partie d'un processus pour devenir soi-même qui nous donnera au fil du temps de plus en plus confiance en nous.

Pour résumer, les quadrants permettent de comprendre la manière dont on envisage l'existence, de préférence comme une conquête *ex abrupto* (quadrant ouest). Seul un recentrage sur soi-même nous donnera les clefs (quadrant est), un positionnement social et humain (quadrant sud) ou une réévaluation de nos désirs réels (quadrant nord). Les planètes analysées de cette manière expliqueront votre façon de voir le monde et de vous y inscrire concrètement.

Trouver la dominante et comprendre à quoi elle sert

Il est désormais clair que ceux qui comptent s'arrêter au signe du zodiaque pour analyser le caractère de quelqu'un tiennent un indice trop fragmentaire et nettement insuffisant…

Même en s'en tenant aux basiques de l'astrologie il faut s'occuper, comme on l'a vu jusqu'ici, non seulement du signe du zodiaque, mais aussi de la Lune et de la position des planètes dans le thème, sans parler de l'ascendant sur lequel on reviendra plus tard…

Et surtout, il convient de trouver l'essentiel : *la dominante*.

En fait, la dominante, comme dans un morceau musical, est la *tonalité* dans laquelle est écrite votre vie. Sans la connaître, on ne pourra jamais savoir à qui on a affaire. La dominante est une planète qui va mettre en mouvement le tandem Soleil (personnalité)-ascendant (potentialités de la personnalité). Elle illustre la manière dont s'incarnera notre personnalité dans le quotidien.

La dominante est en conséquence la planète la plus importante de votre thème. Pour la repérer et la comprendre, il y a quelques règles :

- Vous n'avez qu'une seule et unique dominante.
- Vous pouvez ne pas en avoir du tout, ce qui signifie seulement que votre personnalité a du mal à se centrer et s'organiser de manière dynamique dans l'existence, et que vous retournez vos forces en direction de vous-même.
- C'est une planète conjointe à l'ascendant, au Soleil ou à la Lune, ou au maître de l'ascendant (voir la table plus haut) à moins de 10° de conjonction.
- C'est une planète conjointe à la part de fortune (pour mémoire : le point fictif du thème qui indique votre domaine de chance).

- C'est une planète conjointe au milieu du ciel (Maison X) dans la même Maison X (pas en IX, ce qui, pour les spécialistes, serait une « conjonction dissociée » : conjonction de deux planètes mais chacune dans une maison).

BON À SAVOIR

L'exception du couple Soleil-Lune

Si le Soleil est conjoint à la Lune, vous avez comme dominante une conjonction qui en général vous donne un rayonnement passif. Ce n'est pas forcément négatif, car « passif » signifie que vous n'avez pas de contrôle, ni pour renforcer ce rayonnement ni pour l'éteindre…

Si votre planète dominante est :

- **Le Soleil**, c'est votre signe du zodiaque qui est renforcé.
- **La Lune**, vous êtes assez passif et vous laissez venir à vous la vie.
- **Mercure**, vous réfléchissez et aimez maîtriser les choses.
- **Vénus**, vous tenez à votre confort et à votre bien-être.
- **Mars**, vous avez besoin d'agir et de vous réaliser.
- **Jupiter**, vous avez besoin de réussir et vous voyez la vie en positif.
- **Saturne**, vous voyez l'existence comme une chose sérieuse dans laquelle vous allez tirer parti de chaque opportunité.
- **Neptune**, vous recherchez l'harmonie universelle en toute chose.
- **Uranus**, vous êtes un être d'une indépendance farouche.
- **Pluton**, vous avez une force non maîtrisée que vous avez du mal à canaliser.

Une fois de plus, si vous n'avez pas de dominante, n'en cherchez pas une à tout prix ; cela signifie seulement que vous ne parvenez pas à n'avoir qu'un seul mobile dans la vie et que vous vous diversifiez au fil des événements, puisant dans votre personnalité ce qui correspond le mieux à la situation.

Rappelez-vous que les planètes ne sont ni négatives ni positives, elles sont en elles-mêmes neutres, capables du meilleur comme du pire. C'est ce que rappelle cette sentence de sagesse :

« Pour que les branches d'un arbre atteignent les cieux, ses racines doivent atteindre l'enfer. »

Chapitre 9

L'ascendant : votre autre « moi-même »

Dans ce chapitre :

- Signe et ascendant, un couple un peu particulier
- Le calcul de l'ascendant
- Le message de votre ascendant
- Les 144 dialogues Signe/Ascendant
- Le maître ascendant, un maître en coulisses
- Quand l'ascendant tourne mal…

L'ascendant est un point essentiel du thème astral. On lui donne souvent le rôle d'un « autre » signe du zodiaque, comme si, passé un certain âge, nous allions changer de nature. Ce n'est bien sûr pas exact, mais ce malentendu populaire est plus proche de la réalité qu'on ne le croit. Tout se passe en fait comme si notre signe du zodiaque recevait via l'ascendant une sorte de programme d'évolution :

- une personnalité nous est donnée à la base, c'est notre signe zodiacal ou solaire ;
- notre ascendant se rajoute sur celui-ci en donnant l'idéal qui nous fera évoluer.

Bien sûr, rien ne se fait en douceur et cette tension ascendant/signe – qui n'est que l'une des tensions ou lignes de force d'un thème – indique que nous sommes *toujours* poussés par notre thème astral à une transformation radicale de nous-mêmes.

Ascendant et signe, un couple un peu particulier…

On ne se lassera pas de vous le redire, le signe zodiacal n'est pas la carte d'identité d'une personne, il s'agit au mieux de la photo en noir et blanc floutée, sans le nom ni l'adresse… Il y a d'excellentes raisons à cela, et en premier lieu le fait qu'un thème est en réalité un champ de bataille, dans lequel le signe du zodiaque est en permanence défié et déformé par quantité d'autres influences. Son premier empêcheur de tourner en rond étant l'ascendant, qui ose se présenter devant lui avec la liste exhaustive de ce qu'il faut changer et qui s'étonne que le signe du zodiaque renâcle…

L'ascendant nous pousse à réaliser notre idéal…

L'ascendant confère à l'individu une sorte d'explication ou d'éclaircissement concernant son signe zodiacal ; ainsi on peut avoir deux personnalités opposées quand bien même elles sont du même signe, dès lors qu'elles sont d'un ascendant différent.

L'ascendant nous permet – ou pour être exact nous contraint… – de voir le monde de manière nouvelle : en effet, quel que soit le signe de l'ascendant et même s'il est le même que le signe zodiacal, *c'est toujours quelque chose de neuf qui est ajouté*. Ainsi dans le cas d'un ascendant identique au signe zodiacal, on n'aura pas un super-concentré du signe en question, mais un autre aspect de ce signe, comme si l'ascendant projetait une sorte d'idéal.

Le cas désespéré d'un Capricorne ascendant Capricorne…

Le cas suivant est fictif mais réaliste : prenons un Capricorne ascendant Capricorne qui reçoit comme base de caractère (par son signe zodiacal) le goût de la maîtrise des événements – ce qui l'amène à minimiser la prise de risques. De son côté, son ascendant Capricorne appuie à fond sur l'ambition qui caractérise *aussi* le signe du Capricorne, poussant l'individu en question à se jeter en avant pour saisir des opportunités de carrière.

À la vive horreur de son signe zodiacal, l'individu se sentira obligé de suivre l'impulsion de son ascendant… tout en essayant de maîtriser le mouvement puisqu'il garde son caractère de base allergique au risque. Vous suivez ?

... en nous garrottant pour nous faire avancer

Un ascendant est un signe très particulier dans le thème astral. La totalité des planètes manifestent alternativement des qualités et des défauts sur une large échelle de gradation ; il en va autrement pour l'ascendant qui ne montre qu'un visage positif. Pourtant et en toute injustice, nous assistons souvent à un rejet de notre signe solaire vis-à-vis de l'ascendant…

Pourquoi ? Parce que l'ascendant lui propose (voire lui impose) une transformation *a priori* étrangère. Le signe zodiacal ne peut plus fonctionner normalement, il est obligé de tenir compte des idéaux et d'une vision de l'existence différente.

Le pouvoir de l'ascendant : la source transformatrice cachée

« Le temps n'existe pas, sauf celui dont on peut faire usage », telle pourrait être la devise de l'ascendant.

L'ascendant en effet n'a qu'un souci : parvenir à imposer sa vision des choses à l'intérieur du thème. Il peut être comparé à une source qui infiniment coulerait en irriguant d'une énergie différente le thème astral. Différente parce que non intégrée au reste du thème. L'ascendant est ainsi un point qui est, de toute façon, en marge du thème astral. Mais loin d'être passif, il ne se laisse pas un seul instant détrôner de son rôle.

De tête et sans les mains, le calcul de l'ascendant…

On calcule l'ascendant grâce à l'heure de naissance et en fonction des saisons. En effet, le point de départ est le lever du soleil. *Au moment du lever du soleil, l'ascendant est toujours dans le signe du Bélier*, mais l'heure du lever du soleil en elle-même varie. Si au mois de juillet, elle se situe vers 4 heures du matin, elle sera à 8 heures environ en décembre.

L'idée est qu'on va découper en douze tranches de deux heures approximatives la journée à partir du lever du soleil. Par conséquent, si au lever du soleil, l'ascendant est dans le signe du Bélier, cela vaudra pour une naissance à 5 heures du matin en avril, comme pour une naissance vers 8 heures en décembre.

Discussion sur l'heure de l'ascendant à l'époque du Ptolémée (IIe siècle), où l'on voit que chaque époque a ses problèmes techniques…

« On est souvent en doute du premier et principal moment, à savoir l'heure de la nativité, car le seul astrolabe peut enseigner la minute de l'heure, tandis que les autres instruments desquels plusieurs se servent, pour marquer le temps, sont le plus souvent trompeurs. De fait, les cadrans solaires faillent, soit parce qu'ils ne sont pas bien posés, ou à cause que les styles ne conviennent pas exactement à la ligne méridienne. Quant aux horloges aquatiques, elles discordent entre elles en raison des différentes natures des eaux, et cette différence a diverses causes ; elles manquent aussi quelquefois à cause de leur inégalité. »

Voici le tableau pour le mois d'avril :

- De 5 à 7 heures : ascendant Bélier
- De 7 à 9 heures : ascendant Taureau
- De 9 à 11 heures : ascendant Gémeaux
- De 11 à 13 heures : ascendant Cancer
- De 13 à 15 heures : ascendant Lion
- De 15 à 17 heures : ascendant Vierge
- De 17 à 19 heures : ascendant Balance
- De 19 à 21 heures : ascendant Scorpion
- De 21 à 23 heures : ascendant Sagittaire
- De 23 à 1 heure : ascendant Capricorne
- De 1 à 3 heures : ascendant Verseau
- De 3 à 5 heures : ascendant Poissons

Cinq bébés d'avril, combien de possibilités ?

EXERCICE

Appliquez la méthode exposée ci-dessus et déterminez les ascendants des cinq bébés suivants :

Julien est un Capricorne, né à 23 heures
Marise est un Lion, née à 21 h 30
Victoria est un Verseau, née à 11 heures
Marina est un Gémeaux, née à 7 h 15
Edmond est un Sagittaire, né à 12 h 50

Réponse

Julien est Capricorne ascendant Capricorne – priez pour lui ! ; Marise est Lion ascendant Sagittaire – priez pour ses parents ; Victoria est Verseau ascendant Gémeaux ou Cancer, à affiner selon l'heure exacte pour déterminer l'unique ascendant – on n'en a jamais deux ; Marina est Gémeaux ascendant Taureau ; Edmond est Sagittaire ascendant Cancer – de justesse, ça l'adoucira par rapport à l'ascendant Lion !

Que dit votre ascendant ? Demandez le programme...

Un ascendant ne s'ajoute pas au signe pour « créer » un second signe et une autre personnalité, mais pour transformer de l'intérieur le signe zodiacal de manière à lui donner une autre nature. Le mélange « prend » plus ou moins bien, un peu comme l'huile et l'eau, mais parfois, il est si parfaitement homogène qu'on se retrouve avec un signe zodiacal difficilement reconnaissable. La raison de ce changement est liée à la notion de « chemin de vie » omniprésente en astrologie. Un individu naît avec un caractère donné qui va évoluer tout au long de sa vie ; il lui faudra mûrir un ensemble de traits de caractère qui, pourtant, semblent parfaitement adéquats tels quels. En réalité, on vient sur terre pour « apprendre ». C'est comme si notre signe zodiacal était parvenu à un point de non-retour et que la seule manière de s'ouvrir à une autre réalité était de s'y confronter intérieurement, ce à quoi le contraint l'ascendant.

Signe par signe, le message de l'ascendant

L'ascendant Bélier est avant tout un conquérant : besoin d'initiatives et de défis. Il donnera toujours au signe zodiacal une impulsion sans équivalent. Il rend le signe combatif et lui donne la sensation récurrente qu'il ne faut pas s'arrêter de courir, faute de quoi il pourrait se passer quelque chose qu'il n'aurait pas anticipé !

Cet ascendant confère une énergie incroyable au signe qu'il accompagne, sans que ce soit toujours bien perçu. Ainsi, les signes qui sur la roue astrale sont en quinconce ou en opposition au signe du Bélier (voir le chapitre 10 sur les aspects), à savoir la Balance, la Vierge et le Scorpion, l'acceptent difficilement, parce qu'il dérange leurs plans. Les signes en quadrature (Cancer et Capricorne) sont formidablement accélérés.

L'ascendant Taureau se singularise par sa capacité à créer des habitudes : besoin de se cadrer clairement de manière à anticiper les événements futurs et en tirer le meilleur parti. L'ascendant Taureau n'aimant pas se sentir pris au dépourvu, il fait son possible pour que ça n'arrive jamais. Il a un sens de l'utilisation de son environnement qui n'appartient qu'à lui : il est capable de trouver son intérêt dans les situations les plus déconcertantes, octroyant ainsi des qualités de tactique au signe qu'il accompagne.

Avec les signes du Verseau et du Lion, ses quadratures naturelles, le Taureau ne fait pas bon ménage : étant plus lent que ces deux signes, il leur donne la sensation de les plomber (ce qui n'est évidemment pas vrai !).

L'ascendant Gémeaux donne une légèreté inattendue à des signes qui, en général, n'en demandent pas tant... Besoin de relations et de nouveauté, cet ascendant passe son temps à avoir envie de s'ouvrir au monde et d'y chercher de nouvelles occasions de manifester ses qualités. En effet, l'ascendant Gémeaux a toujours envie de plaire et d'essayer son pouvoir sur ce qui l'entoure.

Évidemment, une telle attitude ne peut convenir aux signes de Terre (Capricorne en quinconce naturelle, Taureau, signe succédent, ou Vierge en quadrature naturelle). En effet, ces signes tendent à contraindre leur ascendant Gémeaux à ne pas exister. En général, on se retrouve avec une double personnalité où l'individu passe de l'un à l'autre pôle, refusant obstinément de les faire collaborer.

L'ascendant Cancer ajoute une sensibilité à celui qui en hérite sans pour autant le ravir. En effet, les larmes qui montent aux yeux, la sensation d'avoir été meurtri par son passé et de ne pas s'en remettre malgré les tentatives d'explication rationnelle ; tout cela engendre une sensation de rejet. L'ascendant Cancer attendrit la personne et lui ouvre le cœur, mais souvent contre son gré. On retrouve étrangement cet ascendant chez des personnalités très fortes et assez dures qui se passeraient bien d'être mises en danger par leurs propres sentiments.

C'est un ascendant difficile à intégrer pour les signes de Terre, de Feu et d'Air, simplement parce qu'il ouvre de force une part de l'inconscient que le sujet aurait aimé protéger (consciemment ou pas). Sentiment de talon d'Achille, ou au contraire, grande force qui s'ignore... les natifs doivent cesser de lutter contre eux-mêmes !

L'ascendant Lion donne une grandeur incroyable. Il symbolise l'esprit de conquête et d'élégance inhérent aux personnalités, le besoin d'une mise en valeur d'eux-mêmes par des actions d'éclat. Ce besoin d'aider et de se faire admirer passe par une générosité qui exclut la médiocrité. Les traits de caractère personnels sont effacés, au profit d'une surévaluation de la noblesse d'action et d'un idéalisme affirmé. Cet ascendant a une sorte de folie des grandeurs gênante pour certains. Parce qu'il est dans une constante surenchère de sa propre valeur, il se prouve à lui-même qu'il peut se dépasser. Une incapacité à voir le mal le rend d'une certaine manière invulnérable à la critique.

Cet ascendant est généralement en accord avec les signes qu'il accompagne, au détail près qu'il leur donne une dimension supérieure inattendue. Les ascendants Lion ont souvent l'impression que Dieu (ou l'équivalent) leur a donné une mission qu'ils ont à cœur d'accomplir, et tant mieux s'ils le pensent car leurs actes, en général, sont remarquables. À noter que les signes d'Eau (Cancer, Scorpion, Poissons) risquent la mégalomanie avec cet ascendant…

L'ascendant dans le langage de l'astrologie ancienne

Ptolémée écrit de l'ascendant : « L'angle d'Orient (celui où se lève le soleil) est le plus sec, parce que quand le soleil est en cette partie, les choses qui durant la nuit avaient été humectées, commencent aussitôt à se dessécher : et les vents orientaux sont sans humidité et dessèchent. »

Le soleil se lève avec l'ascendant selon Ptolémée, ce qui signifie que tout commence à la naissance par ce moment-là. Pour un individu, ce qui marque en réalité sa naissance, c'est le moment où la relation entre lui et le monde s'établit via son premier cri. La sécheresse signifie l'accès à l'individualité, par opposition à l'état « humide » où toutes choses se confondent et se mélangent.

L'ascendant Vierge met son cœur dans les détails : attentif à tout, cet ascendant mettra son perfectionnisme et son goût du travail bien fait au service de ce qu'il touche. Infiniment réalisateur, il mène chaque chose à son idée, avec entêtement et dans l'incapacité de faire deux choses à la fois. Cet ascendant confère une grande capacité d'analyse. Capable de voir les choses jusque dans leurs moindres détails, il ne se laisse pas surprendre ; c'est une mémoire vivante.

En guerre perpétuelle avec les signes d'Eau (Cancer et Scorpion pourtant en sextile, et Poissons en opposition), il les ralentit, les force à fonctionner autrement qu'à l'intuition et les fait douter de leur valeur. Son but étant de donner aux signes d'Eau une capacité d'analyse plus rationnelle que leurs manières de réfléchir et de ressentir habituelles. Il n'y a guère qu'avec d'autres signes de Terre que cet ascendant s'accorde réellement.

L'ascendant Balance rajoute la dimension de l'autre dans toutes nos entreprises. Étant partie prenante dans la vie de ses semblables, il lui est difficile d'imaginer ne pas avoir de comptes à rendre sur sa propre attitude. Sensible, influençable par besoin du regard de l'autre sur lui-même, cet ascendant dilue à merveille les ego trop forts, fermés à l'altérité.

Les signes Bélier, Lion, Sagittaire et les signes Taureau, Vierge et Capricorne sont de bonnes cibles pour cet ascendant. En effet, son action première est de créer le besoin viscéral du regard de l'autre sur nous-mêmes. L'ascendant

Balance donne enfin une telle aspiration à l'harmonie que le conflit est souvent évité chez des natures volontiers combatives.

L'ascendant Scorpion distille une profondeur inattendue à ceux qui aspirent à une plus grande simplicité, qu'elle soit conventionnelle (Cancer, Balance) ou vitale (Taureau, Bélier). L'ascendant Scorpion ne se tient jamais rien pour dit, il va toujours au-delà des apparences et remet en cause ce qui lui paraît certain. Pour cette raison, cet ascendant complique en général la vie des natifs qui en héritent. Percer ce qui est dans l'invisible procure à ces signes une angoisse vitale permanente : la sensation inassignable qu'on doit dépasser ce qui a été dit, lu, éprouvé, compris, vécu.

À force de pousser les choses au-delà de leur terme, il y a un risque de les voir se retourner contre soi. Mais loin de fuir les crises, l'ascendant Scorpion adore les provoquer et se mettre en danger. Sentir le risque, la qualité extrêmement éphémère des choses lui est essentiel. C'est ainsi que si aucun signe du zodiaque n'est réellement à l'aise avec cet ascendant, ils gagnent en revanche tous en profondeur en sa compagnie…

L'ascendant Sagittaire épris de liberté, regarde vers le ciel… et les oiseaux qui ne connaissent aucune limite à leur mouvement. Cet ascendant a le goût des horizons et l'amplitude de les atteindre. Rien n'est trop beau ni trop grand pour lui, il cherche en permanence à se surpasser par un raffinement de la pensée, de l'esprit ou l'analyse des expériences. C'est le mot « aspiration » qui lui convient le mieux car il lui donne la sensation d'être capable de se construire une nouvelle vie à tout moment.

Cet ascendant a besoin de nouvelles découvertes et de nouvelles expériences. Ce qui va souvent mal avec l'autre exigence de ce signe qui est de se conformer à des valeurs traditionnelles, voire ancestrales. En général, la contradiction se résout quand le signe prend la position de chef de famille entraînant les siens après lui. Pour cette raison, l'ascendant Sagittaire se combine sans grand problème avec la totalité des signes du zodiaque.

L'ascendant Capricorne ajoute de la détermination et une forte personnalité à des signes qui souvent… n'en manquent pas. Réussir est son maître mot. Réussir quoi ? Eh bien, le programme de vie que s'est donné le signe zodiacal. L'ascendant Capricorne permet au natif de ne pas lâcher le but qu'il s'est assigné. Quoi qu'il veuille, cet ascendant lui donnera l'envie de l'accomplir à tout prix.

Pourtant, cet ascendant a le défaut d'être peu souple, avec une tendance à concentrer le natif uniquement sur son objectif sans lui permettre de voir plus loin. S'il est efficace dans la réalisation de ses desseins, l'ascendant Capricorne a le défaut de rendre les signes têtus et presque obstinés, chacun selon leur nature.

L'ascendant Verseau rend le natif très anti-conventionnel : sans avoir l'air d'y toucher, cet ascendant confère une vue incroyablement détachée aux natifs qui en sont porteurs. Rien ne semble les atteindre. Grâce à leur capacité de réflexion, ils donnent une dimension universelle au moindre fait, parfois avec une certaine myopie sur ce qui est en train de se passer. Cet ascendant offre ainsi une liberté d'action et de pensée sans équivalent.

Inventifs ou révolutionnaires, les ascendants Verseau sont capables de se détacher de leurs émotions ou de leurs intérêts pour une vision plus large. Les signes d'Eau, particulièrement malheureux quand ils sont affligés de cet ascendant, hésitent en effet perpétuellement entre émotion positive et sentiment de danger. Les autres signes puisent dans cet ascendant une expression plus froide et plus impersonnelle d'eux-mêmes.

L'ascendant Poissons donne un sentiment mystique qui souvent submerge le sujet. Ressentant fortement les choses, il prend une place démesurée dans un thème natal. L'eau des Poissons, mystique et puissante, envahit tout. Les ascendants Poissons éprouvent une impression permanente de restriction, de blocage, comme si quelque chose leur était fermé. Aussi la première sensation qui vient concernant cet ascendant est une impression de limitation plutôt que d'ouverture. L'ascendant se sent coincé dans une réalité où il ne perçoit pas assez d'amour ni d'attention. Il se retrouve fréquemment en conflit avec le signe zodiacal du natif pour la simple raison qu'il exige trop et ne se sent aucune limite.

L'ascendant Poissons a ainsi tendance non seulement à ouvrir les limites du signe zodiacal du natif, mais bien plus encore, à les faire exploser. Le natif, en conséquence, éprouve la sensation de se désagréger (ce qui évidemment n'est pas agréable). En même temps, cet ascendant est un des plus profitables du zodiaque, car il donne au natif par bouffées, le sentiment d'un absolu qui le transporte dans une autre dimension.

Que l'ascendant soit l'empreinte de votre personnalité idéale ne le rend pas plus sympathique aux yeux de votre signe zodiacal, on l'aura compris. À cette défiance teintée d'hostilité que lui manifeste le signe zodiacal, l'ascendant répond par un sourd travail d'influence : il aura le dernier mot, envers et surtout par-devers vous...

Chacun d'entre nous abrite ainsi une sorte de petit théâtre où le signe et l'ascendant essaient de l'emporter l'un sur l'autre, en nouant parfois des alliances de malfaiteurs. Il est essentiel pourtant de les accorder véritablement car, comme vous le découvrirez à la fin de ce chapitre, rien de plus dévastateur pour l'équilibre d'une personnalité qu'un ascendant qui se sent rejeté.

Les douze leçons à retenir

Un ascendant Bélier montre qu'on aura des challenges à relever.

Un ascendant Taureau, qu'on devra apprendre la patience et la ténacité.

Un ascendant Gémeaux, qu'il convient de regarder le monde avec curiosité et non se fermer.

Un ascendant Cancer, que la famille est primordiale.

Un ascendant Lion, qu'on aura des actions d'éclat à mener.

Un ascendant Vierge, qu'il faudra ne compter que sur soi et notre sens de l'analyse lors de situations délicates.

Un ascendant Balance, que les autres tiendront une place centrale dans nos vies.

Un ascendant Scorpion, que la souffrance née de l'insatisfaction nous poussera à accepter les transformations.

Un ascendant Sagittaire, que le sentiment d'être enfermé dans sa vie nous poussera à élargir nos horizons.

Un ascendant Capricorne, que la réussite par soi-même devra être mise au centre de notre existence.

Un ascendant Verseau, que la liberté de penser et le devoir de la défendre se poseront souvent.

Un ascendant Poissons, que la sensibilité et le besoin d'amour absolu ouvriront notre cœur d'une manière ou d'une autre.

Les 144 dialogues du théâtre des ascendants

Après avoir retenu de manière générale quel est le rôle et l'apport de l'ascendant, il est intéressant de jouer à combiner signes et ascendants pour voir quelles drôles de mécaniques se cachent dans les ressorts des caractères.

On obtient une suite de petits « dialogues intérieurs » qui ressemblent à peu près à ce qui suit…

Acte I : Du Bélier au Lion…

Le Bélier veut agir et conquérir alors que l'ascendant Bélier lui dit que son énergie ne suffira jamais. L'ascendant Taureau répond que rien ne sert de courir, qu'il faut construire ; l'ascendant Gémeaux, qu'il faut ouvrir les yeux vers d'autres opportunités. L'ascendant Cancer est partisan de faire fructifier ses efforts pour soi-même et son clan ; l'ascendant Lion souligne l'importance d'être à la hauteur de ses espérances. L'ascendant Vierge lui dit qu'il doit freiner et considérer tous les détails de l'entreprise en cours ; l'ascendant Balance, qu'il ne suffit pas de courir pour soi, il faut aussi penser aux autres ; l'ascendant Scorpion, qu'un échec n'est qu'une manière de trouver d'autres solutions ; l'ascendant Sagittaire, qu'il faut que chaque acte en entraîne un autre plus grand ; l'ascendant Capricorne, que de toute façon, il faut penser à soi avant tout ; l'ascendant Verseau, qu'agir au nom d'une idée donne l'envie de faire plus et en plus grand. Enfin l'ascendant Poissons met en avant l'inutilité ou la réussite de chaque acte.

Le Taureau veut édifier à son rythme sans se presser et l'ascendant Bélier répond que du temps, on n'en a pas et qu'il faut se dépêcher. L'ascendant Taureau le ralentit encore et lui suggère de bien peser chacun de ses actes. L'ascendant Gémeaux lui susurre que seules de nouvelles expériences permettent d'atteindre un but ; l'ascendant Cancer, qu'il faut penser à soi-même d'abord. L'ascendant Lion lui hurle que rien n'est suffisant pour son aspiration et son désir de grandeur. L'ascendant Vierge remarque qu'il a oublié quelque chose de très important hier et qu'il va falloir réfléchir, alors que l'ascendant Balance note, l'air de rien, qu'il devrait faire plus attention à la convivialité et à ses rapports avec les autres. L'ascendant Scorpion lui suggère de mettre à bas ses efforts et tout recommencer ; l'ascendant Sagittaire, que rien de ce qu'il a atteint n'est suffisant et qu'il doit faire davantage. Pour l'ascendant Capricorne, seul le temps permet de vérifier l'opportunité de ses choix. L'ascendant Verseau insiste sur l'importance de s'extraire d'une pensée exclusivement pratico-concrète pour réussir ses projets, et l'ascendant Poissons le supplie de faire particulièrement attention à ses ressentis.

Le Gémeaux voudrait ne jamais vieillir, et l'ascendant Bélier confirme qu'il a mille fois raison. L'ascendant Taureau l'invite à utiliser son entourage ; l'ascendant Gémeaux, à davantage communiquer de manière à créer un mouvement perpétuel ; l'ascendant Cancer, à préserver une part de rêve et d'enfance dans sa vie. L'ascendant Lion lui dit que la seule manière de bien vieillir est d'être un chef ; l'ascendant Vierge que devant une vieillesse inéluctable, il convient de penser aux sécurités matérielles. L'ascendant Balance exalte le mariage comme remède à la solitude, et l'ascendant Scorpion, les bienfaits de la chirurgie esthétique et de l'alchimie. L'ascendant Sagittaire pense que quitte à vieillir, il faut avoir tout vu et tout fait ; l'ascendant Capricorne, que l'on recherchera un autre moyen d'être éternel, par exemple, en devenant écrivain. Pour l'ascendant Verseau, la vie est un renouvellement incessant ; et pour l'ascendant Poissons, la force des liens entre ceux qui s'aiment offre la seule issue possible.

Le Cancer veut régner sans partage sur son territoire et l'ascendant Bélier ne lui parle que de conquêtes et d'expansion de son champ. L'ascendant Taureau le rend davantage conscient des enjeux et des éventuels risques à courir. L'ascendant Gémeaux apaise la tension en lui donnant la sensation d'être toujours au commencement. L'ascendant Cancer en fait un rêveur taciturne ; l'ascendant Lion le conforte dans son image de roi sans royaume, et l'ascendant Vierge lui remet les clés du garde-manger : à lui de multiplier les pains. L'ascendant Balance éveille son désir d'une famille unie, alors que l'ascendant Scorpion excite sa susceptibilité à fleur de peau. L'ascendant Sagittaire lui donne un côté patriarcal auquel il s'identifie totalement. L'ascendant Capricorne le rend méfiant et extrêmement efficace ; l'ascendant Verseau le déstructure car c'est un indécis, et l'ascendant Poissons lui donne une dimension médiumnique certaine.

Le Lion veut une vie à la hauteur de ses rêves, l'ascendant Bélier lui suggère de se mettre à courir au lieu d'attendre sur place que ça vienne. L'ascendant Taureau lui donne un côté bon vivant et chaleureux ; l'ascendant Gémeaux le rend inventif et plein d'humour ; l'ascendant Cancer le découvre patriote et guerrier, alors que l'ascendant Lion lui fait croire qu'il peut être Dieu. L'ascendant Vierge le persuade qu'il peut tout maîtriser ; l'ascendant Balance, qu'on lui doit des hommages constants ; l'ascendant Scorpion, que s'il avait le pouvoir, tout deviendrait immédiatement possible. L'ascendant Sagittaire, que ce qu'on ne lui donne pas naturellement, il lui appartient de le prendre. L'ascendant Capricorne se pense au-dessus du lot moyen et a bien l'intention de le prouver. Concernant l'ascendant Verseau, les autres sont pour lui un excellent terreau d'expérience, et l'ascendant Poissons reste convaincu qu'il aurait dû naître roi de France ou tsar.

Acte II : De la Vierge au Poissons...

La Vierge veut tout contrôler à sa manière et l'ascendant Bélier lui propose en permanence de nouveaux challenges, l'empêchant de s'enfermer dans la routine espérée. L'ascendant Taureau la rend prudente à l'excès. L'ascendant Gémeaux lui donne l'envie de tout conquérir, ce qui la déphase et la surprend. L'ascendant Cancer la rend susceptible et farouche, tout en lui donnant du cœur pour ceux qu'elle aime. L'ascendant Lion la rend exigeante ; l'ascendant Vierge lui donne un souci de perfection tourné vers autrui. L'ascendant Balance renforce son caractère conventionnel et la sort d'une certaine autarcie. Pour l'ascendant Scorpion, il s'agit d'une capacité d'anticipation des difficultés et pour l'ascendant Sagittaire, une tendance à devenir visionnaire à ses heures. L'ascendant Capricorne lui infuse une volonté que rien n'arrête. Avec l'ascendant Verseau, elle a envie de maîtriser ce qu'elle ne connaît pas, et avec la sensibilité que lui procure l'ascendant Poissons, elle se mettra en quatre pour venir en aide à ceux qui souffrent.

La Balance a besoin de se sentir en harmonie avec les autres, l'ascendant Bélier fait que rien ne l'arrête dans une recherche menée tambour battant. L'ascendant Taureau exacerbe sa sensualité ; l'ascendant Gémeaux la rend frivole ; l'ascendant Cancer la pousse à la perfection dans tous les domaines : famille, couple, vie professionnelle. L'ascendant Lion favorise son goût du luxe ; l'ascendant Vierge en fait un stratège hors pair, et l'ascendant Balance un artiste. L'ascendant Scorpion lui dévoile des problèmes insoupçonnables et profonds. L'ascendant Sagittaire la rend hyperexigeante et parfois rancunière ; l'ascendant Capricorne la renforce dans une détermination, parfois matérialiste. L'ascendant Verseau lui donne un regain d'intérêt pour un amour de la jeunesse. L'ascendant Poissons l'affuble d'une extrême sensibilité proche de la susceptibilité.

Entre symbole et réalité : l'influence des saisons sur les signes

Sans jouer à une loi de causalité stricte, on peut noter une sorte d'influence mi-réelle mi-symbolique des saisons sur les caractéristiques des signes (comme on l'a entrevu dans le chapitre 3).

Prenons la naissance d'un bébé natif d'un signe d'hiver : le petit Capricorne, Verseau ou Poissons, aura un rapport plus complexe au monde extérieur : sa confrontation avec le « dehors » a d'emblée été agressive en raison des conditions climatiques moins faciles qu'à d'autres saisons. Sur le caractère, il restera une méfiance, une sorte de comportement secondaire : ne pouvant affronter les choses directement, on réfléchira plus longtemps avant de s'y confronter.

Un bébé né pendant les signes de printemps aura senti le changement dans l'atmosphère adoucie et plus accueillante, plus propice aux initiatives. Les signes concernés sont le Bélier, le Taureau et les Gémeaux, et on sent chez eux une soif de vivre peu commune.

Les signes d'été, quant à eux, partent d'une maturité du désir, comme si on n'avait plus rien à craindre d'un dehors non agressif. Ce sont des signes (Cancer, Lion, Vierge) qui n'ont pas besoin de se confronter au monde extérieur pour trouver leur force ; ils ont en commun une tendance à l'autarcie, ce qui, au demeurant, peut être source de joie.

Les signes d'automne : Balance, Scorpion et Sagittaire, pressentent que le monde devient hostile et qu'il faut compter avec les autres. Pour cela, chacun de ces trois signes emploiera selon son style propre les stratagèmes adéquats.

Le Scorpion est terriblement intense et passionné, l'ascendant Bélier lui donne la capacité de se mettre dans des histoires invraisemblables. L'ascendant Taureau favorise une continuité inattendue de ses états d'âme ; l'ascendant Gémeaux développe un don à mener mille choses de front ; l'ascendant Cancer génère un monde de fantasmes et de rêves puissants. L'ascendant Lion a la certitude qu'il sortira vainqueur des situations les plus compliquées. Un intellect analytique complète de façon magistrale l'intuition naturelle de l'ascendant Vierge. L'ascendant Balance démontre une capacité à retourner les conflits à son avantage ; l'ascendant Scorpion, celle de prendre le pouvoir dans toutes les situations et l'ascendant Sagittaire, l'envie de dépasser les autres. L'ascendant Capricorne le rend tenace dans ses exigences et les défis qu'il se pose, tandis que l'ascendant Verseau dévoile un côté calculateur froid surprenant. Avec l'ascendant Poissons, il sera incroyablement romantique (mais avec quelquefois un côté cruel).

Le Sagittaire déteste sentir des horizons fermés, l'ascendant Bélier réveille en lui une envie récurrente et irrépressible de tout casser. L'ascendant Taureau le rend têtu et intolérant, et par son ascendant Gémeaux, le voilà privé de la moindre envie de partager sa liberté avec qui que ce soit. L'ascendant Cancer le rend casanier, susceptible ; l'ascendant Lion ne lui fait trouver aucun défi intéressant à relever. L'ascendant Vierge l'invite à regarder à deux fois avant de se lancer, tandis que l'ascendant Balance le rend extrêmement sensible aux apparences. Grâce à l'ascendant Scorpion, il peut déjouer des complots (réels ou imaginaires). L'ascendant Sagittaire l'invite constamment à s'autodépasser. L'ascendant Capricorne le pousse à l'élitisme et l'ascendant Verseau excite son envie de découvertes supplémentaires ; dans le même temps, l'ascendant Poissons en fait un visionnaire ou un fanatique.

Le Capricorne, très naturellement axé sur la maîtrise absolue de son environnement, trouvera dans l'ascendant Bélier une spontanéité et une naïveté bénéfiques. L'ascendant Taureau le rendra au contraire circonspect (c'est-à-dire plus lent à se lancer que d'habitude). Grâce à son ascendant Gémeaux, il bénéficiera d'un vernis convivial agréable mais superficiel. L'ascendant Cancer le placera au carrefour de deux énergies : l'une individuelle et l'autre de groupe, qui le laisseront perplexe. Avec l'ascendant Lion, il pensera qu'il s'en faut d'un rien pour qu'il devienne exceptionnel. L'ascendant Vierge le rendra hermétique aux fantaisies d'autrui ; l'ascendant Balance le dégoûtera du moindre conflit l'acculant à une amabilité factice. L'ascendant Scorpion en fera quelqu'un d'intelligent et fin stratège ; l'ascendant Sagittaire stimulera son ambition professionnelle ou l'appel d'une vocation hors norme. L'ascendant Capricorne le renforcera dans sa conviction d'avoir toujours raison. Et si l'ascendant Verseau lui conférera un regard froidement calculateur, l'ascendant Poissons le rendra mystique, mais pas forcément détaché du monde.

Le Verseau n'a pas compris que le monde avait des limites et qu'on pouvait parfois s'y ennuyer, et ce n'est pas l'ascendant Bélier qui va l'aider à le penser, en se lançant en avant sans rien terminer. L'ascendant Taureau lui donne au contraire une constance, comme s'il tirait parti de ce qui l'entoure. En compagnie de l'ascendant Gémeaux, il oublie la précarité de la jeunesse, et avec l'ascendant Cancer c'est la méfiance qui freine ses attachements. L'ascendant Lion stimule ses envies d'action, mais l'ascendant Vierge le transforme en vieux garçon ou vieille fille ; malheur à qui dérange ses habitudes (elles restent secrètes). L'ascendant Balance le fait paraître conforme aux normes sociales, mais erreur funeste !, l'ascendant Scorpion le tire vers un esthétisme teinté d'une certaine perversion. L'ascendant Sagittaire lui fait mépriser la médiocrité humaine et l'ascendant Capricorne le rend peu conciliant pour les défauts d'autrui. L'ascendant Verseau affole un goût démesuré pour la liberté, et même si l'ascendant Poissons lui donne l'envie de tomber passionnément amoureux, il continue d'hésiter…

Le Poisson voit le monde à travers une sensibilité qui peut sembler démesurée, mais l'ascendant Bélier lui confère une jolie vivacité qui rend son cœur ouvert à toutes les situations. L'ascendant Taureau lui donne un socle solide qui va rendre sa sensibilité moins difficile à vivre. L'ascendant

Gémeaux lui accorde une (fausse) légèreté tempérant son émotionnel et l'ascendant Cancer le rend très susceptible mais aussi incroyablement créatif. L'ascendant Lion réveille en lui l'envie de sauver le monde (sans aucune mesure), alors que l'ascendant Vierge autorise un regard sur ses émotions avec une relative distance. À cause de l'ascendant Balance, il se perd dans les autres au risque de couler. L'ascendant Scorpion lui donne un esprit sacrificiel dont il a du mal à ne pas être l'otage. L'ascendant Sagittaire lui octroie un profil de religieux en vadrouille ; l'ascendant Capricorne lui fait penser qu'il est le seul à détenir la vérité (et il le dit haut et fort) ; et fort de son ascendant Verseau, il se croira chargé d'une mission « interstellaire », reste à savoir laquelle. Enfin, avec l'ascendant Poissons, il perd tout enracinement dans la réalité, souvent pour le meilleur... mais pas toujours !

Le maître ascendant : un acteur clé qui reste en coulisse

L'astrologie fonctionne comme un billard : on vise une boule qui en entraîne d'autres par ricochet. Sauf que nous ne tenons pas la queue ; notre thème agit par-devers nous. Tout l'enjeu est donc de se rendre compte de nos actes, non pas en fonction d'un libre arbitre ou d'un déterminisme supposé, mais tout simplement de notre être (que nous ne connaissons pas).

Notre ascendant est ainsi sous l'autorité d'une planète (maîtresse du signe zodiacal de notre ascendant), et c'est cette planète que nous devons suivre pour savoir où déployer notre programme de vie (secret...).

L'ascendant : une figure tutélaire qui agit sans se montrer...

L'ascendant est symboliquement le point du lever du soleil dans notre thème. Autrement dit, la lumière mais également la force vitale qui nous irrigue commencent à partir de ce « point de départ » de notre thème, de notre personnalité et de notre vie, les trois étant en l'occurrence équivalents.

Cependant, ce point de départ est mis en marge du thème, parce qu'il ne s'intègre pas immédiatement. Tout se passe comme si nous avions, d'une part le thème astral en entier (il a sa logique), et d'autre part l'ascendant qui essaie de s'imposer (!) et de mettre sa patte sur le reste du thème (mais il a bien du mal) ; ce qu'il essaie de lui insuffler en termes de message ne s'accorde pas tout à fait avec les valeurs actuelles du thème. C'est comme si ce dernier faisait bloc contre ce que l'ascendant (qui agit comme un parent) l'oblige à accepter.

Mais l'ascendant, s'il irrigue inévitablement le thème, pour autant ne « s'incarne » pas directement, par exemple, à l'encontre de ce que fait une planète située dans une maison et dans un signe.

Ouvert ou fermé : deux visions du présent pour le signe solaire et l'ascendant

Martin Schulman (astrologue né en 1941, fondateur de l'astrologie karmique) écrit dans *Le Karma du présent* (éditions Sum-Hameau, 1994) : « Toute l'idée du temps est basée sur la perception qu'on en a, celle qu'on se fait de l'impatience et de la patience dépend de ce que l'on entend par "maintenant". »

Or, de tous les points du thème, le seul à nous ramener au présent, c'est justement l'ascendant. L'ascendant est comme un maître invisible qui nous entraîne constamment vers un centre de gravité et d'équilibre tout en nous enseignant *autrement* les leçons de la vie. En effet, le signe du zodiaque ne fait que « réagir », c'est-à-dire qu'il se défend contre le présent en le ramenant à ce qu'il comprend lui-même. L'ascendant, au contraire, est capable d'une ouverture et d'une attention différentes, ce qui lui permet d'intégrer les enseignements de l'existence. Nous avons en nous une capacité à nous « buter », et c'est alors notre signe du zodiaque qui prend le dessus. Et nous avons aussi une capacité à faire la part des choses et à essayer de comprendre un point de vue différent du nôtre, c'est le travail de l'ascendant au sein de notre personnalité.

Le maître ascendant, à la fois acteur (planète) et messager dans un thème

Pour « s'incarner » et venir à l'existence, l'ascendant a besoin d'un intermédiaire, et c'est justement la planète, maîtresse de son signe, qui joue ce rôle. Un double rôle plutôt, car non seulement elle est elle-même (avec les différences qu'il peut y avoir entre chaque planète) mais aussi porteuse du message et quasiment de la « mission » de l'ascendant, à savoir représenter notre future nature…

La planète maîtresse de l'ascendant est, comme toute planète du thème, dans un signe et dans une maison. On peut donc dire que l'ascendant va se « déguiser » en un autre signe qui est celui où se trouve sa planète maîtresse. Quel est l'intérêt de ce subterfuge ? En réalité, si on continue les métaphores, l'ascendant amène un voltage différent du reste du circuit électrique de notre thème ; pour qu'il soit assimilable, il doit s'exprimer à travers une énergie homogène à notre thème.

À RETENIR

Le signe de notre ascendant porte la *qualité profonde et intrinsèque* que nous devons développer.

Le signe où se loge la planète maîtresse de l'ascendant indique la *manière* de développer cette qualité.

Tout se passe comme si développer les qualités de notre signe ascendant devait passer par le filtre « diplomatique » des qualités manifestées par le signe dans lequel est sa planète maîtresse… En clair : croyant faire un bout de chemin avec un signe (celui du maître ascendant) qui nous convient encore à peu près, on se retrouve progressivement livré au signe de l'ascendant qui nous distille ainsi son véritable programme ! Le félon…

Ensuite, la *maison* dans laquelle se situe la planète maîtresse de l'ascendant montre le domaine premier dans lequel nous allons (inconsciemment) développer notre âme. Grâce à ce domaine, nous allons mettre en œuvre notre accomplissement personnel. Voilà pourquoi le domaine (la maison) où se situe la planète maîtresse de l'ascendant est toujours plus important que les autres maisons d'un thème. C'est en réalité le domaine d'où viendra votre transformation intérieure.

Le maître ascendant est un paramètre compliqué à maîtriser et à comprendre. En revanche, arriver à voir en quoi il crée une différence de niveau quasi quantique dans un thème (comme si nous avions différentes couches d'énergies plus ou moins pures) est essentiel. L'enjeu, quand on apprend à lire un thème, est de ne pas niveler toutes les données visibles en pensant qu'elles peuvent être équivalentes. Elles ne le sont jamais.

Pour les débutants qui se sentiraient exclus des lignes qui suivent, patientez jusqu'à la lecture du chapitre 10 sur les aspects et revenez tranquillement, tout vous semblera plus simple…

Trouver les parentés cachées avec les ascendants

1. Alphonse a un ascendant Bélier, son Mars est en I, conjoint à son Soleil qui, lui, est en Taureau. Qu'est-ce qui retient d'abord votre attention ? Le fait que Mars soit en I et pourquoi ? Ou le fait qu'il y a une conjonction dissociée (Soleil en Taureau, conjoint à Mars en Bélier, donc Soleil et Mars sont conjoints – à moins de 10° d'écart – mais pas dans le même signe alors qu'ils sont dans la même maison) ?

2. Margaux a un ascendant Vierge, Mercure est en Maison III en Scorpion, conjoint à Vénus. Par ailleurs, le Soleil, Jupiter et Saturne sont en Scorpion, mais en Maison IV. Vers quoi le maître ascendant entraîne-t-il le thème ? Comment l'ascendant Vierge arrive-t-il à s'imposer avec tout ce Scorpion ? Comment la Vierge et le Scorpion peuvent-ils parvenir à fonctionner ensemble ?

3. Julien est Bélier ascendant Bélier, son Soleil est en I, et son maître ascendant, Mars, est en Bélier également mais en XII. Est-ce qu'on peut dire que la personnalité est inhibée parce que le maître ascendant est en XII ? Qu'est-ce qui fait la spécificité de l'ascendant par rapport au signe zodiacal ?

Réponses

1. Que Mars soit en I montre que l'ascendant marque avant tout la personnalité et qu'il est d'une énergie très pure (ascendant Bélier, et Mars en Bélier, ils sont dans le même signe). Mais le plus important, c'est de voir la conjonction dissociée, parce que le natif (pourtant du signe du Taureau) pourra être considéré beaucoup plus comme un Bélier. En effet, la présence de l'ascendant + maître ascendant en Bélier + en Maison I, donc marquant la personnalité, pèse plus lourd que le simple Soleil en Taureau, qui se retrouve en minorité dans le thème.

2. Clairement, l'ascendant Vierge va donner au thème une autre destination que celle proposée par le Scorpion. Encore plus du fait que Mercure, maître de l'ascendant, vient sur le territoire de l'amas en Scorpion, c'est un peu comme s'il mettait le ver dans le fruit. L'ascendant Vierge donne au Scorpion une « direction », c'est-à-dire qu'au lieu de se complaire dans ses émotions et ses ressentis, l'ascendant Vierge va faire que le signe du Scorpion s'exprime en permanence dans le but de se simplifier, et d'élaguer ses émotions. Les émotions deviendront ainsi une forme de purgation. La question de savoir comment Vierge et Scorpion fonctionnent ensemble sera plus compliquée, parce qu'ils ne peuvent pas fonctionner ensemble, ils ne peuvent que tirer alternativement la personne dans des directions et des ressentis opposés.

3. La personnalité est au contraire très affirmée et ne porte aucune trace d'inhibition à cause du Soleil en I et du fait que l'ascendant, le signe zodiacal du Bélier, porte une énergie hors norme. Le maître ascendant en XII apporte à la fois une profondeur à la personne, une réflexion mais certainement aussi une dimension plus altruiste.

Quand l'ascendant tourne mal...

Si un ascendant est rejeté par une personnalité qui refuse de l'intégrer, pour autant, il ne disparaîtra pas, mais (comme un adolescent en révolte) il exigera qu'on prête attention à lui. Il faut comprendre qu'un ascendant non intégré ne se retourne pas contre le monde extérieur, mais contre la personne elle-même, pour l'obliger à tenir compte de lui.

Liste non exhaustive des méfaits de l'ascendant incompris...

Un ascendant Bélier manifestera l'envie de faire n'importe quoi et mettra le natif dans des situations compliquées parce qu'il se jettera en avant, comme un jeune chiot… l'ascendant Bélier agit particulièrement de cette manière chez les natifs de signe de Terre.

Un ascendant Taureau bloquera tout, ne voudra plus entamer une activité nouvelle en se montrant méfiant et précautionneux sur tout. Il est particulièrement mal vécu par les signes d'Air ou de Feu.

Un ascendant Gémeaux sera discontinu, gai et virevoltant, oubliant aussitôt ses promesses de la veille. Il mène la vie dure aux signes de Terre et d'Eau.

Un ascendant Cancer se refermera dans sa bulle, oubliant le monde, ou aura un énorme besoin de tendresse qui tombera comme un cheveu sur la soupe pour des caractères farouches et/ou manipulateurs. Les signes d'Air et de Terre le haïssent donc particulièrement.

Un ascendant Lion claironnera qu'il est le meilleur, et prendra la mouche (ou relèvera le défi) si on lui dit qu'il n'est pas capable d'allier le geste à la parole. Il est la bête noire des signes de Terre et d'Eau.

Un ascendant Vierge refusera de passer à la chose suivante tant que la première n'est pas accomplie, installant dans la lenteur des personnalités qui ne s'épanouissent que dans la vitesse. On peut dire que les signes de Feu lui vouent une antipathie particulière.

Un ascendant Balance désamorcera les conflits (alors qu'on rêve d'en provoquer) et rendra conformistes des personnalités qui ne jurent que par la castagne et la suraffirmation de soi. Les signes de Feu le jugent insupportable.

Un ascendant Scorpion fera des crises à propos de tout, mais notamment de ce qu'il n'a pas dit il y a vingt ans et qu'il faut tirer au clair… Bref, il a besoin d'exprimer son esprit critique. Les signes de Terre le trouvent d'une injustice redoutable.

Un ascendant Sagittaire ne supportera pas qu'on ne le suive pas en tout et formulera des opinions tranchées sur le monde. Les signes d'Air le trouvent péremptoire et lourd.

Un ascendant Capricorne se refermera sur lui-même, orgueilleux et humilié, honteux de ne pas être salué comme le meilleur et le plus intéressant. Les signes d'Air vivent cet ascendant comme une inhibition incompréhensible.

Un ascendant Verseau refusera d'être dans la construction et aura besoin que l'urgence se substitue à sa vie. Inutile de dire que les signes de Terre se demandent ce qui leur arrive.

Un ascendant Poissons va pleurer sur tout, sans s'arrêter, comme une fontaine, et on peut dire que les onze autres signes ont bien du mal à comprendre sa stratégie…

Chapitre 10

Les aspects : stratégies de guerre et de paix

Dans ce chapitre :

- Ce qui se passe quand deux points du thème sont reliés
- La vérité sur les aspects « bons » et « mauvais »
- Un tour d'horizon des aspects majeurs, mineurs et rares

On prendra la métaphore suivante : les aspects sont des tuyaux entre des points du thème ; les tuyaux peuvent être en ligne droite (trigone, sextile), se mélanger (conjonctions), présenter des coudes (carrés) ou encore pulser en même temps dans deux sens opposés (oppositions). En supposant que l'énergie présente soit toujours la même et de grande force, on note qu'elle est un flux continu pour les trigones, sextiles et conjonctions, alors qu'elle fait des à-coups violents (pas d'énergie puis un afflux énorme) pour les autres aspects.

Dans ces tuyaux, un liquide coloré est distillé : les trigones, sextiles et demi-sextiles (ici s'ajoutent les aspects mineurs) sécrétant des substances apaisantes ; les carrés, oppositions, quinconces, demi-carrés et sesqui-carrés diffusent une énergie irritante et angoissante qui se mêle à la nature des planètes mises en rapport.

Cela dit, même si certains aspects ajoutent plutôt de la fluidité et d'autres plutôt des cahots, il faut néanmoins concevoir les aspects comme « neutres » en eux-mêmes ; ils peuvent tous être sans exception porteurs de traits psychologiques et de situations extérieures néfastes ou positives. Ainsi, le trigone n'est pas « un bon aspect », mais un aspect facilitant les échanges entre deux points. Or, si l'échange en question a lieu entre votre Soleil (votre ego) et un élément « mauvais » de votre thème, le Nœud Sud par exemple, ou la Lilith, c'est ennuyeux qu'ils soient si bien reliés…

Les aspects : comment ça marche ?

L'aspect est un canal reliant deux points d'une carte du ciel, et les mettant dans une relation privilégiée.

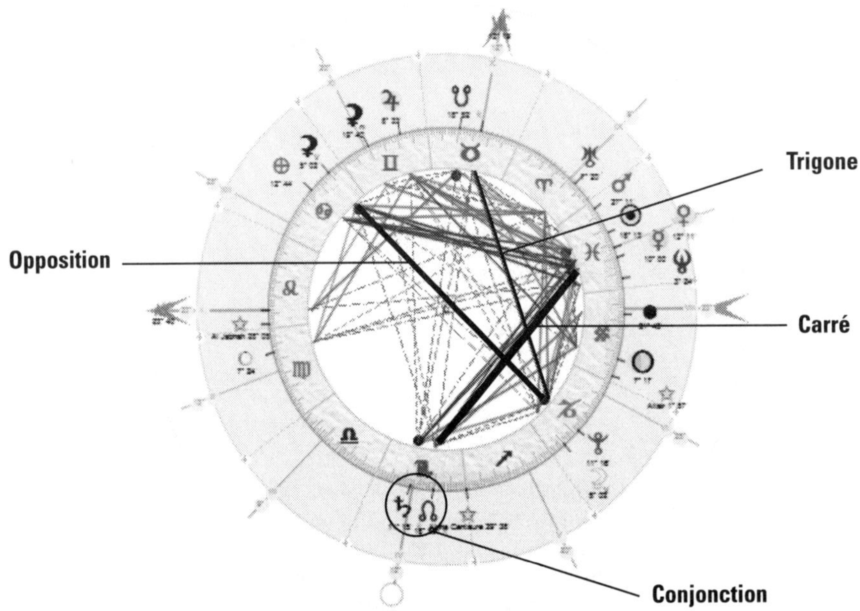

Figure 10-1 : Les aspects sur une carte astrale.

L'aspect ne fait pas tout

La nature de l'aspect ne qualifie pas, à elle seule, sa qualité. Il existe, on vient de le dire, des trigones à effet positif et des trigones à effet négatif. De même, une opposition ou un carré, loin d'être systématiquement néfaste, peut se révéler profitable à un natif. Pourtant un préjugé existe chez nos astrologues contemporains : celui d'admettre que les carrés et les oppositions peuvent avoir une dynamique, tout en tenant mordicus au pouvoir sacro-saint du trigone ou du sextile.

Au cours de ma pratique, j'ai pu vérifier qu'aucun aspect n'est par lui-même bon ou mauvais ; il le deviendra selon deux paramètres :

- **La force des planètes mises en rapport.** Par exemple, une Lune en exaltation (cf. chapitre 7) qui relie une Vénus en maître sera un aspect fort. Négatif ou positif, c'est une seconde question, mais l'aspect en lui-même aura une grande puissance.

- **Les éléments mis en jeu dans un aspect.** Ainsi, un carré reliant un Pluton en signe d'Eau (Cancer, Poissons ou Scorpion) à un Mars en signe d'Air (Gémeaux, Balance ou Verseau) sera différent d'un carré reliant ces mêmes planètes se trouvant dans des éléments différents.

La classification des aspects

Il existe quatre sortes d'aspects : les conjonctions, les aspects majeurs, les aspects mineurs, les aspects rares.

Les conjonctions sont des aspects, mais elles représentent une telle fusion d'énergie dans un thème entre deux points qu'on les considérera à part, avec une attention redoublée. En effet, en mélangeant les énergies de deux points, les conjonctions créent dans le thème un pôle dominant (même lorsqu'elles impliquent seulement deux planètes) qui devient, dans l'analyse du thème, une donnée fondamentale.

Les aspects majeurs sont l'opposition, le carré, le trigone et le sextile. Ils révèlent les grands traits psychologiques ayant un impact factuel et événementiel. Ainsi en recherchant les indices d'événements devant se produire, on suivra ce type d'aspects en priorité. Rappelons qu'ils structurent la conscience et la vie des individus.

Les aspects mineurs sont le demi-carré, le sesqui-carré, le demi-sextile et le quinconce. En tant qu'aspects psychologiques, ils sont là pour colorer le vécu intérieur. Cet ensemble de paramètres sera plus facile à manier dans la réflexion et la compréhension que les aspects majeurs – on voit mieux à quoi ils se rattachent dans notre caractère. Ils sont une aide précieuse pour changer de perspective existentielle.

Les aspects rares sont très nombreux, plus d'une vingtaine à la disposition des astrologues humanistes. Pour ma part, j'ai pu constater au cours d'années d'expérience l'efficacité des quintile, septile, novile, triseptile, biquintile et décile, tant dans une perspective psychologique qu'événementielle. Une seule réserve en ce qui me concerne : les utiliser avec ce qu'on appelle un orbe exact, c'est-à-dire une marge d'erreur dans le calcul inférieure à 1°. Faute de quoi, ils ne sont plus efficients.

Ces aspects, lorsqu'ils sont présents dans un thème (ce qui est rarement le cas), représentent un trait particulier et récurrent du caractère d'un individu. Leurs effets sont particulièrement marqués, et font, de ce fait, écho à une forme de déterminisme ou de fatalité.

Et quand une planète est... seule ?

Une planète est dite « inaspectée » lorsqu'elle ne reçoit aucun aspect. Elle est isolée par rapport au reste du thème. Par conséquent, à la fois imprévisible et égocentrique, elle adopte un comportement autonome par rapport à l'ensemble. Disons, pour filer la métaphore, qu'elle se bat pour elle-même, en pure individualiste, au sein d'un groupe (le thème) dont elle voudrait la reconnaissance, mais ce groupe s'étant constitué en la laissant de côté, il aura du mal à la réintégrer sans à-coups.

Ce n'est pas sans conséquences : une planète inaspectée, tendant à devenir un thème à elle toute seule, ramènera tout à sa logique, créant de ce fait une dissension profonde au sein même du caractère. La personne aura une double personnalité, et ressentira, dans le domaine touché par l'inaspection, une impression de profonde incompréhension et de solitude. L'autre cas de figure est que le point inaspecté cesse, d'une certaine façon, d'exister : mis en marge de la personnalité, l'équilibre général se reconstituera sans lui.

Dans tous les cas, une inaspection est un phénomène à prendre en compte au même titre qu'une conjonction notoire d'un thème. Elle peut considérablement modifier les paramètres de celui-ci. Là encore, c'est la force planétaire, la nature de la planète, ainsi que le phénomène d'écho au reste du thème qui déterminera si la planète va fonctionner pour son propre compte ou abandonner pour ensuite disparaître.

Une seule, et glorieuse, exception : une Lilith inaspectée est une donnée très positive d'un thème ! Concrètement, la demoiselle, mère de toutes les frénésies, se retrouve en caisson isolant et du coup, ne perturbe pas l'individu… (enfin, pas trop).

BON À SAVOIR

Un thème présentant peu d'aspects n'aura donc que peu de potentialités de changements et de mouvements. En général, la majeure partie des enjeux repose sur une ligne directrice que l'individu retrouve dans tous les domaines. Dans quelques cas, rares, peu d'aspects dans un thème signalera un destin hors du commun. On trouvera cependant plus fréquemment des individus à envergure limitée.

Des aspects majeurs et mineurs pour faire la gamme de nos humeurs

Tous les aspects comptent et peuvent se révéler déterminants dans l'analyse d'une personnalité. La tradition veut néanmoins qu'on les classe en deux catégories : les aspects dits « majeurs », qui sont parfois utilisés pour décrypter des événements potentiels dans une vie, et les aspects dits « mineurs » qui renverront le plus souvent à des tonalités psychologiques ou à des tournants intérieurs.

La conjonction : la reine des aspects majeurs...

Une conjonction apparaît dans un thème lorsque deux planètes sont à moins de 10° d'orbe (c'est-à-dire tout près l'une de l'autre). Leurs énergies se confondent, et évidemment, si l'union fait la force, c'est souvent un drôle de mélange qui surgit... un peu comme quand on mélange des couleurs pour en inventer une autre. Il faut se rappeler que chaque planète a des caractéristiques comme une personne et que si on les fond ensemble, aucune ne s'annule réellement ; en revanche, toutes se transforment. On peut donc dire que les conjonctions dans leur totalité sont harmonieuses, et certaines surprenantes...

Les conjonctions sont des forces qui agissent à sens unique dans le caractère. Autrement dit, ce ne sont pas des aspects que l'on pourra transformer par un travail sur soi. Le plus souvent, une personne est très démunie face à une conjonction dans son thème. Entendons-nous bien : quand je dis « face » à un aspect de son thème, ça ne signifie pas que cet aspect s'apparente à un élément extérieur, c'est une partie de la personne elle-même. Simplement, dans le cas d'une conjonction, on a affaire à une partie qui n'est pas forcément consciente et qui, même s'il le devient, n'offre guère de marge de manœuvre.

Un exemple pour mieux comprendre : détaillons une conjonction à Jupiter.

À chaque fois qu'on a une planète qui se colle à Jupiter, elle devient plus heureuse, plus joviale et plus facile à vivre, car plus sûre d'elle et de son bon droit. C'est facile, Jupiter pense qu'il a toujours raison et en tout... donc il ferme à la planète à ses côtés tout accès au doute. Jupiter a raison dans son signe et dans son territoire (maison) où il vit tranquille en accord avec lui-même. Chaque planète le renforce et il les renforce toutes.

Collé au Soleil, Jupiter se mue en petit roi sur terre, béatement heureux ; collé à la Lune, il devient réceptif et attentif au bonheur de son entourage ; collé à Saturne, il se montre sûr de lui au point d'en devenir arrogant (!) et fier de l'être ; collé à Mars, péremptoire, il éprouve le désir de conquérir le monde ; avec Vénus, il adore les choses matérielles, et rêve d'une belle réussite sociale (qu'il obtient en général !) ; enfin collé à Mercure, il voit les choses avec justesse et quand il réfléchit, c'est toujours pour avoir raison !

Si Jupiter est accolé à des planètes transsaturniennes (voir chapitre 5), le cas est différent : la conjonction créera des événements frappants liés à la réussite sociale. En effet, toute conjonction d'une planète individuelle (Mercure, Vénus ou Mars), sociale (Jupiter ou Saturne) ou d'un luminaire (Soleil et Lune) à Uranus, Pluton ou Neptune provoque une cascade d'événements inattendus et souvent stupéfiants, sources de retournements. Ponctuellement positifs ou négatifs (selon qu'ils vont dans le sens de notre attente ou pas), ils servent néanmoins d'accélérateurs et peuvent nous changer la vie.

Une conjonction à part « Soleil/Lune »

La conjonction Soleil/Lune est très particulière dans un thème parce qu'elle joue un rôle vraiment original. Elle signe clairement un caractère, reconnaissable au premier coup d'œil (dès qu'on maîtrise un peu l'astrologie)... Les porteurs de cette configuration dans leur thème sont impulsifs : la Lune masque le Soleil et empêche le natif de comprendre ses mobiles ; hypersensibles : la Lune amplifie les émotions au centuple et touche donc directement le cœur de celui qui se trouve dans le Soleil ; et souvent médiums : les natifs ayant cette configuration ressentent les choses avant les autres, sans savoir tirer profit de ces ressentis ni les transformer en messages conscients. Mus par des impressions stériles, ils sont en décalage avec autrui. Le Soleil tire cependant une force d'inertie incroyable de la Lune qui lui permet d'être sûr de lui (or, c'est la cohérence avec soi-même qui donne la vraie force dans un thème et donc dans une personnalité). Une posture d'autosuffisance qui, en fait, façonne des personnalités auxquelles rien ne résiste. Ces forces de la nature ont en revanche une tendance à s'emporter sans savoir pourquoi !

On retiendra ainsi que la force des conjonctions est souvent à double tranchant : si elle renforce tous les traits de caractère liés aux planètes, elle accentue aussi leurs défauts, parfois difficiles à gérer (surtout en début de vie). On constate aussi qu'avec le temps, les travers disparaissent au profit d'un équilibre de plus en plus affirmé (tendance qu'on favorisera par un travail sur soi).

La conjonction est le seul aspect dans lequel les énergies planétaires ne seront pas « modifiées » par l'aspect qu'elles subissent. D'une certaine façon, soit les planètes parlent la même langue et s'unissent, soit elles se renforcent sans se mélanger. Il s'agit donc de savoir si les planètes impliquées « parlent la même langue » ou non. En effet, une conjonction entre des énergies non homogènes (par exemple Lune/Mars, avec la Lune marquée par la passivité et l'inconscient quand Mars est dans l'action pure) peut se révéler chaotique dans une personnalité.

Autre point à surveiller : selon que les signes dans lesquels se trouvent les planètes en conjonction sont de type cardinal, fixe ou mutable, l'effet de la conjonction sur l'individu ayant cet aspect dans son thème sera notablement différent.

À RETENIR

Conjonction en signe CARDINAL : capacité à se mettre ou à se remettre en jeu aux points indiqués. Le côté plus négatif de cette configuration peut être une impression d'absence de continuité intérieure ; la conjonction, parce qu'elle nous pousse à changer, crée un désordre permanent.

Conjonction en signe FIXE : volonté puissante de ne pas changer de perspective sur les points indiqués ; le sujet est têtu, voire borné...

Conjonction en signe MUTABLE : capacité à se laisser travailler par le changement, et à adopter de nouveaux points de vue, mais difficulté à garder le cap.

L'élément du signe qui marque la conjonction permet de déterminer quel va être l'enjeu de cet aspect. Ainsi une conjonction en signe de Terre indique un besoin de concret pour y voir clair. Une conjonction en signe d'Air signale un grand besoin relationnel, les échanges étant nécessaires à ces sujets pour qu'ils se sentent dans une dynamique qui les rend optimistes. Une conjonction en signe de Feu signifie que les initiatives et les projets sont au centre de l'existence. L'individu « croit » énormément à sa façon personnelle de faire les choses. Enfin une conjonction en signe d'Eau dénote une forte capacité de réaction émotionnelle, le sujet étant happé par ses aspirations affectives ou humanistes.

Quelques conjonctions difficiles à vivre

Certaines conjonctions sont moins faciles que d'autres. Il est clair que quand Saturne s'en mêle, avec son côté culpabilisant et réfléchi, il ralentit l'action.

EXEMPLE

Julie a dans son thème une conjonction de Mars/Saturne. Chaque fois qu'elle entreprend quelque chose, elle se questionne au point de renoncer à agir ou de laisser passer l'opportunité. Mais Saturne ayant aussi un bon côté, Julie, pour sa propre sérénité, finira par créer elle-même les opportunités.

Marie-Jeanne, elle, a une conjonction de Saturne/Lune dans son thème. C'est sa manière de ressentir ses émotions qui pose problème. Lorsqu'elle est triste, elle ne dit ni ne montre rien. Et en période heureuse, de peur que ça ne dure pas, elle restreint aussi son émotion. En fin de compte, Marie-Jeanne n'est pas très lisible pour son entourage. Elle passe pour beaucoup plus froide qu'elle ne l'est réellement. Elle a aussi du mal à exprimer ses sentiments quand rien n'est vraiment sûr, car elle a trop peur de s'aventurer. Au final, la solitude est son pain quotidien.

D'une manière générale, les conjonctions les plus compliquées à aborder sont incontestablement celles qui relient des transsaturniennes aux autres points du thème. La planète sera alors soumise à une transformation ou à des cahots non maîtrisables par le natif, ce qui lui donnera l'impression de commencer une nouvelle vie.

Globalement, Uranus, Pluton et Neptune joints :

- **au Soleil**, donneront une autre personnalité au natif, suite à des événements visant à l'éprouver et à l'endurcir (épreuves liées à l'enfermement, à la maladie ou à la perte d'acquis matériels...) ;
- **à la Lune**, feront traverser une remise en cause radicale de l'équilibre affectif (perte d'un parent en bas âge, divorce...) ;
- **à Mars**, créeront des accidents ou des retournements obligeant à remettre à zéro les compteurs de l'existence en cours (tremblements de terre détruisant un patrimoine foncier, gains en Bourse...).

À RETENIR

Les conjonctions entraînent avec elles à la fois une force de caractère, un individualisme prononcé et une impression de confusion dans laquelle se débat l'individu. *A contrario*, une carte du ciel manquant de conjonctions révèle une personne facilement influençable…

Opposition, carré, trigone, sextile

Entre guerres ouvertes et fausses facilités, ce qui remue sous la surface de votre thème !

Opposition

L'opposition a très mauvaise réputation, et disons-le d'emblée, elle la mérite pleinement. Une opposition est une donnée sur laquelle un individu devrait travailler pour trouver une sortie honorable lors de l'affrontement de deux points de son thème. Dans la réalité, l'opposition est le plus souvent vécue comme un face-à-face irréductible.

Les notions de « contraste », de « complémentarité », à la mode de nos jours, sont encourageantes mais peu fondées. Il est vrai qu'en réalité, le but d'une opposition est l'intégration de deux domaines différents, mais la résistance est grande chez les individus concernés, avec pour résultat, des situations de *statu quo*. De plus, l'opposition est un aspect très puissant et cette force risque de dégénérer : trop d'oppositions dans un thème immobilisent le natif, comme si la multiplication des conflits d'intérêts le forçait à ne pas prendre de décisions définitives…

Attention cependant : le travail sur une opposition ne devrait jamais conduire à *des compromis*, car ce faisant, on manque les deux termes de cet aspect dans leur rapport. Il s'agit de respecter pleinement chacun et d'inventer la façon dont ils marcheront de concert. Les oppositions, conflits internes à la personnalité, se retrouvant souvent à un plan événementiel, il convient d'en comprendre les réquisits (présupposés) exacts. Ensuite, on leur trouvera un « nouveau terrain » commun d'expression. Voici ce qu'en dit Dane Rudhyar : « *La personne doit accepter d'être le champ d'expérience où naît une perception nouvelle d'un problème, au lieu de laisser les deux termes face à face.* » Disons de façon directe que le refus de comprendre le problème en jeu entraîne un blocage affectant l'ensemble du thème.

Contrairement aux conjonctions, les éléments (Feu, Terre, Air, Eau) dans lesquels sont les planètes n'ont aucune importance, car ces planètes sont de toute façon mises en situation d'être incompatibles. Par contre, le type de signe, cardinal, fixe ou mutable donnera la direction pour s'en sortir :

- *En signe cardinal* : il s'agit de réformer sa personnalité sur un point précis.

- *En signe fixe* : il s'agit de réformer sa façon de penser et de considérer les enjeux du problème.
- *En signe mutable* : il s'agit de changer radicalement de vie.

Carré

Le carré représente une situation de blocage qui doit déboucher sur une rupture par rapport au passé. Dans un carré, il n'y a pas d'arrangement possible, mais un combat entre les planètes jusqu'à ce que l'individu agisse pour sortir de l'impasse.

Les carrés sont très puissants, ils dégagent une énergie brute qu'il faut impérativement transformer et utiliser, sinon la tension est intériorisée et l'individu se sent broyé par deux impératifs contradictoires. Or, le problème avec le carré est qu'on refuse le conflit, en se persuadant qu'une forme de passivité nous procurera une paix intérieure, mais c'est un leurre et cette atrophie réactionnelle nous détruit au contraire à petit feu, jusqu'à l'implosion.

Il faut, en réalité, faire face au conflit en donnant une direction et une dynamique communes aux deux pôles en présence. Le but du carré est de refaire le lien entre les deux parties de notre être qui, autrement, en resteraient à une opposition jusqu'à la disparition de la plus faible. Le carré nous force à devenir davantage nous-mêmes en acceptant nos contradictions et en recherchant le positif au lieu de rester figé dans la culpabilité et le déni.

Le carré crée des crises qui nous forcent à réagir. Une des deux planètes rejette les valeurs de l'autre, en général, la plus lente des deux. La plus rapide doit réorienter sa direction afin d'entraîner l'autre, et ainsi acquérir une nouvelle structure.

BON À SAVOIR

Carré en signe cardinal : La personne éprouve de sérieuses difficultés à comprendre ce qui lui est demandé. Elle aura tendance à revenir indéfiniment à elle-même et à ses valeurs alors que le carré exige la transformation de tout son être sur un point précis.

Carré en signe fixe : La personne refuse les conséquences concrètes du changement qui lui est demandé. C'est la peur qui prédomine, l'angoisse générée par un tel carré étant importante.

Carré en signe mutable : La personne ne comprend pas les enjeux du problème, elle évolue dans une sorte de brouillard où se mêlent les potentialités. Elle serait d'accord pour sortir du carré, mais encore faudrait-il que les données soient plus claires…

Carré avec un pôle en Terre : Les impacts du problème sont inacceptables pour le sujet. Du coup, sortir du conflit impliquera de fait un changement effectif de situation.

Carré avec un pôle en Air : La personne doit accepter intellectuellement (ou relationnellement) de prendre à bras-le-corps le problème, or elle refuse d'y réfléchir… C'est un cas de figure difficile à résoudre, les personnes concernées refusant l'idée même du conflit posé par le carré.

Carré avec un pôle en Eau : L'angoisse ici est à son comble, le sujet se sent éthiquement, intrinsèquement, fondamentalement appelé à maintenir son choix en l'état, et s'il change de décision, il aura l'impression de se trahir lui-même, ce qui lui paraît inacceptable.

Carré avec un pôle en Feu : Le sujet est particulièrement passif sur ce point, refusant de prendre la mesure de la situation pour éventuellement la débloquer.

Vous aurez compris que dans tous les cas de figure, sous réserve des variations de style des différents éléments, l'individu qui a un ou des carrés dans son thème n'a rien de plus urgent que de mettre la tension en question sous une chape d'inconscience. Il ne se résoudra à admettre le conflit et à chercher à le résoudre que lorsque la force du carré non réglé l'y aura acculé.

Trigone

Enfin, un aspect positif… en apparence au moins. Le trigone lie le plus souvent des planètes situées dans le même élément (Feu, Terre, Air, Eau), du coup son mouvement est naturel et les résultats facilement obtenus confortent un sentiment de confiance et de maîtrise intérieure. Comme l'effort n'est pas toujours nécessaire, les trigones ont la réputation de rendre « paresseux » les individus concernés…

Paresseux ou pas, les trigones vont en tout cas avec une certaine créativité, un sens du relationnel, une aptitude à l'organisation et une vision élargie des situations, toutes les qualités en somme de ceux qui savent être constructifs et efficaces.

L'écueil est qu'en général, cette logique ne donne pas de prise directe sur elle-même : les natifs croisent la chance et les bonnes opportunités, ils mènent à bien leurs projets, mais se sentent davantage pris dans un processus qu'initiateurs. Une agréable et apparente facilité dénoue les difficultés, sans que le trigone ne vous dise rien de la patience et de la persévérance nécessaires à toute entreprise. On pourrait comparer le trigone à un don artistique : celui qui le possède obtient indéniablement des résultats très au-dessus des autres en se jouant des difficultés. Encore faut-il qu'il s'y confronte et travaille, car un don en friche se révèle stérile à la longue …

Le sujet doit accompagner en toute conscience le processus mis en jeu, libérant ainsi au mieux l'expressivité qu'il porte en lui. Avec le trigone, comme beaucoup de certitudes dogmatiques et de charges encombrent la conscience, il est impératif de remettre en question les hypothèses, valeurs et croyances qui règlent l'activité de façon « automatique ». Dans le cas contraire, le sujet ne parviendra pas à déployer sa personnalité et cultivera un sentiment de frustration intense, en dépit du côté « bénéfique » propre au trigone.

BON À SAVOIR

Les termes clés du trigone :

- Confiance en soi, bien-être.
- Facilité à dénouer des situations extérieures.
- Action sédative sur les conflits, recherche des solutions de facilité.
- Intuition (sens des affaires), générosité, autosuffisance, irresponsabilité.

Trigone d'Air : La personne est l'otage d'un mouvement récurrent de renouvellement où abondent les idées et projets. La vie est synonyme de vitesse sans états d'âme.

Trigone de Feu : Perpétuellement dans l'action, la personne a besoin de conquérir pour se sentir en vie, sans que ce soit un activisme de façade. Ses projets se concrétisent la plupart du temps. La vie est conçue comme une prise de risque qui, en permanence, remet en jeu le natif. Il en résulte une inattention aux autres et une difficulté à rester dans la passivité.

Trigone de Terre : Le natif est avant tout un bâtisseur : il élabore, conclut, construit. Rien n'est laissé au hasard, tout peut être utilisé, sur fond de grande confiance en soi. Contrairement aux autres trigones, cet aspect crée une lenteur apparente qui, en réalité, n'est que la préparation méthodique d'un déploiement quasi interplanétaire… L'ambition ne connaît aucune frontière. La personne poursuit son but, et ce qui s'y inscrit sera pris en compte. Ce sont des gens très exigeants avec eux-mêmes, et n'admettant pas la faiblesse.

Trigone d'Eau : Trigone éminemment émotionnel et créatif, il est en attente de sensations, de sentiments, d'impressions. À la recherche d'une osmose avec son environnement, il peut se révéler lunatique dans la poursuite de ses objectifs. Son énergie est forte, mais discontinue et fluctuante, et un parfum de mystère l'auréole. Ces trigones dédaignent la simplicité, privilégiant les situations compliquées, les rebondissements. Ils adorent se sentir vivre, se font du cinéma et de ce fait, suscitent un certain rejet.

Sextile

Le sextile a la réputation d'être un aspect très positif parce qu'il nous met dans un environnement favorable à l'expression de ce qu'on porte en nous. Contrairement au trigone, il s'agit d'un environnement certes favorisé mais pas complètement lisse. Cela dit, les résultats ne se font, en général, pas attendre avec des réponses immédiates, claires et organisées à nos projets.

On dit de cet aspect qu'il représente les fruits d'un karma positif, ce qui en termes plus généraux signifie que le sextile donne une facilité semblable à celle résultant d'une longue expérience ou d'un entraînement intensif de plusieurs années. Seule ombre au tableau : la facilité engendre parfois l'éparpillement, l'assurance excessive et l'inattention aux conséquences de ses actes.

Les intuitions sont nombreuses, et la personne a la sensation d'être portée par son environnement, d'où une impression de self-control et par conséquent de confiance en soi. Le danger est dès lors de verser dans une forme d'égocentrisme dû aux succès rencontrés : le cœur sec, on ne mesure plus les difficultés d'autrui.

Le sextile est un aspect curieux, à l'affût de l'inconnu, et fait feu de tout bois. Les personnes concernées jouissent d'une faculté d'adaptation supérieure à la normale. Soulignons encore que c'est un aspect pragmatique, attaché à matérialiser ses intuitions et réflexions, car jugeant stérile la théorie pure.

Voici les configurations possibles :

Sextile entre signe cardinal et signe mutable : On a une énergie qui impulse (signe cardinal) et une énergie qui reçoit (signe mutable) et transforme l'impulsion originale en l'adaptant aux circonstances de la vie.

Sextile entre signe fixe et signe cardinal : On a toujours l'énergie qui impulse, mais cette fois, la concrétisation se fait en droite ligne à partir du signe cardinal, sans adaptation particulière.

Sextile entre signe fixe et signe mutable : La situation est plus délicate car l'un et l'autre pôles ont la possibilité de prendre le dessus. Si c'est le signe mutable qui donne l'impulsion, alors c'est l'appel intérieur à une transformation qui domine et le signe fixe va tâcher de donner une forme stable à cette tentative de renouvellement. Si c'est le signe fixe qui donne l'impulsion, la stabilité va chercher à se renforcer mais en chemin, elle va en fait déboucher sur un nouveau domaine, et la capacité d'adaptation de la personne – donc plutôt la qualité du signe mutable – va devoir être mise en jeu.

À RETENIR

Dans un sextile, on retrouve toujours les deux mêmes associations d'éléments parce qu'il faut que les éléments soient compatibles pour qu'une collaboration se mette naturellement à l'œuvre. Ces deux combinaisons sont :

- Feu/Air : dans ce cas, la rapidité de concrétisation est mise à l'honneur.
- Terre/Eau : ici, c'est la solidité des acquis qui se trouve renforcée.

Des aspects mineurs mais costauds

En règle générale, les aspects mineurs n'ont pas d'impact événementiel direct par rapport aux aspects majeurs ou aux aspects rares qui, eux, peuvent véritablement déterminer des chaînes d'événements. Pour mémoire, « déterminer des chaînes d'événements » signifie qu'un certain nombre d'occasions vont se présenter dans un ordre X ou Y à quelqu'un qui pourra décider de suivre passivement, de s'en emparer avec force, de se rebeller ou encore… de faire comme si rien ne s'était produit !

Les aspects mineurs, eux, ne vous confronteront à rien de précis, sinon à des épreuves intérieures. En cela, néanmoins, ils peuvent être décisifs d'un point de vue psychologique et entraîner de lourdes conséquences pour le reste de votre vie.

Demi-carré

Le demi-carré est un aspect psychologique à fort impact ; en effet, il crée une intense fébrilité dans le domaine concerné. Avec cette configuration, c'est une extrême excitation interne qui génère des événements. Voilà pourquoi on dit de cet aspect qu'il fait le lien entre la sphère psychologique relevant des aspects mineurs, et la sphère concrète et événementielle des aspects majeurs.

Avec cet aspect, Dane Rudhyar dit que l'individu se confronte au réel, souvent avec angoisse, car il a l'impression de rencontrer une inébranlable résistance. La rancœur produite par cet aspect est frappante : on n'est satisfait ni de ce qu'on a, ni de ce qu'on a eu, ni de ce qu'on pourrait avoir, rien ne va jamais, on devient alors « ronchon », ce qui provoque désaccords et tirs de barrage. On est nous-mêmes à l'origine de nos insatisfactions, mais on refuse d'en prendre conscience. Au contraire, on s'entête et les infortunes, même minimes, prennent une ampleur telle qu'on en veut à la terre entière.

En toute logique, la tendance de cet aspect est un risque d'immobilisation des choses qui auraient pu/dû tourner à l'avantage de l'individu. En quelque sorte, la personne déploie beaucoup d'énergie à façonner son cadre de vie à la mesure de ses rêves, mais sans jamais se confronter à la réalité. Nier le monde plutôt que le transformer ou l'accepter pour ce qu'il est, voilà ce qui la caractérise.

Constatant son peu d'impact sur le déroulement de sa vie – forcément, on ne s'en occupe pas ! –, la personne concernée se réfugie dans une attitude de provocation irritante. Au mieux, cet aspect crée non pas de l'hostilité mais une inhibition, et l'individu intériorise ses problèmes en en concevant une très vive angoisse.

Du fait que les natifs porteurs de cet aspect s'entêteront à modifier leur environnement plutôt que de se remettre en question, on peut penser que cette tendance du caractère est constructive mais c'est un leurre. Certains demi-carrés se plaisent à choquer, surprendre pour soi-disant « faire réagir », mais en réalité la réaction des autres ne les intéresse pas, ils veulent seulement ramener la réalité extérieure à leur propre vision des choses.

Les termes clés de cet aspect sont :

- Résistance à l'environnement
- Résistance aux changements
- Ténacité par manque d'ouverture
- Irritabilité et ingratitude
- Inadaptation sociale

Sesqui-carré

Cet aspect sert de frein psychologique et prédispose à fonctionner de manière excessive ou anormale avec l'entourage. Sympathique, n'est-ce pas ?! À l'origine il y a un blocage : un flot d'énergie aurait dû permettre un changement de cap, mais il en a été empêché et, du coup, il dégénère en peurs et résistances incontrôlées…

On reconnaît cet aspect à la quantité de justifications brumeuses dont un individu harcèle son entourage. Celui qui subit un sesqui-carré est dans l'explication et le commentaire, il vous décrit ses déboires en long et en large, mais jamais vous ne le verrez – en tout cas pas spontanément – dans une approche active de ses problèmes. En réalité, certaines prises de décisions n'ont pas été assumées et la personne campe sur ses positions. Elle se retrouve donc bloquée entre deux situations : celle du passé et celle du présent.

Les termes clés sont :

- Extrémisme dans la conduite
- Très forte tendance à la dramatisation
- Tentative de culpabilisation de l'entourage pour lui faire admettre sa position

Quinconce

Cet aspect est le plus « professoral » que l'on puisse rencontrer : il nous renseigne sur notre vie et nous indique comment surmonter nos difficultés en prenant un autre point de vue. D'après Rudhyar, le quinconce est un « lieu thérapeutique » où les énergies sont en train de se réorganiser. Cet aspect favorise l'élimination de ce qui entrave le progrès, ce qui est indéniablement plus sain mais pas forcément plaisant à vivre.

Comme toujours en astrologie, le quinconce nous apprend quelque chose sur nous-mêmes à condition que nous en acceptions les « leçons ». Et comme tout bon professeur, le quinconce répétera ses effets tant qu'on n'aura pas su résoudre les problèmes qu'il engendre, ni éliminé l'impression d'une stagnation ou d'une réitération infinie des mêmes événements.

Demi-sextile

Quoique « mineur », le demi-sextile a un aspect puissant de stabilisation et d'apaisement : lorsqu'il est présent entre deux planètes, il pacifie la relation qu'elles entretiennent et harmonise les buts que chacune poursuit. Il agit comme complémentaire car il permet à chacun de puiser dans l'autre ce qui lui manque pour parvenir à ses objectifs. En lui-même, le demi-sextile n'est pas dynamique : il soutient mais n'initie pas les processus. Voilà pourquoi il se trouve classé dans les aspects mineurs malgré son importance.

On lit souvent à son propos qu'il « anime les potentialités latentes ». Ce qu'il faut comprendre, c'est que grâce à une interaction entre des domaines, il permet à ces potentialités de venir au jour, mais par lui-même, il n'a aucune force créatrice. On peut dire qu'avec cet aspect, on commence à sortir de « l'envoûtement » de la subjectivité. On aspire à réaliser ses envies, tout en stagnant dans les rêveries du moi sans mesurer l'impact de la réalité sur ses désirs.

Des aspects rares qu'il ne faut pas rater…

Les aspects dits « rares » ont un impact particulier sur le thème. Ils sont à la fois événementiels – donc en prise directe avec la réalité – et structurants psychologiquement. Il convient de leur prêter une attention particulière car ils signalent quelque chose d'inouï dans une naissance qui influera sur la signification globale à donner à un thème. Ce sont, en effet, des aspects qui « dominent » les autres.

Novile

Contrairement à son excellente réputation, le novile de mon expérience est un aspect violent, générant des événements (plusieurs au cours d'une vie s'il est présent dans le thème astral) suffisamment remarquables pour tout bouleverser dans une destinée. Le novile produit bien un changement de substance mais il est rare qu'une telle mutation intérieure intervienne sans dégâts.

La personne est, d'une certaine façon, acculée à changer ses perspectives si elle veut survivre. Et si elle accepte d'intégrer les leçons du novile, ce dernier fera émerger un domaine tout à fait nouveau, voire un autre plan de conscience. On associe souvent le novile à Neptune, or Neptune disloque les frontières pour permettre une autre perception des choses, c'est cela qu'il faut comprendre pour saisir la particularité du novile.

On l'associe aussi à Pluton parce que cette planète est en général source d'événements décisifs.

Septile

Pour de nombreux auteurs, le septile est synonyme de « fatalité ». Les événements qu'il implique seront en effet vécus comme un destin qui prendrait la personne en otage et lui ferait traverser de force une série d'étapes vers une nouvelle perception de son existence.

On comprend que le septile ait relativement mauvaise presse au sein des aspects. Certains auteurs le qualifient de « main de Dieu », ce qui signifie qu'il ne laisse aucune marge de manœuvre. Ce qu'on peut en dire de plus positif, c'est qu'il canalise les forces planétaires dans une seule direction afin de donner naissance à une nouvelle facette de la personnalité. On l'associe pour cette raison à Uranus : lui aussi brise toute position personnelle pour nous mener à un autre niveau de notre personnalité.

Dans la plupart des cas, malheureusement, les porteurs de septile n'ont pas conscience du caractère « inéluctable » de leur destin ; ils déploient énormément d'énergie pour en changer le cours, ce qui, évidemment, n'arrive jamais. Cette constatation fait dire à Bill Tierney (astrologue américain contemporain de la tradition d'astrologie humaniste) que lorsqu'on aperçoit un septile dans le thème de quelqu'un, le plus sage est de ne pas lui en parler…

Quintile

Pour certains auteurs, il fait « des génies ou des criminels » ; la vérité n'est pas loin. Le quintile, représentant le pentagramme, symbole masculin, ouvre l'accès à une conscience supérieure mais tellement différente que parfois la marche est trop haute. Son effet se réduira alors à l'expression d'instincts violents.

Disons qu'avec cet aspect, l'individu est à même d'exprimer une part originale de sa personnalité et il peut le faire avec une très grande force. Le quintile transcende les éléments présents dans le thème, mais cet aspect n'a pas de direction « éthique » ; de ce fait, il en viendra éventuellement à créer le meilleur comme le pire.

Triseptile

Cet aspect donne à la personne un but altruiste, spirituel ou supérieur auquel elle aspire consciemment. Si on compare cet aspect au septile, il est beaucoup mieux vécu car intégré à la conscience. En revanche, il ne « garantit » rien quant au résultat d'un objectif, contrairement au septile qui gagne à tout coup, n'intégrant plus de dimension de libre arbitre.

Avec un triseptile, l'individu a l'impression d'un trait d'union entre toutes ses aspirations, bref c'est un aspect agréable à vivre !

Bi-quintile

Avec cet aspect, la personne se sent investie d'une sorte de mission rédemptrice et pourra en faire le but de sa vie. Malheureusement, le bi-quintile ne brillant pas par son discernement, elle risque de prendre les vessies pour des lanternes...

Ainsi, le bi-quintile peut décupler des forces positives en la personne et lui donner un but, une sorte de foi indestructible ou au contraire, l'entraîner dans une croyance complètement erronée.

On distingue l'utilisation positive d'un bi-quintile d'une mauvaise utilisation par deux critères :

- Lorsqu'il y a utilisation détournée, la personne théâtralise sa « mission », et reste convaincue que Dieu en personne l'a choisie entre tous, pour le pire comme pour le meilleur...
- Si ce critère ne suffit pas, on peut s'interroger sur les conséquences des actes réalisés au nom de cette « mission » : si ceux-ci ont des fruits positifs et que la personne demeure discrète sur ses accomplissements, alors le bi-quintile est utilisé dans une énergie fructueuse.

Décile

Cet aspect signale un don inné, une capacité « concrète ou artistique » hors du commun, sans préciser néanmoins l'usage qu'en fera la personne. Le seul point fixe que présente cet aspect, c'est une tendance à se centrer sur l'ego et donc à décupler un individualisme déjà poussé.

Élitiste dans sa démarche artistique, l'intéressé aspire à une forme d'autosuffisance, et de ce point de vue, un décile peut revendiquer l'expression « l'art pour l'art ». Sans se tourner vers les autres ni chercher à être compris d'eux, le décile poursuit sa voie dans la direction que lui seul a choisie.

En brève conclusion sur ce chapitre, retenez deux choses :

À RETENIR

- Les aspects dans un thème astral signalent qu'un même type de situation est susceptible de se produire au cours de l'existence ; il peut donc aider ponctuellement à répondre à des enjeux.
- Le thème natal est le thème fondateur d'une personnalité, il dit tout de ce que vous êtes aujourd'hui et de ce que vous serez potentiellement demain. On peut donc en réalité faire l'économie de tous les autres, à savoir les révolutions solaires – thème d'une année entre deux dates d'anniversaire –, les révolutions lunaires – thème d'un mois –, les transits et les progressions – évolutions sur plusieurs années.

Et tant pis si c'est la ruine de votre astrologue...

Chapitre 11

Pour aller (vraiment) plus loin : interceptions et rétrogradations

Dans ce chapitre :

- Le principe de l'interception, à la fois « trou noir » et réservoir d'énergie
- Comment une planète qui recule (rétrogradation) sert paradoxalement à nous faire avancer

Pour pouvoir lire un thème astral dans ses grandes lignes, il vous reste deux configurations à comprendre : les interceptions et les rétrogradations.

Les *interceptions* concernent des domaines, en l'occurrence des signes qui se retrouveront en totalité à l'intérieur d'une maison dans le jeu des deux roues du zodiaque. On parle aussi de maisons interceptées par commodité parce que la place du signe enfoui dans la maison impacte celle-ci qui ne fonctionne alors plus du tout à son habitude.

Les *rétrogradations* quant à elles sont un phénomène complexe affectant les planètes et selon lequel ces dernières vont en quelque sorte « reculer » sur la bande zodiacale. En astronomie, cette impression est due au point de vue de l'observateur. En astrologie, le phénomène prend une connotation symbolique et révèle l'approfondissement en cours de certains acquis ou qualités de l'individu.

Le point commun des interceptions et des rétrogradations ? Ces deux configurations s'emparent d'une partie de l'énergie de la personne, soit en la bloquant soit en la dérivant, pour obtenir un effet d'accélérateur.

Les interceptions ou le principe du barrage sur un fleuve...

Techniquement, un signe est intercepté quand il se trouve « enclos » dans une maison, sans que sa place sur la roue des signes ne soit touchée par aucun trait de départ ou de fin de maison (ce trait correspondant à la cuspide dont on a parlé dans le chapitre 8).

Une interception est toujours double : en face du signe intercepté, sur la roue du zodiaque, un autre signe est intercepté, et pour interpréter cette configuration il faudra tenir compte des deux signes et du lien entre les pôles interceptés.

À quoi ressemble une interception ?

D'un point de vue psychologique, les interceptions dessinent des zones de clair-obscur dans le zodiaque, toute la difficulté tient à l'interprétation à donner et à la façon de les relier aux autres paramètres présents. On les assimile tantôt à l'inconscient, tantôt au subconscient, à des zones de déterminisme pur, aux fonctionnements des aspects rares (novile, septile et quintile), soit enfin à un espace de lucidité redoublée ne parvenant pas à s'exprimer concrètement.

L'interception est ainsi une énergie qui s'exprime indirectement, une forme de barrage qui retient un ensemble de données (signe, maison, planètes et points fictifs contenus en elle) contraintes de s'exprimer à un autre niveau. Tout cela, et c'est bien le problème, réside dans une forme d'inconscience qui rend le sujet sans prise sur la partie du thème concernée, et le ralentit, comme mis à distance de lui-même. Lorsqu'il essaie de réfléchir au domaine concerné, rien ne se fixe, il tombe dans des peurs inconscientes ou des attentes interminables, qui constituent pour lui un horizon inaccessible. Quoi qu'il arrive, il ne peut rationaliser ce qui se passe dans sa zone d'interception, comme privé de bras pour s'en saisir.

Est-ce que l'effet d'une interception change selon les signes ?

Le signe intercepté colore fondamentalement la maison dans laquelle il se trouve. L'interception l'exalte d'une certaine manière, et ce n'est pas toujours positif ou facile à vivre. Selon qu'il s'agit d'un signe de Feu – plutôt sûr de lui et démonstratif –, d'un signe de Terre – tourné vers l'intériorisation, volontiers porté sur la culpabilisation –, d'un signe d'Eau – à l'aise dans les sphères mouvantes de l'inconscient – ou d'un signe d'Air – effervescent par nature –, c'est cette ligne directrice qui sera valorisée.

Si on regarde par signes, voilà ce que ça donne globalement :

Les signes de Feu, actifs et idéalistes, sont valorisés dans les interceptions. Leurs buts sont posés avec une totale démesure, ce qui va bien à leur ego envahissant. Parfois même, si le reste du thème l'indique, l'interception peut fonctionner comme « une protection » de cet idéal contre tout processus d'usure et de désenchantement. Le rêve en somme… Enfin pas pour tout le monde car :

- *Pour le Bélier* : Les prises de risques et les colères subites suivies de dépressions non moins brutales sont courantes. La personne se sent à la fois capable de tout et au seuil d'une existence à reconstruire. Rien ne la rassure. Un égoïsme spontané peut apparaître.
- *Pour le Lion* : À l'inverse du Bélier, le Lion intercepté est sûr de lui, de sa valeur. C'est le monde qui est coupable et qui ne le reconnaît pas. Selon le thème, le Lion intercepté peut devenir créatif, indifférent à l'accueil de ses œuvres et poursuivant son chemin en génie solitaire…
- *Pour le Sagittaire* : Le Sagittaire poursuit son idéal, rien ne l'en détourne, et la maison de l'interception est le lieu où il veut absolument concrétiser son aspiration.

Les signes de Terre sont les plus démunis dans les interceptions, rien ne va comme ils l'attendent. Ils se sentent coupables du déphasage ressenti dans leur vie. Ils s'épuisent à vouloir en reprendre le contrôle alors que l'interception fonctionnant comme un blocage et un transformateur les condamne au surplace absolu tant qu'ils n'acceptent pas de changer radicalement. En détail cela donne :

- *Pour le Taureau* : Le Taureau intercepté est désemparé ; ne sachant où diriger ses efforts, il ne comprend rien, avec l'impression de n'en faire jamais assez dans le domaine concerné ni dans le bon sens.
- *Pour la Vierge* : Fidèle à son habitude, elle rationalise et décortique pour comprendre, mais n'y trouvant pas le début de l'ombre d'une solution, elle recommence à décortiquer…
- *Pour le Capricorne* : Le Capricorne est souvent très intelligent et lucide, et c'est là son principal écueil car il voit bien que les choses ne vont pas conformément à ses désirs sans en comprendre les raisons…

Les signes d'Eau sont très « réceptifs » aux processus des interceptions. Doués à l'extrême pour bien réagir, ils « sentent » toujours que quelque chose se prépare ou se transforme. Un signe d'Eau intercepté fera à coup sûr quelqu'un de très intuitif. Comme il perçoit toute mutation potentielle, il n'aura aucun mal à l'accepter, mais ses avancées ne sont pas toujours définitives.

- *Pour le Cancer* : Le moteur de changement sera l'amour. C'est pour les autres, et plus rarement par vocation liée à l'art ou à l'imagination, que la personne est motivée. En général, cette position indique un nœud émotionnel important dans le thème.
- *Pour le Scorpion* : C'est le Sens (avec un S majuscule !) qui interpelle la personne, une forme de quête même de sa vie, comme une genèse et un besoin de transformation incessant. La personne creuse en elle-même pour changer sa réalité, jusqu'à une totale mutation.
- *Pour le Poissons* : L'individu partant clairement d'une dépression vitale, c'est le reste du thème qui indique s'il aura ou non la force de surmonter cet espace intérieur difficile à gérer. Le Poissons n'étant pas, de ce point de vue, aussi résistant que le Scorpion, il va devoir faire un effort considérable pour transformer la souffrance due à une absence de sens en une recherche d'idéal avec lequel il puisse entrer en résonance, voire en fusion.

Les signes d'Air, lorsqu'ils sont interceptés, le supportent assez bien, tout en étant privés de buts. Ils ont tendance à être très actifs, mais contrairement aux signes de Feu, sans direction particulière. Ils « habitent » fortement la maison dans laquelle ils se trouvent ; elle est toujours vivante et vibrante, elle a du mal cependant à s'intégrer au reste du thème. Cela crée une sorte d'îlot et potentiellement une incohérence dans la personnalité (ça n'est pas forcément pour leur déplaire…).

- *Pour le Gémeaux* : Le Gémeaux, rendu un peu « fou » par une interception, réfléchit énormément et déploie une activité supérieure à la normale. Insatisfait chronique, il se rassure de l'absence de direction ou de résultats par une effervescence incessante.
- *Pour la Balance* : De tous les signes d'Air, c'est elle qui vit le moins bien l'interception. La Balance est comme pétrifiée par l'interception, indécise et face à des enjeux dont elle ne prend plus la mesure, elle donne l'impression d'un extrême ralentissement. Les natifs de la Balance, ainsi rendus dépressifs ou réceptifs par ces configurations, se retrouvent devant un cap difficile à franchir.
- *Pour le Verseau* : Le Verseau est un peu plus effervescent et électrique qu'en temps normal, mais guère plus. Il paraît peu affecté par le processus de l'interception. Comme d'habitude, il se sent visionnaire, idéaliste voire utopiste. Il manie avec plaisir l'abstraction humaniste ou intellectuelle. Mais ses objectifs se démultiplient en mille facettes, comme un prisme éclaté. Et cette absence de connexions entre les morceaux d'un puzzle qu'il détient le laisse dubitatif, lui qui adore les constructions complexes…

Au fond, à quoi ça sert une interception ?

La personne a accumulé une énergie, une capacité hors du commun, qui dynamise son thème et le tire en avant. Mais si cette capacité pouvait s'exprimer librement, elle ne ferait que répéter des acquis antérieurs (à l'instar du Nœud Sud) et immobiliserait le sujet dans sa progression.

De ce fait, l'énergie présente dans l'interception est comme bloquée, c'est pourquoi on la nomme parfois « creux énergétique ». En effet, il y a un creux et un réservoir immense d'énergie :

À RETENIR

- *Un creux énergétique* : La personne ne peut recourir à la maison de son interception, même si elle y aspire et y retourne sans cesse. Jusqu'au passage du « seuil » où l'interception commence à se déployer, celle-ci restera hors de portée ; c'est là un véritable « trou noir » dans son thème.
- Lorsqu'on étudie un thème, il ne faut pas conseiller à quelqu'un de s'appuyer sur une planète ou un point présent dans une interception, il ne le peut pas et celle-ci se dérobera.
- *Un réservoir d'énergie* : La personne devant passer par une transformation intérieure a accumulé une grande maîtrise du domaine concerné. Ainsi, le signe qui s'y trouve est très fort dans le thème car, en réalité, il commande la maison dans laquelle il se cache. Les éventuelles planètes présentes elles aussi auront également un rôle premier.

Les rétrogradations ou le principe de dérivation...

La rétrogradation planétaire est un phénomène optique. Ce qui signifie que ces planètes qui stationnent, puis repartent en sens inverse de leurs cours normaux, nous plongeant dans une relative perplexité et des abîmes interprétatifs, ne sont réelles que de notre point de vue d'observateur terrestre.

C'est en tout cas la raison pour laquelle beaucoup d'astrologues ne tiennent pas compte de ce paramètre, arguant que celui-ci relève d'une illusion subjective. Certes… mais le point de vue de l'observateur – donc le vôtre ou le mien – a tout de même son intérêt quand il s'agit de parler de la façon dont vous ressentez et expérimentez ce qui vous arrive. Et jusqu'à nouvel ordre, le « vécu psychologique » d'une averse qui vous trempe de la tête aux pieds – illusoire du point de vue de l'averse – finit malgré tout par vous coller un rhume…

Les planètes reculent, parce qu'elles s'étaient trompées de trajectoire... ?

Cette question vous paraît stupide ? Je m'en réjouis ! Vous êtes donc plus sensé que nombre de mes collègues pour lesquels la rétrogradation fonctionne comme une sorte de punition. On lit ainsi dans quantité de livres d'astrologie, même de qualité, que la rétrogradation serait destinée à faire quitter une perspective superficielle, extérieure et matérialiste de l'existence pour aider la personne à s'approfondir psychologiquement et aller vers une spiritualisation de ses acquis.

Ce type d'interprétation est imprécis dans ses fondements. Il s'appuie sur l'idée implicite que vouloir réussir financièrement, être heureux en amour ou avoir une aisance oratoire sont, sinon à condamner, du moins à « améliorer » dans le sens d'un retrait intérieur permettant de comprendre que les biens matériels ne sont que du vent, que l'amour ne dure pas et que la parole et la réflexion sont incompatibles...

Je m'inscris en faux contre cette idée que la rétrogradation serait « la punition karmique » d'êtres matérialistes en quête d'intériorité. Il y a en effet un principe d'évolution qui régit la lecture d'un thème astral : nous venons d'un point A (en gros les acquis du Nœud Sud) et nous devons acquérir les qualités propres aux points B (Nœud Nord, Licorne...). Or, cette évolution dépend évidemment du point de départ : on peut évoluer d'un matérialisme forcené vers une spiritualisation, comme depuis un mysticisme éthéré vers un pragmatisme responsable. Il n'y a pas de « bonne » trajectoire en soi, il y a la vôtre, dirigée vers l'accomplissement de l'idéal dont vous êtes porteur.

Concrètement, que fait une rétrogradation dans un thème ?

La rétrogradation arrête net le flux de l'énergie « normale » qui part de l'individu pour aller conquérir l'extérieur. L'énergie se retourne contre la personne qui en use (souvent à son corps défendant) pour creuser en elle-même ses motivations, son individualité, son identité.

La rétrogradation est donc un processus de conscience. On va d'une vie équilibrée à un niveau disons N vers la recherche d'un équilibre à un niveau « supérieur » ou N+1. Mais attention : « supérieur » ici ne signifie pas plus spirituel, mais plus synthétique, plus intégrateur de l'ensemble des données de votre personnalité. Un peu comme dans un jeu vidéo, vous avez réussi le niveau 1 (la pêche aux huîtres géantes) et cela vous a donné des capacités nouvelles (une épée était cachée dans l'huître venimeuse). Ces capacités ont besoin de s'exprimer (l'épée s'agite dans votre besace de pêcheur) ; pour cela, il va leur falloir les défis du niveau 2, car tant que vous êtes au niveau 1 (dans l'eau), ces capacités ne vous servent à rien, voire vous encombrent (difficile de pêcher avec une épée…).

Rétrogradation, équilibre et conscience de soi

La question de l'équilibre se fonde sur celle du rapport entre intérieur et extérieur. Si nous vivions en vase clos, garder un équilibre que rien ne remettrait en cause serait aisé ; la difficulté vient du monde extérieur, qui nous sollicite, nous amène de nouveaux éléments, nous remet en cause, nous agresse, et enfin nous décentre quand quelqu'un d'autre entre dans notre vie.

Notre première réaction est de nous fermer sur nous-mêmes pour sauvegarder cet équilibre. Lorsque nous laissons entrer un élément, nous essayons de le rendre homogène à ce que nous sommes ; quand trop d'éléments nous submergent, nous perdons la cohésion de notre structure interne.

Lorsque au contraire nous acceptons les événements, les éléments extérieurs, et les laissons rentrer en nous-mêmes et que nous nous modifions à leur contact, notre conscience s'élargit et notre capacité intégrative aussi. Lorsque nous maintenons notre équilibre à un point x sans nous laisser atteindre par l'extérieur, notre conscience n'évolue pas.

La rétrogradation nous empêche de nous fermer aux changements. Elle abaisse notre seuil de protection au monde, nous rendant plus vulnérables, et nous force à intégrer ce que nous aurions spontanément rejeté.

Une planète rétrograde se trouve dans une maison et dans un signe ; pourtant, au lieu de les exprimer de façon directe, elle leur donne une tonalité particulière selon deux paramètres :

- *La planète rétrograde présente dans un signe l'exalte*, c'est-à-dire qu'elle met si haut ses qualités que parfois, ces dernières ne parviennent plus à s'exprimer, sinon par à-coups et de façon revendicatrice.
- *La planète rétrograde présente dans une maison habite fortement le domaine concerné*, le rendant central dans la vie de l'individu. Par contre, les résultats obtenus n'ont pas les conséquences que l'on attend, car en réalité, la rétrogradation transforme ce à quoi on parvient.

À RETENIR

Le proverbe qui pourrait servir de guide à l'analyse des rétrogradations est le suivant : « *Si tu n'arrives pas à faire les choses d'une façon, au lieu de t'acharner, imagine une autre méthode, et abandonne ce que tu poursuis, pour aller vers quelque chose qui te convienne plus globalement.* »

Comment agissent les planètes rétrogrades ?

Une planète rétrograde ne se comporte pas de la même manière avec tous les signes.

Pluton rétrograde

Cette planète veut la puissance dans le domaine concerné (maison) et n'y parvenant pas, elle se sert du signe pour punir l'intéressé. Comme pour les autres rétrogradations, Pluton rétrograde engendre une perte de confiance en soi avec une incapacité à maîtriser le domaine. Le signe lui reste fermé, bien que la personne en attende une sorte de refuge. Il s'agit de se libérer en signe, c'est-à-dire en le développant au maximum, de manière à s'affirmer sur la base de nouvelles énergies.

Uranus rétrograde

Devoir affronter et mettre en ordre des éléments du passé pose problème. Loin d'être indépendant, Uranus rétrograde rend les natifs extrêmement conformistes mais mis au pied du mur (intérieur) de devoir développer originalité et liberté. Le natif rencontre souvent des épreuves dans la maison de son Uranus rétrograde, de manière à apprendre à être plus souple dans ce domaine.

Neptune rétrograde

Cette configuration renvoie à un traumatisme événementiel en rapport avec le signe où est Neptune. Avec Neptune rétrograde, la personne ne veut plus faire confiance au signe, il y a beaucoup d'affectivité dans cette position. Et de ce fait, elle coupe le lien entre son trauma (indiqué par le signe) et la maison. Ce faisant, tout se complique car la maison qui devrait être le but (du Neptune rétrograde en signe) devient un rejet. La solution est d'affronter concrètement les problèmes au lieu de rester bloqué sur une souffrance, au demeurant très grande. Il faut beaucoup de temps pour guérir d'un Neptune rétrograde.

Saturne et Jupiter sont les deux planètes le plus souvent en rétrogradation dans des thèmes astraux. Or Jupiter et Saturne rétrogrades fonctionnent avec l'axe des nœuds. On peut ainsi se servir de l'analyse de Jupiter et/ou de Saturne rétrograde pour savoir si oui ou non la personne a concrètement réalisé son passage en Nœud Nord. Si le signe de Jupiter rétrograde est hyper-amplifié, ou si le signe de Saturne rétrograde est très présent (mais avec « discernement » et profondeur), la personne est assez nettement en Nœud Nord, sinon elle est en Nœud Sud.

Jupiter rétrograde

Jupiter rétrograde provoque l'insatisfaction en maison. La personne se sous-estime, elle est toujours dans une posture de conquête, comme si elle avait toujours à faire ses preuves. Elle ne peut s'arrêter en chemin ni se contenter de ce qui est déjà atteint. Avec cette position de Jupiter, la personne doit *abandonner un critère de réussite extérieure, et développer sa propre grille de valeurs pour comprendre tout ce qu'elle a déjà accompli (qui est en général énorme).* Aveugle à ses propres efforts, maintenue sous pression par la volonté de vouloir se dépasser, la personne crée alors une insécurité assez vive.

Un natif en Nœud Nord sait qu'il doit changer dans son approche, alors qu'une personnalité en Nœud Sud accusera le monde extérieur et les circonstances de ne pas avoir été favorables. La personne en Nœud Nord sent clairement que *ses* objectifs ne seront jamais atteints si elle ne rompt pas avec une forme classique d'exigence sociale : elle doit *faire sa route et tracer sa voie*. Loyauté, hyperconscience et sérieux dans la maison sont les qualités maîtresses d'un Jupiter rétrograde. Le natif en Nœud Nord est pétri de scrupules et de volonté de s'améliorer, il se remet en cause (trop d'ailleurs) sans cesse ; en Nœud Sud, ce sont les autres qu'il remet en cause.

Enfin, contrairement à ce qu'on peut lire parfois, les Jupiter rétrogrades peuvent avoir des carrières tout à fait étonnantes (mon exemple favori étant le magnifique Jupiter rétrograde de… Madonna !).

À RETENIR

Un Jupiter rétrograde est toujours fragilisé dans le regard de l'autre car c'est le sien propre qu'il doit développer. À l'inverse d'un Saturne rétrograde qui doit faire une place à l'autre selon le signe indiqué. Le Jupiter rétrograde est trop dépendant des autres et Saturne rétrograde, trop indépendant : au final, les deux finissent par rejeter l'opinion d'autrui et développent des doutes sur eux-mêmes assez similaires.

Saturne rétrograde

Saturne rétrograde force la personne à développer le signe où elle se trouve – ce à quoi elle se refuse – pour atteindre la maison. Il y a une tendance naturelle du natif à être attiré par la maison, mais *en contournant* les qualités du signe qui lui semble totalement inutile. En réalité, c'est le signe qui doit ramener à la maison, et d'ailleurs, celle-ci se révélera différente de ce que la personne croyait atteindre.

La position de Saturne rétrograde est donc la mise en rapport de deux points forts : l'un en signe qui représente des qualités acquises et une grande profondeur, et l'autre en maison qui est un domaine manifestement mis en relief mais d'une façon artificielle, créant de fait un déséquilibre dans la personnalité. Le rôle de Saturne rétrograde consiste à canaliser les deux paramètres en établissant un équilibre entre eux. On constate souvent *un changement de plan* à réaliser dans la maison, mais qui ne se fera naturellement que si la personne l'aborde au travers du signe et non de façon abstraite. En revanche, si elle va directement à la maison, toute la rigidité de Saturne s'exprimera.

À RETENIR

La rétrogradation des planètes personnelles est celle qui « se voit » le plus dans un caractère, car avec elle, la personne traverse effectivement une sorte d'intériorisation forcée au point concerné.

Mercure rétrograde

La personne ne peut exprimer ce qu'elle voudrait ou ce qu'elle porte en elle. Soit parce qu'elle bégaie (au propre ou au figuré), soit parce que sa forme d'esprit, trop abstraite, ne parvient pas à trouver un répondant dans les mots.

Vénus rétrograde

La personne ne peut vivre au niveau qu'elle souhaiterait, à savoir dans un bien-être, une forme de luxe, et de scintillement d'elle-même. Soit parce qu'elle n'est pas attrayante, soit parce qu'elle est pauvre (!), ou encore par manque de confiance en elle.

BON À SAVOIR

Vénus rétrograde est la planète dont la rétrogradation s'avère la plus difficile à résorber. Sauf indications claires au moment de la naissance, le passage à accomplir est en effet quasiment impossible à envisager. Mais le paradoxe de cette planète rétrograde est que bien que très peu maniable, son déploiement suit en réalité celui de l'axe des nœuds, et même si la personne ne parvient pas à retourner à son avantage cette position, elle en souffrira avec moins d'intensité.

Mars rétrograde

La façon d'agir de l'individu est disproportionnée par rapport à ses objectifs. Ainsi est-il perçu comme manquant de mesure, et ne sachant pas accorder ses désirs à la réalité. Il existe également des paramètres inconscients qui interfèrent entre le vouloir effectif et le but poursuivi. En clair, l'individu ne sait pas qui il est ni ce qu'il veut, donc ce qu'il obtient ne convient jamais…

Pour conclure ces points, une note d'encouragement : les rétrogradations sont là pour nous apprendre que nous devons tourner les événements à notre avantage, ce qui est possible si on cesse de les considérer comme extérieurs à notre existence…

Comme l'écrivait Marguerite Yourcenar (1903 – 1987) dans son livre de souvenirs *Archives du Nord* (1977) à propos du Bouddha :

> « *Le monde aurait dû s'arrêter de tourner le jour où un homme, assis en posture de méditation, a découvert que se transformant lui-même, il pouvait changer le cours des événements qui lui arrivaient…* »

Troisième partie

Mieux vivre en couple et en famille avec l'astrologie

Dans cette partie...

Vous trouverez les trucs et astuces pour se mettre dans la peau des séducteurs (chapitre 12), passer à l'attaque sans prendre un mur (chapitre 13) et vous installer définitivement dans un bonheur durable – à condition d'être prêt à entretenir la flamme (chapitre 14). Dès que vous aurez mené à bien ce parcours du combattant, vous aurez à cœur d'en commencer un autre avec l'éducation et l'accompagnement au long cours de vos enfants (chapitre 15)...

Chapitre 12

Quelques travaux d'intérieur préliminaires avant de vouloir séduire

Dans ce chapitre :

- Assumer le besoin d'amour sous le désir de plaire
- Tour d'horizon des dispositions à séduire des douze signes
- Catalogue des mesquineries dont il va falloir apprendre à se passer

Si vous avez envie de rencontrer quelqu'un, vous n'avez pas besoin de l'astrologie pour vous le dire, vous le savez bien vous-même.

Par contre, il se peut que vous ne vous y preniez pas de la bonne façon avec la pêche du jour, et comme chacun sait qu'on n'attrape pas les saumons avec de la salade, il va falloir un peu mieux choisir vos appâts. En somme, vous décidez ce que vous voulez, et l'astrologie vous aidera à savoir comment l'obtenir. Maintenant, mesdames, messieurs, à vos plus beaux atours, vos plus charmantes reparties, et vos œillades ravageuses… opération séduction… !

Être soi-même

Séduire recouvre un sens différent selon les personnes. Sous la séduction, pleine de charme et de légèreté, il y a le besoin, plus profond et plus douloureux d'être aimé, et surtout d'être choisi. L'enjeu est de taille : l'autre, parce qu'il fera attention à nous, nous donnera le sentiment d'en valoir la peine, d'être exceptionnel, plein de qualités, attirant et digne d'être aimé.

Bonne nouvelle ! Sachez qu'en réalité tout le monde peut séduire, à condition de commencer par bien distinguer les différentes phases de notre quête vers l'autre (qui, pour le moment, ignore qu'il est l'enjeu de tous les espoirs).

Lisez donc attentivement ce petit inventaire des bonnes et mauvaises raisons de vouloir séduire :

- **Besoin social** : Plaire signifie que dans le regard des autres, on est quelqu'un d'intéressant, qui, comme un projet professionnel, a du potentiel et une valeur marchande.
- **Besoin de « vacances »** : Casser le quotidien, arrêter de réfléchir et de se dire que tout est grave. Envie de légèreté et surtout envie de ne plus être responsable, ni de ses actes ni de soi-même. Être dans un abandon qui permet à quelque chose ou plutôt à quelqu'un ne partageant pas *a priori* vos valeurs de faire irruption dans votre vie.
- **Besoin de reconnaissance** : Vouloir tomber amoureux, c'est avoir besoin qu'un autre fasse le pari de votre supériorité, de votre capacité à lui apporter le supplément de bonheur dont il rêve.
- **Désir de l'autre** sur lequel on va être obligé de faire aussi un pari. On part du principe qu'il est dans le même état d'esprit (et état tout court) que vous. Ce qui n'est malheureusement pas toujours le cas.

Enfin, l'essentiel restant le **besoin d'être aimé(e)** avec comme conséquence de transformer la moindre amourette ratée en drame national.

Chasseur ou proie ?

Être en séduction, c'est devenir chasseur, par conséquent, vouloir conquérir, séduire, obtenir. Vous devenez alors consommateur. Vous voulez séduire quelqu'un, point, ça ne va pas plus loin. Une fois votre objectif atteint, vous pouvez repartir tel un lion repu après avoir dévoré une gazelle succulente…

BON À SAVOIR

En tant que proie, vous êtes autant en demande et en attente que le chasseur, mais la différence entre vous deux, c'est que vous, vous vous mettez réellement en jeu (la liste des besoins est cochée en entier). Votre stratégie de séduction consiste à attirer en jouant de votre vulnérabilité (impossible d'ouvrir une bouteille seule), de votre charme (vous restez à sourire et à fixer la promise en silence, non par calcul mais parce que vous ne savez pas quoi lui dire), de votre apparence (chemise ouverte sur torse viril, ou décolleté vertigineux)… Bref, vous êtes la lampe électrique cherchant à attirer le papillon… (ou le moustique).

La difficulté : De chasseur, vous pourriez bien vous retrouver proie et inversement. Or, on le verra, le problème arrive toujours quand les faits tournent autrement que prévu (en toute mauvaise foi).

Et l'astrologie dans tout ça ?

Elle nous montre pourquoi et comment l'enjeu de la séduction n'est pas le même d'un signe à l'autre. Faisons un tour d'horizon (non politiquement correct) pour comprendre qui vous êtes, et surtout qui est l'autre...

Le Bélier : vivre à fond la folie passagère...

Il aime séduire pour séduire, pour se sentir vivre dans la magie des commencements. Le Bélier reste un chasseur, même s'il ne s'en rend pas compte. La difficulté pour lui, c'est d'arriver à gérer ses conquêtes d'un instant. Dès qu'un Bélier veut séduire, il y met tellement d'énergie, et même de la provocation, que les résultats dépassent parfois ses espérances (jusqu'à voir débarquer sa proie avec armes et bagages dans sa vie...). *Un Bélier devrait se méfier de sa capacité à séduire, et essayer de se mettre un peu en repos.*

Le Taureau : un besoin de vivre avec ses sens

Un Taureau célibataire est un Taureau en manque d'un compagnon ou d'une compagne. L'attrait physique et la sensation d'être bien sexuellement avec quelqu'un, c'est pour lui l'essentiel. En revanche, les natifs ne sont pas des consommateurs ; du moment qu'ils ont ce qu'il faut sous la main, ils n'iront pas chercher ailleurs. Seulement voilà, le Taureau célibataire est un Taureau de mauvaise humeur et qui broie du noir. Davantage proie que chasseur, il mettra une telle obstination à convaincre que l'autre aura du mal à avoir un avis différent. *Un Taureau devrait se méfier de son obstination parce qu'il peut se faire du mal lui-même à force de ne pas voir le refus qu'on lui oppose.* Reste que si vous rencontrez un Taureau qui jette son dévolu sur vous, bon courage pour vous en débarrasser...

Le Gémeaux : une bulle de champagne sous le regard de l'autre

Toutes les métaphores de légèreté et de bonheur s'appliquent à ce signe. Seulement voilà, la patience et la continuité ne sont pas son fort. Quand une situation pose problème, il se lasse et oublie les raisons pour lesquelles il avait flashé sur telle personne. Le Gémeaux, chasseur et proie, est avant tout comédien, capable de rentrer dans toutes les peaux, de changer complètement de stratégie. *C'est sa capacité d'adaptation à l'autre qui est à la fois sa plus grande qualité et son principal défaut ; il aura toujours des difficultés à savoir qui lui convient et pourquoi.* L'atout principal du Gémeaux reste sa capacité à charmer par son esprit et sa gaieté, avec un je-ne-sais-quoi d'infiniment attirant qui se manifeste quand il est en séduction...

Le Cancer : le besoin de fonder une famille

Inutile de l'écouter s'il vous dit qu'il respecte votre indépendance ou votre désir de ne pas vous engager ; il a simplement compris qu'il ne fallait pas vous brusquer pour obtenir ce qu'il veut. Un Cancer ne lâche jamais son idée. Si un Cancer ne cherche pas à vous présenter sa famille, c'est que vraiment, il (ou elle) n'envisage pas un seul instant de vous inclure dans sa vie. *Le Cancer n'est jamais en séduction de manière temporaire ou légère, il a toujours un but très clair derrière la tête, même (et surtout) s'il ne le formule pas.* Attention, même si un Cancer peut hésiter à s'engager, en réalité, il attend d'être sûr que l'autre en vaut la peine pour ferrer le poisson. Un Cancer est toujours proie, en aucun cas chasseur, il n'en a pas besoin, il est tellement attirant qu'il ne reste jamais très longtemps seul (sauf s'il s'enferme volontairement devant son ordinateur ou poste de télévision).

Le Lion : éternel débutant sous les feux de la rampe...

Tout à fait partial et injuste, le Lion a besoin d'être valorisé et se met spontanément en posture de proie ; si ce n'est pas le cas, il ne deviendra pas chasseur pour autant, mais quittera le terrain de jeu. Quand le Lion est chasseur, ce qu'il veut, l'autre le veut aussi, c'est pour lui une évidence. Il peut alors déployer des trésors d'attention et de gentillesse ou au contraire d'agressivité, voire passer de l'un à l'autre sans aucun souci de logique. *Quand un Lion est en séduction, c'est toujours pour gagner, l'échec ne lui paraît même pas envisageable.* Mais un Lion éconduit devient soit taciturne, soit animé d'un surprenant esprit de revanche.

La Vierge, séduire ? Oui, mais avec méthode

Elle sait (normalement) ce qu'elle vaut et connaissant ses points faibles, elle essaie de tirer parti de tout ce qui est positif. En général, une Vierge est chasseur mais elle évalue suffisamment sa proie pour calculer ses chances. Son point faible est l'exubérance dont elle fait preuve quand elle pense avoir gagné la partie. Plus romantique que n'importe quel autre signe, la Vierge est totalement altruiste, mais si elle s'aperçoit qu'elle a été trop loin, elle redevient gestionnaire de sa propre vie. *Quand une Vierge séduit, elle est attentive à l'impression qu'elle donne, à la manière dont les autres la regardent, à ce que pense l'autre, mais elle ne sait pas forcément où elle en est elle-même !* Une Vierge peut ainsi très facilement se sentir perdue, consciente d'avoir dépassé ses limites.

L'élégance innée de la Balance

Une Balance adore plaire, avec élégance et un côté mondain. En clair, les natifs de la Balance sont des bêcheurs aimant les hôtels de luxe, les partenaires au charisme de *movie star* et être l'objet de mille attentions… En revanche, si vous choisissez une Balance (parce qu'une Balance ne se résout pas à devenir chasseur : pour elle, ça équivaut à une déchéance sociale !), vous tirerez le gros lot, c'est la compagne ou le compagnon parfait. Très bien élevée, mettant le couple au-dessus de tout, avide de former un « nous » avec vous, elle ignore parfois combien elle est conventionnelle. Une Balance a besoin de séduire pour être sûre de retenir l'âme sœur. De plus, une Balance a besoin d'être amoureuse, mais sur du long terme (plusieurs vies s'il le faut)... *Séduire pour une Balance célibataire est vital, mais attendre que les occasions se présentent sans savoir comment les provoquer lui complique les choses.* Le célibat lui pèse.

Le Scorpion : entre passion et contradictions intenses

Chasseur, le Scorpion l'est inévitablement... Qu'il séduise ce qui lui résiste ou qu'il devienne proie par complexe d'infériorité, il ne peut imaginer un instant qu'on puisse lui prêter attention... On l'a compris, pour une relation simple, passez votre chemin. Le Scorpion ne sait jamais ce qu'il sent ni s'il est sincère ou dans la vérité en étant avec vous ; donc il questionne : vous, vos failles et vos problèmes, et lui, son histoire, passée, présente, à venir... Prévoyez de longues nuits blanches de discussion. Au final, on brûlera la passion jusqu'au bout du bout. Puis il faudra recommencer... *Pour séduire, un Scorpion n'a aucun mal, il vit et meurt d'amour et vous agrippe au passage dans son monde intérieur fascinant.* Si vous êtes Scorpion, ne vous inquiétez pas trop de la complexité de votre personnalité, et laissez-vous aller à votre nature sans essayer de vous réformer, sinon vous ne vous en sortirez pas.

Le Sagittaire à la recherche de ses grandes causes

Indépendant, il regarde vers l'horizon. Jamais proie, toujours chasseur, il préfère la poursuite à la capture, forcément décevante. Grand idéaliste, le Sagittaire a besoin de croire sa proie inaccessible, sinon, quel intérêt ? Indépendant, le Sagittaire commence à se poser de sérieuses questions une fois sa proie attrapée : tout à coup, plus rien ne va, elle est trop grande, trop petite, trop verte, trop blanche, sans classe, a un passé douteux, trop d'enfants ou pas de désirs... Le meilleur conseil est de faire un pas en arrière et de le laisser s'apercevoir que vous n'êtes plus là. *Le Sagittaire séduit pour le plaisir de la chasse et pour l'envie d'avoir un clan, mais il faut qu'il accepte l'idée de ne plus être libre (donc seul) avant de consentir à vous laisser partager sa vie.* Le Sagittaire paraît tout aussi contradictoire que le Scorpion, mais en plus conventionnel : il suffit d'un enfant, d'une installation ou d'un mariage et le voilà coincé dans une vie dont il vous remerciera.

Le Capricorne : de l'ermite au tyran...

Déchiré entre l'envie de solitude et celle de régner *ad vitam aeternam* sur son alter ego, le Capricorne conçoit le couple en militaire : chacun a un rôle au sein d'une équipe tendue vers un but commun. But qu'il fixera selon ses seuls critères. En même temps, le Capricorne est hypersusceptible de nature et se sent abandonné à vitesse grand V. Rancunier (quoique sensible au pardon), il accepte les compromis surtout de la part de l'autre. Pour séduire, il vient avec toutes ses contradictions. Si vous tentez de séduire un Capricorne obstinément célibataire, vous serez centenaire avant qu'il ait changé d'idée. Au contraire, quand un Capricorne veut séduire, il ne sera jamais proie (incapable de lâcher les rênes du commandement), mais tenace, voire coriace. *Le Capricorne séduit toujours avec une idée en tête dès le départ, qu'il veuille un compagnon ou une compagne d'un soir ou pour la vie.* Prenez votre Capricorne tel quel, mais si vous espérez une amélioration, vous caressez de vains espoirs.

Le Verseau : un amoureux de sa propre liberté ?

Il n'a aucun critère de valeur. Ou, plus exactement, *ses* valeurs lui suffisent pour lui-même. De ce fait, refusant les conventions, il ne jugera personne *a priori*. Être le signe le plus respectueux de la différence de l'autre ne fait pas avancer les choses dans le domaine d'Éros. En effet, amoureux de sa liberté, le Verseau n'aime pas s'engager, et ça l'humilie de dire qu'il tient à quelqu'un. L'engagement, générateur de contraintes, ça le fatigue. Mais le Verseau adore les ambiances : ni proie ni chasseur, si quelqu'un lui plaît, il opte pour ce qui lui convient. Et *a priori*, on est dans l'instantané et non dans la construction d'un lien. *Le Verseau, quand il séduit, c'est parce qu'il trouve quelqu'un original, plein d'humour ou d'esprit. Il aime l'exceptionnel et a peur de l'ennui.* Un Verseau ne se culpabilise jamais s'il se lasse de quelqu'un, jugeant au contraire que c'est légitime.

Le Poissons : une fusion intense avec le monde

Éternelle proie, le Poissons a besoin de plaire, d'attirer et de donner ce qu'il a. Il aime et a besoin d'être aimé. L'amour est pour lui une parenthèse de vie dans laquelle il se ressource. Il est en fusion, en osmose et en passion avec l'autre. Il surréagit à tout et a besoin d'être choisi. La passion du Poissons est souvent difficile à vivre, parce que c'est un hypersensible que l'on blesse sans le vouloir. Et quand il est blessé, soit il pleure et se détruit, soit il se mure et se met en position de sacrifié. *Si le Poissons séduit, c'est parce qu'il a besoin de l'autre pour ne plus se sentir seul.* La solitude, c'est tout le problème du Poissons.

BON À SAVOIR

Ne vous étonnez pas si vous vous reconnaissez autant dans votre signe zodiacal que dans celui qui précède. En effet, le signe zodiacal est défini par la position du Soleil dans le thème astral, mais il est fréquemment suivi d'un amas de planètes rapides (Vénus, Mercure, Mars) souvent situées près du Soleil mais dans un autre signe zodiacal. Cela donne une coloration au thème astral plus proche du signe précédent que de celui dans lequel se trouve réellement votre Soleil.

Un signe ça va, deux signes... bonjour les décans

Quand une Vierge se sent un peu Lion et un Sagittaire vaguement Capricorne, c'est une question de décans...

Cette division en 36 divinités du zodiaque (36 fois 10°) est un héritage de l'astrologie égyptienne, restée à l'état de trace dans l'astrologie grecque (à l'origine de la nôtre). L'histoire veut qu'au temps des pharaons, on avait semé le long des 360° du zodiaque des génies qui disputaient à la course du Soleil son pouvoir absolu. Ces génies cherchaient à obtenir la maîtrise du temps, et pour les dompter, le Soleil devait recourir à des charmes magiques. À l'époque pharaonique, une quarantaine de génies existaient ; ils furent ramenés à 36 à l'époque gréco-romaine où l'on commence à harmoniser et codifier l'astrologie.

Aujourd'hui, chaque signe du zodiaque compte 30 degrés, et donc trois décans (auxquels sont associés d'autres signes du zodiaque comme une roue zodiacale à l'intérieur de la grande roue zodiacale). Si vous êtes né entre :

Le 21 et le 31 ou le 1er d'un mois, vous êtes du premier décan, et vous avez la chance d'avoir beaucoup de planètes dans le signe précédant le vôtre. Votre nature est donc double : les pieds dans votre signe, vous en avez la nature, mais avec des réflexes du signe précédant le vôtre.

Du 1er au 10-11 du mois de naissance, vous êtes du second décan. Vous êtes totalement de votre signe et vous devriez vous reconnaître dans celui-ci.

Du 11 au 20 du mois de naissance, vous êtes du troisième décan. Vous avez toutes vos planètes dans votre signe de naissance, mais vous aspirez au signe suivant, comme si vous mettiez votre idéal dans autre chose que votre nature propre.

Une fois que vous avez compris qui vous êtes et pourquoi vous voulez séduire, le problème reste entier parce qu'il va falloir jouer avec vos cartes et non contre vous-même.

Quelques conseils pour la route

- N'essayez jamais de jouer à « ce que vous n'êtes pas ». On peut se réformer et s'améliorer, mais pas en devenant radicalement autre. Je dis toujours que si vous êtes un canard, vous n'arriverez pas à vous transformer en hippopotame, quels que soient vos efforts.
- Essayez de démêler votre vrai besoin au lieu de vous faire prendre à toutes les sirènes de la société.
- Tenez compte de votre âge et du changement dans vos désirs. Si vous avez 20 ans, c'est peut-être trop jeune pour trouver l'âme sœur de toute une vie, mais si vous avez 60 ans, pas le temps non plus de jouer les branchouilles séducteurs, mieux vaut penser à long terme.
- N'écoutez pas vos amis qui ont tendance à projeter leurs problèmes, leurs histoires sur votre parcours qui n'a sans doute rien à voir.

- Regardez ce que vous faites au lieu de vous bercer d'illusions sur ce que vous racontez. Si vous voulez rencontrer quelqu'un et que vous restez enfermé chez vous, ou au contraire, si vous clamez que vous ne voulez rencontrer personne mais que vous passez votre temps à sortir, commencez par accorder vos violons en sachant ce que vous voulez.

Corriger ses plus gros défauts

Il n'y a pas de hasard. Certains ne sont jamais seuls alors que d'autres le sont tout le temps. Si vous êtes seul, faites une introspection rapide sur vous-même, et écrivez :

1. Cinq de vos habitudes que vous êtes prêt à changer.
2. Cinq reproches qui vous ont été faits par (au moins) deux ex à vous.
3. Comment se sont passées les ruptures ?

Analyse des réponses :

1. Si sur ces cinq habitudes, vous retrouvez des caractéristiques dominantes de votre signe astral (voir tableau chapitre 3), essayez d'en sortir par les caractéristiques du signe de votre Nœud Nord.
2. À l'aide de ces cinq reproches, cherchez dans le tableau à quelles caractéristiques de signe cela correspond, et voyez si vous avez une planète dans ce signe ; auquel cas, c'est elle qui fonctionne mal et qu'il faut « guérir ».
3. Si dans les ruptures, en général, c'est vous qui êtes à l'initiative, analysez votre Uranus. Si au contraire, c'est l'autre, retournez à la question 1 et analysez votre comportement.

Pour aller à l'essentiel, imprégnez-vous de cette liste des défauts les plus fréquents des signes et leurs antidotes :

Bélier : l'autre, un effort inutile ?

Pas envie de faire des efforts pour un autre, c'est toujours pareil et ça ne sert à rien.

Vous vous demandez parfois si votre égoïsme ne serait pas une qualité…

Antidote : Continuez de vous jeter en avant, mais revoyez (au moins une fois) votre coup de foudre de la veille. Pour vous, les boîtes de nuit, les fêtes et les clubs d'escalade ou sports extrêmes sont les meilleurs lieux de rencontres.

Taureau : la vie au passé...

Vous êtes dans le ressassement d'histoires passées, sans parvenir à faire confiance à l'avenir.

Cette méfiance devient une sorte de seconde nature qui vous convient assez bien.

Antidote : Acceptez vos besoins physiques et ne vous jugez plus ; partagez avec quelqu'un vous rassure, tenez-en compte. Pour vous, les clubs de loisirs créatifs, et les soirées entre amis font les belles rencontres.

Gémeaux : un éternel adolescent ?

Vous n'avez pas envie des contraintes d'une vie commune.

Vous refusez la progéniture d'un autre et les obligations qui vont avec.

Antidote : On souffle et on se calme. Vous êtes parfaitement capable d'assumer une famille et des contraintes, il faudra seulement vous ménager des espaces de liberté. Continuez à sortir, à avoir des loisirs culturels et à fréquenter des gens différents ; misez sur la séduction intellectuelle et l'humour.

Cancer : se refermer sur soi-même pour se préserver

Vous vous êtes enfermé dans vos habitudes et une forme de susceptibilité accrue.

Vous n'aimez pas la critique et redoutez les jugements concernant votre conduite.

Antidote : Selon l'âge que vous avez, il convient de repenser le concept de famille. Ce qu'il vous faut, c'est quelqu'un ayant la même motivation que vous. Tous les moyens de rencontre (le plus simple possible) sont bons, mais assurez-vous que l'autre a les mêmes attentes que vous.

Lion : le règne de l'amour de soi ?

Vous êtes trop orgueilleux et peut-être qu'à force d'attendre l'exceptionnel, personne ne trouve grâce à vos yeux.

Vous estimant parfait, vous n'êtes pas ouvert à une quelconque remise en cause.

Antidote : Vous aimez l'élite, soit. Accrochez-vous à ce qui vous paraît le plus classe dans les clubs/dîners chics/fêtes auxquels vous pouvez accéder. Mettez-vous sur votre trente et un et misez tout sur l'apparence.

Vierge : un compagnon, mais ça coûte cher !

Vous êtes à la fois trop économe ou/et ou trop organisé pour laisser quelqu'un mettre du désordre dans vos plans.

Vous avez peur que votre vie vacille sur ses fondements, sans grande envie de vous remettre en jeu.

Antidote : Vous avez peur que tout cela ne vous dérange un peu trop, soit, mais veillez à choisir quelqu'un comme vous. Inscrivez-vous à un cours de ce que vous voulez, et ouvrez grand les yeux. Partagez les frais d'emblée (même si ce n'est pas romantique), ce sera sécurisant pour vous.

Balance : l'étonnement que la vie ne soit pas à « sa » manière

Vous attendez au lieu d'agir.

Vous avez besoin de quelqu'un à vos côtés, mais peut-être y mettez-vous trop de conditions.

Antidote : Au lieu de tourner autour du pot et de passer des heures à trouver de bonnes raisons de ne pas vous occuper de votre vie sentimentale, faites-en une priorité une fois pour toutes ; c'est la seule façon de vous remettre en harmonie avec vous-même. Et n'oubliez pas : tous les moyens sont bons !

Scorpion : refaire le monde au lieu de vivre simplement

Vous préférez vos passionnants états d'âme, votre souffrance intense au simple partage du quotidien avec quelqu'un.

Vous craignez tellement la médiocrité que vous finissez par faire fuir tout le monde.

Antidote : Faire porter vos angoisses sur le sentimental ne sert à rien, mieux vaut les hisser à un niveau plus métaphysique et rejoindre des associations philosophiques, spirituelles ou de développement personnel. À part ça, lâchez-vous sexuellement, et ne stagnez plus dans l'abstrait ; mieux vaut trier dans le vécu que de rêver à d'hypothétiques projets.

Sagittaire : du refus de la médiocrité au refus tout court

Vous avez misé sur votre indépendance, mais à force de mettre tout le monde dehors, eh bien, vous avez réussi !

Plutôt que de remettre en cause votre stratégie de vie, vous passez au crible les candidats.

Antidote : Vous avez divorcé ? ou vous n'avez jamais été marié(e) ? Voilà l'erreur, trouvez un(e) candidat(e) au mariage et fondez une famille. Rien d'autre ne vous conviendra, car vous avez besoin d'être dans un clan, voire chef de clan.

Capricorne : ô ma tour d'ivoire chérie…

Vous adorez votre solitude élitiste et détestez la médiocrité ambiante.

Si vous faites tout pour rester seul, au moins, reconnaissez que c'est ce que vous souhaitez, vous perdrez moins de temps.

Antidote : Il va falloir être sincère avec vous-même. Soit vous voulez trouver quelqu'un, il suffit alors de mettre le nez dehors ; soit vous ne voulez pas, et dans ce cas arrêtez de vous dire que vous ne serez jamais comme les autres et que c'est angoissant. Choisissez de toute façon des activités où vous vous ennuierez, vous ne serez pas tenté de trouver le cours ou le spectacle plus intéressant que vos voisins.

Verseau : celui qui n'a jamais tort

Vous avez envie d'être libre, butinant et jeune (éternellement), sans les contraintes que vous n'avez pas choisies.

Le besoin d'amour de l'autre vous insupporte comme s'il essayait de vous dévorer.

Antidote : Des rencontres, vous n'en manquez certainement pas. C'est la motivation pour prendre en charge quelqu'un d'autre que vous qui est, en revanche, moins évidente. En tout cas, sortez, et partagez des centres d'intérêt communs. Si vous appréciez quelqu'un intellectuellement, le reste passera beaucoup mieux.

Poissons : à la recherche du paradis perdu

Vous avez du mal à comprendre qu'un autre ne peut être une planche de salut, mais juste un être humain avec ses défauts et ses limites…

Vous avez peur de souffrir, vous vous retenez, puis vous jetez sur le premier venu en lui demandant… trop.

Antidote : Même si vous avez été meurtri, vous n'êtes pas fait pour rester seul. Vous manquez cependant de discernement ; essayez de vous faire conseiller avant de vous retrouver encore dans une histoire totalement abracadabrante.

Chapitre 13

Exercices de séduction appliquée

Dans ce chapitre :

- Tout pour séduire les six premiers signes du zodiaque
- Tout pour séduire les six derniers signes du zodiaque (pas de jaloux…)
- En cas d'urgence : le kit rupture(s)

Nous partons d'une hypothèse : l'autre est un pays étranger, quelqu'un ne fonctionnant pas comme nous, qu'il va falloir déchiffrer (sans qu'il s'en rende compte) et sans avoir l'impression d'être celui ou celle qui comprend tout en dernier. L'exaltation de l'état amoureux ne vient pas, comme on le croit à tort, de l'impression de tâtonnement permanent dans lequel on patauge le plus souvent. La passion se manifeste au contraire après cette étape (assez pénible) par une sensation d'osmose et de fusion avec l'autre.

Passons donc de l'autre côté. Il ne s'agit plus de vous, mais de l'autre. À travers ces exercices sur des lettres d'amour à des signes, vous trouverez leurs traits de caractère, et éventuellement les vôtres…

Écrire une lettre d'amour aux six premiers signes du Zodiaque

Pensez à un signe que vous connaissez et entraînez-vous à lui écrire une lettre d'amour en vous aidant des critères indiqués dans le tableau ci-dessous.

Tableau 13-1 : Profils amoureux des six premiers signes du Zodiaque

	BÉLIER	*TAUREAU*	*GÉMEAUX*	*CANCER*	*LION*	*VIERGE*
D'où vient la rencontre ?	Coup de foudre, rencontre intense et foudroyante.	Du temps passé en commun, d'une amitié.	D'un hasard, d'amis communs, d'une soirée arrosée.	D'une longue amitié, d'une rencontre dans le cercle familial.	D'une rencontre où vous avez su vous ou le mettre en valeur.	D'une relation de travail, d'un loisir partagé.
Donner des nouvelles ?	Non, le laisser venir, puis le harceler avec passion.	Oui, avec régularité.	Oui, mais en le faisant rire.	Oui, régulièrement mais sans être intrusif.	Bien évidemment, avec des cadeaux surprenants et magnifiques.	Oui, en accompagnant vos lettres de petites attentions.
Parler de soi ?	Non.	Oui, pour des faits simples et concrets.	Oui, mais sans se mettre en avant.	Oui, en racontant son histoire depuis l'enfance.	Non, ce qui l'intéresse, c'est lui et ce qu'il est en train de sentir.	Oui, ne rien cacher mais ne pas se mettre en valeur, le laisser découvrir qu'on est quelqu'un de bien.
Que lui dire sur lui/elle ?	Qu'il a toutes les qualités.	Qu'on lui laissera le temps, qu'il n'y a pas de pression.	Qu'on aime passer du temps avec lui, sans penser à l'avenir.	Prendre le temps de le connaître. L'interroger sur son passé.	Combien vous l'admirez, et combien il est différent des autres.	Qu'on est frappé par ses qualités intellectuelles. Ne pas faire trop de compliments, ça le rendrait méfiant.
Comment faire pour le revoir ?	Lui laisser l'initiative.	Installer un rythme commun.	Avec naturel, entre copains, en le laissant respirer.	Lui donner rendez-vous et s'installer dans une douce habitude.	Lui dire que vous ne pouvez envisager de vivre sans lui.	Le lui demander simplement, sans trop tarder, sinon il se referme.
Que vouloir ?	Une histoire d'amour intense. Pas de quotidien.	Une vie au quotidien douce et normale.	Une amitié amoureuse.	Fonder une famille.	Une relation splendide et tumultueuse.	Une relation sur des bases saines et solides.

Pour vous aider dans cette Carte du Tendre, apprenez par cœur les fiches-mode d'emploi suivantes :

Fiche 1 : Séduire un natif du Bélier

Traits dominants : Passion, désir, fulgurance, surprise permanente, ne pas abattre ses cartes (on ne parle pas de soi), pas d'installation dans la vie concrète.

Erreurs à ne pas commettre : Vouloir diriger la situation, le rassurer constamment sur vos sentiments, le rendre jaloux, lui faire sentir qu'il est banal. Lui expliquer qu'il devrait faire plus qu'il ne fait.

Points positifs : Compter sur son esprit chevaleresque, qui le dispose à sauver « l'autre ». Le défier.

Fiche 2 : Séduire un natif du Taureau

Traits dominants : Lenteur. Besoin de prendre ses marques avec confiance, être calme et le rassurer sur votre stabilité. Ne pas faire des plans d'avenir trop vite, le laisser les souhaiter.

Erreurs à ne pas commettre : Lui faire des crises passionnelles. Montrer de la précipitation. Ne manifester aucun art de vivre (goût pour les plaisirs de la table, de la chair). Se lancer dans des discours intellectuels.

Points positifs : Compter sur sa persévérance. Avance mais ne recule jamais.

BON À SAVOIR

La fiche correspondant à votre cher(ère) et tendre ne donne aucun résultat probant ? Pas de panique, ça veut juste dire qu'il faut déplacer le curseur sans trop s'occuper de son signe, mais plutôt de la position de la Lune en signe dans son thème. Elle vous livrera les secrets de son attitude au quotidien. On pourrait répartir les caractéristiques de la personnalité de la manière suivante :

- **Soleil :** caractère, manière de se comporter dans la durée.
- **Lune :** habitudes, ce à quoi quelqu'un est sensible au jour le jour.

Fiche 3 : Séduire un natif du Gémeaux

Traits dominants : Besoin d'être reconquis avec légèreté. Besoin d'air (faites-lui des vacances), et paradoxalement l'impression de rater quelque chose s'il n'est pas avec vous.

Erreurs à ne pas commettre : Lui expliquer combien vous allez mal. Manquer d'humour. Être jaloux. L'interroger sur son emploi du temps.

Points positifs : La gentillesse. Incapable d'en vouloir durablement à qui que ce soit. Change d'avis.

Fiche 4 : Séduire un natif du Cancer

Traits dominants : Méfiant. Susceptible. Se laisse difficilement apprivoiser, c'est vous qui rejoignez sa famille et non l'inverse. N'oubliez pas qu'il est une famille à lui tout seul (même seul, il a des souvenirs).

Erreurs à ne pas commettre : Le brusquer. Le laisser sans nouvelles. Lui mentir. Le décevoir. Il faut respecter son imagination.

Points positifs : Déteste se tromper et les ruptures. Si vous connaissez son clan, vous avez l'assurance de le garder. Les petites attentions et les habitudes l'attachent indéfectiblement.

Fiche 5 : Séduire un natif du Lion

Traits dominants : Orgueil. Besoin d'être admiré, pris en compte et mis sur un piédestal. Susceptible, nécessité de briller.

Erreurs à ne pas commettre : Ne pas le prendre au sérieux. Se moquer de lui. Ne pas écouter ses projets et rêves d'avenir. Le ramener à la réalité.

Points positifs : Grande générosité. S'il est mis en valeur, il devient modeste et plein d'humour. Gentillesse et capacité à se mettre en danger pour l'autre.

Fiche 6 : Séduire un natif de la Vierge

Traits dominants : Besoin d'avoir ses repères et de savoir où il va. Précision, sensibilité aux petites attentions. Aime la transparence à cent pour cent. Passionné mais il ne faut pas le dire.

Erreurs à ne pas commettre : Être désordonné, lui faire des promesses non tenues. Négliger ses manies. Surtout passez en revue tous vos bons moments.

Points positifs : Ne demande qu'à se stabiliser et à être heureux. Facile à vivre si on le laisse faire les choses à sa manière. Très propre et inventif.

Écrire une lettre d'amour aux signes derniers signes du zodiaque

Vous avez trouvé ça trop dur ? D'accord, alors on essaie avec les six autres signes du zodiaque… Un peu de courage, on ne devient pas Casanova en dormant !

Tableau 13-2 : Profils amoureux des six derniers signes du Zodiaque

	BALANCE	*SCORPION*	*SAGITTAIRE*	*CAPRICORNE*	*VERSEAU*	*POISSONS*
D'où vient la rencontre ?	D'une soirée entre amis, du milieu professionnel.	D'un coup de foudre à 3 heures du matin dans un hall d'aéroport.	De votre passion pour l'art abstrait qu'il partage aussi.	De longues discussions au coin du feu dans un chalet de montagne.	D'Internet.	D'un coup de foudre quasi mystique.
Donner des nouvelles ?	Oui, avec constance et politesse.	Lettres enflammées de 40 pages puis… rien.	Oui, en proposant de se revoir.	Oui, mais pas trop souvent afin de créer le manque.	Pas trop, mais l'inviter à une nouvelle soirée.	Oui, chaque demi-heure.

Tableau 13-2 : Profils amoureux des six derniers signes du Zodiaque (suite)

	BALANCE	SCORPION	SAGITTAIRE	CAPRICORNE	VERSEAU	POISSONS
Parler de soi ?	Oui, avec mesure et en se dévoilant progressivement.	Oui, pour lui raconter des choses que personne ne sait.	Oui, pour lui expliquer à quel point il arrive exactement au bon moment dans votre vie.	Oui, car il ne faut rien cacher.	Mieux vaut lui parler de la fin du monde et de la faim dans le monde.	Non, lui parler depuis un « nous » fusionnel.
Que lui dire sur lui/elle ?	Qu'il représente votre idéal.	Qu'il est imprévisible.	Qu'il vous impressionne par ses valeurs et sa liberté de penser.	Que son sens des responsabilités vous donne une leçon de vie.	Qu'il est un être rapide et toujours nouveau.	Qu'il est votre moitié.
Comment faire pour le revoir ?	L'inviter à l'Opéra dans une loge VIP.	Lui dire que vous ne pouvez plus respirer sans lui.	Lui signaler que vous êtes là, mais sans rien demander.	Lui dire que ça vous ferait plaisir de le revoir et insister… à trois semaines d'intervalle.	On l'a déjà dit, l'inviter à une nouvelle soirée, entre copains et sans enjeu.	Le revoir ?? Mais vous ne vous êtes jamais quittés…
Que vouloir ?	Se marier.	Une histoire destructrice, passionnelle et intense.	L'accompagner dans la poursuite de son idéal.	Le coincer dans une responsabilité irréversible.	Devenir son meilleur ami.	Un amour fusionnel.

Fiche 7 : Séduire un natif de la Balance

Traits dominants : Aime le luxe, la grâce, l'élégance, les attentions et la bonne éducation. Sensible aux cadres et aux relations prestigieuses.

Erreurs à ne pas commettre : La grossièreté. Lui faire faux bond et, encore pire, l'humilier devant les autres. Se montrer négligé. Hurler en public, supposer qu'elle (il) perd son temps ou n'a rien à faire.

Points positifs : Douceur à vivre, sens artistique fréquent et envie de plaire. Attention à l'autre, vrai soutien en cas de problème, recherche du meilleur.

Fiche 8 : Séduire un natif du Scorpion

Traits dominants : Passionné. Destructeur. Goût du mystère, aime les crises, les contradictions, les drames. Il faudrait vivre en temps de guerre en permanence, c'est là qu'il est le meilleur.

Erreurs à ne pas commettre : Lui parler du quotidien. Être plat et placide. Tirer des conclusions logiques par rapport à son passé.

Points positifs : Incroyablement intelligent. Grande profondeur. Originalité, capacité à se dépasser pour l'autre.

Conte symbolique des malentendus entre signes : les mésaventures de Mlle Bélier et de Mlle Balance...

À 35 ans, Luce peine à avoir une relation stable et durable avec quelqu'un, malgré ses qualités. Défaut du Bélier, elle voudrait qu'on lui réponde suivant son attente. Elle fonce tête baissée et fond ensuite en larmes. Parce que M. Vierge n'a pas annulé pour elle un week-end prévu chez sa tante Agathe. Parce que M. Gémeaux, devant ses crises de jalousie lui a préféré sa bande de copains. Ou parce que M. Lion qui la trouvait très à son goût n'apprécie plus ses excentricités après un dîner bien arrosé.

De son côté, Maryse, 31 ans, Balance, est un cas contraire : elle s'adapte à la demande de l'autre, dans l'attente de voir ce qu'on lui propose ; une attitude qui passera pour un manque de personnalité. Pour M. Vierge, elle passe après son club d'escalade et ses repas de famille ; pour M. Gémeaux, elle supporte ses bandes de copains sans trouver sa place et pour M. Lion, si elle présente bien, sa timidité l'empêche de s'affirmer.

On a ici les deux extrêmes (d'ailleurs avec deux signes du zodiaque opposés). Aucun des deux comportements n'est le bon ; dans les deux cas, les deux jeunes femmes ne tiennent pas compte d'elles et de l'autre.

Le secret, c'est qu'on tient compte de l'autre par désir de se faire accepter, mais que très vite, on se sent stupide s'il/elle ne fait pas le chemin dans l'autre sens. En réalité, l'autre doit être considéré, non pas parce que l'essentiel c'est d'être ensemble, etc. mais par stratégie et pour *sortir de soi*. Comprendre qu'on a chacun un code différent de comportement selon notre thème astral, permet de sortir de la souffrance et de l'incompréhension.

Fiche 9 : Séduire un natif du Sagittaire

Traits dominants : Besoin de sentir son indépendance et de ne pas se retrouver sans projets, sans horizons. Nécessité d'être valorisé. Aime qu'on l'associe à un avenir où il aura le choix.

Erreurs à ne pas commettre : Lui faire des reproches, compter son temps. L'accuser de ne penser qu'à lui, abaisser le débat.

Points positifs : Assume ses responsabilités. Aime construire l'avenir. Curieux et idéaliste.

Fiche 10 : Séduire un natif du Capricorne

Traits dominants : Responsable. Nécessité de réfléchir seul avant de s'engager. Mais besoin qu'on se manifeste sinon il se sent abandonné. Orgueilleux.

Erreurs à ne pas commettre : Se montrer audacieux ou intrusif. Attendre qu'il réagisse sans lui donner signe de vie. Le rendre jaloux.

Points positifs : Droiture. Souci d'équité, conscience des conséquences de ses actes. Aime les excuses. Sensible aux efforts de changement de l'autre.

Fiche 11 : Séduire un natif du Verseau

Traits dominants : Liberté de ton, d'esprit. Ne juge personne (et attend qu'on fasse de même). Déteste le poids du quotidien, mais se complaît dans des visions d'avenir alléchantes.

Erreurs à ne pas commettre : Le culpabiliser. Se plaindre. Essayer de le forcer. Le fliquer. Être jaloux de ses amis ou de ses loisirs.

Points positifs : Aime les combats, les convictions fortes. Envie que tout aille vite et déteste mentir. Préfère tout casser s'il a l'impression que la situation l'enferme.

Fiche 12 : Séduire un natif du Poissons

Traits dominants : Fusionnel. Voit le monde à travers sa perception. Intolérance à la séparation. Sentiment rapide d'abandon.

Erreurs à ne pas commettre : Être mesuré dans l'expression de son amour. Ne pas montrer ses sentiments. Avoir besoin de temps pour soi. Ne pas l'associer à tout.

Points positifs : Très tendre. Affectueux. Souci de l'autre omniprésent. Très grande capacité d'empathie. Générosité totale tournée vers celui qu'il/elle aime (alliée à une forme d'égoïsme naïf parce que son ressenti compte davantage).

Séduire une femme Poissons ?

Les femmes Poissons sont paradoxales : tendres et fusionnelles, susceptibles à l'excès également. Peur de se faire utiliser et envie de se sacrifier alternent dans leur tête.

La logique n'est pas leur point fort, ou plutôt, elles ont la leur : cohérentes avec le cœur, elles sentent ce qu'il faut faire ou ne pas faire. Ce sont des femmes d'engagement et de conviction : hormis ce désir de croire en ce qu'elles font et de se sentir utiles, rien ne les motive vraiment.

Il est difficile de ne pas en tomber amoureux ; douces et attachantes, elles font passer leurs sentiments et leur famille avant tout le reste. Elles ont une tendance au sacrifice et à la mésestime de soi. Toujours dans leurs flux intuitifs, il faut respecter leurs sentiments, sans les forcer à rentrer dans la logique du monde.

Alors, **Monsieur Bélier**, elle vous trouvera passionnant, tendre, imprévisible et aventureux, et elle adorera tout cela ; mais son côté fusionnel et son besoin de vie continuellement à deux vous éreinteront. Il faudra qu'elle apprenne à tenir compte de votre indépendance, et tout ira bien.

Monsieur Taureau créera une situation neutre : fidèle, stable, il aura des qualités pour plaire à notre dame Poissons, bien que son côté concret et terre à terre soit nettement moins glamour.

Monsieur Vierge ne sera même pas envisageable : avec ce contraire absolu d'elle-même, elle étouffera sous son regard privé de rêves, son souci constant d'économie et de logique.

Monsieur Capricorne l'agacera par sa rectitude et son refus de partager ses rêves. Elle détestera son indépendance et sa vie besogneuse faite d'efforts perpétuels, mais par ailleurs, elle le trouvera touchant et honnête.

Monsieur Lion, vous plairez beaucoup à votre dame Poissons qui vous trouvera plein de fantaisie et de générosité. Vous aimerez, de votre côté, son goût du luxe et de l'imprévu.

Monsieur Sagittaire, ce sera en revanche plus difficile pour vous d'accepter le désordre continuel généré par l'univers Poissons. Vous aurez sans cesse l'impression de devoir recommencer ce que vous aviez décidé sans qu'il y ait des chances que ça fonctionne, à moins que votre partenaire ne vous laisse agir à votre guise en se contentant de vous soutenir.

Monsieur Cancer, l'entente étant au beau fixe, vous structurez avec douceur et tendresse votre dame Poissons qui, de son côté, règne dans le petit monde où vous vous sentez bien.

Monsieur Poissons, tout allant à merveille avec madame, vous êtes cent pour cent sur la même longueur d'onde et rien de ce qui compte pour elle ne vous échappe.

Monsieur Scorpion, l'entente est plus complexe, moins fluide. La fusion attendra : vous avez besoin de réflexion, de profondeur et d'un temps de retrait. En revanche, si vous avez une cause à défendre à deux, vous deviendrez le plus indissociable des couples.

Monsieur Gémeaux, vous ne comprendrez rien au film : l'intensité des sentiments de votre dame Poissons vous fatigue et vous paraît sans objet. Vous pouvez l'aimer sans voir qu'elle se fait des mondes et vit dans la peur de votre côté papillon.

Monsieur Balance, vous allez avoir du mal à supporter l'excès de ses émotions. De même, **Monsieur Verseau** tremblera pour sa liberté en face d'une dame Poissons amoureuse qui veut tout et au-delà de tout…

Kit de rupture(s)

Voilà, l'art de la séduction étant maîtrisé, vous pouvez conquérir n'importe qui. C'est bien le problème : n'importe qui dont il faudra se débarrasser pour rencontrer enfin le vrai grand amour…

Principes élémentaires d'une bonne rupture

Vous pouvez rompre de deux manières. Pour la première, il suffit de cesser de vouloir comprendre l'autre et d'agir en parfait égoïste. En général, il ne faut rien de plus pour que la situation s'enflamme et empire en peu de temps. C'est malheureux à dire, mais les malentendus naissent quand chacun croit avoir trouvé celui (ou celle) qui fera abstraction de lui-même pour l'autre. Or, l'abnégation finit par lasser.

Je conseille donc de ne pas (se) mentir : on peut s'adapter à l'autre (ce qu'on fait spontanément quand on est amoureux) mais sans mettre entre parenthèses ni notre propre personnalité, ni nos besoins réels. Sinon, on court au désastre à court terme. Paradoxalement, on est toujours deux à se sentir trahis : celui qui, sous le charme, a fait tous les efforts, et l'autre qui n'en a fait aucun estimant avoir trouvé quelqu'un qui le comprenait (enfin).

Et quand on se rend compte de son erreur, la mauvaise humeur (voire la mauvaise foi) n'est pas loin.

Méthodes de rupture expresse

Si vous voulez rompre efficacement, rien de plus simple :

- **Avec un Bélier :** Soyez terne et négligé dans votre apparence, réalisez tous les jours à la même heure la même chose et concevez des plans sur plusieurs mois à l'avance que vous exécuterez exactement. Il/elle devrait craquer sans faute.
- **Avec un Taureau :** Faites-lui des crises de nerfs, changez d'idée, contraignez-le à s'adapter sans cesse. Quittez la maison en hurlant, bousculez vos habitudes alimentaires, devenez végétalien ou crudivoriste. Ça devrait aller.
- **Avec un Gémeaux :** Accablez-le de discours moraux, emmenez-le à la messe plusieurs fois par semaine, invitez vos parents âgés à la maison en lui demandant de faire la cuisine pour douze. En général, résultat rapide.
- **Avec un Cancer :** Mentez-lui, soyez infidèle et fourbe, refaites l'histoire et dites-lui que vous l'avez toujours trahi. Il mettra par contre du temps à accepter de s'être trompé. Donc prenez patience.

- **Avec un Lion :** Humiliez-le publiquement en vous moquant de lui. Rabaissez-le et lancez-lui des vacheries. Par contre, méfiez-vous, le Lion est un animal à vengeance. En conséquence, sachez doser, car s'il n'a pas décidé de vous laisser partir, il fera celui qui ne comprend pas.
- **Avec une Vierge :** Dérangez ses plans, coûtez-lui cher. Soyez surtout aussi sale que possible, achetez un chien baveux (voire deux) et installez-le(s) dans l'appartement commun ; elle (il) va supporter avec stoïcisme, puis craquer dans de brefs délais.
- **Avec une Balance :** Invitez son réseau amical ou ses collègues et racontez devant lui (elle) toutes les histoires concernant son intimité, son enfance. Plaignez-vous d'elle (de lui) à ses proches, la réaction ne devrait pas tarder.
- **Avec un Scorpion :** Coupez les ponts. Ne répondez plus à rien tout en vous affichant avec quelqu'un d'autre. Attention, cependant, quoi que vous fassiez, il (elle) résistera s'il (elle) a décidé que vous devez rester. Rien de plus coriace qu'un Scorpion.
- **Avec un Sagittaire :** Agissez contre ses valeurs, soyez mesquin et économe sur tout. Veillez à porter toujours la même chose et reprochez-lui ses dépenses. Il devrait fuir à toutes jambes.
- **Avec un Capricorne :** Soyez dépensier, fouillez dans ses affaires, empruntez-lui ses vêtements, ne soyez jamais à l'heure, dites-lui que vous n'avez jamais considéré votre lien comme un engagement. Il devrait se fermer, puis vous libérer rapidement.
- **Avec un Verseau :** Enfermez-le à double tour, questionnez-le sur son planning, soupçonnez-le d'infidélité, faites-lui des crises de larmes et dites-lui que vous l'aimez passionnément, que vous ne pouvez pas prendre le métro sans lui tenir la main. Il s'enfuira logiquement sans délai.
- **Avec un Poissons :** Soyez fusionnel avec tout sauf avec lui. C'est un signe résistant que seul détruit le fait de voir qu'on donne à autrui (même à un chat) l'amour dont il a besoin. Allez-y doucement toutefois, c'est fragile les Poissons…

Chapitre 14

Mode d'emploi du couple durable

Dans ce chapitre :

- Ce que le Soleil, la Lune, Mars, Vénus et l'axe du Dragon ont à dire sur votre couple
- Du fantasme au réel : le chemin de la maturité

Vous avez appris à séduire en étant vous-même et en comprenant qui est l'autre, c'est très bien.

Seulement voilà : votre diplôme de séduction en poche ne vous donnera aucune garantie sur l'avenir si vous vous arrêtez là ; il va falloir continuer d'étudier avec méthode et enthousiasme les coutumes étranges de votre chère moitié…

Comme dit le proverbe : aux épreuves de la montagne succèdent les épreuves de la plaine, d'autant plus traîtresses qu'on relâche alors sa vigilance. À la manière des Culbuto de notre enfance, chacun d'entre nous aspire à revenir à son propre point d'équilibre une fois passée la rencontre remuante de l'être aimé. Le problème est alors double : d'une part, votre grand amour en proie au même problème se réfugiera dans son train-train, et d'autre part, vous n'allez pas passer les quarante prochaines années à vous séduire l'un l'autre comme au premier jour ; à la longue vous aurez tous deux usé vos ficelles.

Il s'agit donc maintenant de passer, ensemble, à autre chose, à savoir réinventer une véritable « vie commune » où le partage de vos aspirations remplacera l'éphémère relation en miroir de la séduction.

Connaître les affinités réelles entre signes

Si vous regardez la roue zodiacale, vous verrez que les signes sont toujours dans le même ordre (Bélier, Taureau, Gémeaux, Cancer, Lion, Vierge, Balance,

Scorpion, Sagittaire, Capricorne, Verseau, Poissons). Or chaque signe du zodiaque **déteste** le signe qui le précède, comme si on lui présentait une erreur de la nature, et **prend pour un imbécile** le signe qui le suit.

Cela n'est pas exprimé par un symbole précis en astrologie, mais par une règle : deux signes qui se suivent se construisent par opposition l'un à l'autre (comme l'huile et l'eau, ils doivent affirmer leur différence pour être sûrs de leur spécificité).

En revanche, si on saute un signe sur deux ou sur trois, à l'autre, on s'aperçoit d'ententes incroyables. En astrologie, c'est exprimé par les aspects suivants :

- Un signe sur deux : (arc de 30°) sextile
- Un signe sur trois : (arc de 60°) trigone

En sautant trois signes, on se trouve de nouveau avec une mauvaise entente, ce sont les signes en carré (arc de 90°).

Enfin, les signes face à face (180°) ne s'aiment pas beaucoup, mais bizarrement, se comprennent comme s'il y avait une complémentarité cachée…

Cela dit, il ne faut pas s'arrêter là. En effet, il est faux de croire que deux personnes ne s'entendront que si leurs signes du zodiaque sont compatibles. Cela reviendrait à penser que tout dépend de la place du Soleil (puisque, petit rappel, là où est le Soleil, là est le signe zodiacal du natif). En réalité, le problème n'est pas seulement de savoir si les soleils (qui définissent la personnalité d'un individu) s'harmonisent, mais de prendre en compte d'autres paramètres, que nous avons déjà évoqués et sur lesquels nous reviendrons ultérieurement : les lunes, Mars et Vénus, l'axe des nœuds lunaires.

Tu es mon Soleil…

Deux soleils qui s'harmonisent donneront l'impression de personnalités en osmose avec une même façon d'aborder la vie. Mais si on creuse, ça se complique.

L'élément auquel appartient le Soleil est essentiel parce que c'est ainsi que se définit notre perception du monde. Dans un rapport sentimental, deux personnes n'ayant pas la même lecture de la réalité se trouveront aux prises avec des malentendus permanents et auront toujours la tentation d'essayer de ramener l'autre à la raison et à la norme.

Par ailleurs, le *ternaire* (cf. chapitre 3 pour ceux qui ont déjà oublié…) est lui aussi essentiel, parce qu'il définit quel type d'énergie l'individu est capable de mobiliser. À la fois, il est très difficile pour un signe de comprendre une autre espèce d'énergie que la sienne, mais il est également exact que deux types d'énergie similaires en arrivent à une forme de blocage ou de *statu quo* dont on ne parvient pas à sortir.

Tout ça pour dire que les personnalités (qu'on aborde en comparant les soleils) sont un élément secondaire de l'entente entre deux personnes.

Pourquoi ? Le Soleil n'est pas en réalité un élément très dynamique du thème astral, c'est plutôt un condensé de nos tendances intérieures. De ce fait, il n'est jamais dominant dans une entente. En revanche, il jouera un rôle important en cas de conflit parce qu'il définit la manière dont on réagit à une situation de crise.

Quand les Signes piquent leur crise…

Bélier : se met en colère ou se défend avec violence

Taureau : se ferme totalement, peut être rancunier

Gémeaux : fuit la crise ou essaie de détourner l'attention

Cancer : écoute et encaisse tout mais ne pardonne jamais

Lion : très dramatique, il surenchérit et oublie tout

Vierge : essaie de se défendre, coriace

Balance : ne supporte pas les crises, fuit ou apaise

Scorpion : professionnel de la crise, les allume malgré lui

Sagittaire : trouve ça médiocre, se met dans des colères mémorables

Capricorne : se défend, ratiocine, ne pardonne jamais

Verseau : très nerveux et réactif, mais ne supporte pas la pression

Poissons : accepte tout, s'humilie et se sacrifie

D'une certaine manière, on pourrait dire que le signe du zodiaque ne suffit pas à prévoir une relation durable, mais qu'il a un rôle, de près ou de loin, dans chaque échec…

Histoire d'être plus positifs, voyons ce qui se passe avec, d'une part la Lune, Mars et Vénus, et d'autre part, l'axe du Dragon.

Je te trouve un peu dans la Lune…

Les lunes entre deux thèmes définissent l'entente au quotidien. Il sera peu aisé de s'entendre avec quelqu'un qui a une Lune incompatible avec la vôtre. Concrètement, chaque détail du quotidien sera vécu d'une manière incompréhensible par l'autre et chaque acte risquera de rallumer un mini-conflit.

Dans un thème astral, la Lune indique la manière dont on vit, dont on se rassure et dont on a besoin de positionner les choses dans notre tête pour les intégrer au quotidien. Au fond, ça montre notre équilibre avec nous-mêmes et notre façon d'être heureux. Cependant, si vous avez une Lune qui ne fonctionne pas avec celle de la personne que vous aimez, tout n'est pas forcément perdu ; il faut chercher dans sa Lune un écho favorable, même si c'est sur un tout autre point du thème astral.

Avoir une Lune en aspect disharmonique (demi-carré, carré, quinconce, sesqui-carré, opposition) avec celle d'un autre signifie un désaccord avec votre perception du monde. La situation vous heurte, mais si cette Lune se trouve soit sur une autre planète dans votre thème (en superposition), soit en aspect harmonique, son côté négatif sera contrebalancé.

Attention ! Contrebalancer dans son effet ne veut pas dire annuler ; il restera toujours une différence de ressentis entre partenaires, même s'ils vivent sans grands problèmes.

BON À SAVOIR

Ma Lune à moi…

En Bélier : besoin d'action, de nouveauté, de commencement

En Taureau : besoin de stabilité, de continuité et d'habitudes

En Gémeaux : besoin de mouvement, d'amis et de distractions

En Cancer : besoin de famille, de repères et de traditions

En Lion : besoin de reconnaissance, de « sauver le monde », et de vie brillante

En Vierge : besoin de cohérence, de maîtriser les choses et de voir où l'on va

En Balance : besoin de justice, d'élégance et d'harmonie

En Scorpion : besoin d'intensité, d'exorciser sa souffrance, de vivre profondément chaque étape de sa vie

En Sagittaire : besoin de liberté, d'honneurs et de participer à la marche en avant du monde

En Capricorne : besoin de tranquillité, de faire les choses à sa manière et d'être reconnu avec le paradoxe qu'il est à la fois humble et très orgueilleux, donc pas très commode à aborder

En Verseau : besoin de projets, de changer de vie, d'aller de l'avant

En Poissons : besoin d'amour, de tendresse, d'être accompagné

Facile : l'homme vient de Mars et la femme de Vénus…

Mars et Vénus définissent les rapports amoureux. Mais il ne s'agit pas de penser que Mars est l'homme et Vénus, la femme. En fait, nous avons tous une part masculine et une part féminine en nous. Encore plus aujourd'hui où les rôles sociaux sont moins définis que dans les générations antérieures.

Qu'on soit un homme ou une femme, **Mars** détermine notre force de volonté, notre besoin de conquête, mais également ce qu'on attend chez l'autre comme esprit de décision. Il faut savoir qu'on ne pourra admirer quelqu'un que s'il agit selon les critères de notre *propre Mars*. Ce qui est intéressant, c'est qu'en général, une sorte de « transfert » inhibe chez une femme (ou un homme en position de réceptivité dans un couple) son propre Mars ; elle attend que l'autre devienne une incarnation à part entière du Mars qu'il/elle porte dans son thème.

Vénus fonctionne de la même manière. Il symbolise notre envie d'être pris en charge, aimé ; cela illustre ce que l'on considère comme une vie agréable et la tentation de se laisser porter par le mouvement. Vénus représente aussi notre rapport à l'argent, et donc au luxe et aux agréments qu'il apporte (sans effort, Vénus n'étant pas une planète active). En dehors de cela, Vénus représente la femme. C'est-à-dire plus largement, ce qui, à l'intérieur de nous, n'est plus actif mais s'appuie sur son compagnon/sa compagne. Évidemment, Vénus, dans un rapport sentimental, incarne ce don de l'autre. C'est aussi l'idéal féminin de l'homme.

On peut comprendre les quiproquos, parce que ce serait beaucoup plus simple si nous n'avions pas, hommes et femmes confondus, une double polarité souvent contradictoire (nos propres Mars et Vénus qui ne fonctionnent pas bien ensemble dans notre thème) à l'intérieur de nous-mêmes.

- D'une manière active pour Mars : on veut que l'autre agisse et nous conquière comme notre Mars.
- D'une manière passive pour Vénus : on veut être pris en charge et aimé comme notre Vénus.

Quand il s'agit d'harmoniser une Vénus et un Mars, la première question à se poser, c'est de savoir si l'on est plutôt le pôle « actif » ou le pôle « passif » de la relation.

Identifiez votre « Mars » idéal (le profil rêvé de celui ou celle qui peut vous conquérir) et votre « Vénus » idéale (votre must de la vie de couple) et essayez de :

1. Jouer au jeu des ressemblances : est-ce que l'autre incarne bien la Vénus ou le Mars qui est notre idéal ?
2. Voir si les Mars entre eux ne se font pas la guerre : en effet, si on a chacun une manière contradictoire de susciter le désir de l'autre, on n'est pas sorti de l'auberge.
3. Voir si les Vénus entre elles marchent bien : ici, le problème étant la ressemblance, si les deux espèrent la même chose, on restera face à face en attendant que ce soit l'autre qui fasse le boulot, et on est dans une insatisfaction grandissante.

Quand l'astrologie révèle les secrets d'alcôve…

Mars et Vénus sont connus pour définir l'entente sexuelle entre deux personnes. L'important est que leurs Vénus et Mars respectifs soient en aspects harmoniques ou bien en résonance positive (sur un point du thème de l'autre, ou en bon aspect avec un point du thème de l'autre personne). Sinon, l'entente est possible (comme nous le verrons plus loin) mais elle ne sera pas durable.

Désirs de Mars

En Bélier : fougueux, violent, passionnel

En Taureau : profondément sensuel, mais assez passif

En Gémeaux : intellectuel, gêné par trop d'intensité

En Cancer : profond, touchant les couches de l'être intime

En Lion : impérial, veut satisfaire l'autre

En Vierge : imprévisible. Soit absent, soit sans aucune bride

En Balance : naturel, suit celui de l'autre

En Scorpion : complexe, se pose des problèmes dépassant sa sphère

En Sagittaire : légitime (c'est son point de vue…). Quelquefois violent

En Capricorne : extrêmement ardent et charnel, ou absent

En Verseau : sans complexes, mais sans besoins

En Poissons : fusion nucléaire, intensité sans fin

Attentes de Vénus

En Bélier : naïve, un peu égoïste, sans souci du lendemain

En Taureau : prudente, mais aimant le confort et le charnel

En Gémeaux : changeante, mais aime être amusée

En Cancer : simple, régulière, mais tendre

En Lion : grandiose ou rien

En Vierge : tire son plaisir de petites choses, mais avec exactitude

En Balance : goût du luxe et de l'harmonie

En Scorpion : cherche la fusion et la passion

En Sagittaire : aime ce qui est conventionnel, et aisé

En Capricorne : aime contrôler ses besoins

En Verseau : curiosité mais a tendance à dilapider

En Poissons : quête de l'âme sœur, sensibilité extrême

Ô mon Dragon, superbe et généreux…

On constatera que deux personnes ayant un axe du Dragon inversé en maison sont attirées l'une vers l'autre, souvent même au point de créer une famille.

Ce sont les axes I/VII avec les VII/I ; les II/VIII avec les VIII/II ; les III/IX avec les IX/III ; les IV/X avec les X/IV ; les V/XI avec les XI/V ; les VI/XII avec les XII/VI.

La raison en est simple : toute personne ayant une queue du Dragon dans une maison sera attirée par une personne ayant sa tête du Dragon dans la même maison, parce qu'elle a la sensation d'une *similarité*. En réalité, la personne souhaite réaliser ce qu'elle doit quitter et inversement (parce qu'évidemment, ça vaut pour les deux). L'impression d'être rassuré et d'avoir trouvé son semblable, loin de persister, deviendra un malentendu permanent où chacun en voudra à l'autre.

Ce sont en général des unions contractées jeunes et qui se défont à un tournant de vie.

Au début, on cherche à se réaliser en queue de Dragon (ce qui est voué à l'échec). Lorsqu'on finit par se réaliser en tête de Dragon, et à supposer que les deux tourtereaux y parviennent, la difficulté sera de ne plus rien avoir à se dire, étant dans des vies diamétralement opposées (voire non compatibles). Si un seul parvient à sa tête de Dragon, on pourra craindre des crises récurrentes, impossibles à résoudre.

La seule solution pour vivre bien ce genre d'union est d'accepter la différence fondamentale entre le type de vie convenant à deux personnes et de trouver en toute conscience un *modus vivendi*.

BON À SAVOIR

Dis-moi où est ta tête de Dragon, je te dirai comment vivre...

Tête du Dragon en Maison I : Vie centrée sur soi, active mais sans grande préoccupation d'autrui

Tête du Dragon en Maison II : Recherche de stabilité un peu plate et goût modéré pour l'argent

Tête du Dragon en Maison III : Fantaisie, vie libérée de ses entraves mais sans démesure, juste joyeuse

Tête du Dragon en Maison IV : Vie centrée sur la famille avec des enjeux axés sur l'intériorité du sujet

Tête du Dragon en Maison V : Vie dédiée à l'art, aux enfants ou à la recherche de soi

Tête du Dragon en Maison VI : Vie axée sur le quotidien et la recherche de régularité

Tête du Dragon en Maison VII : Vie totalement dédiée aux autres, sans souci de soi-même

Tête du Dragon en Maison VIII : Vie marquée par l'anticonformisme, la recherche du sens et aucun souci de la sphère matérielle

Tête du Dragon en Maison IX : Vie conventionnelle, carrière ou mariage

Tête du Dragon en Maison X : Vie professionnelle, extériorisation de l'énergie, accomplissement par le travail

Tête du Dragon en Maison XI : Notoriété ou accomplissement social. Lien avec les autres, adhésion à des groupes

Tête du Dragon en Maison XII : Quête d'absolu et idéalisme vécu, dégagement des contraintes matérielles

Le secret des couples qui durent

Voilà, c'est fait. Vous êtes mariés, installés et vous vous aimez comme au premier jour. Et vous voudriez que ça dure…

Chassons d'abord un cliché : un couple qui dure n'est pas un couple qui sait éviter les conflits, s'accorde sur tout et vit sa passion amoureuse avec fougue. C'est un couple qui comprend pourquoi il est ensemble ; chez lui l'objectif est compris et partagé.

On a tous en tête un certain nombre d'écueils à éviter, mais le danger n'est pas toujours là où l'on croit.

En fait, il y a quatre grandes catégories d'écueils :

- La séduction prolongée
- Le quotidien répétitif
- Le désir baladeur
- La pseudo-liberté

Une frontière dangereuse entre séduction et mensonge…

Si vous vous êtes marié parce que vous souhaitiez une famille et un quotidien heureux et bien réglé (Cancer) et que l'élu(e) rêve de traverser la chaîne des Himalaya en tongs, vous risquez le malentendu…

Dit comme ça, ça a l'air simple, mais la première difficulté est de parvenir à sortir de la période de séduction mutuelle où chacun se met au diapason de l'autre sans tenir compte de ses aspirations réelles. Comme on l'a vu, les planètes dans votre thème, en particulier la Lune, expliquent votre modèle de vie idéale ; il faut les respecter, faute de quoi vous allez dans le mur.

Il est ainsi impératif de savoir sur quoi ne pas transiger.

Si vous avez une Lune en Bélier : refusez l'ennui ; en Taureau : n'acceptez jamais d'être dérangé dans vos habitudes ; en Gémeaux : ne marchandez pas votre liberté ; en Cancer : ne coupez jamais avec votre famille ; en Lion, chassez la médiocrité et n'abandonnez pas vos rêves ; en Vierge : exigez de faire les choses (petites) à votre manière et selon votre idée ; en Balance : combattez le laisser-aller chez l'autre ; en Scorpion : n'acceptez en aucun cas la banalité et la répétitivité ; en Sagittaire : gardez impérativement vos horizons infinis en tête ; en Capricorne : comptez sur une nécessaire zone de repli et de solitude ; en Verseau : repoussez toute idée d'enfermement ; en Poissons : n'acceptez jamais d'être laissé dans une solitude affective.

Routine or not routine ?

Certains signes du zodiaque apprécient un quotidien répétitif et bien ordonné. Ce sont les signes de Terre (Taureau, Vierge, Capricorne) : que vous ayez la Lune ou le Soleil dans ces signes, vous aurez besoin d'édifier votre vie sur des bases solides, visibles dans le quotidien.

Si vous êtes un signe de Feu, à l'inverse, il vous faut un quotidien riche en imprévus pour ne pas mourir d'ennui.

Souvent, et c'est là l'idée, on souffre d'un mal difficilement identifiable et on reproche à l'autre notre propre manque d'attention. L'autre ne peut anticiper autre chose que ce qu'il désire. De plus, nous avons tendance à penser que l'autre nous ressemble, avec les mêmes envies, attentes et besoins, ce qui est faux, bien sûr. La complexité vient quand on se dénie nous-mêmes dans nos propres attentes, créant ainsi un foyer de rancœur qui contaminera le quotidien.

Adèle ou le piège de la vie parfaite…

Adèle, ayant une Lune en Bélier, s'épanouit dans la nouveauté, les distractions, la sensation d'être en vie tout simplement. À côté de cela, elle est du signe du Cancer, donc plutôt calme et casanière, tournée vers sa famille. Clotaire, son mari avec lequel elle a trois enfants, est Capricorne, donc responsable, travailleur, bon père, bon époux (priez pour lui), et avec une Lune en Vierge, il n'a pas son pareil pour réparer les camions cassés de ses fils. Il fait preuve de patience quand il passe des nuits blanches à les soigner.

Adèle a arrêté de travailler pour élever ses enfants et s'occuper de son foyer. Deux ans après la naissance des triplés, elle fait une dépression grave ; elle ne comprend pas pourquoi, elle adore sa vie : sa maison, ses enfants et son mari. Le problème vient de sa Lune en Bélier qui s'étiole dans une vie sans stimulation. Elle n'a aucun besoin de retravailler, ce qui irait contre son Soleil en Cancer. Ce dernier veut la perfection dans la famille et la maison tout en acceptant le principe d'une vie moins conformiste. Bien loin d'en faire trop, c'est le fait de ne pas en faire assez et dans la variété qui rend Adèle dépressive.

Si vous êtes un signe d'Eau (Cancer, Scorpion, Poissons), loin de vous faire horreur, un quotidien répétitif sera synonyme de stabilité et d'une forme de douceur.

Si vous êtes un signe d'Air, une vie au jour le jour monotone sera cause de séparation. C'est certainement le signe qui y est le plus intolérant. Voir se refermer ses horizons est particulièrement douloureux pour les signes d'air.

ATTENTION ! Si vous avez un ascendant porteur d'un autre message, il risque d'y avoir conflit. Surveillez l'élément de votre ascendant, il explicitera votre aspiration ultime :

- *Ascendant signe de Feu* : le besoin d'action et de passion reprend le dessus.
- *Ascendant signe d'Air* : la relation, la curiosité, une forte vie d'échange ou mondaine est indispensable à votre équilibre.
- *Ascendant signe d'Eau* : besoin de cocooning à tout prix. Ceci a tendance à donner le ton au reste du thème.
- *Ascendant signe de Terre* : besoin de maîtriser son quotidien sans excès de fantaisie.

Enfin, sachez que déprimes et coups de blues passagers viennent de la Lune. Les dépressions plus graves, elles, ont pour origine un manque lié au Soleil dans notre thème.

À RETENIR

Les causes principales des déprimes profondes selon les signes :

- **Bélier** : plus aucun projet
- **Taureau** : perte de stabilité
- **Gémeaux** : vieillir
- **Cancer** : éloignement du cercle familial
- **Lion** : vie médiocre et sans éclat
- **Vierge** : plus aucune prise sur les choses
- **Balance** : solitude affective
- **Scorpion** : autodestruction
- **Sagittaire** : sentiment d'avoir raté sa vie parce qu'on n'a atteint aucun but
- **Verseau** : perte de liberté réelle ou symbolique
- **Poissons** : isolement affectif
- **Capricorne** : perte du sens et de la maîtrise

Fidèle pour toujours, c'est fidèle tous les jours...

Une fois marié, mieux vaut être fidèle. En tout cas, dans la plupart des cas, enfreindre la règle risque de donner un sérieux coup à l'idylle... Contrairement à ce que l'on croit, c'est plus facile à accepter pour certains signes que pour d'autres.

Vous n'aurez aucun problème avec les *signes de Terre* : Vierge, Taureau et Capricorne qui détestent les embrouilles et les complications. *Les signes d'Eau* ne vous tromperont que par vengeance et parce qu'ils se seront sentis trahis. Cas extrême, un signe d'Eau peut être infidèle parce qu'il s'ennuie profondément… côté cœur. L'absence de tendresse dans le quotidien et le besoin de réenchanter le monde sont omniprésents chez ces signes.

C'est une autre chanson avec les *signes de Feu* et les *signes d'Air*. Ayant besoin de vivre et de se sentir exister, ils vibrent et charment leur entourage. Attention, ils ne sont pas forcément infidèles, mais sensibles à l'intérêt qu'on porte à leur personne. Les signes d'Air se disent que ce n'est pas grave, et les signes de Feu qu'un moment d'égarement ne prête pas à conséquence…

Que faire maintenant si vous avez craqué et que pour autant vous ne voulez pas rompre avec votre compagnon (compagne) ?

S'il est…

- **Bélier** : ne rien dire, les Béliers étant jaloux et emportés, vous auriez des scènes épouvantables.
- **Taureau** : ne rien dire, les Taureaux, rancuniers à l'extrême, ne vous pardonneraient jamais la faute commise.
- **Gémeaux** : ne rien dire, de toute façon, il va passer à autre chose, pas la peine de s'attirer des ennuis.
- **Cancer** : ne rien dire, il n'oubliera jamais alors que vous, peut-être que si…
- **Lion** : ne rien dire, son orgueil étant atteint, il ferait pareil.
- **Vierge** : ne rien dire, la Vierge mènera son enquête et retrouvera la personne pour lui expliquer à quel point ce que vous avez fait est monstrueux.
- **Balance** : ne rien dire, parce qu'elle risquerait, après une grosse scène, de vous pardonner rapidement et vous auriez envie de recommencer.
- **Scorpion** : ne rien dire, il aurait envie de voir la personne pour la séduire lui-même.
- **Sagittaire** : ne rien dire, il pourrait s'emporter violemment.
- **Capricorne** : ne rien dire, il se taira mais ne vous le pardonnera jamais.
- **Verseau** : ne rien dire, il comprendra très bien et ira voir ailleurs en toute tranquillité.
- **Poissons** : ne rien dire, vous déclencheriez un océan de larmes.

Vous l'aurez compris, ce n'est pas politiquement correct, mais avouer un écart ne sert à rien. Il faut avant tout comprendre pourquoi vous avez trompé votre partenaire.

La vie commune entraîne une perte sèche d'idéal et de passion, et nous plonge dans un quotidien plan-plan dans lequel il est difficile de se sentir soi-même pleinement. La tentation de revenir vers une jeunesse enfouie, ou l'envie de pimenter sa vie, peut vous envahir. La peur de la solitude ne vous aurait-elle pas poussé à tisser un lien durable dont aujourd'hui vous vous mordez les doigts ?

Avant de vous juger victime ou coupable, essayez de savoir si au fond de vous-même, vous n'aspirez pas à une vie moins commune et à plus de liberté. Le couple est le modèle dominant de la société, mais son côté étouffant ne vous convient pas forcément. On peut avoir des amis proches, des passions amoureuses, une famille qu'on adore, des animaux attachants, rejeter l'image d'un couple traditionnel, et pourtant vivre très bien…

Vivre autrement ou comment ne pas confondre solitude et célibat…

Ne pas être seul ne signifie pas obligatoirement « être en couple ». Le regard social nous limite et nous formate de manière quelquefois inadéquate à notre nature profonde.

Voici quelques exemples de choix hors norme mais astrologiquement fondés :

Marianne est Verseau. Elle a toujours vécu en colocation dans de grands appartements, ce qui lui permet de vivre très au-dessus de ses moyens et de se faire des relations variées. Elle voyage en pratiquant le *flat sharing* et a donc des amis dans le monde entier. Sa vie amoureuse est fondée sur l'amitié et le partage ; un cadre trop conventionnel n'est pas pour elle.

Marc est Cancer. Très proche de sa famille, il a divorcé mais n'a pas voulu se remarier. Il vit près de chez ses parents, a ses enfants en garde alternée, voit ses frères et sœurs, ses neveux et nièces et passe beaucoup de temps à s'investir dans des associations. Il a parrainé deux enfants russes qui viennent, depuis leurs 18 ans, chaque année en France grâce à lui. Il aimerait parfois être seul ! Côté amoureux, il sait qu'il n'a pas envie de fonder une nouvelle famille : la sienne lui convient très bien.

Julia est Bélier. Très idéaliste, elle a adopté seule ses deux enfants, et vit une expérience amoureuse passionnante… à l'extérieur de chez elle. À la maison, elle est plutôt casanière, trouvant dans le calme et la tranquillité l'équilibre idéal.

Plus jamais seul… hélas ?

Vous ne serez plus jamais seul, certes, mais en plus, vous ne serez plus jamais tranquille ni désœuvré. À chaque instant, il faudra prendre en compte le désir, les aspirations de l'autre et un programme qui avec le temps se complexifiera. D'abord, il vous faudra recevoir et apprendre à connaître les amis de l'autre (passionnant si vous êtes un signe d'Air, rasoir si vous êtes un signe de Feu ; ne vous concerne pas, si vous êtes un signe d'Eau ; hors de question si vous êtes un signe de Terre). Ensuite vous devrez accepter des obligations familiales (celle notamment qui pousse belle-maman à acheter les slips de son grand garçon, devenu entre-temps votre mari). Cette acceptation ira de soi si vous êtes signe d'Air ou de Terre, un peu moins si vous êtes signe de Feu ou d'Eau. Enfin, « lorsque l'enfant paraît », vous perdez votre qualité de « je » pour devenir un « nous ». Mutation qui normalement sied à tous les signes...

Ce processus d'intégration de paramètres supplémentaires dans notre vie s'appelle « maturité ». Vivre avec autrui, et l'accepter n'a rien de forcément passionnant, mais nous aide à quitter l'adolescence. Notre société est inconsciemment fondée sur le culte d'une jeunesse éternelle qui poserait ses lois et n'aurait aucun compte à rendre. Sans revenir à des valeurs ancestrales, comprendre que chaque signe du zodiaque (et tout être humain de manière plus globale) doit admettre des contraintes, n'est pas si évident qu'on le croit.

Tableau 14-1 : Profils relationnels des signes du Zodiaque

Ce signe...	*... accepte*	*... doit apprendre*
Bélier	De se battre pour l'autre	Les contraintes
Taureau	La régularité et les habitudes	La générosité
Gémeaux	Le respect de l'autre dans sa différence	À s'occuper des autres avec régularité
Cancer	Une nouvelle famille	À accepter le nouveau et à donner une place à des gens qu'il n'a pas choisis
Lion	De sauver les situations inextricables	La médiocrité de la vie courante
Vierge	De partager ses plannings et d'en faire pour les autres	À supporter qu'on lui change ses manies
Balance	Tout chez l'autre	À poser des limites
Scorpion	Tout, mais prétend ensuite qu'il y a été contraint	À ne pas revenir sur ce qu'il a admis
Sagittaire	D'être chef de clan	À tolérer ce qui est différent de lui
Capricorne	La responsabilité	Que c'est pour toujours et qu'il n'y a pas de sortie
Verseau	De réfléchir et de partager les soucis de l'autre	À s'occuper des autres autrement qu'en déclarations de principe
Poissons	De souffrir avec l'autre	À ne pas être rancunier

Chapitre 15

Guide de survie à l'attention des parents (et de ceux qui aimeraient le devenir)

Dans ce chapitre :

- Une lecture astrologique des cycles de développement de votre enfant
- Les bons conseils éducatifs de l'axe du Dragon
- Les questions le plus fréquemment posées
- Survivre à votre adolescent

Vous voilà les heureux parents d'un beau bébé. Il vous charme de ses sourires et au fil des jours, une réflexion grandit en vous ; elle tient en une phrase :

Au secours ! Mon enfant est… (cochez la case) : Bélier / Taureau / Gémeaux / Cancer / Lion / Vierge / Balance / Scorpion / Sagittaire / Capricorne / Verseau / Poissons !

Ce guide de survie est donc fait pour vous. Avec quelques règles d'or à retenir en tout premier lieu :

- Un enfant n'est pas une page blanche sur laquelle on va pouvoir tout écrire et tout inventer, c'est une personne constituée qui s'affirmera de plus en plus pour ce qu'elle est (et qui vous surprendra).
- Le lien entre un enfant et ses parents est un apprentissage mutuel. L'enfant étant éduqué par ses parents (souvent, ils travaillent à le faire devenir ce qu'il n'est pas), ces derniers seront à leur tour transformés par leur enfant ; ainsi naîtra une nouvelle entité appelée « la famille ».
- Cette « famille » développera des caractéristiques imprévisibles.

- L'enfant subit plus fortement que les adultes les cycles de développement marquant sa personnalité pendant des périodes déterminées puis disparaissant, sans aucune explication. On dit que l'enfant a mûri, l'astrologue dit simplement qu'on est sorti de la période en question.
- Le thème d'un enfant est habité au fur et à mesure et l'intéressé commence par les points les plus complexes qui correspondent à une forme d'héritage (qu'on dira au choix karmique ou génétique) et qui doivent être purgés.

Les cycles de l'enfant vus par l'astrologie

En astrologie, on compte deux phases dans la construction de la personnalité, l'une passive et l'autre active.

De la naissance à 7 ans : affronter le « passif » du caractère

De la naissance à 2 ans, la seule chose que vous verrez chez votre enfant, c'est sa Lune. Certains nouveau-nés sont plus souples que d'autres au niveau des horaires et profitent des changements d'ambiance dans leur environnement : ce sont les Lune en signe d'Air. Certains sont plus résistants en cas de problème, mais retiennent plus d'émotionnel (par exemple, s'il y a des crises autour d'eux) : il s'agit des Lune en signe de Terre. Faites attention avec ce type d'enfants qui, en réalité, n'oublient absolument rien ! Les nouveau-nés ayant leur Lune en signe d'Eau pleureront plus que les autres, parce qu'ils expriment très facilement une tristesse ou une angoisse. La bonne réaction est de ne pas s'énerver et se montrer calme et présent à leurs côtés. Enfin, les nouveau-nés ayant une Lune en signe de Feu sont terriblement expressifs (pleurent beaucoup et plus tard font des bêtises). Ceux-là seront impérativement guidés (sinon éduqués), faute de quoi, vous aurez des petits démons sur pattes !!!

Vers 2, 3 ans, on est face au premier grand round. Tout le monde a entendu parler de la crise des 2 ans ; en fait, la première chose qui se réveille dans le thème astral d'un individu est sa Lune noire, qui provoque des crises à tout propos. L'enfant s'affirme, mais pour le faire, il se met dans une logique d'avidité et de revanche qui lui déforme le caractère. On voit aussi l'apparition du Nœud Sud natal en signe, l'enfant freinant alors ses acquisitions et manifestant son opposition aux parents.

La Lune et le développement émotionnel de l'enfant

La Lune étant le point du thème qui rassemble tous les ressentis, il ne sera donc pas question d'essayer à ce niveau-là de changer la nature de votre enfant ; la Lune résiste à toutes les tentatives d'éducation. La seule chose qu'on peut tenter avec la Lune, c'est de l'aider à s'exprimer en accord avec sa nature, mais d'une manière plus créative ou fructueuse. Ainsi, un bébé ayant une Lune en Eau sera plus angoissé qu'un bébé ayant une Lune en Air, les cris du premier exigeant un réconfort et du calme alors que le second aura surtout besoin de stimulation et d'attention.

À l'âge adulte, on verra si une Lune a été comblée dans ses besoins ou si au contraire, elle a été refrénée. Un besoin de tendresse inextinguible chez une Lune en Poissons signifie un manque d'amour dans l'enfance, tout comme une personnalité colérique ayant sa Lune en Bélier est un enfant qu'on n'a pas assez rassuré sur ses potentialités réelles. Ces troubles se retrouvent à l'état de traits de caractère plus tard.

TRUC

Si vous résistez à votre enfant de 2-3 ans en essayant de l'éduquer (même si la société ne nous y incite guère), la crise d'adolescence de 13 ans, que tout le monde décrit comme une période de cauchemar, se passera de manière relativement acceptable. En fait, vers 13-14 ans, on commence à voir l'adulte en votre enfant ; mais comme la princesse à retrouver dans le château cerné de ronces, l'adolescence est la période où vous rencontrez surtout les ronces, la merveille viendra ultérieurement…

Entre 3 et 7 ans, période bénie où votre enfant, source de joie constante, veut tout apprendre, tout voir, est heureux d'accomplir sa vie (de quoi vous donner des regrets par la suite). Vers 7 ans, c'est l'apogée, votre enfant charge son Nœud Nord, c'est-à-dire sa vraie future personnalité. Observez-le bien à ce moment-là, vous aurez une idée de qui il ou elle est réellement. Les crises semblent momentanément interrompues, alors tout va pour le mieux.

Attention : vers 7 ans, vous saurez si votre enfant est sociable ou individuel et quels sont ses centres d'intérêt. Il est intéressant de voir que par la suite, nos certitudes s'estompent. Durant cette période, vous tiendrez compte des couleurs qu'il aime, de ses projets d'avenir… C'est plus l'âge de l'observation que des contraintes.

Signe zodiacal et signe du Nœud Nord : la différence entre personnalité « passive » et personnalité « active »

Le Nœud Nord en signe donne une meilleure idée de votre signe que votre signe solaire. En fait, le Soleil en signe donne une idée du type de réactions que vous aurez dans la vie (comme un moi répondant simplement aux sollicitations de l'existence) mais reste vague sur ce qui sera votre moteur.

Le signe solaire de naissance joue un rôle de régulateur (ce qui vous guide inconsciemment au travers de vos choix) et d'informateur (au fil des choix négatifs). En effet, le signe solaire est tout ce qu'on refuse pour vivre à notre manière et délimiter notre identité. On se retrouve héritier de tous les choix qu'on a déjà accomplis au cours de notre vie et qui dessinent un chemin de vie auquel on se rattache pour affirmer notre identité.

En revanche, le signe de notre Nœud Nord s'affirme en dépit des circonstances ; exclusivement positif, il est l'idéal tapi au fond de vous que vous imposerez (en principe) aux événements. C'est notre attitude quand aucun choix n'est prédessiné par notre caractère ou nos tendances. Il annonce ce que nous serons appelés à être une fois « adultes » (c'est-à-dire libérés de nos conditionnements).

De 7 ans jusqu'à... 22 ans : la constitution active de la personnalité

De 7 à 12 ans, l'ensemble des planètes personnelles entre en jeu : Mars vous montre comment votre enfant manifeste sa volonté et ce qui l'intéresse, Mercure la manière dont il est capable de réfléchir et de relier les informations entre elles, et enfin Vénus vous donne un avant-goût de son rapport à la propriété et à l'argent.

À RETENIR

Éduquer un enfant ne peut être que l'accompagner dans le développement d'une personnalité dont il faudra tirer le meilleur. Un enfant ayant un Mars en Eau ou en Terre aura du mal à se décider. On en prendra son parti, l'aidant à se rassurer et faire les choses par étapes, tout en l'encourageant à oser ! Avec un Mars en Feu ou en Air, c'est au contraire lui enseigner la pondération dans l'action. Pas question de le freiner, ni de le forcer à agir autrement, mais lui prouver qu'on peut agir *et* réfléchir en même temps.

De 12 à 15 ans, il se passe beaucoup d'événements astrologiques dans le thème d'un enfant. D'abord il subit l'un de ses premiers grands transits avec le retour de Jupiter dans son thème natal (un transit a lieu lorsque sur le thème natal, qui est une image fixée du ciel au moment de la naissance de l'enfant, une planète se retrouve superposée à sa position natale). Avec ce retour de Jupiter (apprentissage violent du monde extérieur), l'enfant apprend qu'il va devoir tenir sa place dans le monde en s'intégrant dans le groupe, tâche plus compliquée pour lui qu'on ne pourrait le croire.

C'est aussi le moment de la prise de conscience saturnienne (demi-cycle de la planète Saturne à 13 ans et demi) où l'enfant devient responsable de sa « lignée », c'est-à-dire adulte assumant son appartenance à une tradition. Chez les chrétiens et les juifs, les communions ont lieu à ce moment-là. Il est tout aussi difficile de se faire admettre dans un groupe que de changer de référent en sortant de sa famille : aussi l'enfant se trouve-t-il autant en déphasage avec l'ensemble qu'il quitte (la famille) qu'avec celui qu'il voudrait rejoindre (le groupe social élargi). Pour se faire accepter par ces « autres » avec lesquels il n'a pas grandi, il adopte les codes et les valeurs de groupe inédits pour lui. La période d'adolescence est celle du rejet franc et massif de toute l'éducation parentale.

C'est une période très compliquée pour le jeune qui n'est plus « nulle part ». Il ne se reconnaît plus dans sa famille (jusqu'alors, elle détenait une partie de son identité) et le voilà confronté au monde extérieur alors qu'il est encore dépendant financièrement et matériellement. L'apprentissage de la vie adulte, dans l'idéal, devrait se faire en contrebalançant l'influence familiale déclinante par une exigence et un devoir envers soi-même. Devenu jeune adulte, l'adolescent doit comprendre que s'il est responsable de sa vie, ce qu'indique Saturne, il doit en prendre les rênes non dans la confrontation au milieu familial, mais au travers de sa propre personnalité.

Entre 15 et 19 ans, la période n'est en général pas facile parce que l'adolescent se trouve confronté à ses planètes transsaturniennes et donc à des événements « adultes », l'apogée étant vers 18 ou 19 ans ; on assiste alors au premier retour des nœuds. Le jeune adulte subit un accélérateur qui l'amène vers sa vraie nature, il est dans une énergie positive et constructive par rapport à lui-même. Cette énergie le quittera aux alentours de 21-22 ans. Il est important de voir ce qui attire votre enfant à cet âge-là et ce qu'il réalise. Cette période, porteuse de promesses, laisse deviner ce que sera son avenir.

Éduquer son enfant selon sa vraie nature en suivant l'axe du Dragon

L'astrologie permet de prendre de la hauteur sur ce que l'on attend de notre enfant et de voir si oui ou non, il se conformera à nos attentes. S'il est certain que l'éducation – quelle qu'elle soit – laisse des traces, l'intérêt est qu'elle construise un individu.

Pour être sûr d'éduquer votre enfant selon sa nature profonde et pas seulement suivant vos propres désirs, il vous faut prêter attention à son axe du Dragon. On pourrait en effet dire que toute éducation renforce le souhait de notre enfant d'aller vers son Nœud Nord en tant qu'adulte. Pour cet objectif unique, il existe deux types d'éducation. La première renforcera le Nœud Sud de l'enfant (c'est-à-dire l'ensemble des tendances issues de son héritage et créant un réseau d'habitudes inconscientes comme autant d'entraves).

L'enfant pourra avoir des résultats en accord avec un comportement Nœud Sud, mais se retrouvera en permanence floué dans son souhait. Cette amertume le poussera d'autant plus vers son Nœud Nord. À l'inverse, si des parents élèvent leurs enfants en accord avec le Nœud Nord de ceux-ci, ils auront néanmoins la surprise de les voir faire volte-face vers l'âge de 21 ans. Les intéressés retourneront alors vers le Nœud Sud jusque vers 28 ans environ, âge auquel l'adulte jouit enfin de ses pleines capacités de discernement. L'autre type d'éducation – on vient de l'évoquer – est celle qui pousse un enfant vers son Nœud Nord. Il acquiert de cette manière un avant-goût de ce qu'il devra réaliser. Cette éducation sera un accélérateur dans sa vie.

Mais que l'on montre à un enfant ce qui lui convient pour être pleinement lui-même, ou pas, la vie est un apprentissage à partir de soi-même. L'enfant qu'on éduque, mais qui doit trouver seul ce qui lui appartient, ne pourra faire l'impasse sur ses propres expériences.

Pendant la période de l'enfance, peu importe la distinction classique entre maison et signe, puisqu'il faut redresser les tendances naturelles (Nœud Sud) de l'enfant et les remplacer par ce qui lui convient (ce sera ensuite le processus à part entière de son existence et la garantie d'une vie d'homme ou de femme réussie) :

Axe du Dragon NS I (ou en Bélier) – NN VII (ou en Balance) : L'essentiel est de délivrer l'enfant d'un égoïsme viscéral qui lui fait penser que le monde est à son service. Insister sur les valeurs de l'échange, de l'entraide et du partage, lui imposer le groupe et lui apprendre à prêter attention aux autres.

Axe du Dragon NS II (ou en Taureau) – NN VIII (ou en Scorpion) : L'enfant se montre possessif et matérialiste, il faut lui apprendre le lâcher prise et la vertu essentielle qu'est le don. Ne pas valoriser une avidité liée à la société de consommation. Lui apprendre l'importance d'un esprit de courage et d'aventure.

Axe du Dragon NS III (ou en Gémeaux) – NN IX (ou en Sagittaire) : Il faut inciter l'enfant à étudier, l'empêcher de se disperser, ne pas encourager un excès d'amitiés enfantines, lui enseigner l'élitisme et l'exigence personnelle. Ne pas trop insister sur la créativité, mais l'aider à rentrer dans le rang.

Axe du Dragon NS IV (ou en Cancer) – NN X (ou en Capricorne) : L'enfant doit se détacher de sa famille aussi tôt que possible. On mettra la barre très haut dans ses études et on le poussera à faire carrière ; un résultat qu'il obtiendra par des efforts constants.

Axe du Dragon NS V (ou en Lion) – NN XI (ou en Verseau) : Il faut exiger de l'enfant une éducation parfaite et une grande maîtrise de soi, le pousser à connaître et apprécier le monde dans sa différence, sans peur du conformisme.

Axe du Dragon NS VI (ou en Vierge) – NN XII (ou en Poissons) : Il faut aider l'enfant à se débarrasser d'un trop grand conformisme et à se libérer des idées toutes faites, l'encourager en revanche à penser par lui-même et à réaliser ses rêves.

Axe du Dragon NS VII (ou en Balance) – NN I (ou en Bélier) : Le mot d'ordre : renforcer l'affirmation de soi, créer la différence avec les autres, exiger de l'enfant qu'il soit le meilleur et ne pas le laisser se reposer sur le groupe. Renforcer la différence dans l'apprentissage de la vie tout en se singularisant.

Axe du Dragon NS VIII (ou en Scorpion) – NN II (ou en Taureau) : L'essentiel est de donner à l'enfant un sens aigu de la valeur du travail au travers d'une pratique régulière et continue. Ne pas lui laisser croire que tout s'obtient sans effort.

Axe du Dragon NS IX (ou en Sagittaire) – NN III (ou en Gémeaux) : Il faut pousser l'enfant à sortir du cadre scolaire en développant sa personnalité et en lui faisant découvrir les arts et le monde dans toute sa variété.

Axe du Dragon NS X (ou en Capricorne) – NN IV (ou en Cancer) : Il convient de privilégier les valeurs familiales, donner des repères forts à l'enfant et le responsabiliser aussi tôt que possible en lui demandant, par exemple, de s'occuper d'enfants plus jeunes que lui.

Axe du Dragon NS XI (ou en Verseau) – NN V (ou en Lion) : Aidez l'enfant à s'affirmer lui-même en lui offrant la possibilité de s'exprimer artistiquement ; valorisez-le, placez-le au centre de votre vie. Aidez-le à s'affirmer face aux groupes et à toujours chercher sa propre identité.

Axe du Dragon NS XII (ou en Poissons) – NN VI (ou en Vierge) : L'enfant doit être constamment mis au travail avec exigence. Apprenez-lui à aimer la répétition et donnez-lui le goût des choses bien faites et des joies simples.

De l'influence des transits planétaires sur l'évolution d'un enfant

Tout au long de l'enfance, les enfants subissent des transits qui sont des petits cycles où les planètes du thème natal sont impactées en temps réel par les modifications célestes. Évidemment, ça continue à l'âge adulte, mais nous sommes alors davantage préparés (car ayant une meilleure connaissance et conscience de nous-mêmes) à les recevoir et à les intégrer. Ces transits se manifestent alternativement sous la forme d'événements plus ou moins marquants et de changements de l'état de conscience. Ainsi un enfant terriblement têtu peut soudain devenir très facile à vivre, le transit de Vénus par exemple, servant de déclencheur.

En réalité, les transits ne font que manifester, à un autre plan, l'évolution normale de l'individu. L'intérêt est évidemment de les anticiper (en cas de période critique, avec la hâte d'en sortir !) ou de manière plus large, de comprendre le mode d'évolution de notre enfant.

Les questions clés pour éduquer votre enfant

Selon son signe astral, de l'allaitement aux tourments existentiels, tout ce que vous devez savoir pour éduquer votre progéniture.

Est-ce que je le nourris trop ou pas assez ?

Il est important de prendre en compte les signes du zodiaque pour évaluer la manière dont on devra nourrir nos enfants. Cette donnée peut aider à prévenir les éventuelles pathologies liées à la nourriture car tous les signes ne sont pas également exposés aux problèmes d'anorexie ou de surpoids rencontrés à la puberté. Il faut comprendre que ces problèmes sont en germe dans le rapport que le nourrisson entretient avec la nourriture. Le lien à la nourriture est un lien avec la mère, on ne le dira jamais assez. Et le rapport que l'enfant entretiendra à terme avec son corps dépendra de l'estime et l'importance que cette dernière lui aura données concrètement, dans le respect de ses besoins et de son équilibre de santé..

Une mère « normale » veille sur son enfant en prenant soin de lui au mieux de… ce qu'elle est. Et c'est en général là le problème ! Si une mère, d'un naturel spartiate, mange peu, elle ne comprendra pas que son enfant soit différent ; au contraire, une bonne vivante s'affolera quand son bambin mangera avec modération. L'une et l'autre attitude posent problème.

Nous pensions, jusqu'au milieu des années 1970, qu'un enfant en bonne santé se devait d'avoir de bonnes cuisses rebondies, des joues comme des pommes et un tour de taille à faire rêver un dindonneau… La fin du siècle et le début du suivant nous ont alertés sur l'excès de nourritures riches et ses conséquences en mettant l'obésité sur le devant de la scène. On a vu surgir une autre norme, celle de la minceur, voire de la maigreur, nouveau marqueur social des classes élevées.

Inutile de dire que si votre enfant n'a pas intérêt à ressembler à un cochon, lui voir les os n'est pas mieux… En toute chose, donc, il faut veiller à la mesure, mais l'essentiel est de savoir quelle est, en tant que mère, votre tendance : avez-vous peur quand votre enfant ne mange pas ? ou quand il mange trop ? La seconde catégorie est moins fréquente, mais elle existe. Faites-vous de la nourriture une récompense ? ou un acte dénué de tout rapport affectif ? Une fois que vous aurez répondu à cette question, vous devez savoir que le rapport à la nourriture, *a priori* affectif, peut le devenir moins, au prix d'un travail de contrôle de soi.

Plus tard, le rapport à la nourriture ne sera plus lié à la mère, mais un moment de plaisir partagé et pour certains, le fruit d'un apprentissage :

en effet, contrairement à ce que suggère la tradition culinaire française, se nourrir n'est pas forcément convivial.

Comment nourrir un enfant entre 2 et 10 ans...

... *du signe du Bélier* : Il aura besoin d'une nourriture « récompense », et énergétique (fortement protéinée). C'est un enfant à nourrir en quantité, richement, tout en lui faisant faire du sport.

... *du signe du Taureau* : Il aura toujours faim et c'est très bien ainsi. Tendance nette à l'embonpoint dans ce signe, d'où la nécessité de l'habituer à manger des quantités de nourriture peu calorique. Le rapport à la nourriture sera toujours complexe (réconfort et rejet mêlés).

... *du signe du Gémeaux* : L'enfant, nerveux, grignote, ne se nourrit jamais de manière équilibrée et ce n'est pas un problème. Il mangera ce qu'il aime et ne grossira pas ; en effet, tout l'intéresse dans la vie (sauf le fait de faire bombance...), et lui fait brûler des calories.

... *du signe du Cancer* : L'enfant réagit à l'affectivité liée à la nourriture. Pour lui faire plaisir et l'apaiser, il faut lui préparer des bons petits plats pour lui tout seul.

... *du signe du Lion* : Il aura des préférences nettes et précises : inutile d'essayer de lui faire manger de tout de manière équitable, ça ne fonctionnera pas. Il a besoin de choisir, de se passionner pour tel ou tel aliment... Une attitude à respecter pour un enfant à l'évidence peu docile.

... *du signe de la Vierge* : Votre enfant s'alimentant uniquement pour sa santé, insistez sur une alimentation équilibrée. Tellement soucieux de son bien-être, c'est le signe le plus facile à nourrir.

... *du signe de la Balance* : C'est important que le repas demeure un rite familial dans lequel les choses sont mises en place et en ordre. Sensible aux attentions, cet enfant appréciera une nourriture fine et délicate.

... *du signe du Scorpion* : Toujours dans l'excès, il est difficile à gérer. Chez lui, rien n'est stable, c'est un signe d'une sagesse exemplaire ou d'une difficulté incroyable avec la nourriture.

... *du signe du Sagittaire* : Ce sont des enfants qui ne sont pas difficiles à nourrir. Quand ils manifestent un blocage, c'est qu'ils voient dans la nourriture un enjeu de pouvoir, et c'est cela qui est le plus difficile à gérer.

... *du signe du Capricorne* : Ce sont des enfants qui se rassurent avec la nourriture, ils ont besoin de satisfaire leurs besoins physiques avant de développer leur goût. Pensez à leur donner une nourriture reconstituante.

... *du signe du Verseau* : Ils mangeront n'importe quoi toute leur vie, et ils ont besoin qu'on les laisse tranquilles avec ça ; la contrainte ne fonctionne absolument pas avec eux, tenez-en compte.

… *du signe des Poissons* : C'est le signe de tous les excès, c'est cela qu'il faut savoir gérer. La nourriture ne sera qu'affectif, réconfort, soutien. En même temps, elle suscitera beaucoup de problèmes, parce que ces enfants ne tiendront pas compte, une fois adultes, d'éventuelles allergies.

Et si ce que vous venez de lire ne marche pas, est-ce normal ?

Oui, absolument, parce qu'il faut non seulement tenir compte du signe zodiacal, mais aussi du signe du Nœud Nord et de la Lune pour savoir comment quelqu'un va réagir par rapport à la nourriture.

Vous pouvez faire un rapide calcul en forme de test :

- La Lune compte : 3
- Le Nœud Nord compte : 2
- Le signe zodiacal compte : 2

Faites une synthèse de ces trois paramètres pour voir dans quel élément (terre, feu, air ou eau) vous avez le plus de points…

Comment gérer le rapport pathologique à la nourriture chez les signes

Chaque signe du zodiaque peut avoir des déviances, excès ou maigreur. Au fond, les deux problèmes reviennent au même en astrologie ; ce qu'on note, c'est avant tout le déséquilibre. L'intérêt est de savoir comment y répondre :

Bélier, Gémeaux, Verseau : c'est en forçant, en redonnant le goût d'une nourriture énergétique, tout en sachant que le stress est un frein à l'acte de manger.

Taureau, Lion et Sagittaire : ce sont de gros mangeurs, à surveiller pour qu'ils ne tombent pas dans la boulimie.

Balance, Scorpion, Cancer, Poissons : réagissent toujours à l'affectif lié à la nourriture. Inutile de les forcer, il faut comprendre le problème sous-jacent.

Vierge, Capricorne : vont toujours réagir à un problème par la vengeance ou le repli sur soi, il faut les aider à sortir de leur culpabilité.

Mon enfant est-il intelligent ?

Les différents types de Mercure (selon le signe dans lequel il se trouve) ne donnent pas tous la même intelligence chez l'enfant. Pour autant, il n'y a pas de position de Mercure qui rende bête ou génial. La première chose dont il faut se souvenir, c'est que l'intelligence, dans un thème astral, est une capacité de mise en relation et d'observation du monde extérieur, ainsi qu'une aptitude à l'intégration (remémoration et transformation de soi) qui diffère selon les individus. Aucun thème astral ne vous dira que votre enfant est idiot, ni supérieurement intelligent. En revanche, on verra de quels types d'aptitudes et d'intelligence vos enfants sont pourvus.

Attention, votre enfant ne réfléchit (souvent) pas comme vous !

Si vous avez un Mercure en signe de Terre, vous trouverez bizarre (voire carrément inquiétant) que votre enfant qui a un Mercure en signe de Feu ait un tout autre rapport à l'apprentissage que vous... Je me souviens ainsi d'une dame (ayant un Mercure en Vierge) venue me consulter parce qu'elle se désespérait de voir son fils (ayant un Mercure en Bélier) faire ses devoirs en courant autour de la table...

Un Mercure en Bélier a besoin de temps d'attention et de concentration courts, mais intensifs, de challenge et d'un certain laisser-aller.

Un Mercure en Taureau ne fonctionne qu'à l'accumulation, il doit beaucoup travailler pour parvenir à un résultat, mais sa principale qualité est qu'il n'oublie rien de ses acquis ; il regagne donc le temps que sa lenteur a pu lui faire perdre !

Un Mercure en Gémeaux aura le don des raccourcis et des bons mots, cherchant toujours comment échapper à la règle imposée. En général, ça lui réussit bien !

Un Mercure en Cancer fera les choses avec ordre et méthode, à sa convenance et sans tenir forcément compte des délais à respecter. Son monde intérieur riche et créatif le motive, mais il doit apprendre à l'adapter aux exigences scolaires !

Un Mercure en Lion, orgueilleux par nature, renonce s'il ne réussit pas la première fois. Dans le cas contraire, il va exceller, à condition de ne pas négliger ses points faibles.

Un Mercure en Vierge est purement analytique, il découpe, organise et ordonne, ne prenant de la vitesse qu'une fois tous les éléments décomptés. En clair, il ne se lance que s'il pense être le meilleur.

Un Mercure en Balance n'arrive pas à apprendre seul. Il n'avance (lentement) que s'il est stimulé par d'autres. Aidez-le à faire ses devoirs, puis encouragez-le à travailler en groupe...

Un Mercure en Scorpion étudie dans la souffrance, il s'angoisse pour donner le meilleur. Votre principal ennemi en tant que parent sera sa peur de l'échec.

Un Mercure en Sagittaire est doué d'un exceptionnel esprit de synthèse, mais se révèle incapable de fonctionner avec des éléments découpés en tronçons. Ne vous étonnez donc pas s'il résiste à l'apprentissage scolaire et à la méthode syllabique pour apprendre à lire !

Un Mercure en Capricorne refait à sa manière tout ce qu'on lui apprend. Il y a un côté fastidieux, mais en même temps, il n'arrive pas à s'approprier la manière de penser d'autrui. il faut donc le laisser faire à sa manière.

Un Mercure en Verseau a besoin que tout aille vite et de passer d'une matière à l'autre sans se laisser enfermer dans une seule discipline. Il adorera les gadgets qu'on ne lui refusera pas.

Un Mercure en Poissons pourra donner l'impression d'un esprit confus, fonctionnant davantage à l'intuition qu'à l'analyse... En réalité, la clef est dans la confiance en soi, s'il en est pourvu, il ira plus loin que les autres.

Il ne faut pas se méprendre, l'éducation et l'exigence des parents jouent un rôle décisif dans la formation de l'enfant. Donc la première chose à faire, c'est votre examen de conscience éducative… Si vous mettez plus haut que tout la créativité, et l'expression corporelle, ou que vous valorisez Shakespeare, ou que vous êtes d'une famille où l'on parle russe, anglais et chinois, ce que vous attendrez de votre enfant différera forcément du voisin. Ce n'est pas grave, c'est même la base de toute éducation et de la constitution d'un noyau familial. Il est en revanche essentiel que vos critères soient consciemment choisis et revendiqués (notamment pour ne pas importuner vos meilleurs amis avec le fait que leurs enfants ne sont, eux, pas bilingues anglais depuis l'âge de 3 ans).

À quoi faire attention en priorité ?

Le signe du zodiaque de votre enfant – même s'il ne dit pas tout de lui – donne néanmoins un certain nombre de caractéristiques à bien prendre en compte.

Signes d'Eau : Attention aux états d'âme…

Ils en sont les grands spécialistes !

Un enfant né sous le signe du **Poissons** aura une capacité à ressentir les blessures de l'ego, les vexations et les difficultés rencontrées d'une manière propre à surprendre ses parents. Il n'oublie rien, se sent souvent laissé pour compte et a du mal à dépasser son extrême sensibilité. Pour l'aider, une grande patience est nécessaire ; les petits Poissons se racontent des histoires (presque des épopées !) et affabulent à l'infini… Croyant ce qu'ils disent, ils ne sont pas menteurs, du moins c'est ainsi qu'ils le pensent. Plutôt que de les contrer, entrons dans leur monde pour comprendre cette propension à préférer leur univers à la réalité objective.

Les natifs du **Scorpion** ont un autre problème, c'est l'angoisse… Rien ne se fait naturellement pour eux, tout est sujet à stress et à inquiétude. Incapables de prendre les choses avec légèreté, tout les freine. Un enfant Scorpion aventureux est un enfant qui veut faire face à sa peur et qui décide de se dépasser coûte que coûte. Rien n'est gratuit dans le monde du bébé Scorpion, mais devient vite enjeu affectif : s'il ne se dépasse pas va-t-il encore être aimé, ou ne plus être préféré ?

L'enfant **Cancer**, têtu, par nature et par choix, refuse de quitter sa réalité ; tout changement est porteur, de son point de vue, d'une dégradation. L'enfant Cancer se recentre sur lui-même, refait son monde et s'y maintient. Il demeure ainsi dans une sorte de monde parallèle au réel, sans tenter d'interagir, mais seulement de coexister. Une manière d'être le moins perturbé possible. Extrêmement impressionnable, il a tendance à la rancune s'il constate qu'on cherche à le déloger de son univers intérieur.

Signes de Feu : Attention à la confiance en soi

De petits soleils mais bien fragiles : c'est ainsi qu'on qualifiera les enfants natifs d'un signe de Feu. Doués d'une exceptionnelle énergie, il est facile de leur faire perdre confiance en eux par simple maladresse...

L'enfant natif du **Bélier** s'ennuie vite, ne tient pas en place, a du mal à se concentrer durablement, mais a besoin d'être valorisé et préféré. Si ce n'est pas le cas, il tombe dans un abattement et un sentiment de nullité récurrent. La difficulté avec les enfants de ce signe est ce passage de l'état d'exaltation à celui de forte dépression. En fait, l'enfant Bélier, quand on le prend par la main, est alors débordant de vie et de gaieté...

L'enfant **Lion** a besoin d'être mis en lumière, respecté et individualisé. Orgueilleux comme... un lion, il est sensible aux hommages et à l'attention qu'on lui porte. Il fonctionne bien mieux avec un public que sans. Il a par ailleurs grand besoin d'être valorisé aux yeux de son entourage. Tels des monarques, ces enfants-là ne se sentent bien que lorsqu'ils ont l'impression que le monde tourne autour d'eux. Ils sont sensibles aux prévenances, hyperréactifs à la flatterie et quand ils sont stimulés dans leurs efforts, ils se dépassent. Capables aussi de la plus grande paresse...

Le petit **Sagittaire**, susceptible, dès la prime enfance, ne peut être stimulé par une forme de moquerie qui risque au contraire d'attiser en lui de la rancune. Il se complaît dans un cadre tout à la fois rassurant et reposant. Il déteste être pris de court et ne pas avoir le dessus. Ce sont des enfants qui ont besoin d'en savoir plus que tout le monde et qui adorent avoir le dernier mot. Bref, un petit savant toujours prêt à vous damer le pion...

Signes de Terre : Attention à la peur de l'inconnu

Les enfants de signe de Terre sont des maîtres bâtisseurs... quand ils finissent par se lancer. Le problème majeur sera le passage à l'acte. Ils sont bloqués par angoisse de l'échec plus que par paresse d'agir.

Si votre enfant est du signe du **Taureau**, vous aurez quelques difficultés à le faire changer d'avis (quel que soit le sujet). Il aime faire à sa manière et une fois qu'il a commencé, il ne revient jamais en arrière ; au mieux, il s'arrêtera sur place et attendra d'avoir l'autorisation de continuer à sa façon. Le bon côté des choses, c'est qu'il ne prendra pas de grands risques. La seule difficulté avec lui, c'est sa sensualité : le Taureau adore manger, déguster, goûter, dormir, se reposer, et l'âge venu (ou avant l'heure), attendre des conquêtes (parce que les faire soi-même peut se révéler fatigant et peu probable). mais s'il n'arrive pas à aller plus loin , il passera à côté d'une vie plus pleinement épanouie.

Si vous avez la chance d'avoir un natif de la **Vierge** pour enfant, vous éduquez un futur maître en l'art de l'organisation, qui ordonne les choses avant de les faire, mais qui aura remarquablement anticipé la bonne manière de les aborder… L'enfant Vierge a de multiples peurs : peur d'avoir mal, peur d'être sale, peur du désordre, peur de tenter ce qui est nouveau, et une fois passé ce cap, grisé par son succès, il ne s'arrête plus. C'est un authentique stakhanoviste dans sa volonté de réaliser ce qu'il maîtrise déjà. Évidemment, à cette cadence, il devient rapidement maître incontesté dans sa spécialité. Ce qui est nouveau néanmoins ne l'intéresse pas.

Si vous avez un enfant **Capricorne**, dès qu'il saura parler et mettre un pied devant l'autre, vous allez voir se manifester l'angoisse de mal faire. Un Capricorne, quel que soit son âge, déteste être pris de court, et il s'arrange pour que ce ne soit pas le cas. Mauvais caractère, il ne reconnaît pas ses torts. En revanche, côté fiabilité et sérieux, ce perfectionniste assure (au point de rendre son entourage fou). Pas la peine de lui apprendre à faire quelque chose, il suffit de le faire devant lui, et si ça l'intéresse, il apprendra bien tout seul. Vous aurez compris que la difficulté est de faire bouger cet indécrottable autarcique plein de tendresse pour un monde en mouvement où tout est sans cesse rejoué…

À RETENIR

Un conseil de plus pour les parents d'un petit signe de Terre : votre enfant développera très tôt une attitude de « parent » envers vous, attentif à votre bien-être et à votre protection. Inutile donc de le culpabiliser quand il vous fatigue : il s'en rendra malade alors que vous serez déjà passé à autre chose.

Signes d'Air : Attention à la motivation

Des feux d'artifice qui peinent à tirer parti de leurs qualités, voilà la principale caractéristique des enfants des signes d'Air. Souvent sociables, adaptables, curieux de tout, mais paradoxalement peu enclins à se fixer sur une seule chose.

L'enfant natif des **Gémeaux** sera adorable, gai, gentil, facile à vivre, subissant les changements avec grâce. Une seule fausse note : une tendance au désœuvrement en cas de solitude… Ce sont des enfants qui ont de la difficulté à devenir autonomes, ils doivent être stimulés. Pas facile cependant à assumer sans cesse ! Il leur faut une occupation coûte que coûte ; la télévision le permet, mais c'est une solution de facilité. Fréquemment doués, les Gémeaux s'astreignent difficilement aux règles qu'impliquent leurs talents. Alors que les parents se félicitent des qualités de leur progéniture, les voilà soudain inquiets pour leur petit qui se lasse de tout. La solution avec les enfants Gémeaux est immuable : parler avec eux et les aider à se remotiver, quel que soit l'âge. Clarifier leurs idées par la parole sera décisif.

Un enfant **Balance**, parfois doux, effacé, très poli, aimant les jolies choses, réagit bizarrement dès qu'on le met dans un groupe où sa personnalité s'efface. Il adopte alors facilement le point de vue dominant sans se poser la moindre question. Influençable ? Il est plutôt à la recherche de lui-même et manifeste l'envie de ne pas être rejeté, d'être parmi les autres, d'avoir autant que les autres. Rien de pire pour un enfant Balance que le sentiment d'être différent et l'absence de soutien d'autrui. Il apprécie les belles choses, avec un goût prononcé pour ce qui a du prix et relève du raffinement. Un peu esthète, cet enfant-là se mettra en retrait s'il a la sensation d'être entouré d'une vulgarité dévalorisante.

La Balance ne ment jamais, mais est souvent amenée à faire des compromis qui, au final, la mettent en désaccord avec elle-même. Elle passe pour hypocrite parce qu'elle ne veut décevoir personne, et pour indécise parce qu'elle n'arrive jamais à savoir ce dont elle a « le plus » envie... Ça ne sert à rien de presser un enfant Balance, il a besoin de temps pour savoir où il en est et ce qu'il souhaite.

L'enfant **Verseau** est un hyperactif... qui a besoin qu'on le laisse aller à son rythme. Ne rien faire de constructif sera pour lui aussi utile que de passer du temps sur ses leçons. Il fait sans cesse des va-et-vient entre ses désirs, et sa curiosité, détestant s'en tenir à une seule chose. Il entretient une passion pour la nouveauté, distrayante par nature, mais son problème, c'est l'ennui... Toujours est-il que la répétition, les habitudes et le quotidien sont incompatibles avec son caractère. En effet, un enfant Verseau sans rien pour alimenter sa curiosité inventera mille choses pour se distraire, parfois de manière peu recommandable. Avec les autres, l'enfant Verseau se plaît à aller des uns aux autres en échangeant des idées. Il déteste se focaliser sur un seul ami, il se constitue au contraire un « réservoir » de relations où il pioche selon ses humeurs. Il ne tolère ni l'attachement ni la souffrance. Il peut parfois montrer de la froideur, mais c'est sa façon d'aller de l'avant.

Survivre à l'adolescence...

À l'adolescence, les traits de caractère s'exacerbent, et la rébellion bat son plein. Et il faut bien le dire, ce qu'on trouvait merveilleux ou adorable chez notre petit prince (ou princesse) de 3 ans et demi, devient un enfer avec l'horrible ado prenant un risque par jour pour s'assurer :

1. qu'il est bien différent de son parent rébarbatif et plat ;
2. qu'il n'y a aucun risque qu'il vous ressemble un jour (vous voilà en un rien de temps l'antihéros que vous ne soupçonniez pas...).

Déjà, rassurez-vous, ce n'est qu'une étape, un passage, et toutes les valeurs que vous avez voulu transmettre, tous les modèles conscients et inconscients que vous projetez sur votre progéniture, vont se retrouver chez le futur adulte...

Comptez cependant sur le risque d'épuisement inhérent à cette période qui laisse en général de mauvais souvenirs.

Chaque adolescent d'un signe aura sa manière de (mal) réagir et devra donc être géré de manière appropriée, sans exacerber les conflits.

Ce qu'il faut faire dans la gestion quotidienne

Bélier : le laisser tranquille, ne pas lui laisser d'engins dangereux à manier. *Taureau* : être structurant et exigeant, ne pas hésiter à le réveiller quand il dort trop. *Gémeaux* : le laisser dormir autant qu'il veut, et l'empêcher de sortir seul. *Cancer* : l'associer aux fêtes familiales et ne pas tenir compte du fait qu'il est ado. *Lion* : ne pas encourager sa paresse, le pousser à faire des efforts et à se mobiliser pour réussir sa vie. *Vierge* : ne plus s'immiscer dans ses affaires, mais le soutenir dans son organisation. *Balance* : l'aider à passer à l'âge adulte en lui donnant le goût des jolies choses et lui créant un réseau pour sortir. *Scorpion* : suivre ses humeurs sans essayer de comprendre et le laisser venir s'il veut vous parler. *Sagittaire* : flatter son côté conformiste et l'aider à se dépasser en le faisant formuler ce qu'il souhaite. *Capricorne* : l'aider à multiplier ses centres d'intérêt de manière à ce qu'il découvre le plus de choses possible. *Verseau* : accepter de recevoir ses copains autant qu'il le souhaite. *Poissons* : l'assurer de votre amour inconditionnel et lui manifester autant d'affection qu'il en a besoin.

Savoir décoder la façon dont il/elle range sa chambre...

En fait, il faut vous inquiéter si vous lisez ci-dessous une description exacte de la chambre de votre adolescent au lieu de reconnaître qu'il s'agit d'une caricature... En principe ça n'arrive jamais car c'est le signe dans lequel se trouve la Lune + le signe dans lequel se trouve le Soleil + le signe dans lequel se trouve le Nœud Nord qui vont à eux trois définir à quel type de caractère ou de réalité vous aurez affaire. Donc sachez choisir les éléments de ces différentes descriptions...

Bélier : la chambre est un grand foutoir, rien n'est à sa place et il a même besoin de voir un peu de saleté s'accumuler pour être à l'aise. Ce qui est frappant, c'est que lui-même passe son temps à tout y perdre !

Taureau : la chambre est assez rangée, un peu comme une chambre d'enfant qui aurait grandi, sans dimension vraiment personnelle, ni marque propre.

Gémeaux : vous aurez de tout, des vêtements qui traînent, le programme de spectacles déjà vus, des cours et des classeurs qui jonchent le sol, lui seul sait s'y retrouver, et en tirer parti, son désordre le rassure, tel un monde en mouvement.

Cancer : vous y trouverez différentes strates de souvenirs, le Cancer accumulant et gardant tout. Il aime la marque du temps sur les objets et conserver les choses qui ont un sens. Sa chambre est pleine comme un œuf, mais c'est son univers et il s'y sent bien.

Lion : une légère négligence flotte dans la pièce, comme s'il ne voulait pas avoir l'air de s'en occuper vraiment. L'important est que de temps à autre, vous lui fassiez un cadeau qu'il désire de manière à se sentir objet d'attention (il vous donnera l'impression de ne pas noter, mais il serait très dépité que vous ne le fassiez pas !).

Vierge : ne vous occupez de rien, très vite, votre petit Vierge aura ses rites, ses manières de ranger ses affaires et ce n'est pas à vous d'intervenir, il fera à sa guise. Il peut avoir l'air fouillis ou organisé, mais dans tous les cas, il saura s'y retrouver.

Balance : normalement ce sont des chambres accueillantes, en ordre ; une Balance qui néglige sa chambre est une Balance qui va mal, car d'instinct, elle apprécie le confort et l'esthétique.

Scorpion : un cochon n'y retrouverait pas ses petits, c'est un univers enchevêtré et fou dans lequel rien ne ressemble à rien. Ces signes refont le monde à leur manière, et comme ce n'est pas à vous d'interférer, laissez-les donc vivre dans leur taudis génial.

Sagittaire : la chambre aura l'air un tantinet pompeuse, car il aime mettre en scène ce qu'il a obtenu. Son goût pour l'apparat s'accorde à un besoin d'espace. Ne lui donnez en aucun cas une impression d'intrusion.

Capricorne : la chambre devrait être d'une organisation ascétique et rigoureuse, chaque objet à sa place, mais il est essentiel de le laisser faire à son idée ; on ne vous demande pas d'intervenir et les initiatives sont mal venues.

Verseau : sa chambre s'est remplie de tout ce qu'il aime (il en change aussi souvent). Par contre, s'il ne tient plus à quelque chose, il est incapable de s'en débarrasser ; de ce fait, vous devriez vite avoir des difficultés à pousser sa porte pour rentrer dans la pièce.

Poissons : le Poissons garde tout, il conserve, il a besoin d'être dans ses objets comme dans une mare informe. Rien d'inquiétant à cela, mais surveillez l'éventuelle présence de bouteilles d'alcool vides ! De toute façon, il sera touché par votre sollicitude.

Votre ado et le lycée...

On ne dira jamais assez qu'un ado, avec de bons résultats scolaires, non seulement rassure ses parents mais se structure lui-même aussi, car plus il brillera, plus le monde lui semblera facile d'accès.

À la base de beaucoup de conflits parents/enfants, les mauvais résultats scolaires amplifient la peur des parents (et celle de l'adolescent donc !). La solution n'est pas de mettre la pression à votre ado mais de l'aider à comprendre pourquoi il ne réussit pas.

En bref, un *Bélier* est impulsif et a du mal à faire des efforts continus, l'énergie lui manque pour réussir. Un *Taureau* est trop lent, et assimile plus difficilement que les autres, il faut l'aider à s'organiser et recentrer ses efforts. Un *Gémeaux* s'ennuie vite, il faut démultiplier ses activités. Un *Cancer* est souvent rêveur ; quand il n'a pas envie de s'activer, le forcer est très compliqué. Un *Lion* est naturellement paresseux, là encore, il faut que les efforts lui semblent faciles et lui rapportent beaucoup de lauriers (si possible forcez sur les lauriers). Une *Vierge*, perfectionniste au plus haut point, se noie dans les détails et ne sait comment prendre les choses pour obtenir un résultat. Une *Balance* a un mal fou à s'y mettre, il faut faire avec elle pour la motiver. Un *Scorpion* a des états d'âme incessants, il fonctionne bien au chantage affectif, c'est toujours son émotion qui l'empêche de réussir. Pour un *Sagittaire*, c'est l'idée de but poursuivi qui l'emportera ; s'il ne tend à rien, il n'arrivera pas à s'y mettre. Un *Capricorne*, dans l'idéal, aimerait tout faire lui-même et il se bloque si l'aide qu'on lui propose ne lui convient pas. Pour un *Verseau*, c'est la vitesse qui va poser problème : si c'est trop long sans intérêt à ses yeux, il faudra des trésors de ruse pour le convaincre. Enfin un *Poissons*, profondément cyclique, passera par des moments de lassitude ou de suractivité, le tout étant de profiter des vagues…

Comment agir quand vient le premier amour

Bélier : savoir qu'il y en aura beaucoup d'autres. *Taureau* : le pousser à se déclarer. *Gémeaux* : discuter avec lui de ce que ressent l'autre. *Cancer* : attention, ça pourrait durer. *Lion* : savoir que s'il est largué, ça va mal se passer pour vous. *Vierge* : lui donner plus d'argent pour qu'inviter son amour ne grève pas son budget argent de poche. *Balance* : lui acheter des vêtements et l'aider à se préparer. *Scorpion* : ça va swinguer… et ça ne fait que commencer ! *Sagittaire* : expliquez-lui que ce n'est pas forcément utile de se marier tout de suite. *Capricorne* : aidez-le à croire en lui et à savoir qu'il a toutes les chances. *Verseau* : mêlez-vous de vos affaires… *Poissons* : son extrême sensibilité n'est pas près de vous laisser dormir, prévoir du café.

Ce qu'il faut faire en cas de crise de désespoir aiguë

Bélier : cacher tout ce qui est dangereux (c'est impulsif un Bélier, on ne le répétera jamais assez !). *Taureau* : le laisser dormir et manger (voire lui préparer des plats). *Gémeaux* : ne jamais le laisser seul, parler avec lui. *Cancer* : le laisser dans son monde jusqu'à ce qu'il vienne vers vous. *Lion* : lui dire qu'on est indéfectiblement à ses côtés et lui manifester des marques de respect. *Vierge* : avoir de petites attentions et l'aider à remonter la pente en ne lâchant aucun détail du quotidien. *Balance* : lui offrir des jolies choses. *Scorpion* : parler avec lui des jours et nuits entières, lui offrir quelque chose d'extravagant. *Sagittaire* : lui dire qu'il a eu la meilleure attitude possible et le soutenir en lui donnant raison sur tout. *Capricorne* : relativiser ce qui lui arrive en prenant des exemples d'accomplissements, le forcer à s'occuper d'autres personnes que lui. *Verseau* : le laisser aller vivre avec sa bande. *Poissons* : l'accompagner dans ses larmes et le laisser s'épancher.

Que faire si vous perdez le lien

Tout d'abord, perdre le lien avec un adolescent fait partie du processus normal. Changer de façon d'agir est logique puisqu'il a besoin pour devenir lui-même de rejeter ce que vous lui avez apporté pendant son enfance (encore une fois, aucune inquiétude, rien ne sera en réalité perdu).

L'éloignement est à la fois naturel et structurel, mais difficile à admettre pour vous parent (qui lisez le livre). Il va falloir rompre l'osmose avec votre nourrisson, votre bébé, votre enfant pour lequel vous n'étiez jamais assez disponible. Du jour au lendemain, vous vous retrouvez le bec dans l'eau avec un ado qui vous trouve casse-pieds et omniprésent. Somme toute, le changement est éprouvant pour le parent devenu un vieux jouet qu'on relègue.

Le sentiment d'échec du parent apparaît dans sa sollicitation envers l'adolescent. Il faudrait au fond admettre que chaque étape d'une vie a sa logique : votre enfant vous voulait pour lui tout seul, tout le temps ; votre adolescent n'a qu'une envie : que vous lui laissiez le champ libre...

Avoir le bon état d'esprit

Élever un enfant doit être pris au sens littéral. « L'élever », c'est réellement lui permettre d'accéder à lui-même, ce qu'il ne peut pas réussir seul. En tant que parent, il vous faudra le guider vers lui-même, ce qui suppose d'avoir en tête l'intérêt de l'enfant et non le vôtre.

Et ça ne dit rien sur la nécessité d'être plus ou moins sur son dos, car si certains enfants (et adolescents) s'en tirent tout seuls, beaucoup ne réussiront pas leur vie sans le soutien familial. Ce soutien, il faut le leur donner, parfois au prix temporaire de la qualité de la relation ! Si votre enfant fume de la marijuana et ne veut plus aller en classe, votre devoir est de l'aider à se sortir de la drogue et se remettre dans le cadre scolaire, non d'assister à sa déchéance par crainte des conflits. Armez-vous de patience parce que des conflits, en tant que parent, vous en aurez forcément. Mais rien n'est grave, et il faut avoir en mémoire que fuir une difficulté posée par une situation ne la résoudra pas. Elle se reposera à nouveau, quelquefois dans les mêmes termes et quelquefois d'une façon pire.

L'astrologie enseigne qu'en plus de régler un problème, il faut comprendre que vous franchissez une « étape » intérieure en vous confrontant à une situation difficile au lieu de la laisser pourrir… vous serez ainsi plus fort, lucide et en accord avec vous-même…

Il faut arriver à comprendre que la vie est faite de différentes époques et que répondre à chacune avec sérieux et détachement est la bonne façon de se positionner dans le bonheur. Naturellement, chacun préfère vivre dans l'harmonie plutôt que dans les crises, mais comprenez que conserver son rôle de guide et de parent, implique le détachement progressif et inéluctable de l'enfant.

Sortir votre adolescent du face-à-face avec vous

On évoque toujours la souffrance des pauvres parents durant l'adolescence de leur enfant sans trop parler des adolescents qui ont eux aussi du fil à retordre. Du point de vue astrologique, l'adolescence est le moment où l'on se sent changer sans avoir la moindre idée de son identité et de ce qu'on va pouvoir faire de sa peau. Globalement, on se trouve en trop à peu près partout, et surtout on a peur de ne pas être aimé.

Un adolescent, ne se sentant personne, a besoin d'être aimé pour devenir quelqu'un et pour savoir qui il est. Du moment qu'on l'aime, qu'il devient le point de mire de la communauté dans laquelle il évolue, il prend confiance en lui et tout va mieux. Mais en cas de désamour, son état empire, il se mure et tente de s'adapter à ce qu'on attend de lui. Le problème est que personne au fond (parmi les ados) n'a de critères bien déterminés, à un âge où chacun évolue par instinct. Amours, amitiés, ruptures se jouant à la vitesse de l'éclair, être accepté ou rejeté par un groupe est de l'ordre de l'instantané.

Le seul cadeau à faire à un adolescent, c'est de lui offrir plusieurs groupes de référence. La possibilité de se tourner vers une autre entité l'aidera de manière décisive. Ainsi, que la famille soit stable et homogène peut le pondérer. En recherche d'un équilibre, il le trouvera plus facilement si le socle sur lequel il s'appuie n'a pas l'air de flancher. Si l'enfant devenu ado a la chance d'avoir une famille élargie, des amis considérés comme des cousins, et qu'il exerce une activité sportive ou artistique avec des partenaires partageant sa passion, tout ira pour le mieux.

Surfer sur les crises

Il faut savoir que selon la position de la Lune dans votre thème (ça vaut pour les papas), vous êtes plus ou moins adaptable.

Avec une Lune en Bélier, vous aimerez sentir que vos enfants grandissent et s'affirment (ce qui peut être mal vécu par l'enfant) ; avec une Lune en Taureau, vous aurez besoin de câlins et de continuer à protéger et à materner (ce qui peut être mal vécu par l'adolescent) ; avec une Lune en Gémeaux, vous allez pousser un grand soupir de soulagement le jour où au lieu d'un nourrisson, vous vous retrouverez avec un enfant autonome ; avec une Lune en Cancer, on peut bien vous raconter n'importe quoi, votre bébé reste votre bébé, quel que soit son âge ; avec une Lune en Lion, si votre enfant n'est pas admirable, vous vous sentirez lésé et vous sortirez difficilement de ce ressenti (les natifs du Lion étant très susceptibles) ; avec une Lune en Vierge, vous devriez bien vous adapter à une autre période de vie sans trop vous poser de questions ; avec une Lune en Balance, vous respecterez les étapes d'évolution de votre enfant, ça vous semblera même naturel qu'il se détache (surtout si vous êtes en couple) ; avec une Lune en Scorpion, ce sera passionnel, vous aurez un amour fou pour votre enfant et il faudra qu'il vous le rende, coûte que coûte et quelle que soit sa nature, d'où les éventuels problèmes ; avec une Lune en Sagittaire, vous aurez surtout à cœur que votre enfant se marie et réussisse sa vie dignement ; avec une Lune en Capricorne, vous vous ferez énormément de souci, mais pas question qu'il soit au courant ; avec une Lune en Verseau, vous serez charmé de voir l'évolution de votre progéniture et vous serez ouvert à tout avec intérêt et légèreté ; avec une Lune en Poissons, vous vous inquiéterez de tout quoi qu'il arrive et ce sera compliqué de lâcher prise…

Quatrième partie

Astrologie et développement personnel : la voie des mille bonheurs

Dans cette partie...

Vous trouverez les recettes de l'astrologie pour être heureux dans tous les aspects de votre vie, avec en particulier les clefs pour réussir votre vie professionnelle (chapitre 16), la palette des conseils utiles de l'astrologie pour vous sentir bien dans le quotidien (chapitre 17) et la vérité (enfin !) sur l'usage de la prédiction par les astres (chapitre 18).

Chapitre 16

Trouver sa voie professionnelle

Dans ce chapitre :

- Les trois règles d'or de la vie professionnelle
- L'identité sociale que l'on recherche à travers son choix de métier
- La juste place à donner à votre vie professionnelle dans votre vie (tout court)
- Ce que les autres pensent de vous au travail
- Le guide des moments clés de votre parcours professionnel

L'astrologie sert à savoir qui on est pour vivre mieux. C'est un peu comme de comprendre comment fonctionne l'avion dans lequel on est, et qu'on pilote justement… Au lieu de faire face aux désastres à coups d'expédients (voire de formules magiques), mieux vaut comprendre une bonne fois pour toutes le mode d'emploi de ce qu'on est et de qui on est. Dans le domaine professionnel, l'astrologie peut vous aider à savoir pour quoi vous êtes fait, ou au contraire, ce qui ne vous convient pas. Les deux idées de base de l'astrologie sur la vie professionnelle, c'est que tout le monde devrait accomplir peu ou prou une sorte de vocation et pouvoir exprimer une créativité.

La contrepartie que l'astrologie exige pour vous révéler votre potentiel, c'est de vous confronter à vos illusions et vos peurs, tout en vous ramenant vers la seule force à utiliser, celle de la réalité.

Les trois piliers de la sagesse… professionnelle

Un thème astral définit non seulement les grandes lignes de caractère de quelqu'un, mais aussi la vie qu'il aura et celle qu'il aimerait avoir. C'est pourquoi il est souvent difficile de comprendre si le thème indique ce qui va réellement se passer, ou ce qu'on devrait réaliser (dans le meilleur des mondes).

En réalité, le thème astral est comparable à une graine de plante. À moins d'être jardinier astrologique professionnel (ce qui demande des qualités rares !), il est difficile de distinguer un avocat d'un artiste de cirque entre 0 et... 5 ans. Pourtant, la personne porte les germes de sa vie future (un palmier ne deviendra pas un bégonia). En revanche, si les conditions extérieures sont franchement contraires, de même que la plante ne poussera pas dans une terre stérile, la personne n'ira pas vers elle-même. Ces conditions contraires sont liées soit à des peurs (récurrentes) soit à une influence de l'environnement. Si vous êtes né dans le milieu du spectacle et que vous aspirez à devenir fonctionnaire de catégorie B, il est probable que vos parents aient du mal à vous comprendre. Au fond, tout se passe comme si le thème natal indiquait ce que la personne doit parvenir à exprimer envers et contre tout pour être pleinement elle-même. L'astrologie nous explique que pour être heureux, il faut avant tout... être soi. En conséquence, le problème reste de connaître sa vraie nature.

Suivre sa vocation

Une vocation ? On pense en général que c'est réservé aux artistes ayant reçu un appel céleste dans un demi-sommeil avec une muse en toge leur ordonnant de se jeter sur leurs stylos, piano ou pinceaux...

En fait, plus simplement, obéir à une vocation, c'est d'abord réaliser ce qui répond à vos aspirations profondes, à ce que vous souhaitez VOUS et non la muse en toge. Certains signes du zodiaque sont faits pour travailler seuls, et d'autres pour commander, certains restent de merveilleux bras droits, et enfin d'autres ont besoin d'avoir leur petit monde à eux. En tenir compte permet de ne pas vivre en contradiction avec soi-même.

Il s'agit ensuite de faire un métier apportant le sentiment d'un accomplissement personnel véritable. Pas simplement de la reconnaissance (financière ou humaine) de la part de nos supérieurs ou de nos clients, mais d'exister soi-même totalement, et d'être traité en tant qu'être humain (or, on verra que cette impression dépend moins de notre métier que de ce qu'on en attend). Il s'agit enfin de savoir ce qu'on cherche comme évolution sociale à travers notre profession ; si on construit une image en désaccord avec notre idéal, le sentiment de reniement en sera la contrepartie...

Lisez bien ce paragraphe, vous comprendrez que personne n'est fait pour exercer un travail mécanique ou strictement alimentaire. Dans l'analyse astrologique, ce type d'occupation professionnelle est assimilé à une forme de dépression.

Être créatif

Une créativité ? Tout le monde n'a pas le talent d'un peintre de la Renaissance ni l'envie d'aller à un cours d'écriture pour se scruter soi-même ou écrire le (futur) chef-d'œuvre du siècle ; cependant, bonne nouvelle, chacun d'entre nous est créatif en mettant de la joie et du plaisir dans ses réalisations. On peut ainsi vivre une vie poétique sans écrire le moindre haïku, il suffit d'aimer ce qu'on fait et d'être content d'être là où on est. Et bien souvent, cela ne dépend pas d'une situation, mais d'une volonté, celle de faire de votre vie un chef-d'œuvre en la rendant créative…

Faire carrière pour être heureux

Selon l'astrologie, ce point est une évidence : on doit faire carrière pour être heureux, avoir une vie réussie et s'accomplir ; encore faut-il savoir quoi mettre derrière l'expression « faire carrière ».

En effet, tout le monde n'a pas l'étoffe d'un homme d'affaires, d'un artiste international ou d'un antiquaire. Même s'il est préférable de gagner de l'argent par soi-même au lieu de dépendre de quelqu'un, il faut bien vivre et se nourrir.

Le besoin d'exister socialement, d'occuper une position sociale et d'y être pleinement à sa place est largement partagé. Il reste que cette posture sociale dépend grandement du thème de chacun. Donc l'admettre et le comprendre permet d'avancer, car si votre ambition est d'avoir la « même » vie que Pierre, Paul ou Jacques, vous ne serez jamais heureux. Ce que vous devez en revanche atteindre, c'est votre accomplissement social, faute de quoi, vous aurez la sensation constante d'être passé à côté de votre vie. Mais attention, si vous devenez un brillant banquier, ou un méritant fonctionnaire de la Sécurité sociale alors que votre thème astral indique que vous êtes fait pour tenir un centre équestre, vous aurez beau avoir réussi, un quotidien enviable, des récompenses, vous aurez le sentiment diffus d'être passé à côté de vous-même.

À la recherche d'une identité sociale

Plutôt que de définir un métier type par signe (en vérité il y en a des dizaines pour chacun), il est essentiel de comprendre « l'inscription sociale » à laquelle vous aspirez et qui vous conviendra.

Les données du thème qui permettent de comprendre vers quoi doit aller quelqu'un sont nombreuses. Ce qui est parlant, c'est en fait le croisement de ces différents paramètres que seul un astrologue saura analyser pour vous y aider. En effet, si vous pouvez par vous-même y voir clair dans ce que vous êtes point par point, il faut une grande habitude pour arriver à connecter des paramètres astrologiques apparemment contradictoires entre eux et y trouver la cohérence. En ce qui concerne précisément la sphère professionnelle, la position de Jupiter en signe et en maison est un vrai indice pour comprendre ce que, à travers votre profession, vous cherchez à réaliser dans votre vie et dans le monde.

Jupiter en signe vous indiquera ce qui semble le plus adapté en termes de rapports humains. Cette attitude sociale va particulièrement se traduire dans votre façon de travailler, en particulier avec vos collègues ou vos équipes.

Pour comprendre comment fonctionne l'astrologie, il faudra vous débarrasser de vos critères de jugement habituels. Rien n'est bien ou mal, mais chaque trait de caractère d'une personne s'harmonise avec sa vraie nature.

Jupiter en signe de Feu : l'énergie des conquérants

Un Jupiter en Bélier a besoin d'être le meilleur, il souffre d'un complexe d'infériorité qui fait de lui un narcissique primaire : il ramène tout à lui et pense être la norme. Le bon côté de ces personnalités, c'est l'extrême vivacité et l'esprit d'initiative. Concrètement, dans une vie professionnelle, ce sont des leaders ; ils détestent travailler en équipe et préfèrent avoir des objectifs renouvelés, interdisant tout boulot de routine...

Un Jupiter en Lion est LE meilleur (contrairement au Jupiter en Bélier qui se contente de se prouver qu'il peut l'être), et c'est d'ailleurs un problème, parce que le Jupiter en Lion est le meilleur quoi qu'il fasse... ou ne fasse pas ! Il a besoin de briller, d'être reconnu et de sentir qu'il suscite l'admiration autour de lui. Dans les rapports avec les autres, ce sont des gens qui ont besoin d'être valorisés, mis en lumière, et de commander. Ils aiment construire une légende et rien n'est pire pour eux que la sensation de ne pas compter.

Un Jupiter en Sagittaire se caractérise par une force dynamique tendue vers des projets encore dans les cartons. Toujours avec une longueur d'avance, le Jupiter en Sagittaire est soit visionnaire, soit inconstant, parce que jamais satisfait. Ce besoin d'être ailleurs lui donne la bougeotte et fait de lui un être qui ne se réalise que s'il pense conduire de grands projets. Professionnellement, ce sont des meneurs et des concepteurs. Très intellectuels, ils ont souvent une capacité à résoudre des problèmes ou à inventer l'avenir qui les rend irremplaçables.

Jupiter en signe de Terre : l'endurance des obstinés

Un Jupiter en Taureau est quelqu'un qui fait à son idée, et si les choses se présentent d'une autre façon, très patiemment, en prenant le temps de mesurer les différents tenants et aboutissants de la situation, il les ramènera à ce qu'il estime préférable. Un Jupiter en Taureau prend possession de chaque étape où il se trouve d'une manière pleine et entière. Il n'oublie rien, ne laisse aucun détail au hasard, mais déteste qu'on le presse. D'un point de vue social, il a besoin qu'on lui fasse confiance sur la façon dont il va mener sa barque, car c'est impossible pour lui de faire autrement que ce qu'il comprend, et ça peut poser problème avec ses supérieurs…

Un Jupiter en Vierge est psychomaniaque… Non seulement il faut que les choses soient faites à sa manière, mais en plus, cet enragé du planning est perfectionniste. Il cadre, organise, range, met en place, prévoit, change les prévisions et finalement réalise tout point par point comme prévu. On l'aura compris, la souplesse n'est pas son fort, mais l'excellence avec laquelle il œuvre est remarquable. Professionnellement, ce sont des exécutants hors pair à condition qu'ils puissent remettre à leur sauce ce qu'on leur demande. Ils ne sont pas influençables, mais en revanche très susceptibles si on ne leur donne pas toute latitude pour agir comme bon leur semble.

Un Jupiter en Capricorne laisse peu de place à l'autre. Pour deux raisons : la première, c'est qu'il a raison en tout et refuse de s'expliquer ; la seconde, c'est qu'il fait tout seul et déteste qu'on l'aide. Si nécessaire, il commandera en restant fermé à la discussion. Le Jupiter en Capricorne est très autonome, voire autarcique dans sa manière d'organiser son rapport au monde. Il a pourtant des idées, éventuellement des idéaux, qu'il a d'ailleurs du mal à mettre en œuvre, tout en restant convaincu d'avoir raison. Inutile de dire qu'il vaut mieux pour ces natifs travailler seuls et ne dépendre que d'eux-mêmes. Ils sont en général dotés d'un courage hors norme.

Jupiter en signe d'Eau : intuition et individualisme

Les Jupiter en signe d'Eau ont besoin d'un espace, d'un « écho » affectif à ce qu'ils ont et font. L'utilité de leur vie est souvent au cœur des questionnements…

Un Jupiter en Cancer fait comme son opposé le Jupiter en Capricorne, c'est-à-dire les choses à son idée. Il n'en démord pas. Il ne cherche pas forcément à avoir raison, mais à imposer son point de vue parce que c'est celui qui est le plus fédérateur, également, le plus sensé. Evidemment, ça semble bizarre de l'extérieur, mais pour lui, c'est très clair ! Cela dit, le Jupiter en Cancer n'a pas de temps à perdre, si on se refuse à l'écouter, il conclura que ça ne le concerne pas (ou ne devrait pas le concerner). Il laisse les autres faire à leur idée en optant pour ce qui lui semble le meilleur. Ce côté « perso » dans la démarche des Jupiter en Cancer en fait d'excellents chefs d'entreprise, mais pas de bons employés, ni des cadres moyens efficaces.

Un Jupiter en Scorpion cherche le pouvoir, il a besoin de savoir qu'il est indispensable et qu'il a une prise affective sur les autres, qu'il ne leur est pas indifférent, et suscite à la fois craintes et interrogations. Il évoque volontiers le mystère, sait ne pas abattre ses cartes trop facilement et se montrer généreux. Le Jupiter en Scorpion reste, on le comprend, complexe à gérer dans une équipe. Il a une forte tendance à mettre en scène ses exigences et vouloir jouir de l'impact qu'il a sur les autres. Merveilleusement à sa place dans les métiers de décideurs et de décideuses, il est en revanche un pitoyable exécutant (créant des conflits pour se donner de l'importance !) et un supérieur déstabilisant pour ses collaborateurs (soufflant le chaud et le froid, usant d'un humour douteux parfois...).

Un Jupiter en Poissons pourrait sembler bon et généreux. À l'écoute des autres, pétri de compassion, il se révèle plus dur que certains signes pourtant réputés peu altruistes. Le Jupiter en Poissons se sent invariablement trahi, utilisé, nié dans sa spécificité et pourtant, le seul à pouvoir tirer de la tempête le petit bateau dans lequel il vogue (avec d'autres professionnellement). Souvent, on ne lui demande rien, et son aide miraculeuse, loin d'être bien reçue, est perçue comme une pénible ingérence. Incompris, le Jupiter en Poissons se réfugie alors dans un désarroi théâtral sans commune mesure avec les urgences du moment. Très à l'aise dans les milieux artistiques, ce Jupiter connaîtra quelques difficultés dans des milieux professionnels plus objectifs et performants.

Jupiter en signe d'Air : les experts du relationnel

Un Jupiter en Gémeaux est adaptable mais ne se sent pas forcément bien partout. Curieux, attentif à découvrir l'étrangeté, il considère la vie comme un théâtre où tout se vaut. Il a du mal à prendre l'affect des autres au sérieux et souvent, faire autrement lui serait une contrainte. L'envie est son moteur. Professionnellement, ce sont des êtres qui ont besoin de renouvellement et qui s'ennuient à vitesse grand V dans une routine. Ils réfléchissent mieux en groupe que tout seuls, ils adorent ce qui va vite et les oblige à tenir compte de mille facteurs à la fois. Ce qu'on leur reprochera, c'est de se débarrasser trop vite des problèmes qui ne les concernent pas et d'oublier ce qui les dérange.

Un Jupiter en Balance évoluera avec bonheur dans un monde stable, doux, harmonieux et cohérent. Ce sont des gens capables d'une résistance hors norme à condition qu'ils aient la sensation d'édifier quelque chose qui a du sens pour le groupe dans lequel ils s'insèrent. Agréables à vivre, ils sont extrêmement bienveillants, et prendre parti contre d'autres leur est pénible. Stimulés, ils admettent le combat mais préfèrent s'abstenir. D'un point de vue social, les Jupiter en Balance, incapables de se motiver par eux-mêmes, ont besoin d'une clientèle, d'associés, d'une équipe. Seuls, ils perdent toute idée d'objectif.

Un Jupiter en Verseau a l'esprit d'équipe le plus aigu du zodiaque. Il fonctionne avec les autres et pour les autres, il met de côté son intérêt au profit de l'intérêt commun et il accepte mal l'individualisme. Défenseur des causes perdues et pourfendeur de la médiocrité, il se sent bien dans l'urgence, et se démobilise si rien ne lui paraît en valoir la peine. D'un point de vue social, le Jupiter en Verseau perd du temps en palabres et en échanges, il discute, se vexe, oublie, se documente, sans vraiment travailler. Ce sont des esprits créatifs, mal à l'aise néanmoins avec le concret et le passage à la réalisation.

Une vie professionnelle à sa juste place

On a vu que les douze Jupiter dessinent à grands traits des personnalités sociales tout à fait différentes. Voyons à présent comment les Jupiter, cette fois en maison, désignent un espace dans lequel le natif se sent « dans son territoire ».

Au-delà de l'identité sociale, chacun part d'un terrain d'origine dans lequel se développe son désir de réussite et d'accomplissement. Tout le monde ne bénéficiant pas des mêmes présupposés, il est nécessaire de se respecter, faute de quoi la sensation persistante de ne pas faire ce qu'il faut ressurgira. Ce que montre le Jupiter en maison, c'est la meilleure manière pour un individu d'avoir le sentiment de s'être réalisé.

Jupiter en maison de Terre : une vie professionnelle toujours centrale

Avec un *Jupiter en Maison X*, le natif doit réussir sa vie professionnelle. Une vie différente de sa vie privée, une vie où il passe des heures à ne pas s'occuper de préoccupations personnelles. C'est quelqu'un qui prend à cœur son travail et qui a besoin de s'y accomplir (et donc peu importe la profession, du moment qu'il occupe une position qui l'installe objectivement dans le monde professionnel).

Avec un *Jupiter en Maison II*, le natif doit gagner de l'argent pour se réaliser et se persuader de remporter des succès sur ce plan (peu importe le métier pourvu qu'il soit rémunérateur).

Avec un *Jupiter en Maison VI*, le natif doit travailler dur pour gagner sa vie. Le plus important dans cette configuration étant de fournir une réelle quantité de travail en regard du salaire. L'essentiel est la « manière de travailler » : heures régulières, travail constant sans fantaisie (qu'importe là encore le domaine professionnel).

Les Jupiter en maison de Terre sont constructifs et fournissent une quantité de travail réel. C'est important de voir qu'avec ces configurations, la notion de « profession » est pour ainsi dire inévitable.

Jupiter en maison d'Air : une vie professionnelle centrée sur les autres

Avec un *Jupiter en Maison III*, le natif a besoin de l'échange, de la relation, de la mise en forme, du déplacement. C'est un Jupiter qui existe à mesure des liens qu'il crée, et qui a besoin de mouvement, maître mot de cette position (le domaine dans lequel le natif se réalise aura une importance : la vente, le journalisme, la communication, etc.).

Avec *un Jupiter en Maison VII*, le natif se sent valorisé par le regard de l'autre. La position sociale aura un impact énorme sur ces personnalités qui ont besoin d'avoir un ascendant sur un associé ou d'être plébiscités par une clientèle ou un public qui les aime (professions libérales et artistiques, par exemple).

Avec *un Jupiter en Maison XI*, ce que recherchera le natif est la reconnaissance sociale. Besoin d'une aura, d'une respectabilité, d'une position où l'on s'appuie sur lui. Cela fait évidemment d'excellents managers, mais aussi des personnes dont le travail est lié à leur personnalité (médecin, architecte, etc.). au fond, tout travail qui implique qu'on vienne à vous non pas pour votre métier et votre expertise, mais pour votre personnalité. Par exemple, si vous allez voir votre médecin généraliste, Docteur X et qu'on vous propose un rdv avec le docteur Y, il se peut que vous refusiez, parce que vous voulez voir « votre médecin » et pas un autre…

Les Jupiter en maison d'Air travaillent moins en quantité mais avec et pour les autres ; c'est dans cette perspective qu'il faut orienter les efforts.

Jupiter en maison de Feu : une vie professionnelle brillante

Avec un *Jupiter en Maison I*, la personnalité a avant tout besoin d'être remarquée et remarquable, besoin d'un accomplissement qui la singularise et fasse d'elle quelqu'un d'exceptionnel. La modestie n'est pas son fort (cette position fait des inclassables, où qu'ils soient et quoi qu'ils fassent, tentant coûte que coûte de se démarquer).

Avec un *Jupiter en Maison V*, les natifs aiment un monde tournant à leur idée (et pas autrement). Intolérants aux limites objectives ou aux contraintes, ce sont des gens qui se positionnent d'emblée au-dessus du jeu, parfois sans pouvoir s'y maintenir (ces positions font des artistes, des artisans et des autoentrepreneurs).

Avec un *Jupiter en Maison IX*, c'est une autre histoire qui se joue. Il s'agit ici d'une réussite sociale clinquante et objectivement reconnaissable. L'argent n'est pas le moteur du natif ; il veut qu'on le recherche et qu'on le vénère pour ce qu'il représente aussi bien socialement que pour son expertise (ces positions astrales conviennent aux métiers qui n'intègrent pas une progression de carrière rapide et importante).

À RETENIR

Les Jupiter en maison de Feu ayant besoin d'être admirés pour ce qu'ils sont, ils refusent d'être dans le lot commun et qu'on les compare à d'autres. Ils briguent la première place et y parviennent souvent avec originalité.

Les Jupiter en maison d'Eau : une vie professionnelle au service de l'individu

Avec un *Jupiter en Maison IV*, la personne n'en fera qu'à sa tête, travaillant à sa manière et souvent à son domicile. Elle n'aime pas que le monde extérieur lui dicte sa conduite et n'aspire à rien tant qu'à sa tranquillité (l'important ici est une démarche : la personne se crée une vie dont le métier n'est qu'une partie).

Avec un *Jupiter en Maison VIII*, ce qui est le plus marquant, c'est la quête d'une réussite financière (pour dépenser, non pour amasser), sans effort. Cette position convient aux boursicoteurs, promoteurs immobiliers ou joueurs de casino (on aura compris, rien de très classique…).

Avec un *Jupiter en Maison XII*, la personne réfléchit sur tout, se sent en phase avec ce qu'elle vit et souhaite l'approfondir. Cette position fonctionne bien pour les chercheurs et les intellectuels qui se mettent à l'écart du monde pour mieux l'analyser (on voit bien qu'il s'agit essentiellement de carrières liées à la réflexion ou à l'introspection).

À RETENIR

Les Jupiter en maison d'Eau sont faits pour des professions où ils sont au centre de leur vie, c'est-à-dire où ils n'ont pas l'impression que leur vie privée va être dévorée par leur carrière.

Donc, à la question, « faut-il faire carrière pour être heureux ? », nous répondons qu'il faut avant tout être en accord avec soi et ne pas transiger sur cette donnée de base. C'est pourquoi l'analyse de Jupiter en maison et en signe vous aidera à savoir à quelle place sociale vous aspirez.

Votre énergie au travail en fonction de votre signe solaire

Signes de Feu : énorme énergie pourvu qu'elle soit sollicitée, incapacité à se trouver dans le vide, sinon à initier soi-même des projets. Énergie du tout ou rien qui exalte et rend actif, ou épuise de façon chronique.

Signes de Terre : énergie de constance. Capacité d'endurance mais peu de réactivité aux à-coups, déteste être dérangé dans le planning prévu, ne sait pas s'engager dans l'urgence ou s'épuise s'il a à le faire.

Signes d'Air : énergie de situation et relationnelle. Si la personne est stimulée, alors elle se décuple, capable d'une grande activité ; au contraire, si rien ne se passe, le sujet déprimé perd ses forces.

Signes d'Eau : énergie qui se régénère dans la lenteur, besoin de faire les choses à sa manière et de ralentir le rythme en cas d'urgence. Ce qui effectivement peut poser des problèmes. L'important est que la personne puisse travailler « à la tâche » plus qu'à l'heure…

Votre vie professionnelle de votre point de vue et de celui des autres

Faire carrière pour être heureux ne signifie pas s'occuper de son activité professionnelle en négligeant tout le reste, mais qu'il est nécessaire, pour se réaliser socialement et humainement, de le faire également sur le plan professionnel.

Or l'individu vit et travaille avec les autres, qui lui renvoient son image et donc la cohésion de son identité. En astrologie, on voit très bien qu'il y a une sorte de détour dans la constitution de la personnalité qui transite par le regard de l'autre. Cela se constate principalement de deux manières : dans le contraste, parfois violent, entre votre propre image et la perception que les autres ont de vous ; et, plus précisément, dans les enjeux que révèle la Maison XI dans votre thème.

Signe solaire et Lune : la bonne distance entre vous et les autres

Par définition, le milieu professionnel est d'abord une communauté de vie, un lieu où le regard des autres sur vous est central dans le quotidien de votre travail et dans l'évaluation de vos performances, et ce, que vous soyez dans une entreprise, une administration ou en contact avec une clientèle.

On retrouve donc de façon accrue dans le milieu professionnel les expériences parfois pénibles que le regard de l'autre nous impose depuis la tendre enfance. Rappelez-vous tante Berthe nous accusant de couardise parce qu'on n'avait pas voulu ramasser une souris morte pour la jeter dans la poubelle (on trouvait ça parfaitement dégoûtant, c'est tout…) ; la cousine Justine, persuadée qu'on est menteur parce qu'on lui a caché quelque chose à 8 ans et demi alors qu'on en a 50 passés ; Jérôme, convaincu qu'on l'aime follement sans lui avoir jamais déclaré notre flamme… Bref, tout le monde se raconte des histoires sur ce qu'on est censé être. Et comme personne ne garde rien pour soi, chacun répand les certitudes qu'il a sur vous… Avant même l'invention de la télévision, le voisinage, les amitiés et la famille constituent les sujets les plus passionnants de nos journées… *a fortiori* de nos journées au bureau.

En fait, vivre dans un monde commun permet de savoir « qui » nous voulons être. Les parents savent bien que leurs adolescents commencent toujours par se positionner contre leur environnement, pour ensuite retrouver un équilibre (on l'espère). Il importe donc de trouver le juste rapport à l'autre. Il peut nous guider vers nous-mêmes, mais risque aussi de nous égarer.

Deux processus entrent en jeu, l'un fait d'admiration, cette force qui nous propulse et nous invite au changement (dans le thème, c'est notre Lune qui admire), l'autre, protecteur et nous recentrant sur notre identité (là, c'est le Soleil qui entre en jeu en mettant les influences divergentes dehors).

Regardez donc où est placée votre Lune, vous comprendrez ce que vous recherchez comme modèle chez l'autre et donc à quoi vous aspirez à ressembler. Au contraire, si vous êtes mis en danger, c'est à votre identité solaire (signe zodiacal) que vous vous raccrocherez. Ces deux tendances seront à l'œuvre dans vos rapports professionnels : vous serez motivé et poussé à vous dépasser par les personnes qui se rapprochent astrologiquement de votre Lune et chaque fois qu'un conflit surgira, vous aurez tendance à vous centrer sur une attitude conforme à votre signe solaire (un Lion en s'indignant qu'on le contredise, une Vierge en ratiocinant pour démontrer qu'elle a raison, etc.).

Zodiaque tropique et lahiri : comment vous vous voyez et comment les autres vous voient

Le zodiaque utilisé en astrologie populaire est le *zodiaque tropique*, celui qui nous donne notre personnalité, ainsi que notre être intérieur. La différence entre zodiaque tropique et lahiri est très importante à faire ; même si l'explication technique relève des pros de l'astrologie, il faut comprendre l'ancrage scientifique et symbolique de ce débat.

Le *zodiaque lahiri* prend comme référence les constellations d'étoiles fixes. C'est donc un zodiaque sidéral et observable depuis la Terre. Il tient compte d'un mouvement qu'on appelle « précession des équinoxes » qui déplace le point vernal (point d'intersection entre la bande zodiacale et l'équateur) à raison d'un degré tous les 72 ans. Sans rentrer dans des détails techniques, il nous suffit de savoir que ce zodiaque correspond à une réalité concrète et en évolution permanente, mais sans charge ni référent symbolique.

Le zodiaque lahiri tient compte du fait que le découpage des constellations en 12 fois 30 degrés ne correspond pas à la réalité : en effet, certaines constellations sont très grandes – la Vierge fait par exemple, 40 degrés – et d'autres toutes petites – le Scorpion ne compte que 7 degrés. Néanmoins, le zodiaque lahiri ne repose pas uniquement sur l'observation du ciel : les anciens (astrologues égyptiens et de Chaldée) avaient découpé et nommé les constellations, non seulement sur la base de leurs observations, mais également selon des principes théoriques, religieux et traditionnels. L'astrologie se devait d'être fiable car elle servait de base au calendrier et réglait la vie des récoltes, et la météorologie. Enfin, l'observation de la ceinture zodiacale (les constellations s'y déplacent selon le moment de l'année) servait pour s'orienter.

Pourquoi vous ne vous reconnaissez pas toujours dans votre propre signe

Si vous êtes né du 21 d'un mois au 10 du mois suivant :

Un Bélier se voit Poissons

Un Taureau se voit Bélier

Un Gémeaux se voit Taureau

Un Cancer se voit Gémeaux

Un Lion se voit Cancer

Une Vierge se voit Lion

Une Balance se voit Vierge

Un Scorpion se voit Balance

Un Sagittaire se voit Scorpion

Un Capricorne se voit Sagittaire

Un Verseau se voit Capricorne

Un Poissons se voit Verseau

Et évidemment, seulement pour les défauts…

Pour résumer ce préambule historique, on peut dire que le zodiaque lahiri, étant observable depuis la Terre, traduit précisément le « point de vue de l'observateur » sur un thème astral.

Dans la pratique de l'astrologue, le zodiaque lahiri sert à la fois à déchiffrer le point de vue des autres sur vous et à retracer votre vécu tel que pourrait le percevoir n'importe quel quidam en vous regardant vivre.

En pratique, si votre grand-père vous perçoit comme un paresseux ne pensant qu'à s'amuser alors que vous vous sentez l'âme d'un découvreur de tendances, c'est qu'il vous saisit à travers le zodiaque lahiri et non à travers le zodiaque tropique. Au lieu de vous interroger sans fin sur ce genre d'erreur d'appréciation et de courir chez le psychanalyste pour lui poser la question (durant quelques années), il vous suffit de lire votre identité « dans le regard de l'autre », c'est-à-dire en zodiaque lahiri.

Le zodiaque tropique et le symbolisme de la croix

Le zodiaque tropique permet de lire l'intériorité d'une personne, plus exactement la façon dont elle se perçoit elle-même subjectivement. Ce zodiaque tropique est construit sur le symbolisme de la croix : il prend par principe comme point de départ le 0° du signe du Bélier et il découpe les constellations et les signes selon une périodicité de 30° chacune, et selon 4 quadrants correspondant à la fois aux signes cardinaux et aux grandes périodes de l'année.

Solstice d'hiver (nord, nadir : moment de contraction maximale correspondant au signe cardinal du Capricorne). À partir de ce point, la durée du jour croît, marquant la fin du cycle et le début d'un autre. C'est également le moment où la nuit est la plus longue de l'année, d'où le Capricorne vu comme signe de la maturation intérieure. De là également, viennent les acceptions de la Maison IV comme fin de la vie (fin du cycle) et intériorisation intense.

Équinoxe de printemps (est, ascendant) : poussée vitale, naissance, apparition de l'être dans le monde extérieur, ce qui correspond au signe cardinal du Bélier. À partir de ce point, on atteint un équilibre entre le jour et la nuit, mais le processus est croissant. Cardinal signifie pour un signe « le pivot », le moment charnière où le mouvement entre dans une nouvelle phase. L'équinoxe indique une phase d'équilibre. Malgré ce qu'on peut lire sur le Bélier, ce signe marque une forme de stabilité, car le rapport entre l'intérieur et l'extérieur n'est plus inégal. Mais toute stabilité se maintient par un mouvement interne qui le pousse dans une direction ou une autre : ici, vers la croissance.

Solstice d'été (Milieu du ciel, sud) : maximum de réceptivité, de malléabilité et d'accueil du monde extérieur. Cela correspond au signe du Cancer, ce qui signale une ouverture totale au monde extérieur et le moment où l'être commence à se refermer sur lui pour accumuler les données et les transformer. À partir de ce moment, le jour décroît. Mais c'est également le temps d'extériorisation maximale, tout ce qui est important se trouvant à l'extérieur, visible.

Équinoxe d'automne (descendant, ouest) : période de triage et de décroissance avérée où le cycle entre à nouveau dans l'invisible. C'est l'intériorisation, la réflexion (qui se voit dans la nature par le processus de tri), qui sont à l'œuvre.

La déperdition de l'énergie est la plus importante à ce stade, l'être voyant ses forces vitales décliner au profit de ses capacités « invisibles ».

Chaque zodiaque a ainsi son domaine de référence privilégié. La première chose à comprendre est que les zodiaques lahiri et tropique constituent une circulation entre un domaine extérieur (lahiri) et intérieur (tropique). On pourrait envisager cette distinction en la comprenant comme l'opposition entre votre ressenti subjectif (tropique) et la réalité objective (lahiri). Mais nous vivons dans les deux dimensions à la fois : notre subjectivité nous fait vivre les événements, et les autres nous voient agir. Or, il peut y avoir une distance d'appréciation entre cette intériorité et l'extériorité.

Donc, au lieu d'en vouloir à quelqu'un qui se trompe sur vous, essayez de comprendre pourquoi, et comment votre enveloppe « lahiri » vous transforme dans le regard d'autrui... Sachez en jouer dans vos rapports professionnels (si on vous voit timide alors que vous êtes un infâme manipulateur, ça peut tout de même être utile...).

Lecture en Maison XI de la reconnaissance professionnelle que vous cherchez

Depuis cette maison, nous voyons ce que nous désirons être dans le regard des autres. Il ne s'agit plus de la manière dont ils nous perçoivent (avec leur esprit mal placé...) mais de ce que nous, nous voudrions donner comme image. Bien plus, c'est l'image de nous-mêmes que nous cherchons à construire et dont nous avons besoin pour accomplir notre processus d'identité. En fait, ce que l'astrologie révèle, c'est la même chose que ce qui se voit en psychologie : l'autre est structurant dans la constitution de notre personnalité. Mais ce que l'astrologie dit de plus par rapport aux grandes lignes de la psychologie, c'est que notre attente de l'autre est préformatée par un type de volonté bien précise : c'est ce que nous sommes qui est déterminant et pas ce qu'est l'autre. Nous savons exactement quel type de reconnaissance nous voulons, car en fin de compte, nous sommes déjà une personnalité très affirmée.

Si la cuspide (le trait qui marque le début d'une maison) est pour votre Maison XI :

- *En Bélier*, vous voulez qu'on vous valorise pour votre capacité à initier des projets et votre esprit d'aventure, mais vous vous lassez vite des gens.
- *En Taureau*, vous voulez qu'on apprécie votre sens des responsabilités, votre droiture et votre constance, et vous n'aimez pas que l'entourage change trop souvent.
- *En Gémeaux*, vous avez besoin d'être entouré pour parvenir à savoir qui vous êtes, vous appréciez particulièrement la diversité humaine.
- *En Cancer*, vous avez besoin que le cercle de vos relations soit assez restreint et stable pour avancer dans la vie de manière ferme et nette.
- *En Lion*, vous avez besoin d'être reconnu, voire connu !

- *En Vierge*, un nombre très restreint et limité de personnes vous est nécessaire de manière à pouvoir donner autant que vous le souhaitez.
- *En Balance*, vous avez besoin d'un cercle d'amis qui soient bien dans les cases que vous leur attribuez et n'en débordent pas (les amis du samedi, ceux du dimanche, ceux avec lesquels on part en vacances, etc.).
- *En Scorpion*, vous avez besoin de drames affectifs, et d'avoir l'impression que les gens qui vous entourent sont attachés à vous.
- *En Sagittaire*, un univers que vous contrôlez et maîtrisez vous convient, tout comme vous sentir nécessaire à votre entourage (en demeurant néanmoins indépendant).
- *En Capricorne*, vous aspirez à l'indépendance. Oui, vous voulez bien apporter votre aide si nécessaire, mais surtout qu'on vous laisse tranquille et qu'on ne vous pèse pas (en tout cas pas trop).
- *En Verseau*, il faut que ça bouge autour de vous, beaucoup de monde mais pas toujours les mêmes personnes car autant vous adorez la découverte, autant la régularité d'une relation vous pèse et vous complique la vie.
- *En Poissons*, les cœurs fidèles et les personnes qui vous aiment vous sont essentiels. Vous avez besoin de sentir une communion d'âme et de cœur.

Cette Maison XI va déterminer ce qu'on attendra des autres, pas forcément en tant qu'individus mais en tant qu'atmosphère, environnement dans lequel on évolue.

Guide des moments clés (critiques ?) d'une vie professionnelle

Prendre la bonne route et les bonnes décisions au bon moment…

Réussir un rendez-vous d'embauche

On rentre ici dans des questions compliquées, car pour réussir un rendez-vous d'embauche, il faut cadrer avec le job convoité. Si ce n'est pas le cas, vous réussirez peut-être l'entretien, mais vous vous sentirez tellement mal dans le travail que vous aurez l'impression que la vie s'acharne sur vous. Or, la vie (pas plus que le destin, ni le mauvais œil) ne vous en veut pas : il n'y a qu'une personne à blâmer, c'est vous !

Premier conseil : essayez de vous connaître et tout ira mieux…

Seconde règle : pour réussir un rendez-vous, un minimum de compétence est nécessaire, mais il faut que le travail envisagé suscite du rêve et du désir.

Attention, cependant, cet aspect est souvent tronqué dans le thème, car vous arrivez avec des attentes correspondant à votre Nœud Sud (et donc stériles) ; or, il y a de fortes chances qu'on vous propose quelque chose qui parle de votre Nœud Nord (beurk... quelque chose qui va donc réussir mais... ne va pas vous plaire du tout !).

Si vous avez :

- Un *Nœud Sud en Bélier*, c'est travailler seul qui vous plaît (pas de chance, on vous propose un travail en équipe).
- Un *Nœud Sud en Taureau*, c'est un bon salaire régulier qu'il vous faut, pour ne plus tirer le diable par la queue (pas de chance, vous serez payé au pourcentage).
- Un *Nœud Sud en Gémeaux*, ce qui vous attire c'est de travailler de manière informelle, avec une équipe qui réfléchit avec vous, sur des projets variés, et surtout sans le poids des responsabilités (c'est vraiment la poisse, on vous trouve des qualités de manager).
- Un *Nœud Sud en Cancer*, vous aimeriez travailler dans une structure et être totalement pris en charge, pour ne plus avoir à vous poser de questions (c'est raté, il va falloir faire cavalier seul).
- Un *Nœud Sud en Lion*, vous rêvez d'un travail valorisant et noble, dans lequel vous serez reconnu et unique (pas de chance, il va falloir se fondre dans le groupe et accepter l'anonymat).
- Un *Nœud Sud en Vierge*, vous rêvez de vous fondre dans la masse en faisant un travail répétitif tout en étant précis et irréprochable (ce sera pour la prochaine réincarnation, parce qu'on sollicite votre intuition au sein d'une équipe).
- Un *Nœud Sud en Balance*, vous aimeriez pouvoir disparaître dans le groupe et ne pas avoir à vous affirmer pour laisser les autres prendre les commandes (une prochaine fois peut-être, ici il va falloir se comporter en leader !).
- Un *Nœud Sud en Scorpion*, vous auriez tendance à faire des tas d'histoires, ne jamais vous sentir à la hauteur ni à votre place, et besoin d'être rassuré tout le temps (pas de chance, il faut s'affirmer : bête et discipliné).
- Un *Nœud Sud en Sagittaire*, vous voulez tout contrôler, tout diriger, incapable de lâcher prise, et vous avez l'impression que ce qu'on vous propose est en dessous de votre niveau (dur dur ! vous devrez vous fondre dans le groupe, apprendre des autres et ne plus se poser de questions de principe).
- Un *Nœud Sud en Capricorne*, vous avez le groupe en horreur, vous voulez faire seul et à votre manière et devenez mutique dès qu'on essaie de vous faire bouger (hélas, il va falloir s'assouplir, se mettre au service des autres et même supporter leur affectif... atroce).

- Un *Nœud Sud en Verseau*, vous vous perdez dans tout et particulièrement dans les idées que vous brassez (il va falloir simplifier, vous engager à réaliser ce que vous proposez).
- Un *Nœud Sud en Poissons*, vous avez des doutes, et au-delà, conscience de vos imperfections, mais à force de noircir le tableau, vous en oubliez de travailler et de remplir correctement le planning…

Comment agir avec vos supérieurs ?

Comme on vient de le démontrer, la réussite professionnelle est une affaire relationnelle avant d'être un problème d'expertise technique. Toute la question est de savoir comment vous pouvez gérer au mieux les conflits et à défaut les éviter. Le problème n'étant pas de savoir qui vous êtes mais comment vous pourrez vous adapter à l'autre (en général, un chef peu disposé à faire des efforts !).

Tableau 16-1 : Adapter ses comportements avec sa hiérarchie

	Si votre chef est…		
	Bélier	**Taureau**	**Gémeaux**
Vous ne pouvez pas venir à une réunion très importante (pour cause de shopping ou autre raison essentielle)	Il y aura un conflit, mais il oubliera vite. Tenez bon avec mauvaise foi.	Donnez-lui une raison qu'il puisse entendre : problème financier grave, meurtre dans la famille, etc.	Dites-le-lui au dernier moment en prétextant un problème de dernière minute.
Vous avez besoin d'argent de manière urgente	Demandez-lui tout à trac (et souvent s'il refuse).	Il ne vous prêtera rien, vous perdez votre temps.	Très généreux, mais panier percé, frappez à une autre porte.
Vous voulez lui faire un cadeau pour le remercier	Invitez-le dans un magnifique restaurant.	Achetez quelque chose de cher et de marque (qu'il ait l'impression que pour lui vous ne regardez pas à la dépense).	Invitez-le à un spectacle qui lui fasse plaisir (ou offrez-lui une croisière).
Vous avez un conflit avec vos collègues dans lequel vous souhaitez qu'il arbitre	Il va s'emporter sur le principe puis tranchera dans le vif (et souvent à votre détriment), l'oiseau de mauvais augure étant toujours coupable (donc taisez-vous).	Il ne dira rien mais mènera seul son enquête. L'important est de ne pas revenir dessus, et une fois l'information donnée, de le laisser se faire son idée.	Réglez-le vous-même, c'est ce qu'il vous dira si vous insistez.

Tableau 16-1 : Adapter ses comportements avec sa hiérarchie (suite)

	Si votre chef est...		
	Cancer	**Lion**	**Vierge**
Vous ne pouvez pas venir à une réunion très importante (pour cause de shopping ou autre raison essentielle)	Anticipez au maximum et prétextez une raison familiale (non vérifiable parce qu'il se renseignera sûrement).	Faites appel à sa générosité ou à son sens moral, le Lion a besoin de se sentir « bon » et juste pour aller bien.	Préparez le dossier sérieusement de manière à être irréprochable et dites-le-lui suffisamment à l'avance pour qu'il puisse (bien) s'organiser.
Vous avez besoin d'argent de manière urgente	Dites-lui que vous avez un enfant malade ou une grand-mère à placer en maison de retraite et pleurez.	Appelez-le à l'aide comme vous le feriez devant un père bienveillant. Naïf et généreux, le Lion est le plus grand cœur du zodiaque.	Demandez de l'argent en proposant un échelonnement de remboursement très précis de manière à ce que le natif ne s'inquiète pas. À ce compte, vous devriez obtenir ce dont vous avez besoin.
Vous voulez lui faire un cadeau pour le remercier	Offrez-lui quelque chose que vous aimez, vous, et qui symboliquement a de l'importance à vos yeux, il sera touché (même s'il trouve le truc affreux).	Faites-lui un cadeau difficile à obtenir dont vous lui racontez l'histoire (une corne de rhinocéros, un bateau construit par vous-même...).	Offrez-lui quelque chose joignant l'utile à l'agréable.
Vous avez un conflit avec vos collègues dans lequel vous sollicitez son arbitrage...	C'est très important de le tenir au courant. Il a besoin d'être au cœur des choses pour voir clair dans les différents enjeux. Si vous vous taisez, il n'aura pas votre version.	Dites que vous êtes une victime. Votre chef vous méprisera, puis vous aidera. Mais de toute façon, si vous lui demandez son aide, il jugera que vous êtes un faible.	Parlez d'un problème de champ de compétences et d'expertises qui se croisent parce que chacun ne respecte pas ses attributions. Il œuvrera pour que tout rentre dans l'ordre et que chacun se remette à sa propre tâche.

Tableau 16-1 : Adapter ses comportements avec sa hiérarchie (suite)

	Si votre chef est…		
	Balance	**Scorpion**	**Sagittaire**
Vous ne pouvez pas venir à une réunion très importante (pour cause de shopping ou autre raison essentielle)	Faites-vous remplacer par quelqu'un qui aura les mêmes fonctions que vous (mais ne le laissez surtout pas seul).	Faites-lui une crise monumentale juste avant et prétextez que c'est à cause de cela que vous ne voulez pas venir (pour qu'il ait quelque chose à mâcher qui le concerne directement).	Prévenez-le en faisant une note de service.
Vous avez besoin d'argent de manière urgente	Demandez-lui avec insistance et sans vergogne. Rien que pour se débarrasser de vous, il vous donnera ce que vous voulez.	Très généreux sur le moment, sachez que ce natif vous fera toujours payer ce qu'il vous donne au centuple, donc dans la mesure du possible, abstenez-vous de trop demander.	Aimant que les choses soient au carré et en place, et que ceux qui l'entourent ne soient pas en difficulté (par goût de la grandeur et de l'ordre), vous trouverez sans doute une oreille compatissante.
Vous voulez lui faire un cadeau pour le remercier	Offrez-lui quelque chose d'élégant et de prix qu'il puisse regarder avec contentement.	Donnez-lui quelque chose qu'il puisse avoir tout le temps avec lui.	Offrez-lui un cadeau à la fois élégant et impersonnel.
Vous avez un conflit avec vos collègues pour lequel vous sollicitez son arbitrage…	Impossible, il ne tranchera à aucun prix, et c'est vous qui finirez par vous mettre en colère.	Enfin, quelque chose d'intéressant se passe ! Surtout n'hésitez pas à charger la barque, à imaginer des complots et à médire, tout vous sera compté en positif.	Avec justice et honnêteté, votre patron sera le plus à l'écoute possible. Il va décider, trancher, mais attention, vous ferez peut-être les frais de vos confidences.

Tableau 16-1 : Adapter ses comportements avec sa hiérarchie (suite)

	Si votre chef est...		
	Capricorne	**Verseau**	**Poissons**
Vous ne pouvez pas venir à une réunion très importante (pour cause de shopping ou autre raison essentielle)	De toute façon un chef Capricorne ne compte jamais sur personne. Par souci de convenance, prévenez-le, mais ne vous attendez pas à une quelconque réaction, vous n'en faites jamais assez (par principe, vous n'êtes pas lui-même !).	Prévenez-le que vous arriverez en retard, et ne venez jamais.	Assurez-le de votre soutien et de votre engagement dans votre travail, mais faites-lui comprendre que vous êtes appelé à une tâche essentielle.
Vous avez besoin d'argent de manière urgente	Il refusera tout net (avant même que vous ayez fini votre phrase) mais reviendra probablement sur sa position, donc prenez patience, et fatiguez-le de remerciements, même si ça semble l'énerver.	S'il en a les moyens et qu'il a l'impression que ça va réellement servir à quelque chose, il vous prêtera de l'argent.	Il vous donnera ce que vous voulez, tout en vous en voulant et en ayant la certitude de s'être fait avoir, donc un peu compliqué à gérer par la suite.
Vous voulez lui faire un cadeau pour le remercier	Quel que soit le cadeau, vous l'encombrerez de quelque chose d'inutile à ses yeux. Le plus simple est de lui demander ce qu'il veut.	Offrez-lui un truc marrant, high-tech, le genre gadget, ou objet intelligent (le robot qui balaie tout seul en détectant lui-même la poussière par exemple...).	Choisissez un vêtement, un parfum, quelque chose d'intime et d'insaisissable qui renforcera votre lien.
Vous avez un conflit avec vos collègues pour lequel vous sollicitez son arbitrage...	Encore un conflit ! voilà ce qu'il se dira. Vous le dérangez, et il n'aime pas ça. Il aura tendance à vous enfoncer en vous expliquant que c'est vous le problème. Il risque ensuite de réfléchir et vous donner raison, quoi qu'il en soit, vous passerez un mauvais moment.	Suggérez-lui d'agrandir l'équipe ou de changer la répartition des rôles, ne vous attardez pas sur la difficulté en cours mais présentez la situation de manière constructive et positive.	N'hésitez pas à dire au patron qu'on médit de lui ; il vous croira et fera de votre ennemi, le sien. Attention, la prochaine fois, semblable situation pourrait se retourner contre vous.

Comment réagir si vos collègues vous haïssent ?

Cette fois, le point de référence et la personne à considérer, ce n'est pas l'autre, mais vous-même. En effet, si une meute de collègues vous détestent, c'est pour une raison commune liée à votre caractère. Vous êtes donc à cent pour cent responsable de leur détestation, et c'est cette responsabilité qu'il s'agit de négocier au mieux.

Pour vaincre dans le conflit, utilisez vos armes !

Les signes de Feu étant des combatifs, si quelque chose ne vous plaît pas, rentrez dans la bataille, hurlez, tempêtez, réagissez toujours plus fort et n'hésitez pas à prendre l'initiative des crises.

Les signes de Terre sont des revanchards ; usez de vos rancœurs accumulées et de preuves qu'ils sont des monstres pour les dégommer définitivement, à votre grand soulagement…

Les signes d'Eau sont neurasthéniques par nature ; ils ont un point de vue totalement partial sur une situation et s'y accrochent comme des moules à leur rocher. Soyez franchement subjectif et parlez de vous tout le temps.

Les signes d'Air sont des instables ; un jour, ils sont contrariés et le lendemain, ils ont oublié. Donc n'hésitez pas à être aussi injuste que vous voulez (de toute façon, même si vous ne voulez pas, c'est ce que vous êtes…).

BON À SAVOIR

Tout cela doit être recoupé avec l'influence de votre ascendant. Si vous avez :

Un ascendant en signe de Terre, vous aspirerez à restructurer de fond en comble la situation pour que tout aille mieux. À trop vouloir régler le conflit, ne risque-t-on pas de détériorer la situation ? (méfiez-vous donc de votre tentation de tout remettre à plat pour la 22e fois).

Un ascendant en signe d'Air, vous ne supporterez pas longtemps l'atmosphère pesante (que vous avez éventuellement créée). À force de faire comme si tout allait bien, vous risquez d'irriter votre entourage (essayez par conséquent de discuter le problème au lieu de faire comme s'il n'avait jamais existé).

Un ascendant en signe de Feu, vous serez tenté de « passer l'éponge », sauf que personne ne vous a jamais demandé d'en faire autant. Loin de vous en être reconnaissants, les gens autour risquent d'être agacés par votre sollicitude (donc mettez-vous un peu en retrait).

Un ascendant en signe d'Eau, les conflits vous rendent malade ; du coup, la situation conflictuelle va disparaître, mais ce faisant, loin de vous plaindre, on vous trouvera scandaleusement lâche (mettez-vous au sport et refaites-vous une santé plutôt que de choisir la fuite).

Chapitre 17

Astrologie et bien-être

Dans ce chapitre :

- Comment nourrir son corps (et pas ses nerfs)
- Comment dormir du sommeil du juste
- Comment trouver son style vestimentaire
- Comment gérer son stress
- Comment vivre bien à tous les âges

On n'a pas tout dit, ou presque rien des pouvoirs de l'astrologie… Elle peut changer votre vie, mais pas de la manière que vous croyez. Elle s'immisce jusque dans les moindres recoins de votre existence et un œil averti peut immédiatement dire si oui ou non vous êtes dans la bonne direction ou si, au contraire, vous allez droit dans le mur. Dans ce siècle de « travail sur soi » où ces mots trouvent toute leur puissance, l'astrologie vous prend à rebrousse-poil en vous suggérant que si des choses ne tournent pas rond dans votre vie, peut-être faudrait-il arrêter de vous regarder le nombril et élargir le champ. En clair, la thèse de l'astrologie, c'est que votre environnement, vos vêtements, votre façon de vivre dans votre maison, c'est vous-même ! Donc au lieu de faire abstraction de tout pour faire le point sur vous, il faut commencer par ranger ce qui est juste à portée de main, c'est-à-dire vos placards, mais pas n'importe comment… comme un astrologue !

Bien manger grâce à l'astrologie, conseils de diététique…

Personne n'a pas les mêmes besoins alimentaires ni le même type de rapport à la nourriture. Au lieu de vous dire que vous devriez faire davantage d'efforts (ce qui est une sorte de tentation, on va expliquer pourquoi) et manger moins ou plus équilibré, il faut déjà savoir quelle place vous faites à l'alimentation dans votre vie et ce qu'elle représente. Elle a une part psychique fondamentale et si vous l'ignorez, vous rencontrerez rapidement un problème.

Pourquoi faire plus d'efforts ne suffit pas pour ressembler à ce qu'on veut ?

Votre corps sait ce qu'il lui faut mais votre esprit, lui, veut :

1. Que votre corps ressemble à autre chose qu'il n'est.
2. Qu'il s'approche au plus près d'un idéal.

Tout d'abord il faut comprendre que votre corps est le stade élémentaire de votre personnalité sociale. Par la nourriture plus particulièrement, il vous relie au monde et vous fait savoir si vous y êtes à votre place. Pour être plus maigre (vœu plus fréquent que de vouloir grossir, mais ça marche aussi dans l'autre sens), il ne s'agit pas forcément de manger moins (ou plus) mais d'identifier le désordre de votre vie et pourquoi vous le compensez par un excès de nourriture.

À RETENIR

Votre problème de poids n'est pas lié à la nourriture, mais à un positionnement global de votre existence. Si vous allez bien à l'instant « t » et que vous savez par ailleurs où vous allez à l'instant « t + 1 » (c'est-à-dire en sachant ce que vous voulez atteindre comme étape supplémentaire), vous aurez un poids idéal… ou presque.

Savoir où l'on en est

Si vos journées sont correctement remplies, si vous êtes content de vivre et heureux d'être dans un cadre cohérent, si vous positivez, les problèmes liés à l'alimentation seront négligeables…

Notez cependant que les signes d'Air (Gémeaux, Balance, Verseau) mangent trop par nervosité, que les signes de Terre (Taureau, Vierge, Capricorne) mangent trop par angoisse liée à un processus de non-maîtrise ou d'accélération, que les signes d'Eau (Cancer, Scorpion, Poissons) mangent trop par angoisse liée à une incapacité de faire face, et que les signes de Feu (Bélier, Lion, Sagittaire) mangent trop… par joie de vivre et envie de profiter pleinement de l'existence. Les excès ne sont pas dus à une seule cause mais à une myriade de raisons annexes.

Votre rapport à la nourriture symbolise votre manière de vous inscrire dans le monde ; il sera aussi un repère sur la manière dont vous gérez (ou pas) d'éventuels problèmes. De toute façon, si vous êtes trop gros ou trop maigre, c'est que vous ne trouvez pas votre place dans votre propre vie. En réalité, vous n'identifiez pas vos désirs au sein des situations dans lesquelles vous vous trouvez, et elles, de leur côté, s'acharnent à tourner à contresens de vos attentes. Entre le monde et votre caractère, c'est la nourriture qui amortit les chocs.

Voici un plan d'action pour répondre aux problèmes :

1. Rendez votre idéal d'alimentation accessible (en vous conformant à votre nature au lieu d'essayer de la nier)

N'essayez plus de rentrer dans les canons extérieurs de la société, ni dans un âge qui n'est pas le vôtre. Pour prendre un exemple, la maigreur chez les femmes est souvent liée à une envie de protection (on protège les petites filles mais pas les grandes femmes autonomes) ou d'arrêter la course du temps (vieillir fait peur, et maigrir donne l'illusion de la jeunesse). Votre image idéale doit être en accord avec votre âge et votre situation (si vous avez un travail épuisant, vous aurez besoin de manger plus qu'un oisif).

2. Mais sachez également que cet idéal comporte un danger qu'il va falloir gérer...

Si vous avez :

- *Un Jupiter en Bélier*, vous avez envie d'être beau et séduisant ; par ce biais, vous parviendrez à vous restreindre devant un paquet de pains au chocolat. Mettez-vous en valeur, ça vous fera autant plaisir que le pain au chocolat. Attention cependant au manque de constance et au découragement.
- *Un Jupiter en Taureau*, vous aimez manger, on peut même dire que les plaisirs de la table sont dans votre top cinq des raisons d'être heureux de vivre. À l'évidence, vous ne serez jamais maigre à faire pitié. Admettez-le et vous vous porterez beaucoup mieux. Il va falloir vous départir des critères de la société sans complexes. Évidemment, vous risquez de frôler l'embonpoint...
- *Un Jupiter en Gémeaux*, vous grignotez avec plaisir et détestez les contraintes. D'ailleurs vous idéalisez la liberté sous toutes ses formes. Accentuez donc votre anticonformisme naturel, et tout ira comme sur des roulettes. Veillez néanmoins à ne pas verser dans l'anarchie en ne mangeant que ce qui vous amuse (des moules-frites par exemple).
- *Un Jupiter en Cancer*, manger n'est pas un problème : vous n'êtes en général pas obsédé par les problèmes de poids, plutôt du genre gourmand. Le danger est une sorte de lâcher prise qui vous conduirait à ne plus du tout vous soucier de votre apparence...
- *Un Jupiter en Lion*, manger est une célébration qui se met en scène : vous aimez les mets délicats, les beaux restaurants et vous appréciez ce que vous mangez. Bien sûr vous êtes gourmand, mais ça ne devrait pas trop vous poser problème, le danger est que vous ne vous mettiez aucune limite et que vous finissiez par ne plus vous voir, sur le mode « 200 kilos, mais c'est très peu ! » (surtout pour un éléphant).

- *Un Jupiter en Vierge*, vous serez obsédé par la diététique et l'alimentation saine, les quantités correctes de nourriture et tout ce qui relève des vitesses d'assimilation des différents organes. Vous enfermer dans un style d'alimentation trop restrictif qui finirait par se retourner contre vous (végétalisme, suppression de familles d'aliments, etc.) est le risque encouru.
- *Un Jupiter en Balance*, vous n'avez choisi aucun équilibre alimentaire par vous-même, vous vous fondez dans le groupe, vous adaptant sans problème. Certes, tout ce qui est bizarre, trop exotique, ne vous emballe *a priori* pas, mais vous mangez comme on mange dans votre famille, dans votre équipe, dans votre club de peinture. À la longue, vous serez incapable de trouver votre mesure et juger ce qui vous convient ou non.
- *Un Jupiter en Scorpion*, l'alimentation va être un enjeu : sans limite naturelle, vous alternez excès et restrictions. Votre corps, trop intelligent et pas assez animal, n'envoie pas de signaux par lui-même ; il demeure sensible aux perturbations émotionnelles, alors que vous rêvez d'un libre arbitre alimentaire. N'avoir aucune limite tout en vous dirigeant vers quelque chose de potentiellement destructeur constitue pour vous une réelle menace.
- *Un Jupiter en Sagittaire*, manger est un art et vous aurez tendance à grossir avant l'âge. Vous limiter ne servant pas à grand-chose, essayez de développer une approche de raffinement qui vous fera regarder la vie d'un autre œil (que celui de l'estomac) car ce qui vous guette est un attachement excessif aux plaisirs de la (bonne) chère.
- *Un Jupiter en Capricorne*, vous aurez à cœur de maîtriser votre mode alimentaire et détesterez l'idée que ça vous échappe. Le danger est, qu'avec cette volonté d'indépendance par rapport à la nourriture, vous risquez de perdre de vue vos besoins réels.
- *Un Jupiter en Verseau*, vous adorez manger par moments et vous vous en fichez complètement à d'autres, pourvu que vous puissiez trouver dans le frigo de quoi tenter des expériences culinaires ponctuelles (sauterelles grillées). Mais vous risquez d'avoir la tentation de remplacer la nourriture par des substituts qui permettent de tenir plus longtemps sans se sentir lourd.
- *Un Jupiter en Poissons*, la nourriture ne sera que la chambre d'écho de votre affectivité. La nourriture (ou les boissons) dans ce cas ne suffisant pas à servir d'oreiller entre vous et le monde, méfiez-vous des dérives possibles.

Conseils de diététique par signe

Un Bélier doit manger de la viande et des aliments très nourrissants, très lipidiques ou très sucrés mais en petites quantités.

Un Taureau a besoin de se remplir en quantité et d'avoir une alimentation riche et variée (viandes, légumes, fromages, etc.). Attention aux graisses et aux sucres, il s'empâte très vite.

Un Gémeaux prend du plaisir à picorer et ne manger que ce qui lui fait plaisir (pizza, tacos, salade, tartes salées, olives). Il faut privilégier une alimentation variée mais surtout fractionner les repas.

Un Cancer ne se posera pas la question de savoir comment il devrait manger, il mange déjà bien (repas traditionnels, même mode alimentaire que ses parents et ancêtres). Il devra se restreindre sur les quantités et veiller à faire de l'exercice.

Un Lion doit limiter les occasions où il mange en abondance, mais de toute façon, un Lion qui se restreint finit par devenir malheureux. Ce sont les plats cuisinés et la cuisine de chefs qui l'attirent (aller au restaurant le plus souvent possible !).

Une Vierge aura soin de ses besoins alimentaires et voudra pour elle-même (et hélas aussi pour son entourage) tous les nutritionnistes de la terre. En toute logique, tout ce qui est lié au bio et à la nourriture dont on connaît la traçabilité a ses faveurs.

Une Balance aura une bonne alimentation uniquement par coquetterie : c'est son rapport aux vêtements et à l'apparence qui prédomine.

Un Scorpion doit veiller à sa santé avec une alimentation variée (et pas juste des boîtes de thon) ; il aurait tendance à suivre ses envies (hyperfantaisistes) et négliger sa santé.

Un Sagittaire doit manger de tout (et il y veillera) sans se créer des habitudes qui lui donneraient 102 occasions de repas par jour (les quantités et la récurrence des repas constituent son principal problème).

Un Capricorne appréciera une nourriture simple et reconstituante (tout le monde sait qu'on mange pour vivre et non l'inverse…). Une nourriture abondante et peu variée (les nouveautés lui font mal à l'estomac…), voilà son plaisir.

Un Verseau mange… ce qui se trouve à portée de main. Il suivra ses envies sans plan ni perspective en vue, le plus important étant de manger tout en faisant autre chose, sans sacraliser l'heure du repas (sinon, il se stresse et mange trop).

Un Poissons ingurgite des mets rassurants en trop grande quantité… ou fait abstinence et se rend malade. Ce qui lui serait profitable, c'est de maintenir un minimum vital dans tous les cas en évitant de se rabattre sur l'alcool…

Bien dormir grâce à l'astrologie : ni loir, ni hibou…

Tout le monde sait que l'insomnie engendre fatigue, mauvaise humeur et pessimisme. Mais dormir ne suffit pas pour être heureux. Si pour vous le sommeil est un refuge, à chaque réveil, la réalité sera pire… Par conséquent, au sommeil-refuge, préférez la résolution de vos problèmes. Un enfant (normalement heureux) n'a jamais envie d'aller se coucher ; il se réveille dans l'impatience de vivre ce que la journée lui promet. Voilà exactement l'état d'esprit que vous devez retrouver… En général, ce n'est pas gagné.

Les règles d'or pour aborder le sommeil

1. Considérer que le sommeil n'est pas votre seule récompense au monde, votre refuge, votre unique secours, mais la récupération du corps et de l'esprit d'une fatigue normale.
2. L'insomnie n'a souvent que deux causes : a) l'excitation mentale dont on n'arrive pas à sortir ou dont on ne veut pas sortir (persuadé qu'on va résoudre le problème) ; b) l'ennui (on n'est pas assez fatigué). Le plus souvent, les deux causes sont intimement mêlées.
3. Le manque de sommeil (ou l'envie de dormir davantage) vient d'un excès… de fatigue, évidemment physique mais le plus souvent mentale.

BON À SAVOIR

Le sommeil est avant tout (comme la sphère alimentaire) lié à notre capacité de penser les choses et de vivre. Il joue un rôle majeur de soupape et on s'intéresse à lui pour ne pas se dire qu'il y a un problème dans notre vie. En clair, on se contente de penser qu'on ne dort pas assez et que c'est à cela qu'il faut remédier. Ce faisant, on prend les choses à l'envers, car le sommeil n'est qu'un symptôme et ses troubles ne se règlent jamais à son niveau.

Il est vrai cependant que les signes du zodiaque ne sont pas tous égaux dans ce domaine et que leur relation au sommeil dépend :

1. De la maturité globale du signe (qui signale un âge intérieur de la personne et non un jugement de valeur) : les six premiers signes du zodiaque sont dits primaires et les six autres secondaires, c'est-à-dire incapables de vivre « spontanément », d'où une relation toujours plus complexe à la sphère des besoins du corps.
2. Du rapport de pouvoir que l'individu entretient avec son corps, c'est-à-dire de sa volonté d'obtenir un résultat conforme à ses attentes, comme si son corps était une machine.

Le Bélier a besoin de récupérer par moments (comme un bébé, notamment si quelque chose l'a secoué). Il va beaucoup dormir et enfin serein, il oubliera aussitôt pourquoi il a dormi autant. *A priori*, il n'exerce aucun pouvoir sur son sommeil, il se contente de vivre sereinement ce rapport.

Le Taureau est l'être des quantités, il lui faut de longues heures de sommeil pour alimenter sa machine. Il s'attachera à vérifier qu'il a son compte d'heures dans les bras de Morphée.

Pour *le Gémeaux*, vivre ce n'est pas dormir et, excepté les grasses matinées (et pour certains, la sieste), dormir est d'un ennui mortel. Si on l'oblige à se coucher, il devient mauvais.

Pour *le Cancer*, faire dodo est doux comme l'enfance. Il ne cherchera jamais à maîtriser son sommeil. Par contre, ne pas dormir suffisamment l'effraie (mais aucune psychorigidité : il apprécie les grasses matinées comme se coucher tôt !).

Pour *le Lion*, dormir est naturel, il y puise son génie et son équilibre, avec le risque cependant de trop dormir et ne se lever que s'il le juge nécessaire.

Après ces six signes qui ont un rapport plutôt positif au sommeil, on entre dans un autre type de relation, plus détournée, où les comportements peuvent plus facilement dériver vers des formes de pathologie.

La Vierge compte ses heures pour connaître ses cycles. Elle dort en principe (et selon son propre jugement) trop. L'important pour elle, ce n'est pas forcément de dormir, mais d'accomplir le travail nécessaire et de savoir quand il est utile de se reposer (pour restaurer sa force vitale). En clair, peu d'abandon dans le sommeil.

La Balance dort parce qu'il le faut bien, mais si elle n'y arrive pas, elle n'insiste pas car elle en a vite assez de se tourner et se retourner…

Le Scorpion peut ne pas vouloir dormir (du tout) puis dormir tout le temps. Il voit dans le sommeil un monde magique où trouver une forme de paix absente de sa vie diurne. Vous l'aurez compris, il déteste l'idée de n'être qu'un animal dont l'équilibre reposerait sur la régularité (quel esclavage !).

Le Sagittaire accepte de dormir à condition qu'on respecte son sommeil et qu'on admire ses efforts. Il aime se dépasser et, en règle générale, voit dans le sommeil un domaine à maîtriser.

Le Capricorne déteste dormir, perte de temps inutile à ses yeux. Il déteste avoir des besoins en règle générale, il est le plus tôt levé et le plus tard couché. Ainsi maîtrise-t-il, et lui-même, et les autres…

Le Verseau dort quand il a sommeil, mais quelle idée de devoir dormir à heures fixes, la nuit ou le soir…

Le Poissons dort quand il est malheureux, sinon, il n'a jamais besoin de se reposer.

Ces six derniers signes ont une relation complexe au sommeil, le détestant parce qu'il leur rappelle une nature animale à laquelle il est impossible d'échapper. Du coup, ils s'efforcent de lui donner un sens en accord avec eux-mêmes.

Que peut dire l'astrologie sur les rêves ?

Pour l'astrologue comme pour le psychologue, le rêve témoigne souvent de peurs non digérées qui resurgissent à cette occasion. La mise en scène que leur fait subir l'inconscient est intéressante parce qu'elle contourne ce qu'on voudrait éviter de voir dans notre caractère. Et de ce fait, loin de mettre en lumière l'inconscient, l'astrologue pense que les rêves alertent la conscience sur ce qu'elle aimerait ne pas voir.

La première règle à retenir est que le rêve étant le meilleur révélateur de nos préoccupations, on s'en servira pour comprendre ce qui réellement pose problème dans notre vie. Au stade de conscience où nous sommes (loin des yogis illuminés), le rêve dégorge ce qu'on n'arrive pas à intégrer, sans pour autant faire progresser notre conscience. Il ne fait que confirmer le ou les problèmes qui nous agitent.

BON À SAVOIR

L'analyse symbolique n'est pas vraiment pertinente pour décrypter les rêves ; à force de se gaver d'images à travers le Web et la télévision, notre patrimoine symbolique est en chute libre. Nous ne servons alors plus de réceptacle aux grands courants cosmiques (mais plutôt aux séries télé...).

Ainsi l'astrologue vous dira que le rêve, quel qu'il soit, signale simplement que vous avez un problème et que l'objet de votre rêve (le domaine ou la personne) vous rend malheureux. Cela pourra vous rendre apathique ou boulimique. En tout cas, c'est un problème qui vous détourne de la réalité.

En revanche, soyons clairs, un rêve ne vous aidera pas à résoudre quoi que ce soit, il ne fera que des variations (souvent intelligentes et imagées) sur un problème ancien qui reste entier. Pour le résoudre, il faut cesser de fouiller dans ses rêves (ça les démultiplie), car cela n'apporte aucune solution, et revient à se regarder le nombril...

Trouver son style vestimentaire grâce à l'astrologie

L'habillement n'est ni neutre ni sans importance. Il est la quintessence de vous-même, et vos vêtements sont à l'image de votre âme. Si vous vous sentez bien en mettant quelque chose, en accord avec votre identité et votre personnalité, vous serez « porté » par une énergie incroyable tout au long de la journée.

L'habit ne fait pas le moine mais...

... un vêtement en accord avec vous-même est un accumulateur d'énergie. L'apparence et l'essence sont une seule et même chose, le problème étant que de l'essence, on ne sait rien. En recherche de notre identité profonde, on peut la connaître à travers les vêtements qui nous mettent en valeur...

Pour trouver l'accord entre soi et un vêtement, il convient de voir vers quoi nous mènent (dans l'ordre) :

1. Notre signe
2. Notre ascendant
3. En négatif, notre Nœud Sud en signe (indiquant ce que nous devons fuir...)

Comme nous allons le voir, s'habiller, plus que du shopping, est tout un art du dosage... Le signe nous indique la « base » à respecter, faute de quoi on se sent à côté de la plaque. L'ascendant nous montre ce vers quoi on tend, à savoir la sensation recherchée à travers un mode d'habillement.

Tableau 17-1 : Les besoins essentiels des douze signes du Zodiaque

Bélier	*Taureau*	*Gémeaux*	*Cancer*	*Lion*	*Vierge*	*Balance*
A besoin de provocation et de séduction.	A besoin d'aise et de douceur.	A besoin de jeunesse et d'aisance.	A besoin de douceur et de confort.	A besoin de mise en valeur et d'originalité.	A besoin de vêtements pratiques, résistants et confortables.	A besoin d'harmonie et d'élégance.

Scorpion	*Sagittaire*	*Capricorne*	*Verseau*	*Poissons*
A besoin d'être original, mystérieux et sexy.	A besoin d'une élégance raffinée et d'une pointe d'exotisme.	A besoin de vêtements robustes et de qualité.	Adore la mode et ce qui change.	Aime les superpositions et les effets de transparence.

Quiz très simple pour tout comprendre des influences respectives du signe et de l'ascendant

A. Vous êtes Bélier, ascendant Vierge, pour aller travailler :	Vrai	Faux
1. Vous portez un décolleté plongeant rouge brique et une jupe en lamé avec des talons aiguilles.	❑	❑
2. Vous êtes en survêtement mais largement ouvert sur un marcel transparent.	❑	❑
3. Vous avez un survêtement moulant et des chaussures de randonnée.	❑	❑

Réponses :

1. Faux, vous êtes Bélier ascendant Scorpion. 2. Faux, vous êtes Taureau ascendant Bélier. 3. Vrai.

B. Vous êtes Taureau, ascendant Poissons, pour rester chez vous, vaguement patraque : Vrai Faux

1. Vous êtes en pyjama toute la journée avec des pantoufles achetées au Disney store. ❑ ❑
2. Vous restez en sous-vêtements, puis enfilez un pull fait main. ❑ ❑
3. Vous mettez ce qui vous tombe sous la main et si vous avez besoin de sortir, vous ajoutez un grand chapeau. ❑ ❑

Réponses :

1. Faux, vous êtes Taureau ascendant Cancer. 2. Faux, vous êtes Gémeaux ascendant Taureau. 3. Vrai.

C. Vous êtes Gémeaux ascendant Vierge, pour aller à une soirée : Vrai Faux

1. La petite robe noire (ou le costume indémodable de Saint Laurent) d'une élégance remarquable, mais aussi un manteau, parce que les soirées sont fraîches. ❑ ❑
2. Vous empruntez un jean moulant à votre fils/fille et vous mettez un pull à col roulé (avec une écharpe rouge). ❑ ❑
3. Vous faites les boutiques pour trouver un pantalon vintage et un tee-shirt à moitié déchiré. ❑ ❑

Réponses :

1. Vrai. 2. Faux, vous êtes Gémeaux ascendant Scorpion. 3. Faux, vous êtes Gémeaux ascendant Gémeaux.

D. Vous êtes Cancer ascendant Taureau, vous recevez vos beaux-parents qui n'ont rien de rigolo : Vrai Faux

1. Vous vous habillez classique avec élégance et raffinement. ❑ ❑
2. Vous avez passé la journée à mijoter un plat d'olives au castor ! Plus le temps, vous attrapez n'importe quoi dans le placard, ça fera l'affaire. ❑ ❑
3. Vous mettez le pull tricoté par belle-maman et l'ensemble offert par beau-papa, que vous ne mettez d'ailleurs qu'à cette occasion. ❑ ❑

Réponses :

1. Faux, vous êtes Cancer ascendant Sagittaire. 2. Vrai. 3. Faux, vous êtes Cancer ascendant Capricorne.

E. Vous êtes Lion ascendant Balance, vous recevez des amis de façon décontractée :

	Vrai	Faux
1. Ce n'est pas parce qu'on est cool qu'on ne doit pas être élégant. Vous choisissez une tenue qui mettra les autres mal à l'aise (trop jolie), mais sans aller jusqu'à les vexer.	❑	❑
2. Ah bon, il fallait s'habiller de manière spéciale ? Ce n'est pas comme ça que vous aviez compris les choses, vu que vous êtes en tongs.	❑	❑
3. C'est l'occasion de mettre votre peignoir transparent, histoire de voir si Raymond/Marina est sensible à votre charme.	❑	❑

Réponses :

1. Vrai. 2. Faux, vous êtes Lion ascendant Lion. 3. Faux, vous êtes Lion ascendant Scorpion.

F. Vous êtes Vierge ascendant Capricorne, vous allez à un entretien d'embauche :

	Vrai	Faux
1. Vous misez sur la simplicité, un tailleur-pantalon noir avec un chemisier blanc.	❑	❑
2. L'important est l'originalité, vous tenez à ce qu'on vous remarque, vous misez sur l'exubérance.	❑	❑
3. Vous refusez les codes, vous vous habillez comme d'habitude.	❑	❑

Réponses :

1. Vrai. 2. Faux, vous êtes Vierge ascendant Gémeaux. 3. Faux, vous êtes Vierge ascendant Vierge.

G. Vous êtes Balance ascendant Balance, vous montez sur scène pour réciter un poème à la fête communale du village de votre grand-mère :

	Vrai	Faux
1. Vous prévoyez votre tenue pendant des semaines, chaque détail a son importance. Vous tenez à faire plaisir à chacun (par exemple chaque couleur sera un hommage à un tiers).	❑	❑
2. Vous ne voulez pas faire étalage de votre réussite, vous faites dans la simplicité.	❑	❑
3. Vous vous habillez en petite fille/petit garçon pour amuser la galerie.	❑	❑

Réponses :

1. Vrai. 2. Faux, vous êtes Balance ascendant Lion. 3. Faux, vous êtes Balance ascendant Cancer.

H. Vous êtes Scorpion ascendant Capricorne, vous allez à un enterrement :

	Vrai	Faux
1. Vous vous habillez en noir avec force dentelles.	❑	❑
2. Vous êtes d'un classicisme absolu (personne ne vous remarque).	❑	❑
3. Vous mettez une tenue offerte par le défunt.	❑	❑

Réponses :

1. Vrai. 2. Faux, vous êtes Capricorne ascendant Vierge. 3. Faux, vous êtes Scorpion ascendant Cancer.

I. Vous êtes Sagittaire ascendant Vierge, vous allez à un mariage :

	Vrai	Faux
1. Vous vous habillez sobrement avec une pointe d'élégance.	❑	❑
2. Vous vous habillez de manière originale, avec des chaussures plates.	❑	❑
3. Vous vous achetez une robe hors de prix qui conviendrait parfaitement à un moine bouddhiste.	❑	❑

Réponses :

1. Faux, vous êtes Vierge ascendant Sagittaire. 2. Vrai. 3. Faux, vous êtes Sagittaire ascendant Sagittaire.

J. Vous êtes Capricorne ascendant Taureau, sur le point de jardiner, quand le téléphone sonne : votre petit(e) ami(e) a décidé de vous rendre visite :

	Vrai	Faux
1. Vous le (la) recevez comme vous êtes, c'est-à-dire pas terrible.	❑	❑
2. Vous vous changez pour avoir l'air naturel, sans ostentation, mais plus propre.	❑	❑
3. Vous en rajoutez en vous mettant à rempoter des arbustes particulièrement salissants...	❑	❑

Réponses :

1. Vrai. 2. Faux, vous êtes Capricorne ascendant Balance. 3. Faux, vous êtes Capricorne ascendant Scorpion.

K. Vous êtes Verseau ascendant Gémeaux et quelqu'un que vous aimez vous offre une pelisse ignoble qui vaut une fortune :

	Vrai	Faux
1. Chouette, vous la revendrez sur eBay...	❑	❑
2. Vous la mettez quand même, par amour pour la personne qui vous l'a offerte.	❑	❑
3. Vous la mettez en détestant la personne qui vous a fait ce cadeau qui vous force à être ridicule.	❑	❑

Réponses :

1. Vrai. 2. Faux, vous êtes Verseau ascendant Poissons. 3. Faux, vous êtes Verseau ascendant Scorpion.

L. Vous êtes Poissons ascendant Bélier, et vous voulez séduire… mais il fait un froid polaire dehors :

	Vrai	Faux
1. Vous êtes prêt(e) à faire n'importe quoi pour plaire, y compris vous mettre des plumes à un endroit qu'on ne peut nommer.	❑	❑
2. Une tenue attrayante sous un manteau de fourrure, voilà l'idéal.	❑	❑
3. Par ce froid, vive les Damart.	❑	❑

Réponses :

1. Faux, vous êtes Poissons ascendant Balance. 2. Vrai. 3. Faux, vous êtes Poissons ascendant Capricorne.

Les clefs d'un style réussi

Le risque majeur pour votre style c'est d'être influencé par votre Nœud Sud en signe, terrifiant de ce point de vue. Si vous vous reconnaissez dans la liste suivante des modes d'habillement spécifiques Nœud Sud, même à l'état de trace, tirez la sonnette d'alarme. Scruter et analyser votre manière de vous vêtir est une des méthodes les plus rapides pour savoir si vous êtes en accord avec votre chemin de vie ou si au contraire, vous êtes complètement à côté de vous-même (vous irez alors d'échec en échec…).

Nœud Sud en Bélier : vous essayez toujours d'être provocant (alors que ce qui en jette vraiment en ce qui vous concerne serait plutôt l'élégance discrète).

Nœud Sud en Taureau : naturel et sportif, vous faites au plus simple (en fait il serait temps d'être plus attentif à l'effet que vous produisez).

Nœud Sud en Gémeaux : à bientôt 53 ans, vous craquez toujours autant sur les jeans Stretch moulants et empruntez volontiers la doudoune lamé argent de votre ado (essayez plutôt de vous donner un air digne et convenable, vous n'en serez que plus magnifique).

Nœud Sud en Cancer : que c'est mignon, que c'est joli, ces petits nœuds, ces marinières et cols Claudine (certes, mais à 45 ans, vous avez juste l'air d'une courge, donc tâchez de privilégier la sobriété).

Nœud Sud en Lion : hum, hum, le style années 1950, femme fatale et Elvis Presley, les déshabillés panthère et les blousons de cuir, c'est un peu… dépassé (portez plutôt des vêtements adaptés à ce que vous faites, ce serait un grand bond en avant).

Nœud Sud en Vierge : vos vêtements sont vieux mais de bonne qualité, et de votre point de vue, encore bons pour le service (certes, mais n'attendez pas qu'il n'en reste qu'un fil pour en changer et tâchez, soyons fous, de varier selon vos humeurs, sans compter à la dépense).

Nœud Sud en Balance : mais Ciel, qu'est-ce que Marie-Odile, votre belle-mère, votre patron ou la secrétaire du 3e vont penser de vous si vous vous habillez d'une manière x, y ou z... (eh bien, on s'en fiche ! Lâchez-vous et habillez-vous comme bon vous semble).

Nœud Sud en Scorpion : à force de cultiver la différence, vous faites carrément peur (le plus simple serait de remettre au goût du jour des vêtements sobres et sympas, mais pas excentriques).

Nœud Sud en Sagittaire : exotisme, grands horizons, vous aimez sentir le souffle du grand Ailleurs dans votre style mais... à force d'originalité, vous ressemblez à une gravure ethnique – ou à un cacatoès (cessez de privilégier l'apparence et choisissez des vêtements plus adaptés).

Nœud Sud en Capricorne : le bonheur pour vous, c'est la Russie soviétique, tenue grise et stricte obligatoire pour tout le monde (il faudrait oser... la différence : couleurs douces, formes fluides, et vous verrez que sans armure, vous serez aussi heureux).

Nœud Sud en Verseau : c'est cool de s'habiller et pas besoin de se prendre la tête (ben si, peut-être un peu, soignez votre apparence et bannissez le négligé).

Nœud Sud en Poissons : l'apparence n'est rien et vous êtes au-dessus de cela, mais vous finissez par être un tantinet crasseux (tâchez d'être un peu plus strict côté propreté).

Et toujours, la boussole du Nœud Nord...

On l'aura compris, l'astrologie a son mot à dire sur la façon dont on se coiffe et s'habille. En effet, elle peut nous permettre de savoir pourquoi et comment on se sent bien, en accord avec nos énergies et nous-mêmes...

L'axe des nœuds, en particulier le Nœud Nord en maison, montre quel élément extérieur (domaine de vie – personnel ou professionnel...) ou quel type de personne (ami, compagnon/compagne, famille...) sont au centre des préoccupations d'un sujet et donc comment et à quoi il doit s'adapter. Le Nœud Nord en signe désigne à quel style l'individu devrait se conformer. Tout l'enjeu est de faire jouer ensemble les différents paramètres jusqu'à trouver ce qui caractérise précisément quelqu'un... Voici quelques éléments pour construire **le clavier symbolique** de votre apparence :

Axe I/VII

L'arrivée en Maison VII, maison de l'autre, indique que la personne doit se plier à la mode, mais comme il s'agit du Nœud Nord, ce sera sans dépendance (pas de *fashion victim* donc !). Il sera bon néanmoins de tenir compte de l'avis d'autrui.

Axe VII/I

L'arrivée en Maison I, maison de l'ego, indique que la personne doit se coiffer ou s'habiller pour elle-même, selon un souci de mise en valeur de soi. Ici, tout dépend du signe pour savoir vers quelles tendances elle orientera son style. Le point fixe, c'est qu'elle devra suivre ses envies et surtout pas la mode ou l'avis des autres.

Axe II/VIII

L'arrivée du Nœud Nord en Maison VIII suggère une certaine originalité dans la coiffure, voire un anticonformisme galopant... Rien de sage, mais attention toutefois aux extrêmes : fluo, rasage partiel ou punk...

Axe VIII/II

Attention, arrivée en Maison II, donc privilégiez des coiffures faciles à entretenir, propres sur soi, efficaces, voire sportives...

Axe III/IX

L'arrivée en Maison IX, marque fréquente du Sagittaire, signale un besoin de raffinement, une pointe d'exotisme... ou un particularisme religieux. Mais, dans la plupart des cas, c'est la distinction, le côté adulte BCBG qui ressortiront, non dans la revendication, mais avec élégance et finesse.

Axe IX/III

Avec le Nœud Nord en Maison III, c'est le côté adolescent et déjanté fantaisiste qui ressort. Le changement – fréquent – est aussi mis en avant. Rien qui soit destiné à durer, ni la coupe ni la couleur. Originalité, mais aucune continuité ni stabilité...

Axe IV/X

Avec une arrivée du Nœud Nord en Maison X, la coiffure devient un marqueur social, elle se doit d'être sobre et conventionnelle.

Axe X/IV

Avec l'arrivée du Nœud Nord en Maison IV, on s'habille comme on le sent. Quant à la coiffure, c'est aussi à l'intuition, moins tenue, plus naturelle, sans souci de l'impact social ni de l'image donnée. On cherche à se sentir bien et le côté pratique est essentiel (pas de coiffeur, les ciseaux sont dans le tiroir)...

Axe V/XI

Avec un Nœud Nord en Maison XI, la personne préférera une coiffure dans l'air du temps, avec pourquoi pas un léger temps d'avance. La coiffure ou l'habillement devront garder une certaine originalité, mais sans provocation, avec une pointe de raffinement.

Axe XI/V

Avec un Nœud Nord en Maison V, la coiffure comme la manière de s'habiller sont inspirées, artistiques et personnelles, sans tenir compte des modes ; le but n'est pas de ressembler aux autres mais d'exprimer des envies profondes.

Axe VI/XII

Avec un Nœud Nord en Maison XII, la coiffure et le vêtement s'inspirent de l'étranger, avec un côté ethnique. Plus communément, une chevelure négligée témoignera d'un laisser-aller positif, reflet d'une liberté intérieure fondamentale (ne pas oublier que le Nœud Nord est en XII, c'est donc toujours positif et... mesuré !).

Axe XII/VI

Avec un Nœud Nord en Maison VI, pas de folies ni de fanfreluches : coiffure et habillement sont pratiques et ne gênent pas. Yeux dégagés pour bien voir, coupe facile à entretenir et, côté style, on s'adapte au contexte social en évitant de choquer ou de revendiquer.

Signes du zodiaque et coiffure

Les indications suivantes sont applicables à la fois pour le signe solaire et pour le signe du Nœud Nord.

Bélier : Audacieux. La coupe est là pour attirer l'attention mais en restant pratique, sinon c'est agaçant ! En cas de crise de nerfs, on peut aussi tout couper...

Taureau : Conventionnel. Coupe courte et sportive, avec un côté volontairement fonctionnel. Les cheveux sont soit courts soit attachés...

Gémeaux : Coupe moderne qui suit l'air du temps. Doit changer souvent de tête et suivre ses envies et la mode. Assez maniérée, la personne fait très attention à son apparence...

Cancer : Coupes douces, favorisant les nattes, les couettes, quel que soit l'âge... Look assez peu novateur, indifférent à l'originalité, tout en discrétion.

Lion : Cheveux avec du volume et des reflets, un brin de gel si nécessaire pour accrocher la lumière. La personne cherche à être remarquée et à se voir dans le regard des autres... Se passe souvent la main dans les cheveux !!!

Vierge : Brushing parfait, pas une mèche de travers, voire cheveux attachés en chignon ou queue-de-cheval pour une femme, et raie au cordeau pour un homme.

Balance : Élégant. Conventionnel mais pas strict comme la Vierge, beaucoup de raffinement et d'attention à la mode, un côté vieillot parfois. Chignon plus souple, moins tiré, barrette à strass ou assortie au sac à main. L'homme aura la mèche souple, moins plaquée sur le crâne. Le côté séduction est souvent très présent (moins qu'un Lion, mais quand même). Beaucoup de goût en tout cas, c'est un des signes les plus harmonieux et raffinés du zodiaque.

Scorpion : Anticonventionnel, anticonformiste, on osera une couleur originale, une coupe déstructurée. En général, les cheveux sont très longs... Il est important d'afficher sa différence.

Sagittaire : Coupe soignée, raffinée, sans aucune originalité mais d'une extrême délicatesse. Avant tout un grand respect des conventions.

Capricorne : Coupe traditionnelle et sans fioritures. Le critère étant de ne pas s'en occuper, les cheveux seront soit très longs, soit très courts.

Verseau : En avant-première le style de demain, ou de jamais si mal intégré... Comme les Gémeaux, il a envie de changer souvent, au gré de son inspiration... Couleurs mélangées et originales, et coupes futuristes.

Poissons : Longs cheveux laissés libres pour elle et pour lui mi-longs (ou longs), un peu flous. Moins soignée que pour le Lion, la chevelure ne sera ni brossée ni coupée de manière régulière...

La touche spéciale de l'ascendant

Bélier : S'affirmer

Taureau : Côté pratique mis en avant

Gémeaux : Plaire et s'amuser. Expérimenter

Cancer : Que ce soit doux et que ça ne se remarque pas trop...

Lion : Briller

Vierge : Disparaître

Balance : Être en harmonie avec son entourage

Scorpion : Choquer, surprendre...

Sagittaire : Donner l'impression de s'intégrer à son environnement, mais avec l'objectif de le dominer

Capricorne : Maîtriser son apparence

Verseau : Se sentir en accord avec l'air du temps

Poissons : Se sentir en accord avec son sentiment interne profond

Gérer son stress grâce à l'astrologie

Décrété ennemi public n° 1, le stress serait la cause de tous nos maux. Si on veut être exact, être stressé c'est se montrer incapable de restaurer sa cohésion intérieure pour faire face, mais face à quoi ? Tout simplement à notre vie.

Le stress : la guerre de soi contre soi

Au lieu de se dire que notre existence pourrait être plus simple et meilleure, il faudrait partir du constat inverse : nous sommes dans la meilleure existence possible, mais n'y étant pas heureux, nous déclenchons un processus de défense, de scission intérieure, qui s'appelle « stress ».

Si ce que nous faisons nous rend heureux et nous donne un véritable sentiment d'accomplissement, le stress n'a pas sa place. Il peut y avoir du trac, de l'envie, du désir, des fourmillements parce qu'on s'impatiente, de la fatigue, des doutes sur la conduite à tenir, des questionnements sur le passé, mais pas de stress. Le stress intervient quand nous nous mettons à refuser notre vie. Sauf que, évidemment, on n'en est pas conscient...

Le processus est très simple :

1. Nous nions ce que nous sommes, c'est-à-dire l'ensemble de nos qualités et de nos accomplissements.
2. Nous nions ce que nous avons accompli et les résultats auxquels nous sommes parvenus, pour nous focaliser sur la crainte de n'être pas la bonne personne, ni dans la bonne voie.

On voit donc que le stress vient en réalité d'un trop-plein d'attentes. La peur de ne pas y arriver, d'en avoir trop sur les épaules s'appuie également sur l'angoisse de l'échec. Ce mal-être se manifeste par un chagrin et un fort déni de soi.

Le stress surgit quand il y a guerre entre soi et soi : au lieu de se faire confiance, on se contente de surenchérir dans une logique d'angoisse qui ne mène nulle part. De ce fait, l'individu entre dans un processus de repli sur soi pathétique pour ne pas dire pathologique. On ne veut plus faire face, parce que c'est trop dur (et effectivement ça l'est, si on se nie soi-même et si on nie tout ce qu'on a accompli par le passé !). En situation de repli, on offre alors le moins de prise possible au monde extérieur.

Soleil, Lune et stress

Le stress est une attitude de fuite par rapport au monde réel. Le gérer, c'est accepter totalement sa vie, la contempler avec recul et hauteur. Dire oui à ce qui est. Tant qu'on est dans la négation, on ne change rien du tout. Ce n'est qu'en acceptant les choses qu'on peut acquérir une hauteur de vue. À partir de là, on devient capable d'affronter ce qui ne nous convient pas.

Sachez que dans la roue astrale, nos planètes se distribuent dans plusieurs signes du zodiaque, peut-être pas les douze pour chacun, mais au moins quatre ou cinq pôles importants. Pour l'astrologue, le stress est le grain de sable pouvant se trouver à tous les points du thème. C'est cela qu'il faut apprendre à détecter.

Si votre Soleil se stresse, il va se nier lui-même. Au lieu d'être un bon Taureau lent et organisé, ou un bon Scorpion dramatique et sacrificiel, vous tenterez de devenir autre chose que vous-même. Ça peut être n'importe quoi. Il suffit que votre voisin, votre mère ou votre patron vous répète que vous feriez mieux de travailler à l'inspiration plutôt que d'être organisé pour que vous vous mettiez à douter de vous. La psychanalyse nous suit bien dans cette étape, en confirmant que le problème principal est d'être vous-même et de vous affirmer en tant que tel, sans rentrer dans les attentes des autres… Seulement voilà, si votre Soleil se trouve en Maison III, VII ou XI, ce type de conseil ne fonctionne pas : être vous-même ne pourra se faire sans le regard de l'autre.

Donc rectification essentielle : soyez vous-même, refusez de vous remettre en cause chaque fois qu'on vous fait une remarque. Demandez-vous pourquoi vous avez agi de la sorte. Si vous avez un Soleil en signe de Feu, vous êtes en réalité en quête de quelque chose, un but que vous devez expliciter. Si vous avez un Soleil en signe d'Eau, il vous faut de la compréhension, de l'amour, un accompagnement affectif, ne plus vous sentir seul. Si vous avez un Soleil en signe d'Air, vous recherchez davantage de liberté d'action et de pensée, vous rêvez d'horizons nouveaux et c'est la fermeture de perspectives qui vous pose le plus problème. Enfin, si vous avez un Soleil en signe de Terre, vous avez besoin de sentir l'utilité de vos actes, sinon, vous gaspillerez votre énergie.

La chose à comprendre sur votre personnalité, manifestée par le signe solaire, c'est que pour ne pas se stresser, elle a besoin de revenir à son propre centre de gravité. Si le Soleil ne « comprend » pas ce qu'il fait dans une situation, il ne fonctionnera pas. Et s'il se referme sur lui-même en se niant, alors tout s'enchaîne de manière négative. C'est un peu comme un bateau privé de capitaine.

Magali avec un Soleil en Cancer se trouve devant un changement professionnel qui l'inquiète parce qu'elle ne se sent pas au niveau. Si elle est seule à s'y confronter et sans appui, elle finira par se dire qu'elle n'en est pas capable. Elle a besoin que plusieurs personnes l'épaulent et l'accompagnent. Elle aura du mal à gérer des situations difficiles si elle a la sensation récurrente d'être seule à se battre.

Armand a un Soleil en Bélier. Il ne sait pas pourquoi, mais il perd son énergie à toute vitesse. Il ne sait plus où donner de la tête dans ses projets professionnels ; dès qu'il en met un en place, ça ne tourne pas comme il l'attend. La pression lui est devenue insupportable. En réalité, Armand a besoin d'avancer par étapes au lieu de tout penser en termes de réussite ou d'échec global de sa vie.

Mylène a un Soleil en Capricorne. On lui propose une promotion. Elle n'ose pas y aller. Au lieu de se dire qu'elle manque de courage ou d'ambition, elle devrait se questionner sur ses vrais motifs : n'aurait-elle pas la sensation de quelque chose qui manque de stabilité ou de cohérence ? Au fond, on lui envoie des signaux sur l'instabilité d'une situation et elle se bloque peut-être avec raison.

Alexandre a un Soleil en Verseau. On lui offre de travailler avec des amis, la situation devrait être idyllique ! Il s'y jette d'ailleurs la tête la première mais en se stressant. En réalité, il a besoin non seulement de cet environnement en principe « amical », mais aussi que la communication soit à la hauteur de ses espérances, ce qui n'est pas forcément le cas. Sur ce point, s'il transige, il ne cessera jamais d'être angoissé.

Évidemment, le Soleil n'est pas la seule planète provoquant le stress dans un thème astral (et donc dans une vie), d'autres planètes le font aussi si elles fonctionnent mal. Prenons le cas de Mercure : si vous essayez de réfléchir ou d'aborder un problème autrement que vous ne pouvez le faire, vous serez devant une situation incompréhensible à vos yeux. Au lieu de l'analyser avec vos outils, vous vous contenterez de la rejeter en bloc sans plus vous donner la possibilité d'agir dessus.

La Lune au contraire fonctionne à l'inverse : elle ne stresse pas, mais absorbe l'angoisse en bloquant le fonctionnement du thème. Elle sert uniquement de soupape et inhibe à sa manière (c'est-à-dire selon le signe dans lequel elle est) l'individu. Les Lune en Feu bloquent par la violence ou la colère (au mieux l'orgueil) ; les Lune en Eau en allant dormir ou en versant des larmes ; les Lune en Terre par le silence ; enfin, les Lune en Air bloquent en changeant de sujet et en sautillant d'une chose à l'autre…

On ne peut pas réformer sa Lune ni agir dessus, tout ce qu'on peut faire, c'est l'observer de manière profitable ; oui, vous pouvez savoir à quel moment vous êtes en train de partir en vrille. Il est d'ailleurs essentiel de comprendre que le stress est un état qui se pose (comme le papillon sur la fleur) sur vous mais *n'est pas vous*. Il faut donc cesser de se réfugier dans des comportements destructeurs qui nous enfoncent considérablement.

Trouver son équilibre à tous les âges de la vie

Dans notre monde, une vie équilibrée se partage entre sphère privée et activité professionnelle, sans occulter la valeur que vous donnez à cette vie. Cela explique sans doute l'agressivité d'autrui qui se manifeste quand on touche à cette répartition…

Tous autant que nous sommes, nous privilégions naturellement l'un ou l'autre en étant certains de faire exactement ce qu'il faut, et nous regardons d'un œil mauvais (comme des traîtres à la cause) quiconque fait un choix différent. Ce chapitre vous aidera à prendre conscience de ce choix, sans avoir cependant la prétention de vous changer. On n'évoquera pas le côté professionnel, mais le style de vie que vous favorisez (sur ce point, l'astrologie ne vous juge pas, elle vous explique les raisons de ce choix).

Le cas particulier des axes X/IV et IV/X en maison

Maintenant que vous avez compris que le partage vie professionnelle/vie privée n'est le plus souvent qu'un leurre occultant la question du choix de vie, il faut pourtant évoquer une exception (par laquelle nous commencerons comme dans les meilleurs manuels de grammaire) : celle des personnes ayant un axe du Dragon X/IV ou IV/X.

Tous les autres axes du zodiaque se structurent en fonction de leur rapport à leur identité ou au monde extérieur. Seuls ces axes X/IV et IV/X trouvent leur équilibre et leur identité dans un lien explicite à cette partition vie professionnelle/vie privée.

L'axe X/IV met plus haut que tout l'accomplissement dans le travail et la carrière qui s'y attache. Il se définit lui-même dans le lien au monde social, dans une indépendance et dans une recherche d'excellence personnelle. Pas de chance, il s'agit de donner priorité absolue à une famille, à un projet personnel et à un engagement vers et avec les autres...

Pour ces malheureux, la tendance à vivre à l'inverse de leur axe du Dragon est tellement puissante qu'elle les aveugle. Évidemment cette logique n'aboutit à rien, voire au contraire de ce qu'on peut en attendre. Les axes X/IV auront ainsi une vie professionnelle et sociale qui prendra son ampleur à mesure qu'ils voudront donner une priorité absolue à la sphère personnelle et familiale.

Si vous avez cette configuration dans votre thème, vous avez intérêt à comprendre son fonctionnement et à vous y tenir, faute de quoi ce que vous essaierez de réaliser professionnellement tombera à l'eau. Vous êtes de ceux qui surestiment le devoir, la recherche de l'effort, la notion de responsabilité. Or, ces valeurs ne vous serviront guère à améliorer la société, mais à gérer la banalité d'un quotidien où les efforts vous paraîtront inutiles, infinis et peu valorisants (comme la vaisselle dont on ne voit jamais le bout puisqu'elle recommence à chaque repas)...

Car le plus important, ce sont les êtres, et les liens que vous créez, pas votre réalisation professionnelle. Au fond de vous, vous le savez... mais en attendant, à chaque fois que j'ai quelqu'un au téléphone qui ne me parle QUE de sa carrière, les yeux fermés, je sais que c'est un axe X/IV !

C'est une autre musique avec les axes IV/X. Rien ne compte plus pour eux que la famille, les valeurs et ce qui s'ensuit. Ils ont envie d'un foyer, souvent une maison, une vie stable et digne de respect. Leur ambition est d'apporter tout l'amour possible à ceux qu'ils aiment... mais voilà que le programme de vie s'avère différent. Si ces natifs se réfugient dans une vie familiale, personnelle et privée, ils se retrouvent immanquablement mis (*manu militari*) à l'extérieur de leur existence, et confrontés à la nécessité de revoir leurs priorités.

Une vie brillante, mondaine et extrêmement riche les attend. On peut se dire : de quoi se plaindre ? Sauf que pour les axes IV/X ayant une famille qu'ils chérissent, il est en réalité douloureux de devoir s'en occuper d'une autre manière qu'en lavant les culottes, préparant les repas et se mettant au service du clan. Il va falloir vivre pour soi... quand bien même les IV/X sont souvent au désespoir de se couper en deux, avec l'impression de se sacrifier pour leur travail sans pour autant voir grandir leurs enfants.

BON À SAVOIR

Attention, devoir donner une priorité à un plan ne signifie en aucun cas le sacrifice (ou l'annihilation pure et simple) d'une vie plus privée ; c'est juste que la vie professionnelle doit prendre le dessus au jour le jour et devenir structurante.

Les grandes étapes de l'équilibre entre monde extérieur et monde intérieur

Pour les autres natifs, la vie est plus simple que pour les axes X/IV ou IV/X. Il ne s'agit pas de surestimer l'une ou l'autre dimension, mais de les faire coexister au fil du temps en sachant leur donner la priorité selon les âges de la vie.

L'astrologie suit jusqu'à 28 ans un déroulement découpé de sept ans en sept ans, suivis de cycles de neuf ans dont nous donnerons plus loin la signification. Il faut en tenir compte pour pouvoir s'accomplir pleinement.

De 0 à 7 ans

La vie « professionnelle » de l'enfant est sociale avant tout. La Maison X va représenter pour lui le monde et les découvertes qu'il peut y faire. Il est important de comprendre l'opposition entre la sphère maternelle où l'enfant se constitue à travers la nourriture (qui ne doit pas impliquer trop de changements) et la sphère sociale, stimulante et déstabilisante à la fois. La Maison IV est pour lui la sphère des habitudes, et le lieu où il se nourrit émotionnellement et nerveusement ; elle est proportionnellement supérieure à la sphère extérieure. Ainsi, on pourrait dire que les moments où l'enfant doit être conforté dans un monde d'habitudes et répétitif sont de deux tiers, alors que ses découvertes vers le monde extérieur ne représentent qu'un tiers de sa vie. Donc, pas d'inquiétudes, votre bébé de 6 mois n'a pas besoin qu'on l'emmène à des spectacles de théâtre contemporain.

Parmi les signes, les enfants de Feu et d'Air sont ceux qui ont le plus besoin d'être poussés vers le monde extérieur, tandis que ceux de Terre et d'Eau demandent à être « réconfortés » et gardés dans leur Maison IV.

De 7 à 14 ans

L'équilibre entre les deux sphères doit être réalisé. L'enfant a besoin non pas de se « socialiser », parce que c'est l'âge où son ancrage social reste exclusivement familial (la famille est porteuse de valeurs), mais d'apprendre et se structurer mentalement. Tous les apprentissages que l'enfant fait à cet âge sont destinés à le faire grandir et le transformer en adulte.

Les cas particuliers correspondent à des enfants avec une Maison X ou IV chargée de planètes ; cette maison dominera alors leur vécu.

De 14 à 21 ans

À cet âge, la Maison X, représentant aussi bien l'inscription sociale dans le groupe que les apprentissages permettant de trouver sa place dans le monde, prend le dessus dans un thème. La Maison IV est en berne ou en sommeil, elle n'a plus rien à prouver, c'est un socle qui a construit l'individu, lequel ne doit plus se transformer de l'intérieur mais remplir un cadre d'ores et déjà constitué. À cet âge, il faut décupler les expériences intellectuelles, déterminer sa direction de vie et son vécu dans le monde, il y a donc beaucoup à faire. La Maison X prend environ deux tiers de l'existence, tandis que l'existence allouée à la Maison IV est en récession. Il est essentiel de noter que si ce n'est pas le cas, c'est qu'il y a aussi un déséquilibre dans l'évolution de la personnalité.

Il ne faut pas confondre ce début de cycle avec le premier cycle de Jupiter (qui repasse sur son point source tous les douze ans). En effet, à l'âge de 12 ans, il y a un tournant clé dans l'existence d'un individu qui devient, de l'intérieur, « individu social », c'est-à-dire qui se détermine en lien et en rapport avec les autres. Le groupe devient un point de référence (ce qu'il ne devrait pas être avant cet âge, sauf à créer des troubles dans une personnalité). Mais cette croissance sociale n'a rien à voir avec ce qui se passe à 14 ans quand le jeune adulte doit être en âge de savoir ce qu'il va accomplir dans sa vie (jusqu'à la moitié du XXe siècle, c'est l'âge où un adolescent rentrait en apprentissage ou dans les études supérieures). L'enfant à cette moitié du cycle de Saturne (voir encadré) n'appartient plus « à sa famille », ce qui signifie qu'il devrait pratiquement être autonome financièrement. Il n'est plus un enfant, c'est-à-dire que ce n'est plus à lui qu'on donne, mais lui qui doit être capable de commencer à rendre ou à donner. On voit que dans nos sociétés très gâtées, on a assez largement perdu de vue ce genre d'éducation…

Les cycles de Saturne

Le cycle de sept ans ne correspond pas à un hasard ni à une croyance populaire, mais au cycle de Saturne qui, loin d'être négatif, structure un individu de l'intérieur.

Au bout de sept ans, Saturne est en quadrature (c'est-à-dire aspect carré) par rapport à sa position natale. Cette tension crée une structuration fondamentale dans l'individu qui devient un être doué de raison (devant s'assumer comme tel). Saturne marque une maturité et un élagage de l'émotionnel dû à l'enfance.

À 14 ans, Saturne est en position d'opposition par rapport à sa position natale : le sujet est « adulte », il doit prendre en main ses responsabilités et faire une première expérience de la solitude, c'est-à-dire apprendre à compter sur lui seul.

À 21 ans, Saturne est de nouveau en quadrature (donc aspect structurant) : à cet âge, il doit être concrètement indépendant et commencer à prendre des responsabilités en son nom propre.

Enfin, à 28 ans, Saturne revient à sa position natale et l'individu, ayant fini de se construire, détient sa vraie personnalité.

Au-delà du cycle de sept ans, le cycle du Dragon devient prépondérant. Il est de dix-huit ans et demi et les cycles de neuf ans sont déterminants au cours de la vie d'un sujet.

À 18 ans, le jeune adulte a récupéré la totalité de ses acquis et se lance dans la vie extérieure (extériorisation liée à la Maison X). Ensuite, de neuf ans en neuf ans, on mettra l'accent sur une direction ou l'autre. C'est la raison pour laquelle on dit que le Dragon fait de la balançoire : à 21 ans, la direction est de la Maison IV vers la X, et ainsi de suite… je vous laisse compter !

De 21 à 28 ans

Saturne fait découvrir la solitude la plus impitoyable au natif. La personne est seule et doit édifier sa vie à partir de ses choix : soit elle s'est trompée de direction, soit non… mais en tout cas, toute sa vie reposera sur cette base (je sais, c'est stressant). La Maison X à cet âge doit être guidée par la stabilité et les valeurs acquises en Maison IV antérieurement. C'est aussi l'âge où l'on peut devenir actif avec la Maison IV (fonder une famille). En tout cas, la Maison X devient porteuse de valeurs, ce qu'elle n'était pas jusque-là. La Maison X donne le ton de notre existence.

À RETENIR

Il faut bien voir que les étapes de structuration de l'individu sont essentielles, et que tout ce qui n'a pas été fait en temps et heure ne sera pas accompli.

Les étapes de la vie adulte

De dix-huit ans en dix-huit ans, la vie adulte se structure et s'accomplit ; il ne s'agit plus là de trouver son équilibre entre la Maison IV et la Maison X (si ce n'est pas fait, de toute façon, c'est fichu et vous vivrez sur un équilibre plus ou moins stable, mais qui vous appartient).

BON À SAVOIR

Les grandes étapes à surveiller sont :

- 19 ans
- 36 ans
- 54 ans
- 72 ans
- 90 ans

À ces âges-là, ce sera le bon moment de voir si vous vivez vraiment en accord avec vous-même ou si vous avez besoin de renforcer l'une de vos maisons. Ce sont en tout cas, les âges appropriés pour rectifier la donne… et l'équilibre entre vos Maisons IV et X.

Chapitre 18

Du bon usage de la prédiction

Dans ce chapitre :

- Pourquoi il faut se méfier des horoscopes
- À quoi sert en réalité l'astrologie prévisionnelle
- Pourquoi le psychique compte toujours plus que l'événement

À ce stade du livre, le secret est éventé : prédire ne sert à rien. La seule chose utile, c'est de comprendre comment et de quoi on est fait, et comment déployer son potentiel.

Cela dit, on ne peut pas évoquer l'astrologie sans parler prédictions puisque les journaux regorgent tous de chroniques annonçant que les natifs du Taureau ascendant Capricorne rencontreront le 22 juillet 2014 à 14 h 08 leur grand amour… Ces annonces laissent la plupart d'entre nous plus que sceptiques, et à juste titre. Pourtant l'horoscope attire toujours le lecteur. Et pour cause : imaginez, si c'était vrai que quelque part, votre avenir dorme et qu'on puisse le réveiller pour voir de quoi il sera fait (et donc garantir le présent), ce serait magique ! Bien sûr, on préfère se dire (malgré un vieux doute qui nous trotte dans la tête) qu'il vaut mieux ne pas savoir et passer à la suite. Mais comme l'espoir nous porte à la superstition, eh bien on se laisse prendre…

Espoir, superstitions et horoscope, le cocktail fatal…

Sans se lancer dans une longue dissertation philosophique, on pourrait dire que l'espoir nous pousse à croire que demain sera différent d'aujourd'hui. Et de ce point de vue, c'est bien connu, les espoirs sont toujours déçus !

L'astrologie part du principe plus basique selon lequel demain résulte de ce que vous faites aujourd'hui. L'astrologie, quand elle ne se met pas elle aussi à faire de fausses promesses, a pour but de vous sortir de la superstition, cette idée (cet espoir) d'un événement survenant, sans grand rapport avec votre réalité. Cependant, il y a une continuité entre un caractère et des événements. Les bouddhistes disent que nos pensées créent la réalité, l'astrologie confirme que votre caractère fait votre destin. C'est pour cela que ce livre vous répète que votre vie actuelle est celle, qu'entre des milliers, vous avez préférée, même si vous avez le sentiment d'y être malheureux. La preuve : rien de ce qui vous arrive n'est le fruit du hasard, votre personnalité a façonné chaque événement et étape de votre destinée.

La question qui se pose en revanche, c'est de savoir pourquoi vous avez préféré une vie comportant parfois des événements douloureux et traumatisants. Ce qui vous y a poussé n'est pas un manque comme pourrait l'expliquer la psychanalyse, mais une plénitude (certes désorganisée mais bien vivace) qui est vous-même. On choisit d'après soi et non d'après ce qu'on n'est pas.

Voici quelques exemples pour montrer que mille raisons existent, non pas pour accuser les personnes en souffrance, mais pour mettre à nu le mécanisme de leurs échecs répétés :

- **Quelqu'un qui rate systématiquement une négociation commerciale** devant son patron n'est pas forcément brimé par ce dernier, mais un salarié trouvant tout aussi intéressant (inconsciemment) de lui montrer sa faiblesse. Peut-être veut-il sa protection ? Peut-être a-t-il envie d'avoir peur de cet homme (parce que ça évite de craindre autre chose comme de rater la négociation de son seul fait) ? Peut-être n'a-t-il pas envie de se mettre en jeu par orgueil, parce que quelque chose en lui se sent supérieur à ce rustre efficace ?
- **Quelqu'un qui va de rupture en rupture** dans sa vie sentimentale n'est pas maudit. Peut-être a-t-il une préférence pour les relations unilatérales (commandement, tyrannie, soumission de l'autre) ? Peut-être n'a-t-il pas envie d'être en couple (mais n'en sait rien) ? Peut-être se sent-il menacé par la différence de l'autre ?
- **Quelqu'un qui se drogue** n'a pas eu forcément des parents qui l'ont déséquilibré affectivement. Sans doute n'a-t-il pas envie de se confronter au monde réel et préfère s'isoler artificiellement pour échapper à son mal-être ? Peut-être lance-t-il un appel au secours pour qu'on prête attention à lui ?

À RETENIR

Il faut se rappeler qu'un problème (ou un dysfonctionnement) signale toujours quelque chose d'important dans la personnalité. Il manifeste un choix positif ou un choix actif. En clair, nous ne sommes pas des victimes offertes en holocauste à notre propre vie (et au méchant destin), mais des individus libres refusant parfois d'assumer les conséquences de nos actes en leur préférant la superstition. La superstition et l'irresponsabilité se donnent la main : c'est le désir de ne pas être auteur de ses actes qui pousse à chercher ailleurs une explication, si farfelue soit-elle.

Toute recherche d'une cause extérieure est vouée à l'échec, car non seulement elle n'explique rien (ou mal) mais surtout elle ne résout rien. Pour reprendre nos exemples :

- **Si on s'est montré incapable de négocier**, le patron ne perdra pas son temps à analyser les causes de notre échec ni à découvrir la richesse de notre moi profond… Il en restera au concret, et nous jugera incompétent malgré les promesses de notre CV…
- **L'être idéal qu'on attend ne surgira pas** au coin d'un bois en devinant sans un mot nos angoisses cachées. La bonne personne n'existe pas, il n'y a sur terre que des personnes différentes de nous. Faire une place à quelqu'un qui ne cessera jamais d'être autre, de réagir différemment de nous, est un challenge qu'il faut comprendre et accepter.
- **Se droguer** ne déclenchera pas la sympathie de gens prêts à vous tenir la main pour que vous alliez mieux. C'est plutôt le genre de détresse qui a le défaut de faire peur à l'entourage, créant un cordon sanitaire autour de vous au lieu d'une chaîne d'amour…

En somme, chacun étant seul face à sa vie, personne ne viendra nous chercher malgré nous. Et la destinée, le hasard, pas davantage. La thèse de l'astrologie, c'est justement que le hasard frappe à notre porte quand on lui a préparé une bonne chambre (confortable).

Le danger des horoscopes est réel : ils nous influencent et nous incitent à nous accrocher à une forme de superstition. Si la prédiction annoncée se rapporte à une situation qu'on est en train de vivre (ce qui peut arriver, vu qu'ils ratissent aussi large que possible), l'horoscope crée une sorte d'appel d'air qui permet à la superstition de prospérer : on se dit « et si, tout à coup, tout devenait possible ? ». Et plus précisément, si on pouvait être une autre personne et avoir une seconde chance… Eh bien non, ça ne marche pas.

Les révolutions solaires ou le véritable usage de la prévision en astrologie

L'horoscope, totalement inefficace, peut nuire en nous rendant passifs. Par contre, la prévision en astrologie est une carte routière, plus précise à l'instant *t* que votre carte du ciel, mais qui en fait, redit la même chose, à savoir vous remettre en mémoire des passages clés de votre vie que vous devez éclaircir.

Pour ça, il existe un certain nombre de techniques que nous allons évoquer, au premier rang desquelles la technique des révolutions solaires.

Chaque année, le thème natal d'un individu est, comme les meilleurs ordinateurs, réinitialisé. À chaque date anniversaire, tout se passe comme si on était amené à refaire le point sur nos acquis et sur la marche à suivre dans l'étape suivante qui comportera une dimension psychologique et une dimension événementielle.

Le calcul technique d'une révolution solaire

Une révolution solaire se calcule à la date anniversaire (au lever du soleil) de votre jour de naissance. Selon le lieu où on se trouve à ce moment, notre année sera différente. En effet, c'est une question de fuseau horaire. On ne peut pas choisir son jour de naissance (puisqu'on est déjà né) mais on peut choisir notre lieu de naissance (annuel), et selon le décalage horaire (par tranches de deux heures déplaçant la position du Soleil). On se trouvera alors avec un ascendant annuel différent, or cet ascendant est déterminant parce que la planète maîtresse indiquera les événements susceptibles de se produire dans l'année, tandis que le signe de l'ascendant en indiquera la tonalité psychologique.

Pour déterminer *l'ascendant en signe de la révolution solaire*, il faut prendre le signe sur lequel se trouve le degré de l'ascendant dans la révolution solaire. Cet ascendant en signe montre le genre d'attitudes, de réponses intérieures et comportementales que vont déclencher les événements extérieurs chez le sujet.

Ne pas confondre révolution solaire et thème natal

Pour comprendre une révolution solaire, il faut bien connaître la carte du ciel, ou à défaut les préoccupations d'un sujet, faute de quoi vous vous retrouvez à côté de la plaque, ce qui fait désordre pour un astrologue…

Marie espère avoir un bébé, et Violette, écrivain, veut finir son livre. Dans les deux cas, le domaine natal concerné sera la Maison V, celle de la créativité, celle qui parle de la réalisation d'un projet donnant la sensation (très réelle d'ailleurs) d'un agrandissement de soi. Donc la Maison V sera valorisée dans chacune des deux révolutions solaires, pour Marie comme pour Violette. Pour autant, elle n'aura pas la même signification. En effet, Marie espère être enceinte, mais n'est pas attirée par l'écriture… et Violette travaille à son ouvrage avec assiduité, mais, rejeton d'une famille nombreuse, elle n'a en revanche aucun désir d'enfant.

Tout le problème pour l'astrologue commence lorsqu'il s'agit d'interpréter ce qu'il voit, c'est-à-dire une jolie valorisation de la Maison V… Bébé ou livre ?? L'astrologue ne tranchera qu'en développant une attention, à la fois aux questions que quelqu'un lui pose, et à une étude, même rapide, d'une carte du ciel. Car Marie peut, après tout, non seulement tomber enceinte, mais aussi se mettre à écrire des poèmes, tout comme Violette peut finir son livre et attendre un bébé. Histoire que ce ne soit pas trop simple pour l'astrologue !

Cependant, pour Marie, la créativité littéraire ne s'exprimera pas dans la continuité de la Maison V ; compte tenu de son histoire personnelle et du rôle qu'y joue le désir d'enfant, la Maison V est le domaine réservé des bébés. Ses éventuels poèmes se rattacheront à l'intuition (Neptune), à une rencontre avec quelqu'un du domaine littéraire (Maison III), à la réalisation d'un idéal (Maison IX), ou aux suites d'un enfermement (par exemple grossesse difficile, Maison XII). Pour Violette, le fait d'enfanter ne sera pas non plus exprimé en Maison V (puisque pour elle, ce qui prime c'est la littérature), mais plutôt dans une conjonction suite à une rencontre (par exemple, Mars conjoint à la Lune ou à Neptune), ou dans un ascendant annuel la rendant vulnérable (Cancer)... En même temps, pas de panique, tomber sur la bonne signification n'est pas une question de chance : un astrologue bien formé verra dans l'étude de la carte du ciel si Marie a ou non une nature artistique latente, et si Violette rejette vraiment l'idée de maternité ou si elle trouve cela compliqué et peu compatible avec sa vie.

En tout cas, retenons le principe selon lequel : *les domaines de la révolution solaire en maison sont la continuation de ceux du thème natal.*

Comprendre le domaine psychologique dans une révolution solaire

Chaque année, nous avons une double détermination qui va changer (et changer notre perception du monde). D'abord, nous serons d'un signe différent, celui de notre ascendant annuel. Nous ne changeons pas réellement de signe du zodiaque, mais nous explorons un autre territoire de sensibilité qui n'a rien à voir avec notre nature profonde. D'une certaine manière, on peut dire que nous ne vivons jamais en profondeur « dans » notre signe zodiacal, puisque nous passons notre temps à subir l'influence de notre signe annuel, prépondérante dans notre vécu quotidien. Cette influence mettra un coup de projecteur sur tel ou tel aspect de notre personnalité, et cette mise en lumière est en quelque sorte l'enjeu de l'année, avec deux options : soit vous relevez le défi, en étant fidèle à votre ascendant annuel et du coup vous approfondissez votre propre caractère, soit vous faites la sourde oreille et là, l'année va être rude...

Voici à quoi s'attendre :

Vous êtes **signe de Feu** et cette fois...

- *vous êtes dans une année où vous êtes à nouveau sous un signe de Feu* (votre ascendant annuel est en signe de Feu) : ça renforce votre énergie et l'envie de vous montrer incontournable (voire irascible) dans tout ce que vous faites. Vous subissez une accélération de l'envie de vous extérioriser et de réussir ;
- *vous êtes dans une année où vous êtes signe d'Eau* : vous vous sentirez incroyablement ralenti et perturbé dans votre volonté, comme si à chacune de vos décisions, le monde devenu hostile vous expliquait que vous êtes dans l'erreur ;

- *vous êtes dans une année où vous êtes signe de Terre* : une situation qui renforce votre pugnacité, mais qui vous rendra plus têtu et coriace si vous ne parvenez pas à vos fins ;
- *vous êtes dans une année où vous êtes signe d'Air* : vous allez vous sentir incroyablement désorganisé, en perte de vitesse, vibrant d'idées irréalisables ou qui ont du mal à aboutir.

Vous êtes **signe de Terre** et cette fois...

- *vous êtes dans une année où vous êtes signe de Feu* : vous vous sentirez des ailes et une réelle capacité à mener à bien ce que vous aviez commencé. Étant une force de la nature, plus rien ne vous arrête ;
- *vous êtes dans une année où vous êtes signe d'Eau* : vous aurez une sensibilité à fleur de peau. Abattu, vous ne ferez plus rien de bon ;
- *vous êtes dans une année où vous êtes signe d'Air* : vos idées se rangeront dans les cases mises en place de longue date et vous allez vous ouvrir relationnellement ;
- *vous êtes dans une année où vous êtes à nouveau signe de Terre* : ce sont les autres qui ne vont pas rigoler, vous aurez toujours raison, déciderez pour votre entourage avec une assurance qui fera trembler les murs.

Vous êtes **signe d'Air** et cette fois...

- *vous êtes dans une année où vous êtes également signe d'Air* : volant de projets en idées, vous réaliserez des choses étonnantes avec des rebondissements inouïs ;
- *vous êtes dans une année où vous êtes signe de Terre* : vous réaliserez et concrétiserez beaucoup tout en ayant de nouveaux projets en tête ;
- *vous êtes dans une année où vous êtes signe d'Eau* : vous développerez une sensibilité et une créativité hors du commun dont vous vous servirez humainement et professionnellement et qui risquent de modifier durablement votre rapport au monde ;
- *vous êtes dans une année où vous êtes signe de Feu* : vous vous affirmerez comme jamais (au point que personne n'y croira dans votre entourage !) et réaliserez des projets en réserve depuis longtemps.

Vous êtes **signe d'Eau** et cette fois...

- *vous êtes dans une année où vous êtes signe de Terre* : vous vous sentirez beaucoup plus sûr de vous et capable de vous déterminer par vous-même au lieu de prendre en permanence les avis de Pierre, Paul et Jacques ;
- *vous êtes dans une année où vous êtes signe d'Eau* : c'est une année qui s'annonce difficile ; elle vous rendra dépressif et dépassé par les événements ;

- *vous êtes dans une année où vous êtes signe de Feu* : vous aurez envie de mettre à exécution mille projets et en même temps, vous aurez des difficultés avec la réalité ;
- *vous êtes dans une année où vous êtes signe d'Air* : vous vous ouvrirez sur le monde ; vous développerez de nouvelles amitiés et découvrirez de nouveaux centres d'intérêt, ce qui vous surprendra et vous ravira à la fois…

Le domaine événementiel dans une révolution solaire

Votre ascendant annuel vous met dans une tonalité énergétique et zodiacale différente ; de surcroît, le maître ascendant (la planète correspondant au signe de votre ascendant annuel) va se trouver dans un signe et dans une maison et jouera lui aussi un rôle essentiel. Le signe du maître ascendant indique la façon dont les autres vous perçoivent, parfois de façon erronée. La maison du maître ascendant a quant à elle une importance capitale, car elle va donner la tonalité majeure des événements de l'année à venir.

Maître ascendant en I : Grand libre arbitre. C'est la personnalité qui est au centre.

Maître ascendant en II : Gains, finances (soucis ou expansion), stabilisation d'une situation.

Maître ascendant en III : Entourage, amis, fratrie. Examens. Déménagement.

Maître ascendant en IV : Réalisation d'un projet. Accent sur la famille, acquisition immobilière.

Maître ascendant en V : Amours. Enfants. Concours. Créativité, entreprenariat. Année de succès et d'avancement.

Maître ascendant en VI : Ennuis domestiques, santé, soins quotidiens. Fatigue (manque de vitalité, ou maladies). Année lassante…

Maître ascendant en VII : Mariage, association ou divorce (positif ou négatif, mais au centre).

Maître ascendant en VIII : Grande évolution intérieure, souvent liée à un détachement, ou à un changement. Politique. Héritage.

Maître ascendant en IX : Voyage important. Hautes études. Rapport à la sphère juridique, contrat, procès. Installation à l'étranger.

Maître ascendant en X : Changement de situation sociale. Possibilités de réalisation dépendant de l'activité du natif. Sphère professionnelle.

Maître ascendant en XI : Amitiés. Reconnaissance sociale. Célébrité. Projets.

Maître ascendant en XII : Année d'épreuves ou de retrait par rapport au monde. Année religieuse ou de dépression.

Utilité du déterminisme et du libre arbitre selon les révolutions solaires

La technique des révolutions solaires a, de notre point de vue, un double rôle :

1) Elle sert à déterminer le genre d'événement à venir, et pourquoi, au vu de notre carte du ciel, on risque d'être confronté à ce fait précis.

2) Elle permet d'accomplir un travail sur soi : si cet événement (que je ne souhaite pas) doit arriver, comment faire pour le prendre de vitesse et en atténuer les effets ?

Car voilà une règle essentielle de l'astrologie : les événements nous arrivent inéluctablement, il n'y a pas à revenir là-dessus. Par contre, la question de savoir à quel niveau de réalité ils vont nous arriver est ouverte et dépend de notre volonté.

Mais alors, la prévision et la prédiction c'est la même chose ?

Le principe de l'astrologie repose sur la circulation entre le monde extérieur et notre réalité intérieure concrétisée par la carte du ciel. Cette continuité ou circulation entre la sphère subjective et la dimension objective explique à elle seule pourquoi on peut « prédire » des événements à partir de la carte du ciel d'un individu : nous portons en nous des attentes, une certaine vision du monde qu'à notre insu, mais concrètement, nous recréons ou projetons sur le monde extérieur. On se trouve par conséquent dans un monde qui nous renforce dans notre vision des choses. Double paradoxe car nous sommes condamnés à nous retrouver avec nos valeurs, nos peurs, nos désirs dans le monde extérieur, et en même temps, nous avons l'impression d'une prédestination pesant sur nos actes. Quelque part, l'astrologie nous rappelle que nous oublions de nous reconnaître comme auteurs d'une réalité qui nous piège parfois.

En réalité, **rien n'est écrit**, et c'est cela qu'il faut garder à l'esprit pour saisir ce que l'astrologie peut faire pour vous. Elle n'est qu'un guide par domaines (il y en a 12), indiquant le caractère facile ou difficile des événements à venir. De plus, si vous êtes dans une logique positive de vie, inutile de craindre le pire ; en revanche, si vous allez à l'encontre de tout bon sens (et de votre carte du ciel), même en année favorable, vous courez au désastre.

C'est votre rapport à votre carte du ciel qui reste déterminant, non ce qui se passe à l'échelle d'une seule année. On est en effet dans un système pyramidal : le socle est votre carte du ciel qui détermine les révolutions solaires que vous traversez (c'est-à-dire les événements que vous allez rencontrer à un moment donné). Les cartes de révolutions solaires (un an) et les cartes de révolutions lunaires (un mois) n'en sont que les excroissances. Changez-vous vous-même et c'est votre vie tout entière que vous transformerez…

Techniquement, il faut regarder les aspects reliant différentes planètes au maître ascendant : si ceux-ci le font de manière harmonique (trigone, sextile ou demi-sextile), le domaine en sera facilité ; dans le cas contraire (carré, opposition, sesqui-carré, quinconce), vous aurez des problèmes… mais la question est de savoir quelle est la marge de manœuvre.

On a prédit à Ghislain qu'il aurait un grave accident de voiture. S'il consulte un astrologue humaniste, celui-ci en reprenant sa carte du ciel verra, par exemple, que Ghislain est indépendant, peu soucieux de sa famille, voire un tantinet égoïste. L'accident sera un événement essentiel de sa vie, avec des séquelles le rendant dépendant de ses proches… De quoi reconsidérer son égoïsme foncier.

Maintenant, trois possibilités s'offrent à Ghislain :

1. Son travail l'accaparant complètement, il comprend bien l'enjeu que lui soumet l'astrologue humaniste, mais tarde à changer de comportement. En fait, il ne change en rien, est de plus en plus stressé. Résultat : un accident, le paralysant des quatre membres. Finie, la course en avant. Son « destin » s'est réalisé, Ghislain enfermé chez lui dépend entièrement de sa famille. Il peut entamer (contraint et forcé) un travail de réflexion sur lui-même.
2. Ghislain prend peur, car il a, pour une raison qui lui est propre (intuition, culpabilité envers sa famille, etc.), l'impression que son mode de vie ne peut continuer tel quel. Le lundi suivant, après avoir vu l'astrologue, il tranche dans le vif, et décide qu'il ne travaillera plus ni le vendredi ni le week-end. Dorénavant il consacrera son temps libre à ses proches. Tollé dans son équipe, mais il maintient sa décision. Un soir, en rentrant chez lui, sa voiture dérape, il fait trois tonneaux, mais s'en sort avec de simples contusions. Ghislain, prenant conscience qu'il a échappé au pire, rééquilibre son existence entre travail et vie personnelle, tout en lui cherchant une dimension supérieure.
3. Ghislain avait déjà pris conscience de l'urgence à changer de vie. Il décide de réduire son activité professionnelle et de se consacrer à la peinture, activité dont il a toujours rêvé de faire son métier. Il accepte de gagner moins, et mise sur la qualité de vie. Il voit grandir ses enfants, et leur transmet des valeurs différentes de celles qui étaient jadis les siennes. Un soir, sa voiture fait une embardée, mais il arrive à la stabiliser et rentre chez lui sans encombre. Reste que l'incident est un signal pour

lui, il se rend compte combien la vie est précieuse, et combien il a raison de la vivre selon ce qui lui paraît avoir le plus de valeur.

Dans ces trois cas, la prédiction de la révolution solaire reste la même : ce qui diffère, c'est la réponse de la personne à la situation.

Les différents types de prévisionnel en astrologie et à quoi ils servent

Les cycles planétaires offrent une perspective à long terme (la durée de chaque cycle planétaire) témoignant d'une logique dans l'évolution d'une vie.

Les progressions secondaires définissent l'évolution intérieure de la personne. Elles sont comme le déploiement potentiel du thème natal et de ce fait prennent une importante centrale.

La révolution solaire donne un aperçu annuel, pris d'un point de vue extérieur, sur ce qui peut arriver à quelqu'un. Mais on ne le dira jamais assez, une révolution solaire dépend du thème natal, dans lequel chaque maison définit un domaine spécifique pour une personne, et c'est celui-ci précisément qui sera mis en exergue dans une révolution solaire.

La révolution lunaire fonctionne globalement comme la révolution solaire, sauf qu'elle donne un aperçu mensuel, à prendre, évidemment, selon la signification hiérarchique : thème natal > cycles planétaires > progressions secondaires > révolution solaire > révolution lunaire > transits.

Les transits permettent de percevoir sur des périodes courtes, un enjeu ou un événement à venir. Mais attention à les utiliser dans le cadre de la hiérarchie globale des méthodes prévisionnelles, sinon ils ne révéleront pas grand-chose.

Les progressions secondaires : comment retracer les phases de votre évolution intérieure

Les progressions secondaires représentent l'évolution du thème natal d'un individu. Elles ne constituent, en aucun cas, une méthode prédictive au sens strict du terme ; aussi n'attendez pas d'elles la liste des événements que vous rencontrerez (d'autant que cette liste se réécrit à chacune de vos décisions !).

Les progressions secondaires reflètent l'état d'esprit d'un individu, la façon dont son caractère évolue au cours de l'existence. On voit les prises de conscience se produire lorsqu'une planète passe par-dessus une autre. Techniquement, on construit le thème natal avec une valeur d'un jour = un an de vie, ce qui signifie que si vous êtes né le 12 janvier 1984 et que vous montez votre thème natal au 12 février 1984 (comme si vous étiez né au même endroit mais un mois plus tard), ce sera votre thème à l'âge de 30 ans, c'est-à-dire que la carte tracera une personnalité possédant tous les traits de caractère que vous aurez développés à cet âge…

Pourquoi vaut-il mieux connaître son état psychique plutôt que les événements du lendemain ?

Une citation de Reinhold Ebertin (1901-1988), le célèbre astrologue, résume la supériorité de la connaissance de l'état psychique sur celle de l'état des événements :

« Toute action naît d'un état intérieur et tout événement a une répercussion psychique. Dès lors, il ne s'agit pas d'annoncer des événements absolument précis (ce qui supposerait de maîtriser des milliers de paramètres, dont le libre arbitre de l'individu), mais de déterminer l'état d'âme du moment en fonction de certaines configurations. »

Utiliser les progressions secondaires

Les progressions secondaires servent à analyser le « vécu » actuel du thème natal d'un individu : cette approche revient à une analyse psychologique poussée des enjeux intérieurs (susceptibles d'être rencontrés à l'extérieur) d'une personne. On doit envisager cette approche comme un complément du thème natal, une sorte d'actualisation permettant de voir, d'analyser, ce que la personne a fait de ses potentialités. Ainsi, lorsqu'une planète change de maison (puisque le principe d'un thème « en progression » veut que les planètes se déplacent, jour après jour, sur la roue zodiacale), le vécu du thème natal sera complètement différent. Le sujet aura l'impression de vivre une transformation radicale de son être.

BON À SAVOIR

Pour qu'une étude en progression secondaire ainsi accomplie soit fructueuse, il est nécessaire de bien connaître le thème natal, sinon, le risque est grand de se retrouver en face d'un « second » thème natal. Dans cette approche, on utilise, pour dresser le thème, les planètes en progression exclusivement dans leur position au jour choisi et pas dans celle du thème natal (sinon à titre de référents psychologiques). Devant ce thème « progressé », on comprend pourquoi Monsieur X, peu sûr de lui (Mars dissonant en Cancer), se métamorphose en un charmant jeune homme déterminé et assuré (Mars progressé en Lion).

Ainsi, une planète *ingrès* (qui change de signe) change la manière dont la personne se perçoit dans le monde, et modifie sa perception intérieure d'elle-même. En général, ce changement marque de grands tournants fortement ressentis par l'intéressé.

Quand le Soleil change de **signe**, la personne adopte une personnalité, une réactivité au monde complètement différente de ce qui a précédé. En même temps, on a la sensation de quelqu'un qui « s'épanouirait » dans une direction, et non d'une négation de la personne qu'il était auparavant. Il convient de savoir que l'évolution en progression secondaire d'un thème natal indique son déploiement et non sa mutation en une autre espèce. Ainsi quelqu'un qui se retrouve avec un Soleil progressé en Cancer venant d'un Soleil natal en Gémeaux ne sera pas le même qu'un autre individu dont le Soleil, à l'origine en Taureau, aura mis trente ans de plus à avoir son Soleil en progression en Cancer.

Quand le Soleil change de **maison**, la personnalité se déploie sur un autre « terrain d'expérience » privilégié. Peu importe d'où il vient. La maison du Soleil natal reste le lieu « préféré » du Soleil, tandis que la maison progressée devient un nouveau domaine d'exploration s'exprimant dans la maison du Soleil natal.

Quand Vénus change de **signe**, la personne sent son magnétisme et son charme agir différemment, en général ; le signe natal est vécu comme un enfermement et le signe progressé comme une libération. L'inverse survient souvent avec l'entrée dans un troisième signe. Quand Vénus change de **maison**, on a de l'extérieur l'impression qu'elle change de nature, et comprend différemment les enjeux et la vie.

Quand Mercure change de **signe**, il acquiert une autre profondeur de vue, celle-ci se surajoutant à ce qu'il connaissait précédemment. Quand Mercure change de **maison**, ses centres d'intérêt se modifient considérablement, il déploie une autre dimension de lui-même, mais dans la continuité de ce qu'il était avant.

Quand Mars change de **signe**, il subit une telle mutation dans sa manière d'être et de vouloir les choses, qu'on a l'impression d'une transformation du caractère plus que d'une évolution. Quand Mars change de **maison**, sa façon actuelle (progressée) d'aborder son but réel (natal) se modifie, sans que la perspective générale en soit affectée.

Quand Jupiter change de **signe**, c'est aussi notre envie de réussir, le regard satisfait que l'on porte sur soi-même qui changent. C'est l'ensemble des critères sociaux sur la base desquels on s'autoévalue qui connaît une mutation. Quand Jupiter change de **maison**, c'est le domaine où on s'attend à voir des résultats qui voit une transformation.

Quand Saturne change de **signe** (ce qui est rare), le sujet donne l'impression d'avoir acquis une plus grande largeur de vue, une sorte de maturité (sauf quand ça intervient trop jeune). On se félicite du travail de l'âge sur quelqu'un et de son expérience de la vie qui, enfin, porte ses fruits... Quand Saturne change de **maison**, la personne vit un processus de libération : le poids porté dès sa naissance se dissout et le sentiment de pouvoir « être soi-même » revient. La maison qui suit peut ne pas être meilleure, le seul fait qu'elle soit autre suffit à faire la différence dans le vécu d'un individu.

Enfin, et c'est le plus important, quand l'ascendant change de **signe**, a lieu une évolution en profondeur de la personnalité. C'est une des transformations les plus essentielles que l'on peut vivre.

On aidera un natif à mesurer son évolution au cours du temps grâce à cette méthode. D'une certaine façon, on peut aussi l'aider à travailler sur la matière zodiacale (le signe) qu'il traverse. Déjà prendre conscience des motifs, des impressions, de l'environnement intérieur subis se révélera utile. Le thème natal, pour autant, ne se modifie pas : la personne « vit » son natal de façon autre, mais dans le but d'accomplir celui-là et pas un autre.

Cinquième partie

La partie des Dix

Dans cette partie…

Vous trouverez dix idées reçues à éradiquer durablement (chapitre 19), dix questions étranges mais très souvent posées (chapitre 20), dix célébrités mises à nu (chapitre 21) et dix belles histoires pour rêver à tout ce que l'astrologie peut faire pour vous (chapitre 22)…

Chapitre 19

Dix idées reçues dont on va tenter de sortir

Dans ce chapitre :

- Un passage en revue des clichés les plus tenaces
- Un décryptage des enjeux réels de l'astrologie

Que de chemin parcouru ! Vous pensiez jusqu'ici que l'astrologie demandait des années d'études et vous avez découvert qu'elle exigeait surtout un solide bon sens et le courage de remettre en cause ses idées reçues.

Bienvenue donc dans l'étape la plus difficile de toutes : les idées toutes faites… des autres.

Telles des épidémies, quantité d'idées fausses circulent et contribuent à donner à l'astrologie une réputation sulfureuse dont elle se passerait bien.

À votre attention, voici une liste des idées reçues qu'il vous faudra patiemment déconstruire.

Idée reçue n° 1 : « Que voyez-vous, madame l'astrologue, dans votre boule de cristal ? »

Globalement, rien ! Un astrologue ne voit pas l'avenir, mais vous renvoie constamment au présent et à vous-même. En sachant qui on est en profondeur et ce qui nous convient, on se rend compte que l'avenir est à construire et, contrairement à ce que la voyance suggère, il ne surgit pas au coin de la rue. Pas de boule de cristal pour un astrologue, mais une carte du ciel précise et unique. Chaque individu est une combinaison arithmétique d'une précision rare qui, comme un calcul qu'aurait fait l'univers, n'existe qu'à un seul exemplaire…

Chaque vie est unique

Même dans le cas où une personne serait née exactement au même moment que vous et au même endroit (il faut ces deux paramètres), ce que vous allez construire de votre vie sur un scénario (presque) identique reste unique. En effet, vous allez créer des blocages, les dépasser et ouvrir un chemin de vie tout à fait particulier et singulier. L'astrologue, dans la carte du ciel de votre naissance, va comprendre (et non pas « voir ») qui vous êtes et ce que vous avez accompli en fonction de votre potentiel. À partir de cette double détermination (qui vous êtes + ce que vous en avez fait à l'instant *t*), il vous expliquera quels enjeux et quels challenges vous attendent (en clair, quels problèmes en puissance si vous ne changez pas de direction). En résumé, quelles urgences vous avez à régler.

Tout ce qui ne progresse pas recule

Si vous ne prenez pas les problèmes un par un et selon leur ordre de priorité, vous risquez fort de vous retrouver coincé pour l'étape suivante, à l'exemple d'un jeu vidéo où pour passer au niveau 2, vous avez besoin de 90 écus d'or et ne disposez que de doublons d'argent. La différence, dans la vraie vie, c'est que vous ne connaissez pas *a priori* la règle du jeu et que vous testez plusieurs solutions, pas toujours les bonnes.

Ce que voit l'astrologue dans votre carte du ciel, ce sont vos priorités pour parvenir à l'étape suivante et vos frustrations de ne pouvoir l'atteindre. Quelquefois, vous ne savez plus quoi vouloir ni quoi faire, vous vous sentez sans projet digne de votre avenir. À partir de là, en général, vous commencez inconsciemment à ne plus supporter votre vie et à la casser, alors que vous devriez comprendre comment construire l'étape suivante. Au lieu de tout prendre au sérieux, il faut savoir utiliser son temps libre.

Il faut devenir ce que l'on est

L'astrologue voit « votre chemin de vie », à savoir ce que vous feriez avec des objectifs suffisamment ambitieux pour vous sentir pleinement vous-même.

Dans vos potentiels, l'astrologue détecte de futures réalités. Il détermine « qui » vous êtes en vérité, libéré de vos blocages et de vos peurs. Aucun rapport avec la voyance !

Idée reçue n° 2 : « L'astrologie et le karma, c'est la même chose ! »

Avec le mot « karma », la plupart des gens veulent dire « destin ». En gros, ce qu'on reproche à l'astrologie avec cette idée reçue, c'est de mettre les gens dans un déterminisme dont ils n'arriveraient plus à se sortir. Si tout est prévu, c'est comme si on subissait un karma (soit le mauvais œil, soit les conséquences d'une vie d'erreurs et d'échecs successifs).

Le chemin le plus court est souvent le plus mauvais

L'astrologie ne servira jamais de couverture à la mauvaise foi : si quelqu'un est aujourd'hui dans une vie qui ne le satisfait pas, ce n'est pas un mauvais karma qui est en cause, mais plutôt des choix inefficaces ou à court terme (comme ne pas travailler pour ses examens, accepter le premier travail venu, se mettre en couple avec quelqu'un qu'on n'aime plus…).

La vraie destinée, le vrai karma, c'est soi-même, son caractère, ses tendances, sa manière de vivre et ses choix. Bien sûr, c'est moins romanesque de s'en prendre à soi-même qu'invoquer le mauvais karma. En outre, sait-on au juste ce que recouvre ce terme bien commode ?

Une version ancienne du retour sur investissement

Dans la terminologie bouddhiste et hindouiste, le karma désigne l'ensemble de nos actes passés. Cette notion est associée à celle de réincarnation. Ce qui veut dire que tout ce que nous avons fait dans une vie passée se retrouve comme conséquence dans notre vie actuelle. Par exemple, si vous tuez quelqu'un et que vous mourez après, la police ne pourra pas intervenir, et la société ne vous punira pas. Mais selon la théorie du karma, dans votre prochaine existence, vous subirez la punition de votre méfait (en prison ou tué à votre tour). La sagesse asiatique enseigne que faire le bien conduit à la félicité et faire le mal a des conséquences inverses.

Une bonne vie, ça se construit

L'astrologie peut inclure cette notion de karma ou de réincarnation, sans que ce soit un passage obligé. Elle est véritablement le propre d'une religion, alors que l'astrologie se positionne comme une sagesse (quelque chose qui nous aide à vivre) et non comme une foi. Pour conclure, dites-vous que si vous êtes dans une vie qui ne vous plaît pas, ce n'est pas la faute du karma. Retroussez vos manches (sérieusement) et changez les choses, tout finira aussi bien que dans un conte de fées…

Idée reçue n° 3 : « L'astrologie va me dispenser de faire des efforts pour obtenir ce que je veux »

Justement non… La grande différence entre une psychothérapie et l'astrologie, c'est qu'en vous expliquant vos modes de fonctionnement et ce qui risque de vous bloquer, l'astrologue pour autant ne vous fait pas « travailler sur vous ». Ce qui revient à dire qu'il ne vous accompagne pas suffisamment dans le temps pour que vous reveniez régulièrement lui faire part de votre mal-être.

L'avenir commence aujourd'hui

L'astrologue vous dit que vous êtes la bonne personne, mais qu'il va falloir bosser. Et travailler sur soi, ce n'est pas se poser 50 questions sur son passé, comment on l'a perçu et comment il nous paralyse aujourd'hui, c'est travailler sa réalité en la conformant à l'image de notre moi idéal.

Vous êtes dans une vie qui ne vous convient pas, soit, faites-vous alors celle que vous souhaitez, étape par étape. L'astrologie vous explique que pour changer de vie, il faut changer du tout au tout votre mode de vie. Vous avez besoin de huit heures de sommeil par nuit minimum, mais voulez devenir un grand dessinateur : dormez-en quatre de moins et travaillez pendant ce temps. Une fois célèbre, vous pourrez dormir vingt heures par jour si ça vous amuse. Le problème est d'arriver à changer quelque chose tout de suite, en faisant de gros efforts si vous voulez demain avoir une vie différente.

Savoir renoncer à la généalogie des profondeurs

La psychanalyse a un autre principe : le monde entier, votre passé, votre mari ou votre femme, vos parents, les souvenirs inconscients de votre enfance sont les coupables de votre mal-être. Certes, mais en finit-on jamais ? Est-on sûr de ne rien oublier de notre inconscient en cours d'analyse ?

L'astrologie ne souscrit pas à ça. Oui, vous avez eu une vie dure jusqu'à maintenant (et c'est rare que quelqu'un échappe aux épreuves), mais l'espoir est devant, c'est votre vie à venir. Au lieu de fouiller le passé, prenez un miroir et dites-vous que vous êtes une page blanche et que rien de ce que vous souhaitez n'est impossible. Il suffit de vous en donner les moyens, au prix de gros et inévitables efforts : il y aura toujours une montagne à gravir pour apprendre à progresser différemment.

Idée reçue n° 4 : « L'astrologie, ça marche une fois sur quinze ! »

Marcher, ça veut dire quoi ? S'il s'agit de décrire votre caractère et vos fonctionnements, l'astrologie est d'une exactitude redoutable ; non seulement vous vous reconnaîtrez dans le portrait qu'un astrologue fait de vous, mais vous vous sentirez aussi percé à jour. Si vous demandez des prédictions à un astrologue, s'il est honnête, il vous retournera la question : qu'êtes-vous prêt à faire pour avoir l'avenir espéré ?

Vos objectifs ont-ils une chance d'aboutir et de vous rendre plus heureux, compte tenu de la manière dont vous vous y prenez ? Ce qui est écrit, c'est ce qui va se passer si vous ne changez rien à ce que vous êtes maintenant en train de faire (et ça, on peut le décrire avec autant de précision qu'une balle qui tomberait d'un mur en ligne droite), par contre, si vous changez la trajectoire, là, c'est une autre histoire qui commence.

En tout cas, si vous attendez qu'on vive à votre place, c'est clair que l'astrologie ne fera rien pour vous et même encore moins qu'un psychologue, puisqu'elle ne vous prendra pas la main pour vous expliquer que vous avez trop de problèmes à résoudre avant de vous mettre à vivre…

Idée reçue n° 5 : « L'astrologie, c'est une secte ! »

Ce n'est pas parce que vous regardez votre horoscope dans les journaux chaque matin, ni parce que vous viendrez me consulter (moi ou un autre) que vous allez rentrer dans une secte ! L'astrologie vous donne une grille de lecture sur le monde mais ne demande rien en échange (sinon de payer le coût d'une consultation, ce qui est aussi le cas si vous achetez une saucisse chez un boucher). Une secte exige un engagement, une régularité, alors qu'un astrologue vous laissera libre de ne pas revenir le voir et de ne pas tenir compte de ce qu'il vous aura raconté.

La démarche sectaire consiste à lire le monde d'après une seule grille de lecture. Il est clair que l'astrologie risque de bousculer vos idées reçues. Vous aurez du mal à penser qu'elle n'est qu'un attrape-nigaud. Après votre première consultation, vous vous rendrez compte que quelqu'un (en l'occurrence un astrologue) peut décrire votre caractère comme s'il vous connaissait intimement depuis trente ans. Forcément, ça vous mettra dans un drôle d'état. Pour autant, il faudra veiller à ne pas trop attendre de cette nouvelle connaissance de vous-même.

En fait, l'astrologie a une pertinence hors du commun pour mettre la lumière sur vos problèmes, mais elle a tendance à précipiter les choses : résoudre vos problèmes vous demandera du temps. Il faut considérer l'astrologie comme un guide, au lieu de lui demander de vivre à votre place.

En gros, comprenez que rien dans la vie ne reste théorique, mais demande un investissement à cent pour cent. Si l'astrologie vous mène à l'astrologie, alors vous vous êtes trompé de direction, l'astrologie doit vous mener… à votre quotidien.

Idée reçue n° 6 : « Si j'apprends l'astrologie, je vais passer mon temps à calculer si je peux ou pas sortir de chez moi !!! »

Un astrologue professionnel connaîtra parfaitement son propre thème, et pourra comprendre chaque événement de son quotidien. En d'autres termes, il saura comment interpréter un fait, et connaître sa marge de manœuvre pour obtenir ce qu'il veut. La vie sera donc beaucoup plus claire pour lui (ma métaphore préférée est celle du jeu dont on connaît enfin les règles, au lieu de se faire avoir sans comprendre à chaque nouvelle partie).

Une fois qu'il maîtrise cette pratique, il peut la pousser plus loin à un niveau annuel (ça s'appelle une « révolution solaire ») afin de comprendre pourquoi il se trouve précisément dans une situation plutôt qu'une autre et quel est le type de comportement le plus adapté.

S'il a vraiment beaucoup de temps (et du temps à perdre), il peut aussi regarder ses révolutions lunaires afin de comprendre le climat événementiel et psychologique dans lequel il se trouve chaque mois pour en tirer parti. Mais s'il lui vient une irrépressible envie de contrôler l'univers (ce qui arrive quand l'astrologie nous bluffe complètement), alors il passera aux thèmes horaires, à savoir ceux de moments précis et d'événements ponctuels (prendre l'avion, obtenir un rendez-vous, par exemple). Il aura dans ce cas une perspective si étonnante de l'avenir qu'il lui sera difficile d'en faire l'économie. Mais vous qui êtes intelligent (vous comprenez que, n'étant pas Dieu le père, vous ne contrôlerez jamais tout), vous dépasserez vite l'engouement lié à la découverte de ce nouveau jouet…

Idée reçue n° 7 : « L'astrologie, ce n'est qu'une manière d'influencer les gens »

Vous avez sans doute remarqué que vos parents avaient des idées très nettes sur la manière de vous éduquer, ce qui était permis, ce à quoi il fallait faire attention, et les interdits que vous avez enfreints pour exprimer votre jeune liberté… Tous les réflexes pavloviens, acquis dès le biberon, vous influencent encore à l'âge adulte. Par la suite, ça continue : vous prenez le métro, vous voyez une publicité, vous parlez avec un collègue, vous expliquez la vie à votre fils… Vous êtes sous influence, vous exprimez des besoins, des certitudes auxquelles vous ne réfléchissez jamais. Et vous avez peur qu'une malheureuse séance d'astrologie vous influence !

Chacun fait ce qui lui plaît

Comme je le dis souvent, je n'ai jamais réussi à « influencer » un paresseux à travailler, un colérique à cesser de terroriser son entourage, un collectionneur à ne pas dilapider son argent en figurines Dark Vador… L'astrologie n'influence pas, en revanche, elle peut aider à voir plus clair dans l'intérêt global et les motifs d'action. Les actes sont souvent commis sans penser à leurs conséquences réelles. On est dans un déni parce que c'est plus facile d'agir selon ses vieilles habitudes. En revanche, le changement inquiète et fragilise (si je ne me mets pas en colère, vu que je tiens les autres par la crainte, est-ce qu'on va m'aimer autant ? Qui serais-je dans ce cas ?).

Les métamorphoses du Moi

En fait, il faut comprendre que nous sommes constamment sous influence et que le noyau dur de notre personnalité n'est qu'une force dynamique qui se nourrit sans cesse de transformations. À ce titre, l'astrologie ne vous influencera en rien, sauf si vous souhaitez changer, et là, tout ce qu'elle peut faire, c'est vous aider à en deviner le bénéfice.

Idée reçue n° 8 : « Aujourd'hui avec un bon ordinateur, n'importe qui peut faire de l'astrologie»

Reporter les positions des planètes sur la bande zodiacale, à l'aide des éphémérides n'est en effet plus nécessaire... mais ce n'était pas le seul travail de l'astrologue avant que n'apparaissent les ordinateurs ! Il ne faudrait pas réduire l'astrologie à une simple question de calculs.

L'astrologie à l'ère informatique

C'est vrai que ce n'est pas sorcier, puisqu'il n'y a qu'à recopier. Mais comme il s'agit ensuite de tirer les traits des aspects, sans se tromper sur les orbes admis, et de n'oublier aucun détail, au final, l'opération se révèle plus compliquée que prévu. Depuis les années 1980, vous pouvez vous faire aider par un logiciel. Mis en place par des programmateurs doublés de bons astrologues, ces logiciels, de coûts diversement abordables ou gratuits sur Internet, vous faciliteront la vie... dans un premier temps.

L'astrologue et la machine

La plupart des logiciels d'astrologie sont d'excellents outils qui feront pour vous le dessin précis du thème avec ses particularités. Le seul problème reste les pages et les pages qu'il va falloir analyser sur un thème monté en quelques secondes.

Vous constaterez donc assez vite que l'astrologue est irremplaçable, avec son savoir-faire, son œil de lynx et ses éventuelles manies... Autant vous pouvez vous passer de tracer un thème vous-même, autant vous n'aurez aucune chance de pouvoir l'interpréter avec une machine. Il vous faudra de la sueur et de la réflexion si vous souhaitez devenir un vrai pro des interprétations planétaires.

Idée reçue n° 9 : « Je suis trop rationnel pour croire à l'astrologie »

D'abord personne ne vous demande de « croire » à l'astrologie, encore que j'attire votre attention sur le fait que vous « croyez » plus souvent que vous ne pensez... notamment par exemple que le conducteur du bus dans lequel vous venez de monter va effectivement prendre le chemin prévu et vous amener à bon port.

L'irrationnel, c'est les autres

L'astrologie implique l'expérimentation. Voyez si ce qui est écrit dans ce livre fonctionne ou pas, et si c'est le cas, tirez-en parti ou passez à autre chose. Le rationnel a peu de place ici, parce que nous faisons preuve tous les jours d'attitudes irrationnelles. Un seul exemple : pour ranger une pièce, si vous mettez tout en hauteur pour nettoyer le sol, vous trouverez irrationnel celui qui fait l'inverse en commençant par les meubles.

Opinion, raison et astrologie

De même, si votre habitude est d'expliquer en long, en large, et en travers vos raisons d'agir à vos proches, vous rencontrerez, un jour ou l'autre, un taiseux, et vous aurez l'impression de vous trouver devant un dangereux maniaque. De manière plus générale, si vous êtes fou de physique quantique, si vous croyez que le marxisme ou l'écologie sauveront le monde, vous exprimez une opinion qui vous est propre et qui est fondamentalement subjective et donc irrationnelle.

En fait, le domaine du rationnel est seulement un accord tacite sur des limites qu'une majorité de gens reconnaissent à une époque donnée et qui n'a rien à voir avec de véritables critères de raison. La raison n'est en fait que la capacité que l'homme a d'exprimer son intelligence et sa curiosité et ça, c'est aussi varié que l'humanité...

Idée reçue n° 10 : « L'astrologie, ce n'est pas fait pour les cadres sup et les intellos »

L'astrologie existant depuis 3 000 ans, elle est plus qu'une superstition populaire. Les cadres sup, devenus les rois du développement personnel et autres types de coaching, se posent des questions comme tout le monde !

Vous avez bien compris que l'astrologie n'a pas plus de rapport avec les horoscopes que le coaching avec la méthode Coué (tout va bien, vous êtes superbe, vous êtes le meilleur… à répéter vingt fois chaque matin devant son miroir). En fait, la question n'est plus tellement de savoir dans quel domaine vous exercez votre travail, mais quelle est votre personnalité et ce que vous apporterez de plus que Mme Godillot, tout aussi diplômée que vous.

Pour faire la différence, c'est vous-même qui êtes en jeu et ça suppose que vous soyez devenu pleinement la personnalité d'exception que vous êtes en puissance. On peut même ajouter que votre intelligence vous poussera à considérer l'astrologie avec une ouverture d'esprit faisant fi des clichés.

Chapitre 20

Les dix questions le plus souvent posées

Dans ce chapitre :

- Dix questions plus souvent posées qu'on ne le pense
- Ce qu'elles cachent en réalité

On continue avec une sélection des questions les plus récurrentes dans la masse des choses farfelues qu'un astrologue peut entendre.

Attention, esprits logiques s'abstenir…

« Est-ce que vous pouvez me prédire ma mort ? »

Contrairement à ce qu'on imagine, l'heure de la mort arrivant avec sa faux n'est pas arrêtée dès la naissance (et donc au moment où on trace le thème natal). Il est d'ailleurs intéressant de constater que les gens sont persuadés d'être absolument libres de leur destinée, mais rares sont ceux qui contestent à la mort son caractère inéluctable.

D'un point de vue strictement astrologique, on ne peut prévoir la mort, sinon voir des périodes de moindre énergie, de maladie ou de fragilité psychologique ; selon son âge, sa situation extérieure, on sera plus ou moins vigilant à franchir ce cap. Comme dit le proverbe bouddhiste, le contraire de la mort n'est pas la vie, qui est éternelle, mais la naissance qui est un surgissement dans le monde. La vie, cependant, s'enrichit de nombreux paramètres, le corps et l'esprit étant intimement liés. On meurt souvent d'épuisement, de même qu'on tombe parfois malade à des moments opportuns (comme les bons élèves, pendant les vacances).

Ce n'est pas un seul mauvais transit qui décide du moment de mourir, mais il y contribue au moins autant que le corps, dans les moments cruciaux notamment. Traversant une phase de grandes difficultés ou de forte déprime, vous ne tomberez pas forcément malade dans les trois jours, mais si vous avez la sensation que la vie s'acharne sur vous, des années après, vous risquez de transformer cela en maladie. Au contraire, si vous êtes certain que la vie, riche en tribulations, est au final positive, une future affection risquera moins de s'aggraver que dans le cas précédent.

En résumé, un astrologue sérieux ne vous prédira pas votre mort, il vous aidera à prolonger votre vie en la rendant passionnante…

« Est-ce que j'ai raison d'avoir peur de ce que vous allez me dire ? »

Souvent des gens viennent me voir, morts de peur de ce qui résultera de notre entretien. Et au risque de décevoir les amateurs de sensations fortes, j'avoue que rien de sidérant n'en sort.

L'astrologie étant un fidèle reflet de la vie, ce qu'on risque lors d'une consultation, c'est une mise en perspective raccourcie éclairant les prises de conscience qu'on a tenté de fuir. Somme toute, si vous êtes une bonne mère de famille, je ne vais pas vous annoncer que votre réalisation implique de tout plaquer pour devenir actrice de films X ; si c'est le cas, cette seconde nature s'est sans doute déjà révélée… De même, peu de chances que je vous annonce que vous risquez de devenir dictateur car si vous aviez la fibre d'un Staline, votre ego serait si important qu'un astrologue ne vous servirait à rien.

Tout cela pour dire que ce sont plutôt des gens normaux qui consultent un astrologue, des gens normaux… et exceptionnels, parce que vouloir être pleinement soi-même ouvre des possibilités infinies (aussi infinies que notre âme).

Savoir ce qu'on a d'unique nous grise de liberté, mais donne aussi le vertige de ce qu'il reste à faire. Souvent, des gens en consultation repartent exaltés (et abattus dans le même temps) par ce qu'ils ont encore à réaliser. Comme si notre existence n'était que le chantier d'un palais impérial… Pourquoi d'ailleurs vouloir moins ? Si on voulait extrapoler à l'extrême, la parabole du fils prodigue nous le rappelle, nous sommes tous des princes et des princesses missionnés par notre père (Dieu) pour parcourir le monde, et recevoir à la fin du périple un royaume en héritage. L'astrologie donne ainsi un avant-goût de ce domaine dont on prendra possession tôt ou tard. Et en tout cas, vu que c'est le vôtre, personne n'y entrera illégalement !

« L'astrologie, entre nous, c'est juste du baratin ? »

Si l'astrologie n'était que du baratin, je finirais par m'ennuyer et surtout, ce serait difficile d'avoir le moindre résultat. Vous pouvez toujours tromper quelqu'un une fois (la première) sur la qualité d'une prestation (et c'est vrai dans n'importe quel domaine), mais il ne reviendra pas une seconde fois, et ne vous enverra personne…

Donc, si je suis devenue astrologue, ce n'est pas toute seule dans mon coin, mais parce que de plus en plus de gens se sont trouvés aidés, puis ont réussi à se refaire une vie différente grâce aux conseils que je leur ai donnés. Si tout a changé pour eux, et même si je leur dis souvent que ce n'est pas grâce à l'astrologie, mais à eux-mêmes, il reste que l'astrologue (que je suis) a été capable de pointer la bonne direction pour atteindre leurs objectifs.

Sans ces panneaux indicateurs, on finit bien sûr par trouver la route à suivre, mais ça prend pas mal de temps et nous sommes dans une société où personne n'aime le perdre. L'astrologie décrypte la route que vous avez suivie, le point où vous en êtes et le chemin restant à accomplir… Plus on a une vue claire et précise sur les étapes à suivre (avec description éventuelle des écueils), plus le chemin paraît court.

Maintenant, ôtez-vous de l'idée que l'astrologue décidera quoi que ce soit à votre place ; il vous décrira les voies possibles et vous choisirez. Attention cependant, aucun choix n'est gratuit, toute vie sacrifie une part de rêve et laisse des regrets : l'idée est toujours celle d'un choix relatif entre des données possibles, elles-mêmes résultant de ce qui a été accompli. Je ne trahirai en revanche aucun secret en révélant que, selon l'âge, les possibilités sont plus ou moins étendues. Vous ne commencerez pas une carrière d'alpiniste à 89 ans…

« L'astrologie, je n'y crois pas ; pouvez-vous me prouver en deux phrases que vous n'êtes pas un charlatan… »

En deux phrases, déjà, ça va être dur. En fait, je ne cherche pas à vous convaincre de quoi que ce soit, le principe est plutôt inverse : vous avez un problème que vous ne parvenez pas à résoudre et c'est pour ça que vous venez à moi.

Si vous n'avez aucun problème (ou en tout cas, si vous ne vous en sentez aucun), vous n'aurez pas de raison de chercher des réponses. C'est parce qu'il y a quelque chose dans votre vie qui ne tourne pas rond que vous vous posez des questions. Ce principe admis, vous commencez à vous mettre en chemin et à faire des choses inédites pour vous. La règle implicite est la suivante : c'est parce que vous vous trouvez face à quelque chose qui remet en cause votre manière de résoudre les problèmes que vous cherchez d'autres solutions.

« L'astrologie n'est-elle pas incompatible avec la foi ? »

L'astrologie n'exige aucune adhésion de nature religieuse. Par contre, il est exact que les religions regardent toutes (pour des raisons un peu différentes) l'astrologie avec réserve (voire une franche hostilité). Il va donc falloir vous positionner d'une manière qui permette d'harmoniser ces deux dimensions.

Reprenons… Si vous êtes chrétien, vous savez peut-être que l'astrologie a été la cible de deux chefs d'accusation : donner un pouvoir aux planètes faisait courir le risque qu'on vénère autre chose que Dieu en dérivant vers une manière de polythéisme. Autrement dit, que la capacité de Mars à vous mettre en colère finisse par en faire une divinité tutélaire parmi d'autres. Le second chef d'accusation est que Dieu nous a créés libres (libres de revenir vers Lui parce qu'on est faits à son image) et que nous n'obéissons pas à un déterminisme absolu dans lequel il nous suffirait de nous laisser porter. Ces deux accusations ne font plus guère débat aujourd'hui. Le polythéisme au sens strict est relégué aux oubliettes (rares sont les gens qui ont une idole de bœuf dans leur maison) ; en revanche, la société de consommation et Internet ont créé quantité d'idoles virtuelles. En fait, le problème n'est pas d'être libre d'aller à Dieu ou pas, mais de s'affranchir d'une morale sclérosante tout en développant une forte autodétermination personnelle (on n'a pas envie d'être libre pour se donner totalement à Dieu !).

Si, en revanche, les problématiques qui se posent à vous sont similaires à celles des querelles classiques, alors vous avez raison, il y a conflit entre l'astrologie et votre foi, et cette dernière doit vous suffire à répondre aux questions qui se posent à vous.

Pour le judaïsme, l'astrologie est licite, tout en soulignant la malignité potentielle d'une intelligence privée de cadres traditionnels. Là encore, il faut savoir si ces cadres vous suffisent ou pas. Si ce n'est pas le cas, de toute façon, vous respecterez votre foi en vous accordant avec vous-même, quels que soient les moyens utilisés.

Si vous êtes musulman, vous appartenez à une société de pensée qui a donné naissance aux plus grands érudits astrologues (il ne faut pas oublier que l'astrologie dont nous parlons est l'astrologie arabe)…

Enfin, si vous êtes bouddhiste ou hindouiste, non seulement l'astrologie n'est pas proscrite, mais recommandée par votre religion, portée par exemple par les thématiques de la réincarnation et du karma, sur laquelle se fonde largement et implicitement l'astrologie.

« Est-ce que Untel est mon âme sœur ? »

Pour avoir une âme sœur, il faudrait que vous puissiez jurer à quelqu'un que vous resterez toujours le même. Or, on change et Raymond, que vous aimez tendrement et qui vous comprend à demi-mot, ne vous suivra peut-être pas quand vous déciderez de vous faire danseuse de french cancan… Une entente profonde entre deux personnes se construit sur la base d'un cheminement et d'un accomplissement complémentaire.

Vous allez changer (en tout cas, je vous le souhaite) ; ce que vous aimez plus que tout au monde aujourd'hui vous semblera sans grand intérêt dans vingt ans et inversement. Ne pas admettre qu'on change rassure en un sens ; en réalité, c'est un sentiment mortifère. Si vous ne laissez pas la vie et ses expériences vous transformer en profondeur, vous passerez à côté de toute réalisation véritable. Or, figurez-vous que Marina qui est à vos côtés se rendra elle aussi à cette évidence : elle n'est plus la même depuis qu'elle vous a rencontré.

Ainsi, avant de chercher à savoir si quelqu'un est votre âme sœur, vous avez intérêt à d'abord vous demander si vous menez une vie qui vous ressemble ; si ce n'est pas le cas, vos problèmes et votre incapacité à y faire face feront fuir la personne la mieux intentionnée du monde. Il est vrai qu'un fort attachement entre deux personnes tisse un lien quasi familial entre elles : on se comprend, on s'apprivoise, on s'habitue l'un à l'autre, mais la passion n'est pas forcément au rendez-vous.

Si vous rêvez d'une vie irréelle à partager avec quelqu'un de déséquilibré, tôt ou tard, l'histoire ira dans le mur ; c'est ce que la psychanalyse nomme « principe de réalité ». L'originalité est merveilleuse tant qu'elle ne se confond pas avec déroute. Malheureusement, dans la notion d'âme sœur, on a en général en tête une vie partagée plus légère sans le poids de nouveaux problèmes…

Et pourtant, l'âme sœur niche dans les racines de notre vie et non dans une superficialité qui ne résistera pas aux épreuves.

« Là, comme ça, qu'est-ce que vous pouvez me dire ? »

Eh bien, rien ! Si vous avez devant vous un astrologue qui vous dit, « je sens... », « je vois... », « voilà, quelque chose du passé va resurgir dans votre vie... », « Vous souffrez, n'est-ce pas ? », REPARTEZ : vous êtes en face de quelqu'un qui n'a d'astrologue que le nom...

« Pour être astrologue, faut-il avoir beaucoup d'intuition ? »

Être astrologue demande une grande dose de connaissances et de travail. Pour donner un exemple, si vous aviez envie d'écrire des haïkus en japonais et que je vous demande s'il vous faut beaucoup d'intuition pour y arriver, vous me répondriez à juste titre, qu'avant toute chose, il faut apprendre le japonais et les techniques de la poésie classique japonaise (qui sont assez complexes). Ces (petits) détails réglés, l'intuition aura toute facilité pour s'exprimer.

L'astrologie fonctionne exactement de la même manière : certes, avoir de l'intuition vous sera nécessaire, mais pour l'heure, si vous êtes débutant, ce n'est pas le sujet ; il vous faut commencer par acquérir des bases de connaissances qui, elles, n'exigent aucune intuition. Par ailleurs, l'intuition n'a rien à voir avec une envolée lyrique qui vous éclairerait comme un phare guide un navire. L'intuition, s'apparente au sens artistique qui parachève un solide travail de réflexion. Elle vous aidera à avoir des idées nouvelles, fruits d'un domaine de connaissance.

Quitte à en étonner certains, pour être astrologue, le problème n'est pas d'avoir beaucoup d'intuition, mais, outre une bonne mémoire, un esprit de synthèse efficace joint à l'aptitude à manier simultanément différents paramètres intellectuels.

« Pourquoi se sert-on de l'astrologie pour faire des mariages arrangés (en Inde ou en Chine) ? »

Les astrologies chinoise et indienne servent à régler les affaires de la vie courante : ouverture d'un magasin, achat d'un appartement, cession d'une voiture, recherche du jour favorable à la signature d'un contrat... On ne peut pas dire que ce soit à proprement parler de l'astrologie, mais plutôt une sorte de météorologie virtuelle qui anticipe l'état de la route à prendre.

Le mariage dans ces pays étant considéré comme une seconde naissance, on quitte un état (d'enfance plus que de célibataire) pour assumer une dimension sociale différente et devenir un adulte (surtout si on est un homme) à part entière. L'astrologie vérifie alors un certain nombre de paramètres, la compatibilité des caractères de chacun, pour juger de l'équilibre du couple. La femme et l'homme prendront la mesure de leurs nouvelles responsabilités et des points faibles de chacun. Ils disposeront ainsi d'une cartographie des zones de fragilité de manière à anticiper les risques et les mauvais tournants. Enfin, l'astrologie vérifie la fertilité du couple, élément essentiel dans la tradition familiale indienne.

L'intérêt de l'astrologie revient à dresser un bilan « d'entente » à long terme entre des personnes qui se positionne d'une manière plus objective, laissant de côté les questions sentimentales (si éphémères à l'échelle d'une vie...), patrimoniales et financières. L'astrologue a ainsi une posture de sage qui lui permet de tempérer et les emportements et les réserves des uns et des autres.

« L'astrologie me permettra-t-elle de manipuler mon entourage ? (auquel cas je m'y mets tout de suite...) »

On a gardé le meilleur pour la fin... Bien sûr que l'astrologie va vous permettre de manipuler (raisonnablement) votre entourage, à une condition (qui est de taille et que nous allons préciser).

En fait, imaginez que vous connaissiez sur le bout des doigts le clavier des sentiments, ressentis et caractères de ceux qui vous entourent : vous savez quand les flatter, les remercier, les solliciter, comment les fléchir, à quoi ils réagiront ; vous savez tout... mais voilà, il y a des conditions. Pour manipuler votre entourage, vous devrez avoir un but, mais surtout pas d'ego. Manipuler quelqu'un, c'est se mettre totalement en retrait (en tout cas tant que vous tentez d'obtenir quelque chose de cette personne).

En effet, si vous restez vous-même devant le futur manipulé, vous aurez tendance à vous mettre en avant et ainsi vous dévoiler. Donc si vous acceptez de faire pleinement une croix sur votre ego, il n'y aura plus trace d'un problème, et vous parviendrez à vos fins. La seule question qui demeure, c'est que si vous vous effacez en tant que personne (ce qu'au demeurant vous faites de bon gré en pleine exaltation amoureuse), il vous viendra inévitablement l'envie de vous recentrer sur vous tout en méprisant l'autre.

Chapitre 21

Dix célébrités vues par l'astrologie

Dans ce chapitre :

- Lénine, Lennon et quelques autres…
- Un regard en coulisse sur ce que la gloire peut cacher

Dans cette partie, il ne s'agira pas de faire le thème exhaustif de ces personnalités (ce que vous trouverez sans mal sur Internet et avec une pertinence discutable), mais de vous montrer comment on peut se « promener » dans des thématiques astrologiques et mieux comprendre un caractère et une destinée de cette manière…

Lénine, 22 avril 1870 à 21 h 42, Simbirsk, Russie

La première chose frappante dans le thème de Lénine est son Uranus en Cancer, conjoint à son Nœud Nord. C'est un homme ancré dans une culture et un pays, qui souhaite une mutation de l'intérieur, avec son Uranus en Maison VIII et collé à son Nœud Nord. Ce qu'il veut avant tout, c'est insuffler des idées nouvelles, quitte à le faire d'une manière désordonnée, pourvu qu'une vérité (celle dont il se sent porteur) triomphe.

La seconde chose que l'on remarque est l'interception de sa Maison I en Sagittaire qui en fait un idéaliste. Aimant se créer des buts, il porte en lui une intransigeance dont il n'a pas idée, qu'il subit en quelque sorte. Il ne supporte pas qu'on lui résiste, ce qui accentue chez lui le besoin d'innover. On peut même dire d'une manière plus schématique qu'il déteste ce qui a été et recherche à tout prix ce qui sera. Son Jupiter en Taureau, maître de sa Maison I interceptée, indique qu'il fait naître la confiance chez ceux qui le rencontrent. Ils ont l'impression qu'il sait où il va et qu'il est prudent dans les changements qu'il exige. Il est extrêmement têtu dans ses idées, ne renonce jamais à les imposer envers et contre tout ; loin d'être un défaut, cette fermeté rassure ceux qui avancent avec lui, persuadés qu'il porte une vraie stabilité. En réalité, Lénine déteste avoir tort et serait (et a été) prêt à tuer plutôt que de reconnaître ses doutes. L'opiniâtreté omniprésente dans le caractère de Lénine lui tient lieu d'orgueil car il n'a aucune planète en Lion.

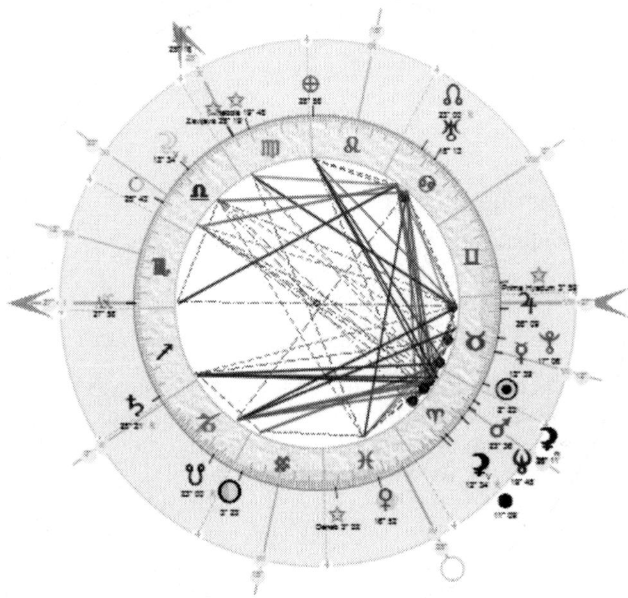

Figure 21-1 : La carte astrale de Lénine.

Une des planètes du thème de Lénine qui retient l'attention est son Mars en Bélier, et donc extrêmement fort. Ce Mars fait un double carré à l'axe des nœuds ; on en déduira que lorsqu'il ne parvient pas à exprimer fermement et calmement sa volonté (Nœud Sud en Maison II), il la manifeste avec une violence surprenante (carré au Nœud Nord en Maison VIII). On note au passage qu'avec un Nœud Sud en Maison II, ses idées et ses conceptions manquent de concret et de sens logique et suivent une certaine fantaisie, mais il déteste qu'on lui résiste. Son empathie humaine (manifestée par la planète Neptune) se montre limitée, car en Bélier, c'est-à-dire emportée et sporadique. De plus, son Neptune ne subit que des mauvais aspects, et la seule chose positive à laquelle elle se relie est justement ce Jupiter idéaliste qui ne démord jamais de ses choix et refuse de se laisser atteindre par le monde « réel » (en fait, le monde ancien des habitudes, ses ennemis n° 1).

Avec son Mercure en Taureau, l'intelligence de Lénine est plus constructive que brillante, mais l'aspect de liaison (sextile) qu'il entretient avec Vénus en Poissons montre qu'il s'exalte et devient amphigourique. Au fond, c'est un peu comme une cocotte-minute qui se mettrait subitement à lâcher d'énormes jets de vapeur .Mais le plus souvent, l'intelligence de Lénine est poussive, terriblement consciencieuse et sûre d'elle (on a failli écrire pédante). Absolument fermé à l'opinion des autres, il a une nature de leader évidente ; mais presque autiste dans sa manière de se situer dans le temps et dans l'histoire, il finit par avoir une suffisance qui le fait passer pour omniscient.

On voit qu'on a très peu parlé du signe solaire de Lénine qui est le Taureau, et de son ascendant Scorpion. Ces deux paramètres sont secondaires dans sa carte du ciel. Du Taureau, il a sans doute la constance, l'entêtement, la mémoire (la rancune), une forme de paranoïa omniprésente et une grande capacité de travail. De son ascendant Scorpion, il tire la manie du pouvoir et l'envie de mettre les autres en défaut. On est face à un fin rhéteur, quelqu'un de régulièrement assombri par d'obsédantes humeurs noires venues de nulle part.

En conclusion, ce qui frappe dans ce thème, c'est le fantastique entêtement et l'envie de vaincre le monde ancien, non en s'affirmant, mais en faisant triompher ses idées, comme si sa personnalité était mue par la haine et l'envie de détruire ce qui avait été établi avant et ne correspondait pas à sa vision du monde.

John Lennon, 9 octobre 1940, 18 h 30, Liverpool, Angleterre

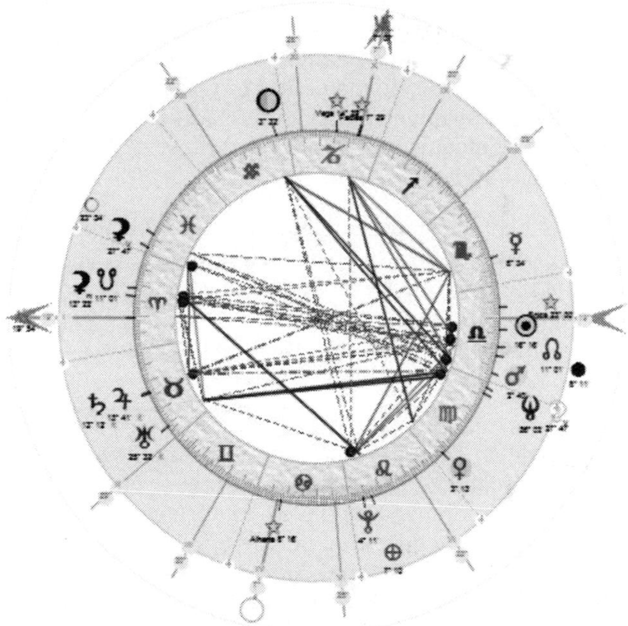

Figure 21-2 : La carte astrale de John Lennon.

Ce que l'on remarque avant tout dans le thème de John Lennon est un amas de planètes en Balance où se situe aussi son signe solaire. En accord avec son temps, ayant un goût de la relation prépondérant dans son thème, John a du mal à avoir des envies propres ; il a un côté influençable et une tendance à désirer ce que veut son entourage.

John Lennon, doué pour l'harmonie, avec un sens relationnel fort et une sensibilité artistique prononcée, est une Balance typique. Mais par sa passivité et son incapacité à bien cerner ses objectifs, il reste marqué par son signe. Pourquoi John Lennon est-il une Balance typique ? En fait, la présence du Nœud Nord conjoint au Soleil renforce la personnalité, et Mars lui donne son bras actif (si on peut dire en Balance) ; en fait, Mars le pousse à vouloir grâce et avec les autres, sa sensibilité et sa gentillesse comptent beaucoup ; néanmoins, son amas étant en Maison VI, rien ne dénote chez lui autre chose que de la modestie et une authentique humilité. La vie est un grand jeu qu'il n'a jamais trop pris au sérieux (à l'image d'un grand enfant) mais dont il a tiré parti en s'émerveillant de ce qu'il voyait et pouvait faire.

Avec sa Lune en Verseau qui culmine en Maison XI, John Lennon désire tout découvrir, tout voir ; il n'aime pas choisir ou décider, il a simplement envie d'être curieux et de s'ouvrir au monde. Là encore, un côté éternellement jeune ressort ; il aime les projets, les possibles, prendre la vie en s'amusant… Rien n'est sérieux ni grave, rien ne doit l'être. On voit que sa nature pacifique suscite une forme de violence, comme pour le forcer à sortir de son monde en bleu et rose layette. Évidemment, une analyse superficielle ne pouvait prévoir la mort qui l'attendait. Tout ce qu'on peut dire, c'est qu'à cause de son axe XII/VI, il aurait dû se méfier d'une mise à distance du monde et lui préférer un engagement concret et non philosophique ou humanitaire. Casser la cohésion des Beatles et s'en éloigner à cause de Yoko Ono ont été un accélérateur de malheur. Ce type de thème astral avec des destinées puissantes à résonance planétaire n'admet pas d'erreur de parcours ; que l'intéressé s'éloigne un tant soit peu du style de vie qui doit être le sien, et la sentence tombe tel un couperet.

Lennon avait aussi, par son Mercure en Scorpion, un côté plus provocateur qu'on ne pourrait le penser. Il adorait ne pas faire ou être comme tout le monde, et détestait le conformisme, mais ne sachant pas agir seul, il en rajoutait toujours, pour se distinguer. Sa passivité et un certain orgueil aboutissent à une équation le rendant pire que d'autres adolescents de son âge…

Le plus étonnant dans le thème de John Lennon est sans doute son Uranus rétrograde en Taureau en Maison I, dénotant un désintérêt pour la propriété, de la générosité, et pourtant avec Uranus rétrograde en Maison I, un appétit pour l'argent, preuve de réussite matérielle. Plutôt que d'acquérir une stabilité mentale et de savoir ce qui lui convient, John Lennon se prouve sans cesse qu'il « vaut » quelque chose. Bien sûr, tout vient de sa petite enfance au cours de laquelle il a dû se faire une place dans un milieu familial difficile…

Brillant adolescent en révolte, John Lennon n'a jamais su réellement quel objectif il voulait atteindre, mais son cœur d'or lui interdisait de laisser les gens sur le côté…

Pablo Picasso, 25 octobre 1881, 23 h 15, Malaga, Espagne

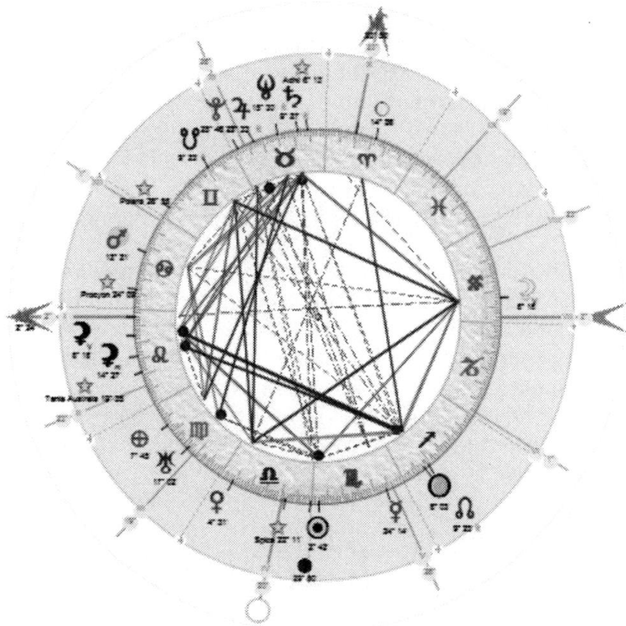

Figure 21-3 : La carte astrale de Pablo Picasso.

Scorpion ascendant Lion, mais avec une Lune noire en Lion en Maison I, Picasso est marqué par l'orgueil ; fasciné par sa propre hauteur, il n'en a jamais assez d'une sorte d'autoglorification, les hommages lui semblant insuffisants, et ses œuvres hors du commun… S'il n'avait pas eu un talent d'artiste, il aurait eu celui de remarquable communicant de sa propre création.

Persuadé du caractère exceptionnel de ses œuvres, Picasso a vu son enthousiasme (pour lui-même) devenir contagieux. Sa personnalité charismatique autant que sa prestance personnelle rassurent. Son Soleil en Scorpion dans les profondeurs de la Maison IV le pousse cependant à s'interroger et à transformer sans cesse sa nature profonde. Il n'en a jamais fini de devenir qui il est, et n'est jamais satisfait d'un résultat qui, pour lui, n'est qu'une ébauche de son accomplissement.

Cette recherche de vérité est accentuée par un Mercure en Scorpion très mal aspecté qui le pousse à remettre en cause ce qu'il a accompli précédemment. On voit ainsi que les messages de son ascendant Lion, d'une grande force, l'obligent à s'affirmer, et sont en contradiction avec ce Soleil en Scorpion qui passe son temps à déconstruire tous les efforts et certitudes difficilement mis en place.

L'axe du Dragon de Picasso est lui aussi parlant ; c'est un axe dont le Nœud Sud est en Maison XI et le Nœud Nord en Maison V, il est intercepté. Picasso, pour réussir, devait trouver sa voie à partir de lui-même, en ouvrant un chemin et sans respect des codes admis ; il ne s'en est guère privé !

De notre point de vue d'astrologue, c'est parce qu'un individu habite pleinement son Nœud Nord que tout lui sourit et qu'il accède à la réussite. Que cet axe soit intercepté montre que Picasso n'a jamais eu le sentiment d'être volontairement provocateur ou original (même s'il a pu s'en vanter). Il a avant tout suivi une impulsion intérieure dont il était le jouet et l'otage. De même, dans sa vie amoureuse, Picasso a préféré, avec raison, ses passions à toute installation sociale stable au nom du conformisme.

En conclusion, le thème de Picasso dénote une voie étroite parce que celui-ci ne pouvait qu'être exceptionnel, un précurseur, non un artiste moyen. Il ne pouvait s'appuyer que sur lui-même, ouvrant dans l'art moderne une voie de premier de cordée courageuse et exceptionnelle… Homme de renouveaux et de renaissances, Picasso ne s'est jamais laissé abattre ni dicter sa conduite par les événements, sans pour autant s'enfermer dans un personnage ou un style particulier. Il a eu à cœur de découvrir et d'aller toujours plus loin dans sa manière de percevoir l'art.

Barack Obama, 4 août 1961, 19 h 24, Honolulu, Hawaï, États-Unis

Le paramètre le plus frappant du thème de Barack Obama est l'opposition entre son Jupiter rétrograde en Maison XII et son Mercure, collé à la Lune noire en Lion en Maison VI. Ce tandem qui ne fonctionne pas bien ensemble (et c'est peu dire) est la clef de sa personnalité.

Avec son Mercure en Lion, Obama pense qu'il n'a jamais suffisamment travaillé, ni réfléchi. Il n'est jamais satisfait de lui-même tant qu'il n'a pas trouvé une solution efficace pour résoudre les problèmes qui se présentent à lui. Il prend sur lui quand il ne débrouille pas une situation complexe et se conduit en leader. Détestant avoir tort, il ne lâchera pas prise sur une idée qu'il croit juste. Il ne sait pas renoncer, et cette incapacité à s'avouer vaincu peut lui causer du tort. De l'autre côté de son opposition, il a un Jupiter rétrograde en Verseau en Maison XII, ce qui veut dire qu'il se méfie de la nouveauté et de l'inconnu, balisant toujours ce qu'il imagine comme recours possible. Il veut faire le bien avec ce Jupiter en Maison XII et ne sort pas d'un idéalisme parfois inadapté à certaines situations. Aussi Obama finit-il par être un homme plus classique dans sa manière d'envisager les choses qu'on ne pourrait le penser. La présence de la Lune noire collée à Mercure en Lion ajoute à son caractère une incapacité à changer de direction : quand il veut quelque chose ou le croit juste, il s'entête.

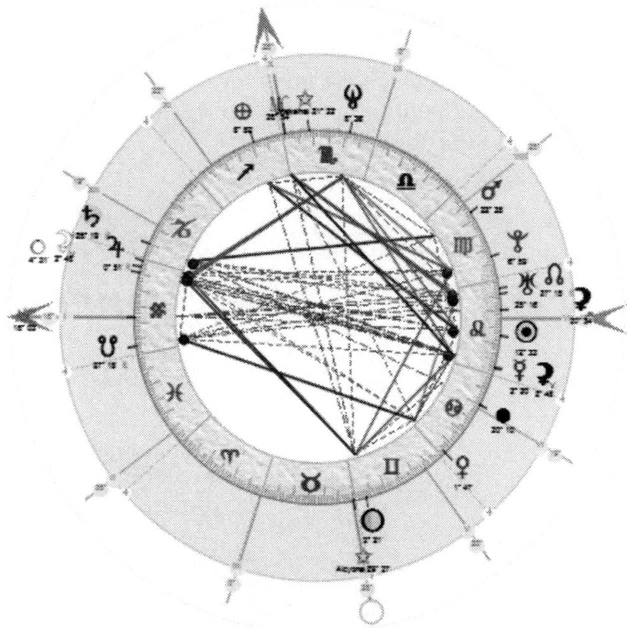

Figure 21-4 : La carte astrale de Barack Obama.

Son Neptune en Scorpion en Maison IX qui fait un (beau) carré à ces deux planètes l'empêche au fond de savoir comment concrétiser son idéal. Il a la sensation récurrente de rester en deçà de lui-même et ça le déprime, mais son Mercure en Lion, par orgueil, le pousse à ne pas se laisser abattre. De l'autre côté, son Jupiter rétrograde en Verseau stimule son altruisme.

Alors, on voit effectivement qu'Obama est bien un Lion ascendant Verseau. Ce n'est pourtant ni à cause de son signe solaire, ni à cause de son ascendant que ces deux signes sont mis à l'honneur dans son thème. L'autre pôle frappant concerne les deux planètes actives (Mars et Pluton) situées dans le signe de la Vierge. Obama apparaît donc comme un homme consciencieux, besogneux, ne laissant rien au hasard et agissant dans l'ordre de manière à en tirer le meilleur. Grâce à ses planètes en Vierge et sa grande capacité intellectuelle liée à un Mercure suractif, il trouve un équilibre entre réflexion profonde et capacité d'action, les deux n'étant pas automatiquement liées. Le président Obama sait être prudent et circonspect en cas de besoin. Ayant à cœur de maîtriser tous les paramètres, il déteste agir dans la précipitation.

Le dernier point remarquable dans ce thème est sa Vénus en Cancer qui lui donne une vision du monde assez classique ; il aime la famille, le bien-être, la vie simple et heureuse, la douceur d'être ensemble. Il ne recherche ni les honneurs ni la superficialité, et cette exigence d'authenticité le rend humble dans la conduite de sa tâche.

En résumé, le thème d'Obama montre une grande ténacité de caractère liée à une simplicité non affectée, une réelle appétence à servir son pays. S'il accepte d'être un chef, c'est parce qu'il a la volonté de changer les choses. Un idéalisme qui peut paraître désabusé l'emportera toujours sur la lassitude que peut induire l'ampleur de la tâche.

Louis XIV, 5 septembre 1638, 11 h 11, Saint-Germain-en-Laye, France

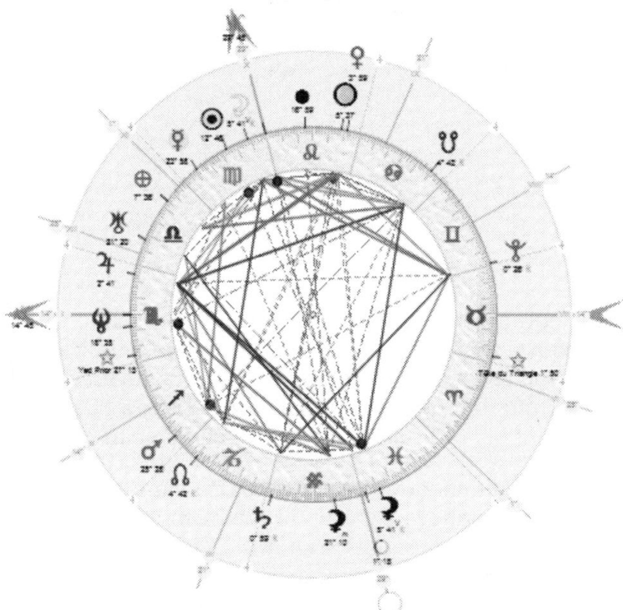

Figure 21-5 : La carte astrale de Louis XIV.

La première chose de notable dans le thème du grand roi Louis XIV est… l'exactitude de son heure de naissance. En fait, l'astrologue, présent à sa naissance, a pu noter l'heure exacte du royal accouchement. Cette précision ne valait à l'époque que pour des naissances exceptionnelles, nul autre n'avait droit à ce privilège…

Du signe de la Vierge, avec un ascendant Scorpion, Louis XIV n'a que peu de caractéristiques de ces deux signes : de la Vierge, il a incontestablement le goût des habitudes et de l'ordre, ce qui le poussera à instituer un rituel immuable et précis autour de sa personne. Pour se rassurer et avoir l'impression de tout maîtriser, le Roi-Soleil recrée autour de lui une sorte de système solaire où chaque élément a son rôle.

De l'ascendant Scorpion, on retrouve le goût du pouvoir (poussé à l'extrême), éventuellement celui des intrigues, ce qui laisse à penser que Louis XIV a été la cause de ses propres difficultés. S'il couvrait d'or ses courtisans, c'était pour mieux les rabaisser. Une manière d'être le maître de leur destin, de signifier le pouvoir de son bon plaisir et non celui de Dieu. Mais sa suffisance, son goût immodéré pour le luxe et les plaisirs, le culte du Roi-Soleil (à l'égal d'un Jupiter chrétien) ne viennent ni de son signe ni de son ascendant, mais d'une Lune et d'une Vénus en Lion extrêmement rayonnantes dans son thème natal.

Sa Lune est quasi conjointe à Vénus. La Lune en Lion trouve naturel que tous les hommages se rapportent à elle, et légitime d'être le centre vers lequel tout converge. Avec une Vénus accolée, il est normal que les hommages rendus à Sa Majesté le soient avec faste. Louis XIV se plaît à rayonner tel le soleil, s'entourer de luxe, nager dans les plaisirs. On dirait de nos jours, une *fashion victime* bling bling. Jamais satisfait de ce qu'il a, il en veut toujours davantage. Or, il est facile d'affoler une Lune en Lion, en lui serinant qu'elle est d'essence divine. Un tel bourrage de crâne ne peut conduire à la modestie. Se prendre pour Dieu en personne est une tentation à laquelle ne résistera pas le jeune Louis, enfant gâté et sans limites.

Le culte de la personne royale durant quasiment un siècle sera tel, qu'apercevoir, même de loin, l'auguste silhouette, confinera à l'extase mystique.

Son ascendant Scorpion rajoute une petite touche de sadisme permettant de maintenir une saine émulation : chaque courtisan vit alternativement dans l'espoir d'une promotion et la crainte d'être éliminé.

Bref, ne retirons pas à Louis XIV sa volonté de faire de la France (donc de lui-même) la plus grande puissance du monde. Son intelligence politique lui permit d'user du système punitions/récompenses et de jouer son rôle de monarque, ce qui n'était pas gagné. L'orgueil, on le voit chez Louis XIV, a pu devenir une qualité dévorante. Grand travailleur, jusqu'à la fin de sa vie, le roi n'a jamais négligé ses responsabilités, devenant même otage d'une cour et d'un cérémonial qu'il avait lui-même mis en place.

En un sens, l'histoire finit comme l'arroseur arrosé… Voulant tout contrôler et y étant parvenu en devenant un monarque de droit divin au pouvoir absolu (à l'exemple des cours de la Chine impériale), Louis XIV est devenu une marionnette pathétique soumise à un protocole rigide à l'extrême…

Sharon Stone, 10 mars 1958, 14 h 30, Meadville Junction (PA), États-Unis

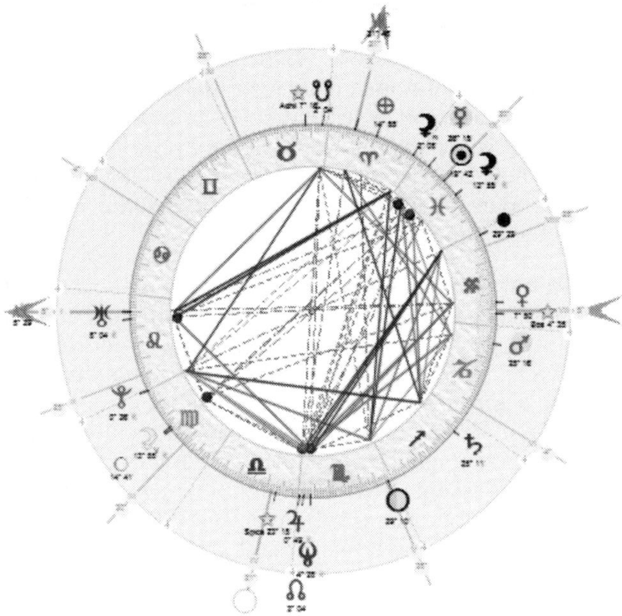

Figure 21-6 : La carte astrale de Sharon Stone.

Sharon Stone est une femme de caractère. Toute personne qui s'intéresse à sa vie et à sa carrière est frappée par la ténacité hors du commun qu'elle a manifestée dans tous les domaines.

Dans son thème, c'est cette pugnacité qui ressort, son ascendant Lion lui donnant un mélange de naïveté et de suffisance qui la pousse dans des combats dont personne ne veut. Elle veut croire qu'elle est la seule à pouvoir sauver des âmes, racheter des injustices, emporter la mise, notamment avec son action sur le SIDA. Uranus rétrograde qui est également en Lion lui donne la certitude qu'elle est la personne qui doit s'engager pour les autres. L'artiste est marquée par la volonté d'avoir un destin, et d'être celle qui donne la force aux autres de mener leurs combats. Elle se sent investie d'un rôle dont elle assume le poids et dont elle a besoin également pour savoir ce qu'elle fait sur terre. Elle veut porter des responsabilités et ne le fait que par fidélité à sa propre conscience.

Son Soleil et son Mercure en Poissons lui donnent également le sentiment récurrent de se sacrifier, avec la certitude de l'importance de ce qu'elle doit accomplir. La grande sensibilité du Poissons joue également un rôle dans l'idée de grandeur qui obsède Sharon Stone : la star n'arrive pas à se satisfaire du médiocre, de ce qui n'est pas conforme à un idéal personnel dans lequel il lui appartient de jouer un rôle clé. Oui, le Lion et le Poissons font dans son thème penser à une sorte de folie des grandeurs vécue comme une mission. Le besoin d'un autodépassement perpétuel est la caractéristique de cette personnalité.

L'amas en Scorpion et la Lune noire en Maison VIII la poussent à être provocante, parfois malgré elle. Elle a par exemple déclaré ne pas être au courant de la scène érotique dans le film Basic Instinct et que ça s'était fait contre son gré. La comédienne est une perfectionniste qui s'en veut en permanence à l'idée de ne pas en faire assez, de ne pas être suffisamment forte ou présente pour les autres.

Le sentiment de culpabilité, avec les signes du Scorpion et du Poissons, est omniprésent. Rien n'est simple, ni acquis pour Sharon Stone ; elle a toujours l'impression qu'elle doit faire ses preuves et que tout reste à accomplir. L'angoisse occupe une place fondamentale dans ce thème.

Ce qui rajoute à la difficulté d'analyse, c'est que l'artiste est à la fois assez conventionnelle, de par son axe X/IV mais ne supporte pas qu'on lui impose quoi penser ou quoi faire. Elle veut être libre tout en ne sachant plus quels dragons provoquer et vaincre. Pour une conquérante en quête de victoires, encore faut-il des combats qui en vaillent la peine… Faute d'en trouver, elle use ses forces dans une lutte quotidienne qui n'est pas taillée à sa mesure et qui ne peut que lui renvoyer une image d'elle amoindrie. Elle n'a aucune chance de faire valoir son tandem Poissons/Lion qui devient alors envahissant et laisse difficilement aux autres une place à ses côtés. Paradoxalement, rêvant de sauver le monde, c'est la solitude qui la guette si elle ne parvient pas à prendre le recul nécessaire dans son existence.

En conclusion, apparaît l'image d'une femme dont la grandeur d'âme et l'exigence sont tellement importantes qu'il lui est difficile de trouver sa place dans une vie *a priori* banale. Mais comment faire pour n'être que dans l'énergie de la conquête, dans la lutte perpétuelle qui donnent un sens à sa vie ? Incapable de vivre la banalité, Sharon Stone n'est pas faite pour s'effacer ; elle demeure une véritable icône pour ceux qui l'admirent ou qu'elle aide.

Condamnée à faire de sa vie une œuvre, renvoyée à une image d'elle constamment performante, Sharon Stone se retrouve éloignée d'une humanité toute simple qui lui rendrait la vie plus facile.

Mère Teresa, 26 août 1910, 14 h 25, Skopje, Macédoine

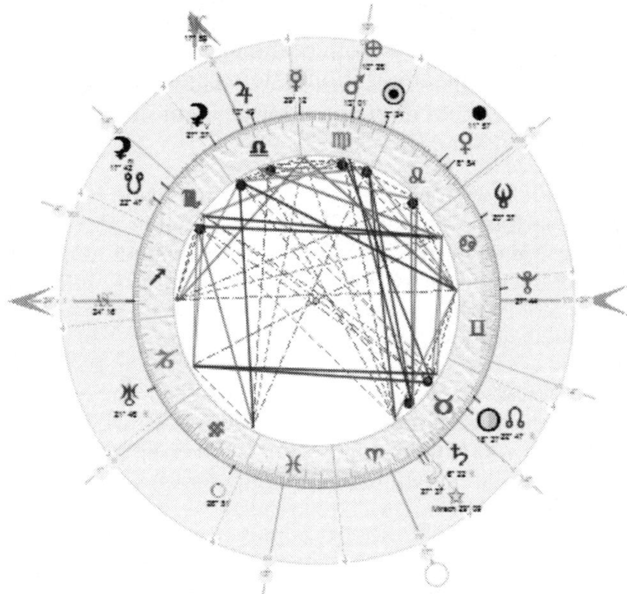

Figure 21-7 : La carte astrale de Mère Teresa.

Le thème de Mère Teresa est original. Fervente, passionnée, travailleuse acharnée avec sa Lune noire en Maison X, Mère Teresa a toujours détesté l'oisiveté, son ascendant Sagittaire la poussant à vouloir le meilleur et avoir des idées nettes (voire arrêtées) sur ce qu'il convient de faire en toutes situations. Le plus remarquable est sans doute son interception en Maison I dans le signe du Capricorne. Dure à la tâche, elle ne sait pas elle-même (l'interception correspond toujours à une zone d'inconscience dans la personnalité) pourquoi elle a besoin de trouver sa voie toute seule, et pourquoi elle n'est jamais satisfaite de ses actions.

Son Uranus rétrograde en Capricorne en Maison I la pousse vers une insatisfaction récurrente. Considérant qu'elle n'en fait jamais assez, elle exige sans cesse davantage d'elle-même, ne parvenant jamais à la hauteur de ses attentes. Mère Teresa est mue par un désir de perfection qui la brûle. On pourrait dire qu'elle a l'ambition obstinée de la perfection.

Son Soleil (sa personnalité), son Mars (sa volonté et sa manière d'agir concrètement) et son Mercure (sa manière de réfléchir) se trouvent en Vierge. Ils sont marqués par un sens du service prédominant. Mais sans aucune planète en Poissons, Mère Teresa n'a rien d'une mystique ; elle est dans le concret, engagée, exigeante, positive dans ses efforts, détestant le gâchis inutile. Le plus difficile a sans aucun doute été d'accepter une forme d'anticonformisme. Avec son Nœud Sud en Maison XI en Scorpion, elle a été tentée par l'obéissance due à l'Église qui annihilait sa volonté et ne lui ressemblait pas. Son besoin d'être utile (amas en Vierge) et d'être à l'image du Christ par une abnégation et une envie radicale de se donner au-delà de toute convenance à Dieu, l'ont poussée néanmoins à se libérer du carcan religieux, puisqu'elle a été contre les attentes de sa hiérarchie pour fonder sa propre congrégation.

La question qu'on peut se poser est de savoir si on aurait pu présager à sa naissance son destin de personnalité religieuse hors norme du XXe siècle. Mère Teresa ayant un Mars dominant dans son thème, la première évidence est que c'est quelqu'un qui prend des décisions et qui a besoin d'agir pour se sentir pleinement elle-même. Son Mars étant par ailleurs en Maison VIII, elle agit avec anticonformisme, et une liberté de ton inédite à son époque. Cependant un certain nombre de paramètres manifestent chez elle un respect et même une vénération pour l'ordre établi (autour de son Nœud Sud en Maison XI). En revanche, à cause de son interception en Maison I en Capricorne, on comprend sa volonté de se contrôler elle-même et ne pas « profiter » de la vie dans un sens plus banal. Elle ne recherche pas les plaisirs ; l'ensemble de sa personnalité telle qu'elle apparaît dans son Nœud Nord en Maison V indique un lien avec son Soleil et plus généralement son amas en Vierge. C'est le service et le sacrifice de soi, une sorte de dépouillement continuel qui est devenu l'objectif de la religieuse tout au long de sa vie.

Mais Mère Teresa a du mal à dépasser un but concret. Privée d'âme « océanique », elle en revient toujours à des considérations matérielles. Trouvant sens à sa vie dans le service, elle a du mal à joindre Dieu uniquement dans la contemplation ; sa nature la pousse à aider les pauvres dans le concret le plus terre à terre.

L'opiniâtreté et l'originalité de ce caractère qui a toujours été vers les choix les plus inattendus méritent d'être soulignées. Dimension aventurière dans cette volonté, qui passe son temps à prendre d'autres voies que celle qu'on attend d'elle… La liberté d'esprit et l'extraordinaire force que Mère Teresa a toujours déployée en ce sens font d'elle un personnage hors du commun.

Angela Merkel, 17 juillet 1954, 18 heures, Hambourg, Allemagne

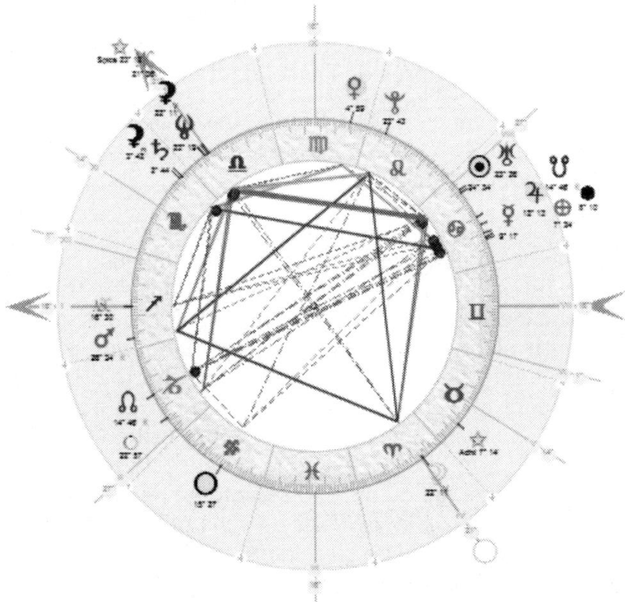

Figure 21-8 : La carte astrale d'Angela Merkel.

Angela Merkel est marquée par son idéalisme et son féminisme. Neptune et Uranus sont totalement dominants dans son thème, et il est difficile de déterminer lequel potentiellement pourrait prendre le dessus. Uranus étant conjoint au Soleil en Cancer, la chancelière allemande n'aime pas être bousculée dans ses certitudes, faisant preuve d'obstination sans limite dans ses options. Elle avance sans aucune peur (c'est sa nature d'Uranienne) mais avec obstination (la spécificité du signe du Cancer). Au final, ce qu'on peut dire, c'est qu'elle ne lâche jamais sur rien et qu'elle est d'une solidité et d'une pugnacité à toute épreuve.

Neptune conjoint au Milieu du ciel (en haut du thème) et à la Lune noire la conduit à réaliser ses rêves au niveau social et politique uniquement. Ce qui est notable, c'est qu'avec cette mise en avant de Neptune dans son thème, elle développe une forte nature mystique. Sauf que le pragmatisme l'emporte, et que ses objectifs restent ancrés dans la réalité. Avec un Saturne culminant en Scorpion, elle déteste perdre et s'efforce de convertir ses interlocuteurs à ses choix avec une incroyable opiniâtreté. D'autre part, Mercure et Jupiter, eux aussi conjoints en Cancer, lui confèrent une manière de voir centrée sur ses raisonnements ; aucun risque qu'elle dévie d'une ligne droite qu'elle a elle-même tracée.

Il ne s'agit pas d'entêtement, mais d'une incapacité à voir autrement qu'elle ne le souhaite. Vénus en Vierge annonce de son côté qu'elle prend sur elle, et, par esprit de sacrifice, préfère l'austérité dans la sphère privée (plus royaliste que le roi). En somme, elle s'enthousiasme pour ce qui lui semble digne d'intérêt et reste indifférente dans le cas contraire. Madame Merkel préfère clairement son idéal à sa vie personnelle… On remarquera dans ce thème la cohérence de tous les traits de caractère qui lui donnent sa force et son énergie. Rien ne semble la déstabiliser. Enfin, Mercure rétrograde en Maison I tout près de l'ascendant en Sagittaire la rend impatiente dans l'action : rien ne l'arrête. Grande travailleuse, elle adore la puissance que donne la maîtrise totale d'un champ d'expérience ou de connaissance.

En conclusion et en croisant avec sa biographie, on est à même de comprendre pourquoi Angela Merkel a été attirée par la physique dans sa jeunesse : idéaliste, elle cherchait la science la plus élaborée pour voir le monde dans sa globalité. Le dogme marxiste-léniniste a dû lui paraître d'une grande pauvreté intellectuelle, et c'est sans doute la raison (une des deux) pour laquelle elle n'y a jamais adhéré. L'autre cause a pour origine son Uranus : sous son influence, elle se méfie de tout ce qui pourrait menacer sa liberté de penser et d'être. Enfin, sa discrétion concernant sa famille, son couple, signifie qu'elle a des priorités qui dépassent sa sphère personnelle.

Björk, 21 novembre 1965, 7 h 50, Reykjavik, Islande

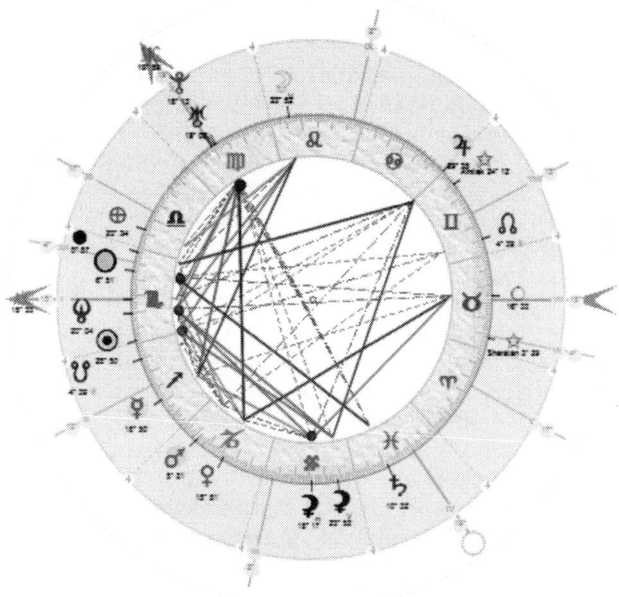

Figure 21-9 : La carte astrale de Björk.

Quoique née un 21 novembre, Björk est un Scorpion ascendant Scorpion. Transformation permanente, questionnement sur sa réelle authenticité, exigence soutenue d'aller plus loin, de trouver du nouveau, sont les thèmes phares de son caractère.

Sans l'intensité qui éclaire sa vie, celle-ci n'a plus de sens. Björk est une artiste, qui a besoin de brûler de l'énergie, mais également une angoissée, une éternelle insatisfaite une fois l'objectif atteint. Vouloir un accomplissement total et ne pas accepter le moindre obstacle la caractérise. En tant qu'astrologue, on constate avec étonnement la force qui se dégage de ce thème : avec Uranus et Pluton exactement conjoints sur le Milieu du ciel, on comprend que Björk ne peut exister en retrait du monde ; ce dernier lui permet des transformations constantes et la liberté d'être elle-même. Y flamboyer est une nécessité pour elle.

Björk cherche son identité. Quel est le sens de ce qu'elle veut créer ? Sa chance sans doute réside dans cet alignement de planètes transsaturniennes, incroyablement puissantes, dans le signe de la Vierge. L'idéal de Björk est ainsi relié au concret : elle veut une vie meilleure, simple, sans fioritures. La chanteuse n'est en rien attirée par l'apparence et le fumeux, elle veut du vrai. Le pôle en Scorpion est ainsi arrimé au sol : elle peut mourir et renaître de ses cendres comme un phénix, mais, totalement réceptive, elle cherchera une transparence entre elle et sa vie, et un accord total entre son idéal et sa vie réelle et concrète. C'est ce vers quoi l'appelle son Nœud Nord en Maison VII : s'ouvrir au monde et aux autres, avec l'idée de s'adapter, d'être transparente et sans ego.

Ce n'est pas gagné parce qu'avec son Nœud Sud en Maison I (qui renforce son ego) en Sagittaire, elle va vouloir s'identifier à tous ses combats, incarner des luttes, avec le risque de paraître involontairement provocatrice.

La Lune en Scorpion en Maison XII montre deux paramètres supplémentaires. D'une part, si Björk aime les gens et s'entourer d'une cour, elle aspire à une vie tenue secrète dont elle tire un sentiment de clairvoyance. Elle redevient facilement casanière, aime vivre dans sa coquille et cultiver ses secrets. D'autre part, son monde intérieur réveille en elle des souffrances qu'elle accepte en toute conscience. Rien ne semble simple pour cette femme qui s'interroge sur tout et exige d'elle-même une perfection permanente. Il lui faut aller plus loin, simplement parce qu'elle ne peut pas en rester là.

Profondément indépendante et anticonformiste, elle a besoin de solitude et de vivre sa vie comme elle l'entend ; de ce fait, elle déteste les communautés. Ayant grandi chez les hippies, on peut imaginer qu'il lui fallait sortir du lot et renforcer ce qu'elle avait d'unique. Par ailleurs, elle a probablement adhéré aux valeurs portées par une vie hors de la société de consommation, prônant l'autosuffisance et une qualité de vie liée à la nature. Björk ayant un fort pôle en Capricorne (Vénus et Mars), elle a probablement thésaurisé, géré, organisé sa fortune, ne laissant rien au hasard.

En conclusion, on est frappé par l'extrême densité de ce caractère, sa quête sincère de vérité et d'originalité. Si elle est marquée par l'art, en tant que déclinaison de sa propre identité, la chanteuse est une artiste complète jouissant d'un mode d'expression privilégié.

Romy Schneider, 23 septembre 1938, 22 h 05, Vienne, Autriche

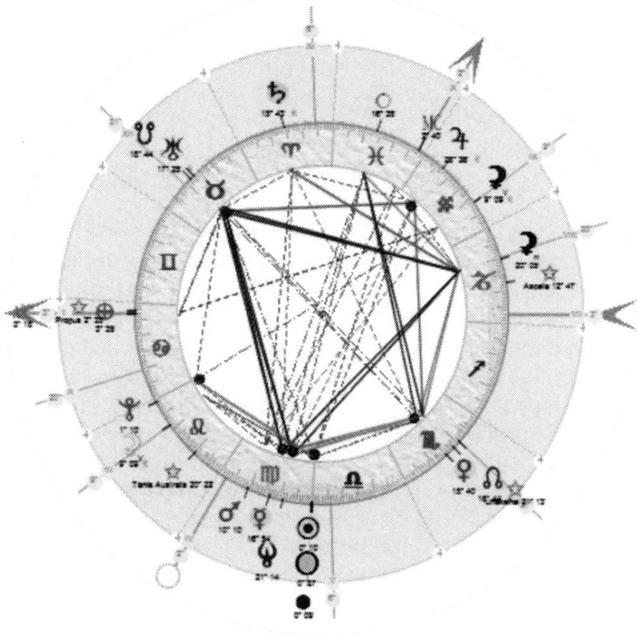

Figure 21-10 : La carte astrale de Romy Schneider.

Peut-on imaginer une carrière plus fulgurante, une grâce plus innée que celle de Romy Schneider ? Et peut-on concevoir une vie plus malheureuse que la sienne… C'est à une constatation similaire qu'aboutissent les grands trigones astrologiques sillonnant un thème.

Marqué par une figure en cerf-volant (grand trigone et sextile les réunissant), le thème natal de Romy promet des succès, des accomplissements sans effort. Avec son amas en Vierge et ses aspects renforçant la Terre en elle, on devine qu'il s'agit d'une femme sérieuse, travailleuse, opiniâtre. Marquée également par un Nœud Sud en Taureau, on voit qu'elle aspire à une existence normale et simple, qu'elle a eu tendance à remettre « les clefs » de son existence à d'autres, sa mère d'abord, puis les compagnons et maris ayant jalonné sa vie.

Bizarrement pour une actrice autant adulée, on la retrouve modeste, humble, ayant beaucoup de mal à s'affirmer et à revendiquer son besoin de liberté. Elle a peur de déplaire, et en cas de conflit, elle se met en retrait en se réfugiant dans le travail. Sa première liberté avec Uranus en Taureau conjoint à son Nœud Sud sera de dire « non » à un quatrième *Sissi* et au pactole que cela représentait. La comédienne se moque de l'argent ; il ne lui sert qu'à assurer son indépendance et un quotidien bien réel, éloigné de l'illusion en carton-pâte de son univers professionnel.

Un Milieu du ciel en Poissons met en évidence l'exposition médiatique dans laquelle elle baigne bien malgré elle ; d'où son refuge dans les médicaments et l'alcool. Rien en effet ne s'éloignait davantage de ses valeurs que ces palliatifs, mais il lui fallait tenir et exercer son métier le mieux possible. Avec un Nœud Nord en Scorpion conjoint à Vénus, une union passionnée mais stable lui aurait été bénéfique. Sans doute aurait-elle pu opter pour une activité plus créatrice que celle qui la cantonnait au seul rôle d'interprète.

Au fond, via son métier, Romy n'est jamais sortie du rôle d'enfant prodige ou de femme-objet dont on vendait l'image. Profondément traditionnelle dans ses aspirations, elle a voulu ressembler à sa famille (composée d'acteurs) pour ne pas être « différente », ce qui aurait été pour elle une grande souffrance. Elle n'a pas su poser suffisamment de limites pour se préserver du star system et de la surexposition médiatique. Vivre une vie contre les exigences de son caractère aussi brillante soit-elle peut tuer et la destinée de Romy Schneider, hélas, le confirme.

Romy avait par ailleurs, avec sa Lune noire en Maison VIII, le besoin inconscient de se soumettre à un homme qui la prenne en charge ; en même temps, elle éprouvait un détachement chronique à la vie, cherchant un équilibre qui l'arrimerait au monde, sans y parvenir vraiment. Oscillant entre un anonymat auquel aspirait son amas en Vierge, et son travail qui semblait la relier au concret, mais l'exposait à la lumière médiatique qui lui était fondamentalement intolérable.

En conclusion, on a avec Romy Schneider un exemple emblématique d'une vie réussie mais faite pour quelqu'un d'autre. Ce qui lui aurait convenu ? Un métier artistique créatif, non exposé aux médias, parfaitement adapté aux signes de Terre. Au contraire, la lumineuse Romy a eu la sensation permanente de flotter au-dessus du vide.

Chapitre 22

Dix belles histoires

Dans ce chapitre :

- Carole, Ulysse, Sarah, Samuel et bien d'autres : Dix histoires authentiques d'inconnus que l'astrologie a vraiment aidés

Après les vies des célébrités, voici dix histoires de parfaits inconnus, venus me voir un jour et qui ont saisi dans ce que je leur disais et leur donnais le levier nécessaire pour basculer dans une vie complètement différente. Il s'agit de transformation de perspective sur eux-mêmes qui ont engendré une différence d'attitude radicale.

Il leur a fallu beaucoup de courage, chacun à sa manière, et je tenais à leur rendre un petit hommage...

Comment Carole a appris à agir justement...

Lorsque Carole vient me voir, ce n'est pas pour savoir comment elle doit agir, mais parce qu'elle a de gros problèmes relationnels avec son entourage.

À cette native du signe du Poissons, âgée de 54 ans, bonne épouse et mère de quatre grands enfants, tout le monde reproche de manquer de franchise et de ne jamais dire ce qu'elle veut ou pense. C'est effectivement typique du signe du Poissons d'éviter de prendre frontalement les autres mais d'essayer de les convaincre insensiblement et par la douceur du bien fondé de sa position. De plus, Carole éprouve la sensation récurrente de se sacrifier pour tout le monde. En fait, avec un Mars en Balance et son extrême sensibilité de Poissons, elle a un mal fou à s'imposer et se faire respecter. C'est là tout autre chose que de l'indécision. En effet, quand on a des planètes en Balance, en général, elles nous donnent l'impression de tellement peser le pour et le contre qu'on n'arrive plus à voir clair sur ce qu'on veut, soi-même, vraiment.

Carole vient me voir pour deux problèmes : comprendre pourquoi elle donne cette impression d'indécision permanente à son entourage et pourquoi, finalement, elle ressent au fond d'elle-même cette part indécise – parce que si elle est sûre sur le moment de ce qu'elle veut imposer, elle n'est pas sûre de faire dans l'absolu le bon choix et elle a besoin d'être rassurée, ce qui est paradoxal.

Lors de sa première consultation, Carole, est totalement déprimée, avec l'impression de ne pas vivre sa vie, mais celle que les autres lui imposent. Ses efforts, pense-t-elle, ne servent à rien.

Ma réponse et notre entretien portent sur le fait qu'en tant que Poissons, sa nature ne la conduira jamais à prendre qui que ce soit de front. Elle a besoin que les choses trouvent leur place, de ressentir une situation pour savoir ce qu'elle a envie d'en faire. Avant tout, Carole doit comprendre son mode de fonctionnement. La violence ou l'urgence la paralysant, elle ne sera jamais capable de réagir sur le moment. Elle doit prendre du recul pour savoir quoi faire. Elle a besoin de se dégager des émotions qui tournent à toute vitesse dans sa tête. Donc en premier lieu, il faut qu'elle sache comment elle fonctionne au lieu de se reprocher sans cesse ce manque de réactivité et de clarté d'esprit dans les situations problématiques.

Mais ce qui pose le plus question à Carole, c'est que de toute sa vie, elle n'a su véritablement décider, comme si on l'avait toujours fait à sa place. Son rêve, me confie-t-elle, est d'être capable un jour de prendre une décision de A à Z. Mais avec son Mars en Balance, Carole ne fonctionnera jamais seule, ayant besoin que sa décision ait du sens pour elle et pour son entourage, faute de quoi, elle se sent en porte-à-faux. Au fond, un premier niveau de réponse est de comprendre qu'elle trouvera la paix en admettant l'influence omniprésente d'autrui dans chacun de ses actes.

Son problème relationnel vient en réalité du fait qu'elle cherche à avoir une existence autonome, et qu'elle en veut aux autres (inconsciemment bien sûr) de ne pas chercher à la retenir. C'est paradoxal mais la solitude et l'angoisse de sa propre inutilité sont si fondamentales que chaque fois qu'elle a l'impression de ne plus agir pour et avec les autres, elle ne supporte pas et reproche aux autres de l'abandonner…

Ce rectificatif est très important parce qu'au fond, au lieu de se sentir aux prises avec des contradictions incompréhensibles, et un caractère somme toute sans structure réelle, Carole comprend qui elle est et ce qu'elle attend du monde extérieur. Son rapport aux autres peut ainsi s'éclaircir et se simplifier si elle accepte d'avoir un besoin non négociable des siens (même si c'est envahissant). Car mieux vaut être trop présent mais très joyeux que dépressif et dans le reproche !

Lorsque Carole revient me voir la fois suivante, ce n'est plus pour elle, puisqu'elle va bien, mais pour ses enfants qui lui causent des soucis. Elle m'explique que ce que je lui ai dit a créé une sorte d'électrochoc : toute sa vie durant, elle a cherché à s'affirmer, à prendre sa vie en main, à faire des choses pour elle ; n'y parvenant jamais, elle en a conclu que c'était par manque de force, de curiosité. Grâce à la première consultation, elle a compris son désintérêt pour sa propre vie, et sa préférence à s'occuper de ses proches. Et elle est maintenant 100% derrière son choix. Qui est devenu un vrai choix et pas une sorte de vie subie…

Il est vrai que dans notre société qui pousse les gens à s'individualiser, la générosité, l'altruisme ou l'amour du prochain ne passent pas pour des qualités, mais plutôt pour des faiblesses. En changeant radicalement de regard sur elle, Carole a trouvé l'apaisement recherché depuis de nombreuses années…

Comment Sarah a accepté d'être différente…

Sarah, 29 ans, née fin décembre, est du signe du Capricorne ascendant Vierge : un caractère donc assez peu ouvert et très déterminé. Elle a également une Lune et une Vénus situées dans le signe de la Vierge. Elle vient me voir pour un problème peu courant : elle essaie de tomber amoureuse et de s'abandonner aux tourments de la passion, mais en vain. Chaque fois qu'elle a un homme dans sa vie, tout se passe bien, mais rapidement, elle a l'impression de tourner au vieux couple. Le calme règne, pas d'imprévus, ni de crises de jalousie. Quand son compagnon s'absente, il ne lui manque pas, même si son retour la réjouit. En résumé, elle veut profiter d'un moment de célibat pour effectuer le grand tournant et apprendre comment tomber passionnément amoureuse, au point, comme elle me dit, « de perdre l'appétit et de sauter des repas » (ça lui est déjà arrivé, mais jamais par angoisse de perdre l'aimé…).

On voit bien que le « problème » de Sarah est assez original. En effet, ce qui la soucie ne devrait pas lui poser problème : il faudrait juste qu'elle se prenne comme elle est ! Mais le poids de la société est tel qu'elle est convaincue qu'elle a réellement une difficulté dans sa manière de fonctionner.

Voici ce qui se passe au niveau de son caractère : avec son ossature de caractère de Capricorne, Sarah n'aime pas dépendre de quelqu'un, elle peut éventuellement s'attacher et en éprouver du plaisir ; accepter en revanche une dépendance au point de se décentrer et de perdre le fil de sa vie, ça, il ne faut pas trop y compter. Sarah aime pouvoir compter sur elle-même avant tout. Avec son amas en Vierge, elle apprécie ce qui est stable, net et solide, et déteste les fioritures. Elle ne veut pas se mentir et n'a pas de temps à perdre. Si elle ne perçoit pas la direction que prend une relation, elle ne poursuivra pas. Elle a peu d'attirance pour l'inconnu et à cœur de délimiter régulièrement son identité et ses objectifs.

Avec ça, à chaque rencontre, forcément, elle a un plan de bataille : elle élimine d'emblée les poètes, les jeunes paumés, les révolutionnaires en herbe sans appartement. On le devine, elle aime les gens dont la tête est bien faite et qui savent, comme elle, pourquoi ils font les choses. Si ce n'est pas le cas, ce n'est pas à elle de le leur dire. En outre, raisonnablement méfiante (à cause de son Soleil en Capricorne), la jeune femme n'accordera pas sa confiance au premier venu. Aussi, sans même s'en rendre compte, elle fait passer des épreuves (quasi initiatiques) à ses soupirants en puissance : elle les laisse attendre sans nouvelles, elle leur demande une perfection dans leur comportement et en fin de compte devient trop exigeante. Sa stratégie ne varie guère : n'ayant besoin de personne, c'est à l'autre de faire la preuve qu'il lui sera indispensable.

Dans la société actuelle, il y a une pression à attendre les « choses de la bonne manière », et si vous êtes seul, on vous expliquera souvent que c'est parce que vous n'avez pas le bon comportement. C'est ce qui soucie Sarah : elle pense ne pas faire assez retour sur son attitude et ne pas savoir prendre conscience de ce qui ne fonctionne pas chez elle.

Voici comment fonctionne Sarah : elle délimite préalablement l'espace qu'elle laissera à l'hypothétique compagnon. Que ce dernier lui fasse des crises (par exemple de jalousie), il dégage illico. Ainsi, la première consultation montre ce que Sarah ne veut pas vivre : une passion où l'on perd du temps à se raconter des histoires. La jeune femme a simplement des tas de trucs à faire et envie de passer des moments sympas, fonder éventuellement une famille, mais si elle soupçonne son ami de tromperie, elle rompt sans état d'âme.

La passion, lui enseignai-je, est également stimulée par l'éloignement. Quoi ? Une relation extraconjugale ? L'horreur, tout simplement. Si un type reste entre deux vies, c'est qu'il lui manque une case ou du courage et ça, Sarah n'envisage pas ! Tout le monde peut avoir des problèmes, mais elle n'est pas psy, et les problèmes psy, ça n'est pas son truc…

Au fond, en essayant de lui expliquer les conséquences d'un changement de comportement éventuel de sa part, je l'ai aidée à se positionner dans ce qu'elle était et voulait pour sa vie : arrêter de chercher une vie qui ne lui convenait en rien.

Onze mois plus tard, Sarah revient, enceinte. Elle sait à présent qu'elle n'avait pas envie de vivre dans une série américaine, mais dans un quotidien ordinaire et tout simple, avec quelqu'un qui l'aime et qu'elle aime. Pour elle, tout est clair : à force d'entendre des amies se vanter d'expériences fantasmées, elle avait perdu le sens de la réalité.

Comment Samuel a compris qu'il était intelligent...

Samuel a un Mercure rétrograde en Sagittaire, qui depuis sa naissance lui pose problème (mais sans savoir que c'est cette vilaine planète la coupable). À aujourd'hui 38 ans, il se souvient encore de son bégaiement à chaque moment de panique quand il était enfant. Il n'a pas davantage oublié ses terreurs nocturnes liées à l'idée de rester toute sa vie un raté, de son envie de faire ses preuves, ou encore de sa méfiance quand on lui faisait un compliment. Devait-il le prendre pour argent comptant et y croire ? Était-on en train de se moquer de lui ? Ou si c'était mérité, serait-il demain à la hauteur ?

Il ne faut pas perdre de vue un point important, à savoir que ce dont on souffre enfant se retrouvera dans notre vie adulte sous une forme différente mais bien réelle. Un mercure rétrograde crée, de toute façon, un rapport modifié au monde extérieur lié à une intelligence en déphasage : en fait, les natifs ayant un mercure rétrograde sont soit en avance, soit en retard, soit vont trop vite, ou comprennent les choses la tête en bas ; toujours est-il qu'ils ne sont pas « formatés » aux critères de la société. Enfant, les difficultés – par exemple d'élocution – sont un moyen de défense contre ce ressenti de non adaptation. Évidemment, Samuel, lui, ne s'est pas dit qu'il était intelligent, mais plutôt qu'il lui manquait quelque chose par rapport à d'autres. Et il ne savait toujours pas quoi...

Toutes ces questions (et tant d'autres) le plongeaient dans une grande perplexité. Et Samuel, de façon évidente, n'a jamais réfléchi comme les autres. Il a un formidable esprit de synthèse et sans doute un sens de l'idéal qui lui a fait embrasser une brillante carrière d'avocat fiscaliste. Reste que son esprit d'analyse est incroyablement fouillis ; encore aujourd'hui, il redoute de perdre des documents, d'oublier des comptes, de zapper des informations, parce qu'il travaille en artiste, à l'intuition et sans ordre préétabli. Cette crainte justifie sa visite : est-il dans la bonne voie (alors qu'il réussit de manière étonnante) ou n'est-il qu'un éternel bluffeur ?

Son niveau d'études est impressionnant. N'ayant aucune mesure, comme la plupart des natifs ayant un mercure rétrograde, il ne reconnaît pas ce que la société estime, il ne se dit pas qu'il a bien réussi s'il a bac +8, il se dit que ce n'est pas suffisant et qu'on lui reprochera toujours un manque de diplôme dans un domaine. Toujours est-il qu'il est toujours dans le trop ou dans le pas assez, jamais dans l'équilibre ni la mesure. Incapable de s'évaluer, il répondra présent au prochain challenge, sans se demander si celui-ci lui apportera réellement quelque chose de plus. Tout en paradoxes, Samuel reste le dernier informé, ne sait pas faire un ordre de priorités ni penser à son intérêt. Sa seule certitude, c'est qu'il lui faut combler ses lacunes. Ces traits de caractère se retrouvent dans une manière bien à lui de prendre ses repères dans le temps et l'espace (extrêmement précis sur certains détails, et désinvolte sur des choses essentielles) ; ils proviennent de ce Mercure rétrograde qui le fait vivre à l'inverse du sens commun. Mercure en Sagittaire agit comme un tamis filtrant ce que les autres ne voient pas. Il se construit dès lors un monde sans repères. Samuel n'a plus qu'une chose à faire : se revendiquer tel qu'il est et ne plus tenter de retourner dans un passé où les choses auraient dû être autrement.

Lorsque Samuel revient me voir un an après, il est bien décidé à changer de comportement : connaissant à présent la complexité de son intelligence, il se simplifie la vie. Au lieu d'étudier ses dossiers bien à fond par peur de mal faire, il se contente d'y piocher à l'intuition sans règle. Résultat : il a doublé son chiffre d'affaires en un an, et gagné un temps énorme… qui lui permet (hélas) de soutenir une troisième thèse de doctorat, cette fois à Harvard !

Comment Marie a appris à être moins égoïste, et Hervé à l'être plus…

Marie et Hervé, mariés depuis cinq ans, viennent me voir parce qu'il y a de l'eau dans le gaz. En même temps, ils n'ont pas envie de rompre et casser leur famille. Lorsqu'ils se sont rencontrés, l'un et l'autre ont vraiment eu l'impression de trouver leur âme sœur. D'abord une attirance physique incroyable : Hervé est un bel homme, timide avec un sourire enchanteur dès qu'il se sent en confiance, et Marie, tout feu tout flamme. La jeune femme avait du mal à trouver la paix dans le célibat, et Hervé lui a permis de se sentir à sa place et selon ses propres termes « parvenue à ce qu'elle avait toujours cherché ! ». Ce qui les a frappés, c'est cette évidence, chez l'un et l'autre, d'avoir rencontré l'âme sœur, comme dans les romans.

Effectivement, en regardant leurs cartes astrales, on est frappé par les similitudes : tous deux natifs du signe du cancer, l'un avec un ascendant Gémeaux, et l'autre un ascendant Poissons, ils sont terriblement attirés par un mode de vie similaire. Il est en effet très important quand on fonde une famille d'avoir un projet de vie commun, ce qui se voit dans les signes du zodiaque, et un idéal de vie au quotidien en lien l'un avec l'autre, ce qui se voit grâce aux ascendants…

Aujourd'hui, cinq ans après, les voilà parents de quatre enfants, ils ont été vite ; pourtant rien ne va plus entre eux. Mais à voir l'enthousiasme avec lequel ils me racontent leur histoire d'amour, il est évident qu'ils ne sont pas prêts à se quitter. Reste qu'ils ne comprennent pas ce qui s'est perdu entre eux. Hervé et Marie ne me laissent pas beaucoup parler, ils tiennent à m'expliquer ce que leurs amis en pensent. Le couple s'est construit, au final, un mode d'existence bien à lui. N'étant plus tout jeunes (une petite quarantaine) et se retrouvant chacun avec deux parents semi-dépendants, il a bien fallu trouver des solutions. Plutôt que de choisir quatre places dans des maisons de retraite (ce qui était inabordable financièrement), ils ont préféré investir dans un grand corps de ferme où une des ailes de la maison est réservée aux quatre grands-parents et une assistante à domicile financée par les aides sociales.

Marie et Hervé ont aménagé leur planning professionnel pour consacrer du temps à leurs parents (qui, eux, s'occupent de leurs petits-enfants en les surveillant après l'école). Ils adorent ce style de vie, conforme à leurs valeurs (« on ne met pas nos parents à l'écart de notre vie », « ils vivent dignement ») et à leurs moyens financiers, compte tenu du coût des maisons de retraite. Autour d'eux, pourtant, on s'accorde pour dire que justement ce mode de vie est la source de leur problème.

Hervé a un axe du dragon VII/I, les autres sont donc prédominants dans sa vie, et il a du mal à tenir compte de ses propres besoins et exigences parce que ça lui fait peur. Marie, quant à elle, avec un axe du dragon I/VII, estime que ce qu'elle fait pour les autres relève d'un héroïsme hors du commun, méritant davantage de reconnaissance… L'astrologie ne va régenter ni leur vie ni leur choix.

Je leur fais remarquer cependant que leur vie ne leur appartient plus avec huit personnes dépendant d'eux. Ils ont trop à assumer dans leur quotidien, pour avoir des états d'âme. Il est devenu inévitable que, dans une souffrance commune, chacun en vienne à accuser la seule personne qui peut entendre sa douleur : le conjoint.

Marie, pour aller en Nœud Nord, qui représente sa dynamique de vie et d'évolution, doit arrêter de se battre contre elle-même ; elle a du cœur, pense aux autres en priorité, et si elle se retrouvait seule à nouveau (comme elle l'a été de 19 à 37 ans), elle serait très malheureuse. Hervé, lui, se laisse porter par la situation et évite de prendre une quelconque initiative. Il est vrai que sa femme lui accorde peu de place dans ce rôle, supportant mal que les choses ne soient pas faites (c'est ce qu'elle dit), pas faites à sa manière (c'est ce qu'il dit et je suis plutôt d'accord avec lui). L'astrologie, dans des situations de conflit de couples, permet de redresser la barre, puisqu'elle permet de tirer au clair avec objectivité un point de vue global sur la part de responsabilité de chacun.

Marie surenchérit (à l'exemple des natifs ayant un axe I/VII) l'importance de ses actes, et gaspille le temps libre dont elle pourrait profiter. Hervé, trop passif, attend qu'on lui donne le feu vert pour agir au lieu de prendre la moindre initiative.

Je n'ai pas attendu longtemps pour voir revenir Hervé et Marie de nouveau unis comme les doigts de la main. Marie est plus détendue, elle a décidé « d'être la femme » (mais c'est quand même elle qui a décidé !) ; Hervé, de son côté, joue enfin le rôle de l'homme. Au début, ça n'a pas été simple, mais il a fini par prendre le rythme et tout se passe pour le mieux… parce qu'ils ont compris chacun le rôle qu'ils devaient avoir au sein de leur vie…

L'astrologie, dans un rapport entre deux personnes, que ce soit dans le cadre d'un couple, d'enfant et de parents, ou entre un patron et son employé, permet de préciser comment le rapport entre les deux peut trouver un point d'équilibre en tenant compte non pas seulement de ce qu'est l'autre mais aussi de ce vers quoi il doit tendre pour se sentir pleinement lui-même.

Comment Margaux a trouvé sa voie...

Margaux, douce et ravissante jeune femme de 23 ans, n'aime pas faire du mal (avec ses cinq planètes en Balance) et elle déteste les conflits. Elle veut faire plaisir à ses parents et c'est en ce sens qu'elle a commencé des études de comptable qu'elle est sur le point de réussir brillamment. Mais elle dort mal et pleure sans raison. Comme elle a honte et peur d'inquiéter ses parents, elle est venue me voir moi, plutôt que vers un psychologue. En effet, elle souhaite comprendre ce qui lui arrive en une séance, persuadée qu'une psychothérapie prendrait trop de temps ; ses parents finiraient alors par découvrir qu'elle a un problème, ce qu'elle ne veut à aucun prix. Elle pense qu'ayant « sacrifié » leur vie pour elle, ils ont droit à leur tranquillité.

Ce qui frappe tout d'abord dans son thème, c'est sa peur de tout. Ce qui peut être typique chez les Balances et qui dénote une peur de déranger, de faire mal, ou de ne pas se montrer suffisamment reconnaissante de tout ce qu'elle a reçu. Margaux s'angoisse pour un rien, redoute de prendre la place d'autrui. En fait, elle subit les mauvais aspects de la Balance, parce qu'elle n'a pas su mettre de dynamique dans sa vie : ce qu'on découvre avec l'astrologie, c'est que si les planètes définissent un caractère, celui-ci demeure passif tant qu'on n'a pas trouvé ce vers quoi on tendait, qui est indiqué par l'axe du dragon. Or, si quelqu'un n'instille pas un mouvement à l'intérieur de lui-même, il va développer tous les mauvais côtés de son thème et au fond, aucun des bons. Ayant un axe XI/V, et étant par ailleurs en Nœud Sud, elle accentue les traits passifs de la Balance. Si elle prenait en main les rênes de sa destinée et se moquait enfin de ce qu'on pense d'elle, elle bénéficierait pleinement des aspects positifs de son thème.

Ce que je dis à Margaux la terrorise ; l'idée de décevoir, de trouver sa voie par elle-même, de risquer de faire du mal à ses parents (qui n'y sont pour rien dans son exigence vis-à-vis d'elle-même), tout cela la bouleverse. A-t-elle compris les raisons de son incapacité à vivre pour elle-même et à partir d'elle-même ? En fin de consultation, la solution que je lui propose lui semble au-delà de ses possibilités. En repensant à son cas, je me dis que si ce n'était pas gagné, en revanche, les natifs de la Balance, grâce à leur souplesse spirituelle, sont capables de retournements dont aucun autre signe n'a la force.

Eh bien, j'avais raison ! Margaux revient me voir trois ans plus tard. Elle me confie que si elle a été, par respect pour ses parents, au bout de son année, et passé avec succès ses examens, elle n'a jamais exercé la profession de comptable. Ne voulant peser sur personne, elle est devenue assistante personnelle à mi-temps tout en prenant des cours de dessin. La jeune femme ne prétend pas devenir Van Gogh, mais elle a tenté l'agrégation d'arts plastiques. Comme elle est admissible à l'écrit, elle revient en consultation pour que je l'aide à avoir confiance en elle…

L'histoire ne s'arrête pas là, parce que cinq ans après, pour la plus grande joie de ses parents, Margaux ouvrait un concept de galerie d'art/cours d'expression artistique à Charleville-Mézières, qui rencontra un succès sans précédent et fut extrêmement bien géré, Margaux n'ayant rien oublié de ses études de comptabilité…

Comment Ulysse (le bien nommé) apprit à tirer parti de ses ennuis…

Ulysse a 68 ans, toute sa vie n'a été qu'une suite de difficultés (heureusement résolues). Il en a conclu avec humour qu'il avait un mauvais karma, que tout ce qu'il entreprendrait finirait par mal tourner et qu'il devrait s'y résoudre… À ce jeu-là, l'âge et la lassitude venant, il était persuadé d'avoir tiré la courte paille. Pas comme son meilleur ami Raymond, qui a une vie calme et sans heurts, au point qu'Ulysse le jalouse secrètement.

Pas plus tard que le mois dernier, me raconte Ulysse, il est parti en voyage organisé, pas en Ouzbékistan, mais tout simplement en Corrèze. Rien de plus tranquille *a priori* ! Eh bien, il a fallu qu'il devienne le confident d'un suicidaire qui est passé à l'acte dès son retour à Paris. Le défunt avait laissé dans la valise d'Ulysse son testament ainsi que la clef d'un coffre en Suisse. À lui, la corvée d'annoncer la mort du père aux enfants, et d'expliquer au notaire (et même à la police) qu'il n'y est pour rien dans le décès de cet homme. Sa femme n'a jamais voulu croire qu'il n'avait jamais vu ce bonhomme avant le voyage en Corrèze. Pas plus que les héritiers qui, pour le remercier du dérangement, lui ont offert la montre… en or massif de leur père. Et « des histoires comme ça, j'en ai à la pelle », me dit Ulysse, moitié très fier, moitié pas très sûr que je le croyais…

Pourtant, avec le nombre de planètes situées dans la maison 12 de son thème, qui manifestent une vie hors du commun et souvent des difficultés hors du commun également, j'étais très disposée à le croire…

« Il suffit que je mette un pied dehors pour qu'il m'arrive quelque chose qui n'aurait même pas idée de transiter par la vie de quelqu'un, et dans la mienne, ça prend racine. » Effectivement, avec sa Maison XII bien chargée de planètes mais aussi d'une splendide part de fortune, Ulysse est bien loti, même si sa vie a tendance à se transformer en aventures rocambolesques. Selon lui, ce n'est pas sa faute, mais plutôt celle des circonstances, et il a raison. Certes, il accumule les problèmes, mais il a aussi une chance incroyable. Il est vrai qu'en général, s'il doit y avoir problème, c'est sur lui que ça tombe, mais il s'en sort toujours bien. À l'évidence, grand rêveur devant l'Éternel, Ulysse ne se contenterait pas d'une vie parfaitement réglée ; quand il n'a aucun projet en tête ni rien d'original à faire, il s'ennuie ferme. La vie de son copain Raymond a beau être calme, il n'en voudrait pour rien au monde…

Au fond, tout est raccord et à force d'analyser son thème et d'en discuter avec lui, je vois de moins en moins ce qui lui pose problème dans tout ça.

Plutôt que de se dire qu'il a la poisse, Ulysse a enfin compris, qu'avec son amas de planètes en Scorpion en maison XII (renaître dans les difficultés pour devenir différent), il va toujours au-delà des apparences. Son envie de découvrir et de faire des expériences nouvelles est permanente. Quelque chose d'étonnant se produit-il ? Loin de reculer ou de prendre peur, il s'engage totalement. Et ça, c'est typique du Scorpion. De fil en aiguille, il s'est construit une vie passionnante… Être dans les difficultés n'est pas forcément le signe qu'on s'y est mal pris : toute situation problématique peut se révéler au final positive et constructive, sans jouer la méthode Coué.

On finit la consultation sur le constat que tout va bien ; seulement, comme tout Scorpion, tout en étant très heureux de tout ce qu'il vit, il n'est jamais sûr d'être dans la bonne voie et a besoin de remettre en cause son fonctionnement pour être certain que celui-ci est bien en accord avec sa vie. Le Scorpion passe ainsi son temps à prendre d'excellentes décisions qu'il a besoin de remettre totalement en question au pas suivant, c'est sa manière d'aller plus loin.

Ulysse, quand il revient me voir, est totalement déprimé : actuellement sa vie est calme et sans aucun imprévu. À part déguster son croissant le matin avec un bon café, il n'attend plus rien de ses journées mortellement ennuyeuses… Je le rassure : les aventures vont reprendre, sa part de fortune en XII ne restera pas longtemps inactive…, mais son attitude à lui aussi aura durablement changé, il sera maintenant à la recherche d'une vie où rien n'est trop répétitif… En fait, la consultation a permis de mettre l'accent sur le fait que c'était pour une large part lui qui va chercher l'aventure, et maintenant, quoiqu'il lui arrive, il saura que c'est de son fait et pas de celui d'un destin qui s'amuserait à lui jouer des tours.

Comment Gabrielle a appris à vivre une vie aventureuse…

L'aventure aujourd'hui a mauvaise presse, ce qu'on veut, c'est la sécurité, les certitudes. On cherche un travail fixe, un conjoint fidèle, des enfants qui nous valorisent et suivent notre voie... Gabrielle est issue d'un parcours tout à fait classique, et parfaitement dans les codes. Née dans une famille sans histoires, seconde de quatre filles, attentive à ne pas se faire (trop) remarquer, elle a toujours été une enfant sage. Sauf qu'à l'âge de 13 ans, on lui a diagnostiqué une maladie grave qui devrait la faire disparaître avant ses 20 ans. Native du signe du Taureau, Gabrielle a pris sur elle, avec courage et discrétion ; elle a subi de nombreux examens, de longues hospitalisations, transformant non seulement sa vie, mais également celle de sa famille. Le caractère égal de Gabrielle s'est modifié, elle est devenue égoïste, colérique et… mystique. Avec un axe VI/XII de l'axe du Dragon, quoi de plus normal… On voit que les évènements ont façonné le caractère de Gabrielle, la sortant d'une passivité qui l'aurait empêché de devenir totalement elle-même.

Perdant tous ses repères et ses forces vitales, Gabrielle a envisagé de devenir religieuse : puisqu'elle devait mourir, rien n'avait plus d'importance. Comme sainte Thérèse de Lisieux, dès 15 ans, elle a envoyé une lettre au Pape pour solliciter une dérogation (son âge lui interdisant de rentrer dans les ordres). Son ascendant Lion ne voulait pas en démordre, elle devait être exceptionnelle pour le temps (même bref) qu'elle passerait sur terre. Quand j'ai rencontré Gabrielle, elle avait presque 70 ans et tout cela était une histoire ancienne, que personne ne connaissait. Elle était pour tous une sœur bénédictine sans histoire (mais suffisamment originale et indépendante d'esprit pour aller voir une astrologue, ce qui m'a grandement étonnée !)

Sa maladie, qui s'est avérée le fruit d'une erreur médicale, l'a mise à l'écart des joies d'un enfant de son âge. Elle se demandait encore comment une telle chose avait été possible… Volonté de Dieu, certainement… Mais également manifestation de son axe du Dragon qui a accentué les choses. Au fond, les deux « explications » reviennent à la même chose : sa dynamique de vie l'a retirée d'une voie toute calme et toute tracée… Un axe VI/XII actif (certains le sont plus que d'autres) conduit le natif dans une autre vie, une autre réalité sans rapport avec la précédente. Gabrielle avec sa nature de Taureau a repris ses marques rapidement, en allant chercher ce qui pouvait lui correspondre sans se poser de questions. Mais avait-elle le choix ? Était-ce un faux diagnostic, ou y a-t-il eu miracle ? Ce qu'on peut dire, c'est qu'au vu des connaissances de l'époque, la batterie d'examens et de traitements subis aurait dû la tuer.

Cette pugnacité au service d'une vocation religieuse a sorti la malade d'un monde parallèle négatif (l'hôpital) pour l'inclure dans un univers tout aussi parallèle mais positif, fruit d'un vrai choix de sa part. L'axe VI/XII vous demande ainsi d'aller vers l'exceptionnel et de refuser le reste.

L'astrologie peut ainsi rejoindre des explications d'un autre ordre et retrouver les mêmes conclusions que celles de la génétique, de la psychologie, ou bien de la religion… Son intérêt majeur par rapport à d'autres types d'explication est d'anticiper les choses et de permettre à quelqu'un engagé dans un processus de ne pas se dire que sa vie est en train de s'effondrer mais de comprendre vers quoi tend sa dynamique d'existence.

Comment Julien a accepté le fardeau ingrat d'une vie… normale

Julien a 32 ans, beau comme un dieu, le genre de garçon à qui on demande toujours pourquoi il n'a pas fait acteur ou mannequin. Pas très sûr de lui, on se demande pourquoi en le voyant, il a choisi d'épouser Myriam qui, pour être dotée d'un cœur d'or, n'a pas été gâtée par la nature : peu avenante, très brune et vieillissant mal, très forte et plus âgée que lui ; ils forment objectivement un couple disparate. Mais Julien aime sincèrement sa « petite maman » comme il l'appelle, et apprécie son dynamisme et ses qualités indéniables de mère de famille ; ils ont déjà quatre enfants.

Julien, Lion ascendant Balance est non seulement un très bel homme, mais aussi un banquier d'affaires brillant, associé depuis cinq ans. Remarqué par son supérieur hiérarchique, il semble promis à une belle carrière. Quand il vient me voir, j'essaie de savoir ce qui ne va pas dans sa vie. Il aime sa femme, sa famille, son travail et s'y épanouit pleinement. Pourtant, il souffre de dépression chronique depuis quelques mois et commence à remuer des idées noires. C'est sur le conseil de Myriam, sa femme, qu'il est arrivé dans mon bureau. Très marqué par un axe du dragon VIII/II, Julien a grandi au milieu d'un clan familial qui l'adulait. Aucun de ses actes n'était neutre, tout prenait une valeur hors du commun. Un dessin mettait sa mère en extase et lui faisait courir les galeries, une photo de lui à la une du journal local la comblait. À 17 ans (lors d'un transit de Pluton), Julien a rencontré Myriam, son aînée de douze ans, et s'est installé avec elle. Consternation dans la famille. Mais bizarrement, plus il a rencontré d'opposition dans son entourage (son ascendant Balance lui avait jusque-là évité tout conflit familial), plus il s'est affirmé et tient bon.

C'est pour faire taire les mauvaises langues que, deux ans plus tard, à la fin de ce même transit de Pluton, Myriam et lui ont décidé d'avoir leur premier enfant. La famille de Julien a dû accepter le fait accompli. Mais aujourd'hui, l'existence semble morne à Julien, passé sa courageuse décision d'être acteur de sa vie. Il n'a plus rien à conquérir, rien à prouver, tout est « sur des roulettes », comme il me le confie. À 32 ans à peine, ce constat le terrifie. Bien sûr, sa nature fière de Lion le conduit à ne rien dire à sa famille, qui le pousserait à rompre. Cela dit, il ne se sent plus lui-même… Un Lion ascendant Balance est forcément quelqu'un au charisme attrayant. Le plus souvent supposées superficielles, ces personnalités sont animées d'une force exceptionnelle. Mais l'axe de vie de Julien le ramène sans cesse à une normalité sans éclat, sans conquête, d'une banalité qui à la longue le mine. Étrangement, son chemin de vie le pousse à devenir chef de clan, véritable père de famille conscient des besoins de ses enfants. Il lui faut comprendre ce qu'il a accompli et se satisfaire du présent au lieu de s'évader dans les projets. Il s'agit d'amasser et de consolider ses acquis, rien de plus…

D'une certaine façon, Julien porte la marque des rêves inadaptés et insupportables qu'on a faits pour lui, à savoir se montrer exceptionnel, ce qui est typique de son axe VIII/II ; on voit donc qu'au fond ce sont les rêves des autres, et ce qu'ils ont souhaité pour lui qui le rendent malheureux, comme s'il se demandait inconsciemment s'il ne s'était pas trompé de voie. Par contrecoup, il se sent aujourd'hui englué dans une vie plate. Mais cette monotonie doit s'ouvrir sur une vie ancrée dans le réel. Un an plus tard, lorsque Julien revient me voir, il a rompu avec ses parents, suite à notre discussion dans laquelle avait émergé le fait que, selon moi, leur regard sur lui le rendait inconsciemment malheureux. Quand on rencontre un malaise, un des intérêts de l'astrologie est de vous pointer la source possible dont ça vient au lieu de faire des suppositions. Une fois la source trouvée, on n'est pas obligé d'être aussi radical que Julien : on peut se contenter de réajuster son attitude de manière à se protéger. Mais Julien, en tant que Lion, s'est senti trahi… Et il a compris tout le poids qu'ont fait peser sur lui des parents en attente d'un fils parfait. Sans rancune ni méchanceté, il a juste tiré un trait sur le passé et sur des rêves de grandeur qui n'étaient pas les siens.

Marianne, une pauvre petite Balance ascendant Balance

Depuis toujours, on reproche à Marianne d'être trop douce, de taire ce qu'elle pense, de manquer d'à-propos. Depuis toujours, Marianne répond aux sollicitations, tout en s'efforçant de ne pas se laisser dicter sa conduite. Mais la sensation de ne jamais être elle-même persiste. C'est la raison de sa consultation. Comme on le voit, ce type d'impression est courant et pose en réalité plus de problèmes qu'on ne pense…Mais rarement dans ma carrière, j'ai eu l'occasion de voir un natif avec autant de planètes dans un même signe. Marianne a son Soleil (sa personnalité), son Mercure (sa manière de penser), sa Vénus (sa façon d'aimer), son Jupiter (sa carrière) et sa Lune (son ressenti au quotidien) en Balance. Rien de tout cela ne lui rend la vie très facile. Elle est constamment à se demander si elle fait bien les choses et si elle en fait assez. Elle a l'impression de décevoir constamment, de n'être jamais à la hauteur, de se sentir flotter. Son besoin des autres pour exister, penser, savoir où elle va lui est essentiel.

Avec un tel amas en Balance, il ne faut pas s'y tromper, Marianne ne sera jamais « autonome » au sens habituel du terme. Le reste de son thème étant en Cancer, elle angoisse à l'idée de finir toute seule, la pire des choses à ses yeux. Sensible aux conflits qui la fragilisent, elle ne supporte pas d'allumer des feux qu'elle ne se sent pas en mesure d'éteindre (mais la vérité est qu'elle n'en allume pas beaucoup). Elle préfère tout accepter plutôt que lutter. Son entourage s'efforce de la motiver à se dépasser, combattre ses peurs, faire une thérapie, mais la timide Marianne est incapable de franchir le pas.

La seule chose ressortant de ses propos, c'est une envie de mariage, de se fondre dans une union heureuse. Pour y parvenir, Marianne doit prendre conscience qu'elle est jolie, intéressante et attrayante, ce qui n'est pas gagné quand tout passe par le regard de l'autre. Le seul conseil à donner à une personnalité si fortement enfermée dans… l'autre est simple : s'appuyer sur ceux qui l'entourent pour avoir confiance en elle. Elle trouvera ainsi la bonne personne. Marianne ne se transformera jamais en aventurière ; lui expliquer que ce serait pourtant sa seule échappatoire renforcerait ses angoisses. Il ne s'agit pas d'un travail sur elle, mais simplement de comprendre les conséquences de son hypersensibilité. Parfois, il s'agit seulement de tenir compte de soi au lieu de vouloir se dépasser et se contraindre au-delà du raisonnable. Chacun de nous est fait avec des données intangibles dont on ne peut pas ne pas tenir compte. Deux ans après, Marianne s'est mariée à un diplomate et vit actuellement en Ouganda avec son mari, enfin apaisée de ne plus avoir… à devenir quelqu'un d'autre.

Marianne n'avait en réalité aucun autre problème que celui de rencontrer quelqu'un d'assez classique avec qui elle puisse partager sa vie. L'astrologie met quelquefois en lumière le fait que les problèmes que l'on rencontre « avec soi-même » et sa personnalité n'en sont pas réellement, n'étant en réalité que le signe de quelque chose qui manque dans notre vie : ce peut être un compagnon, un métier en accord avec soi, l'envie de gagner de l'argent. En tout cas, l'accent est mis sur le fait que la sphère psychologique peut être une conséquence d'un manque existant dans la vie et pas un problème à régler en soi. Cette précision peut être essentielle, parce qu'on peut passer beaucoup de temps à essayer de résoudre « dans l'abstrait » quelque chose qui n'a sa réponse que dans la réalité d'un changement nécessaire.

Eddy, à qui il arrive tous les malheurs du monde...

Eddy a 50 ans cette année… Chaque fois qu'il tente quelque chose, ça tourne mal. Marié six fois, il passe son temps à divorcer (même s'il n'est pas très fidèle, il a d'autres qualités et ne comprend pas pourquoi on lui en veut). Du point de vue professionnel, il a souvent de la chance dans ses négociations d'affaires, mais ne construit rien. Parfois, les fruits d'un travail de plusieurs années partent en fumée, le laissant indifférent. C'est un négociateur hors pair qui arrive toujours à retourner les situations. Marqué par le Bélier et le Scorpion, il est à la fois stratège et enflammé, tout en manquant d'esprit de suite. On hésite, en le voyant, à le trouver hyper-sympathique ou carrément détestable (avec son Soleil en I en Bélier, il a une personnalité envahissante).

Ce qui manque à Eddy, c'est une direction (avec une Lune noire en Sagittaire, il passe son temps à changer de direction et de but à atteindre) mais, allergique aux contraintes, estimant que sa liberté est en cause, il ne va pas au bout des choses. Multidivorcé, avec Son soleil en I, il pense toujours que c'est l'autre qui est responsable de l'échec, par manque d'empathie et de soutien (qu'il doit aller chercher ailleurs). Avec sa Lune noire en Sagittaire, il passe son temps à remettre en cause ses objectifs, et son Nœud Sud en Gémeaux lui donne l'angoisse de vieillir. On est dans un *statu quo*, rien de positif ne se passera s'il ne décide d'une orientation de vie plus saine.

L'astrologie peut ainsi pointer un équilibre plus ou moins stable que la personne a mis en place mais qui doit être modifié sous peine d'aller dans le mur ; mais modifier sa manière de vivre suppose d'accepter de changer, et donc de faire retour sur les choix qu'on a pu faire afin de décider d'agir autrement. C'est ce que je lui explique et deux ans après cette première consultation, Eddy est marié pour la septième fois, mais la vie lui a donné un avertissement avec un AVC qui a changé sa conception de la vie… En quelques mois, comprenant qu'il était mortel, Eddy a fait sa révolution intérieure. Aujourd'hui, on n'hésite plus à dire de lui qu'il est d'un commerce agréable, attentif à autrui… et dans une réussite financière inespérée.

Bibliographie

Bases de l'astrologie

Catherine Aubier, *Dictionnaire pratique d'astrologie*, France Loisirs, 1993

Luc Bigé, *La Symphonie du zodiaque*, Janus, 2000

Suzel Fuzeau-Braesch, *Astrologie et connaissance de soi*, Agamat, 2004

Marc Edmund Jones, *Apprendre l'astrologie*, France Loisirs, 1995

Denis Labouré, *Les Origines de l'astrologie*, Éditions du Rocher, 1997

Solange de Mailly-Nesle, *L'Astrologie*, Nathan, 1991

Nitya Varnes, *Tous nés sous une bonne étoile*, XO éditions, 2011

Pour aller plus loin

Stephen Arroyo, *L'Astrologie, la psychologie et les quatre éléments*, Éditions du Rocher, 1994 ; *Pratique d'interprétation du thème astral*, Éditions du Rocher, 1996 ; *Astrologie, Karma et transformation*, Éditions du Rocher, 1987 ; *Les Cycles astrologiques*, Éditions du Rocher, 1995

Catherine Aubier, *ABC de l'astrologie prévisionnelle*, Jacques Grancher, 2006

Luc Bigé, *Le Chœur des planètes*, Éditions de Janus, 2001 ; *La Lune noire, un vertige absolu*, Éditions de Janus, 2004

Liz Greene, *Saturne, un nouveau regard sur un vieux démon*, Dervy, 2001

Liz Greene, Howard Sasportas, *Astrologie : les luminaires*, Éditions du Rocher, 1996 ; *Les Planètes intérieures*, Éditions du Rocher, 2003 ; *Astrologie : le développement de la personnalité*, Éditions du Rocher, 1997

Liz Greene, Stephen Arroyo, *Jupiter et Saturne : Nouvelles perspectives de l'astrologie moderne*, Éditions du Rocher, 1991

Denis Labouré, Chantal Étienne, *Prédire par les révolutions solaires*, Pardès, 2000

Pierre Lassalle, *Astrologie et relations humaines*, Éditions Terre de Lumière, 1999

Ptolémée, *Le Livre unique de l'astrologie*, Nil, 2000

Alexander Ruperti, *Les Cycles du devenir*, Éditions Alphée, 2005

Dane Rudhyar, *Astrologie de la personnalité*, Médicis Entrelacs, 2002 ; *Les Maisons astrologiques*, Éditions du Rocher, 1989

Martin Schulman, *Nœuds de la Lune et réincarnation*, Hélios/Sum, 1993

Bil Tierney, *Dynamique des aspects astrologiques*, Éditions du Rocher, 1998

Sites

`http://nityavarnes.unblog.fr` (le blog de l'auteur)

`www.orion-astro.com` (le site où vous pourrez trouver d'excellents articles et le logiciel permettant de faire les cartes montées dans ce livre)

`www.cura.free.fr` (ressources sur l'histoire de l'astrologie)

`www.astrothemes.fr` (pour monter des thèmes gratuits)

`www.astrocours.fr` (cours d'astrologie en ligne)

`www.astroguide.net` (une base de données en astrologie)

`www.astrologiehumaniste.fr` (un site référence avec des articles de fond)

`www.khaldea.com` (un site sur l'ouverture spirituelle de l'astrologie)

`www.astro-psychologie.com` (astrologie et psychologie)

`www.astroresources.com` (site de référence sur l'astrologie)

`www.nickcampion.com` (excellent site sur l'astrologie en anglais)

`www.skywriter.wordpress.com` (excellent site avec des centaines d'articles en anglais)

Index

D

E